宫辉力

主　编

运河研究年度文选（2018）

ANNUAL SELECTION OF THE GRAND CANAL OF CHINA RESEARCH (2018)

社会科学文献出版社
SOCIAL SCIENCES ACADEMIC PRESS (CHINA)

国家“双一流”建设高校项目

北京市“一流专业”建设项目资助

本书系北京宣传文化引导基金资助项目成果

本书系首都师范大学“科技创新服务能力建设—基本科研业务费（科研类）—北京大运河文化带研究（项目号19530050035）”项目资助成果

《运河研究年度文选（2018）》

编委会

卷首语

中国大运河是人类文明史上开凿最早、空间跨度最长、工程最宏大的人工河流，是中国人民适应自然、改造自然、与自然和谐共处的智慧结晶，积淀了丰厚的历史文化遗产，又是活着的、流动着的中华文化遗产。随着大运河申遗成功，有关运河的研究越来越受到学术界的重视，研究成果丰硕，研究视角和领域也不断拓宽。因此，首都师范大学北京文化带研究院和中国地理信息产业协会大运河工作委员会联合编辑出版《运河研究年度文选》，每年一期，作为运河研究领域的一种学术文选。

继出版《运河研究年度文选（2017）》后，本文选检索了2018年中文报刊人文、社科、管理等领域运河相关研究的500余篇文献，经编委会讨论并征求作者同意，遴选其中代表性论文30篇，分为总论（运河学与运河文化）、河工与漕运、运河文学与民俗文化、运河文化遗产保护与利用、当代运河、世界运河六部分内容，呈现运河研究的现状与进展，旨在促进运河研究的交流与借鉴。

主办单位简介

首都师范大学北京文化带研究院

大运河在北京城市形成、首都地位确定的过程中，乃至在中国南北交流、民族融合的历程中，发挥了不可或缺的重要作用。在新时期，大运河连接京津冀、环渤海湾、长三角等重要经济圈，是京津冀协同发展重大国家战略实现的重要桥梁。因此，有必要进一步保护好、传承好、利用好大运河这一世界文化遗产所具有的独特社会经济角色、生态环境与文化符号承载。

2017 年，蔡奇书记在全国文化中心建设工作会议及大运河文化带建设调研座谈会上，就大运河文化带建设提出专门要求。为大力弘扬社会主义先进文化，促进文化事业与相关产业融合发展，推动中华优秀传统文化传承创新，有必要组建相应学术机构，以进一步整合相关资源和学科力量，汇聚队伍，凝练方向，立足北京“四个中心”建设，深入挖掘以大运河为核心的历史文化资源，使之成为北京建设全国文化中心的重要抓手，为政府提供及时有效的决策支撑，进而充分发挥首都师范大学科研服务首都文化建设的优势。

在此背景下，2017 年，首都师范大学依托 UNESCO 生态水文信息学教席、水资源安全北京实验室以及历史、文化、地理信息、遥感等方面的科研力量，在北京市委、市政府相关部门支持和指导下，成立了北京文化带研究院，旨在为政府部门、社会公众提供大运河文化带保护、利用、建设等方面的高端咨询，服务北京全国文化中心建设。

中国地理信息产业协会大运河工作委员会

大运河保护和传承的内容极其广泛，遥感与地理信息可以在大运河文化保护与传承过程中发挥重要作用。2018 年 6 月 21 日，正值中国大运河进入世界文化遗产名录 4 周年纪念日之际，中国地理信息产业协会大运河工作委员会在首都师范大学成立。本工委会旨在充分利用地理信息最新技术手段，挖掘历史图志、典籍和统计信息，构建大运河文化带地理时空信息资源库；利用地理信息系统空间分析与可视化手段，为大运河遗址遗存与非遗文化发现利用、生态环境与自然资源规划和管理、社会发展与城市品质提升提供高新技术支撑，促进社会、经济与文化发展。中国地理信息产业协会大运河工作委员会，挂靠单位为首都师范大学，为政府部门、相关企事业单位、各级学校和社会公众提供多方面的战略咨询、科普实践等，出版相关刊物、书籍，发布工作报告。

目录

一　总论（运河学与运河文化）

二　河工与漕运

三 运河文学与民俗文化

四 运河文化遗产保护与利用

五 当代运河（航运、区域经济、水文、水利与生态环境）

六　世界运河

Content

Ⅰ General Theory (Canal Science and Canal Culture)

Ⅱ River Project and Grain Transport

Ⅲ Canal Literature and Folk Culture

Ⅳ Protection and Utilization of Canal Cultural Heritage

Ⅴ Contemporary Canal (Shipping, Regional Economy, Hydrology, Water Conservancy and Ecological Environment)

Ⅵ World Canal

一　总论（运河学与运河文化）

大运河历史与大运河文化带建设刍议*

葛剑雄**

2014年，中国大运河成功列入世界非物质文化遗产名录。2017年2月和6月，习近平总书记两次就大运河保护、传承、利用做出重要指示和批示。①为贯彻中共十九大精神，落实习近平总书记重要指示，我们应该如何推进大运河文化带建设？

大运河文化带建设的议题很宏大，应注意全面把握。过去很多人对"一带一路"倡议有误解，中共十九大以后大家才逐渐认识到："一带一路"倡议不是为了重建历史上的丝绸之路，而是为了推动形成全面开放新格局，构建国际利益共同体乃至人类命运共同体，符合这一目标的都属于"一带一路"建设。各地方的"一带一路"建设谋划应当建立在深刻理解其实质、历史背景和自然条件等的基础之上。

同样，大运河文化带建设应当基于马克思主义历史唯物论，实事求是，综合考虑历史背景、地理环境和经济建设要求等，不能仅仅从历史方面考虑，也不能夸大历史或任意想象历史。

一 实事求是探寻大运河历史

中国的运河有悠久的历史，重要的运河不止一条。京杭大运河无疑是其中最重要的，但不应与其他运河，如隋炀帝开凿的运河相混淆。隋炀帝开凿的运河有两条，一条是从洛阳通往涿郡（今北京）的永济渠，还有一条是从洛阳通往扬州再连接到杭州的通济渠、邗沟和江南河，两条运河中间并不连通。元朝为了在北京建立全国性的首都，解决运粮问题，才修浚利用一部分

---

* 本文原载《江苏社会科学》2018年第2期。

** 葛剑雄，复旦大学中国历史地理研究所教授。

① 苏雁、周官正：《在世界舞台上讲好中国的运河故事》，《光明日报》2017年12月25日，第6版。

隋唐以来原有的运河和某些天然河道，又在山东开凿济州河、会通河，在北京、通县间开凿了通惠河，形成了京杭大运河。所以我们今天讲大运河、运河，一般就是指京杭大运河；讲运河文化，就是讲这条运河所承载的文化，以及在这条运河沿线形成和长期存在的文化。当然广义的运河应该包括中国历史上存在过及今天还存在的全部运河，广义的运河文化也应以这些运河为存在的基础，但必须做具体界定，不能混淆概念。

京杭大运河的主要目的和功能就是保证国家的统一和首都的安全，保障首都和北方边疆的粮食供应。到唐朝后期，太行山以东华北平原生产的粮食已经无法满足首都长安和关中地区的需求，不得不依靠江淮和江南的供应。元朝统一后，北京成为全国性的首都，北京周围和北方无法承担粮食供应，只能依靠江南。而要把数百万石粮食运到北京，当时唯一可行的办法是通过运河水运。元朝也尝试过部分海运，但没有成功。明朝继续建都北京，又沿长城设置“九边”，驻扎大量军队，江南的粮食不仅要保证首都的供应，还要调运到北方边疆，运输量更大。清朝疆域空前辽阔，首都北京的功能更强，人口更多，保障粮食供应的任务更重。直到清末海运兴起，基本取代运河，光绪二十七年（1901）才停止漕运。从历史大势和全局看，元、明、清三朝只有将首都设在北京才是最正确的战略选择，才能最大限度维持稳定和安全。可以毫不夸张地说，没有大运河保证漕运，北京就不可能成为元、明、清三朝的首都；没有大运河，元、明、清的统一就无法维持和巩固。

但为了达到此目的，也付出了巨大的代价。

首先，要使大运河南北贯通，无论如何都绕不开山东这片丘陵，而这片丘陵的海拔比南北两侧大约要高 40 米，比一座十层楼房还高些。运河河床要逐级提高 40 米，然后再逐级降低 40 米。在完全没有机械动力提升工具的条件下，要靠人工将运河水逐级提升，建一座座水闸、船闸加以拦蓄；还得将装载粮食的船用人力拉上这些船闸；然后通过逐级下泄降低水位，粮船逐级下降至正常水位。为此这段运河要建设和维护大批水闸、船闸，常年保持大批修建、维护、操作人员，每次粮船过闸都要耗费大量人力和水量。偏偏山东丘陵长期干旱缺水，为了确保粮船通航，必须维持运河水位水量，所以连周围的山泉水都被引入运河。官府还下严令，只要粮船没有过尽，即使农田干涸，滴水不得汲取。大运河在河北境内水位虽不需升降，但河北也经常干旱缺水，也只能以确保漕运为主，无法兼顾农业生产。

其次，大运河沟通了海河、黄河、淮河、长江、钱塘江五大水系，固然为通航创造了条件，但也使各水系的灾害相互影响，甚至破坏了正常的水系。各水系的水量、水位、流速、含沙量并不相同，本来都自成体系，内部调节，连通后就不可避免地产生新的矛盾。如海河水系，最早都是分流入海的。自从曹操开平虏渠运粮，加上以后形成的连通各水道的运河，使这些河道的下游逐渐淤塞，形成众水合流于海河入海的格局，一直无法有效消除水灾。中华人民共和国成立后治理海河，不得不重开或新开这些河流下游河道，恢复分流入海。淮河的下游也早已淤塞，治淮工程也包括凿苏北灌溉总渠和一系列下游新河道。

在不具备建大型渡槽或水下隧道的条件下，大运河必须直接穿越黄河。干旱时黄河水位低，宝贵的运河水会大量流入黄河；只有黄河洪水泛滥时，才能保证运河有充沛水量。明清时每当黄河水灾，或决溢泛滥，往往为了保运河通航而不能及时堵截治理。

至今，大运河江苏段一直保持通航，江苏利用运河运输的力度超过历史上任何时段。但大运河山东段和河北段则大多废弃淤塞。

现在有些人一再提出要全面恢复大运河，我很怀疑他们根本不了解这些事实。否则他们为什么不想想，当初不得不付出巨大代价，不自觉地给自然环境造成破坏，今天还有必要重演吗?

总之，要实事求是了解和研究大运河历史，不要因为历史事实与今天的目标不同就回避隐瞒。

二　辩证评价大运河文化，弘扬精华，抛弃糟粕

还有些人想当然地认为，既然大运河那么长，沟通了五大水系，连接北京、天津、河北、山东、江苏、浙江，包括济南、扬州、镇江、苏州、杭州这些城市，包括经济文化发达、人口稠密的地区，肯定在经济、文化的交流和人口的流动中发挥了巨大作用。其实在肯定其作用的同时也要看到其局限性和弊端。因为大运河的基本功能是保证国家的漕运和治理需要，所以在每年的运粮任务完成之前，是不对民船开放的。而当船队过尽，往往山东段的水也泄得差不多了，可利用的运力相当有限，而且也是官船优先、官方的货物优先。由于山东段的运力有限，多数货物过淮河后就得在王家营“起陆”，改为陆路运输，过了这一段后再走水路。

所以，贪官污吏、勾结官府的商人都利用漕运夹带私货，让民船混入运

粮船，或者在漕运过后获得优先通行的机会。民船得以尽快通过这数十座船闸的背后往往存在徇私枉法、勒索贿赂的现象，由此滋生的腐败屡禁不止，愈演愈烈。依托运河的驿传系统本来是国家治理、政令上通下达、公务往来便捷的途径，结果成了假公济私、超标准享受、人浮于事、敲诈勒索、鱼肉百姓的祸国殃民系统，到明末居然被完全裁撤。运河的维护和运行需要庞大的人力和物力，每年有大量正常的工程和灾险工程，国家投入巨资，自然成为贪官污吏垂涎的肥缺、劣绅猾胥钻营的渊薮。漕运衙门与河道衙门是明清时期两个最腐败的政府部门。同样依托运河与水运形成的食盐产销网络被徽商所掌控。[①] 为了巩固自己的垄断地位，徽商以其部分利润建造园林，蓄养艺伎，赞助艺术，附庸风雅，结交官员，因此扬州等地公款吃喝盛行，奢靡成风，青楼林立，“瘦马”闻名。运河沿线也是秘密会社活跃、黑社会猖獗的地带，漕运中的青帮、水运道上的水火帮、码头上的帮派、各色人员中的团伙，因交通的便利、人口的聚集和物资的充足而形成更大的破坏力。

大运河文化中地方服从中央、举国一体、创新文化等精神需要弘扬和提升，而其中腐败、奢靡和秘密会社性质的糟粕应当坚决抛弃。工程、建筑、水利、规划、管理、园林、饮食、书画、戏曲、工艺、风俗等物质和非物质文化要尽可能加以保护、保存、记录，但在继承发扬时也要有所选择，进行创造性的转化。

三　运用历史唯物论综合研究新时代大运河文化带建设

新时代大运河文化带建设研究应当运用历史唯物论，处理好保护与开发的矛盾、传承与创新的冲突，因地制宜，加强交流互鉴和综合性研究。

第一，大运河交织着世界文化遗产，涉及世界文化遗产的部分应当加强保护，避免破坏原状的扩建改建。比较矛盾的是，大运河江苏段被称为活的遗产，大部分还是今天的黄金水道。但是太活了，遗产就没有了。这里应当区别对待，被列入遗产的历史遗迹段不应谋求扩建重建，而是要尽可能保存下来。保护遗产和发展经济、扩大运输发生矛盾时，只能将保护放在首位，另谋发展途径。

国内的文物建筑保护修缮倾向于整旧如新、以假乱真，近年又有另一个

① 葛剑雄：《从历史地理看徽商的兴衰》，《安徽史学》2004 年第 5 期。

极端——修旧如旧。但世界历史文物建筑保护存在一个《保护文物建筑及历史地段的国际宪章》（《威尼斯宪章》），其精神是要“留白”，要求在文物保护修缮过程中，使得古时遗留的建筑部分和为保护遗产新建的部分进行明显的颜色等方面的区分，让建筑新旧部分一目了然。《威尼斯宪章》是1964年5月31日从事历史文物建筑工作的建筑师和技术员国际会议第二次会议在威尼斯通过的决议，包含“任何一点不可避免的增添部分都必须跟原来的建筑外观明显地区别开来，并且要看得出是当代的东西”，“补足缺失的部分，必须保持整体的和谐一致，但在同时，又必须使补足的部分跟原来部分明显地区别，防止补足部分使原有的艺术和历史见证失去真实性”，以及“不允许有所添加，除非它们不至于损伤建筑物的有关部分、它的传统布局、它的构图的均衡和它跟传统环境的关系”等条款。① 国内文物保护和大运河文化遗产保护应当加强学习国际公约和国内外经验，加强交流互鉴。

第二，运河文化带的建设不应是简单的复古，而应是创新；不应恢复元、明、清大运河的风貌，实际上也恢复不了，而应着眼于今天和未来，将古代运河文化的精华融入现代的运河带，转换为符合社会主义核心价值观的新文化。

第三，在不破坏历史遗产的前提下，应合理规划大运河文化带建设中的旅游项目。旅游要满足民众精神和物质享受的需要，但作为一项产业要讲经济效益。要从中国和运河地区的实际出发，不要将运河地区的旅游资源估计过高，对不利因素要有充分的认识。例如，现在还在利用的运河河道是黄金水道，承担着繁忙的运输任务，能够用于游船航行的安全水域有限。运河周围现有的景点中游客已相当饱和，而多数河段缺乏观赏性。又如有些地方准备发展豪华游船，但水上旅游时间较长，有消费能力的人往往没有时间，有时间的人又往往没有消费能力，所以不能盲目上这些项目。

第四，大运河文化带建设一定要与环境保护、生态平衡结合。运河文化离不开水，但大运河的山东、河北段历来缺水，今天更严重。好不容易通过南水北调输送到北方的宝贵的水不能浪费，用得不好还会破坏环境。现在不少地方滥建水景，动辄“再现运河繁华”，甚至要完全恢复运河故道，根本没有考虑河里的水从哪里来，怎样常年维持，更没有认真做过环境评估，很可能造成不可弥补的损失。

---

① 《保护文物建筑及历史地段的国际宪章》，陈志华译，《世界建筑》1986年第3期。

第五，大运河文化带建设应当加强经济、文化、旅游、生态等各方面的综合性研究。每个相关学科不应只看到自己的长处。这种综合性研究单靠一个人无法胜任，而要依靠群体力量。历史学无法单独解决实际问题，但对解决实际问题来说又不可或缺。离开历史学研究，领导和其他学科专家就难以获知真实的历史背景和文化精华。而为了提供真知，各个学科的研究人员都应当实事求是，要讲真话，不要为了取悦领导、取悦民众专挑好话讲而隐瞒真相。在建设规划过程中，应当鼓励研究人员探讨风险和可能出现的问题，包容不可行性研究，不能一味地谈可行性。不可行性研究往往更有利于规划方案的完善。

总之，应当在习近平新时代中国特色社会主义思想指导下，根据马克思主义历史唯物论，发扬中共实事求是的优良传统，加强大运河文化带建设的研究和规划。

大运河文化的内涵与价值*

吴　欣**

大运河开挖、畅通与衰落，在一定程度上凸显了中国社会特殊的运行与发展轨迹。因此大运河既是一条河，更代表了一种制度、一个知识体系和一种生活方式。运河及其流经的线性区域所孕育的文化既是中国传统文化的一部分，也是形塑中国文化的基因之一。运河的“运”字本意为运输，但在社会体系之中，借助水的流转，“运河”成为漕粮运输、文化传播、市场构建和社会平衡的载体；在文化体系中，运河之运又与传统社会的国祚、文脉紧密相连。在这个意义上，进行大运河内涵、价值的追问，探索大运河文化带建设路径，或应首先从其脉络源头与历史进程的文化意义谈起。

“大运河”名称的历史变化

在历史脉络中，“运河”名称的由来与变化，是不同历史节点所勾连的历史进程的反映。从典籍记载来看，早期运河多称沟或渠，如邗沟、灵渠等，天然河道则称水，如黄河就被称为“河水”。尽管运河历史悠久，滥觞于灵渠、邗沟，甚或更早，但运河名称的产生以及“专称”的确定却是中古以后的事情。汉代“漕渠”名称出现，特指汉武帝时在关中开凿的西起长安、东通黄河的水利工程。《说文》解释曰：“漕，水转穀也。”即通过水路转运粮食。至隋唐时期，具有漕运功能的人工河多被称为漕渠，又因该时期“河”字已不再是黄河的专称，所以“漕河”一词也出现了，用来指称漕运河流。如唐杜佑《通典》记：“天宝二年，左常侍兼陕州刺史韦坚开漕河，自苑西引渭水，因古渠至华阴入渭，引永丰仓及三门仓米以给京师，名曰‘广运潭’。”宋代“漕河”名称广泛使用，但同时“运河”一词开始出现，《四库全书》

* 本文原载《光明日报》2018年2月5日，第14版。

** 吴欣，聊城大学运河学研究院教授。

所列宋代文献中有94种使用了“运河”的名称。“大运河”的概念也首次在南宋江南运河段出现，据南宋《淳祐临安志》载：“下塘河，南自天宗水门接盐桥运河，馀杭水门，二水合于北郭税务司前……一由东北上塘过东仓新桥入大运河，至长安闸入秀州，曰运河，一由西北过德胜桥上北城堰过江涨桥、喻家桥、北新桥以北入安吉州界，曰下塘河。”这里所说的大运河指的是江南运河。可见，这一时期，运河已然成为一个特有名词，指称某段人工河，但前须加地名指代。值得注意的是，从文献所记录的名称分布来看，“运河”一词多出现在江淮和江南区域，包括龟山运河、扬楚运河、浙西运河等。

元明清时期“运河”开始指称南北贯通的京杭大运河，元代已有“运河二千余里，漕公私物货，为利甚大”的说法，但使用并不广泛，相反“运粮河”一词在北方区域多用来指称漕运河流。明代正史文献虽亦称运河，但《明史》仍称运河为“漕河”：“明成祖肇建北京，转漕东南，水陆兼挽，仍元人之旧，参用海运。逮会通河开，海陆并罢。南极江口，北尽大通桥，运道三千余里。……总名曰漕河。”明代其他专书、地方志等也多用漕河之名，如《漕河图志》《万历兖州府志·漕河》等。事实上，《明史·河渠志》《清史稿·河渠志》中，都列“运河”专篇，指北至北京、南至杭州的运河，但两者又有不同，前者列运河篇，但称“漕河”，且将运河每一段河道都加上漕字，使之有“白漕、卫漕、闸漕、河漕、湖漕、江漕、浙漕之别”；后者则直接称运河：“运河自京师历直沽、山东，下达扬子江口，南北二千余里，又自京口抵杭州，首尾八百余里，通谓之运河。”雍正四年（1726）官方正式设置北运河的管理机构后，多使用通惠河、北运河、南运河和江南运河等说法。近世以来，民间则往往将其称为“京杭运河”或“大运河”。2014年运河“申遗”过程中，又将隋唐、浙东两段运河与京杭运河合称为中国“大运河”。

清代水利学家傅泽洪在《行水金鉴》中说：“运道有迹可循，而通变则本乎时势。”运河名称的变化反映了运道及其背后时势发展变化的趋势，从渠、沟到漕渠、漕河，再到运河、运粮河、大运河，大运河名称经历了由区域到跨区域、由专称到统称再到专称、由“漕”到“运”或“漕”“运”兼称的不同阶段。首先，漕运是运河的基本功能，以“漕”为核心的漕河或漕渠的名称无疑都突出了这种功能，同时，“运河”一词也并未脱离漕运的主旨，而是以“运”字突出了“漕”的状态。其次，漕河、运河等名称都经历了从地方专称到南北通途或地方河流专称的变化过程，这个过程不仅是中国社会发展的过程，而且也是运河附属功能逐渐增加和社会交流日渐频繁的过程。“运

河”一词在宋代出现似非偶然，比之隋唐时期，运河在保留漕运功能的同时，贸易交流的职能进一步加强，正如陆游所言，运河“假手隋氏而为吾宋之利”，这种“利”一方面是漕粮运输的便利，更主要的是商业运输以及对外贸易之利，尤其是南宋时期，浙东运河、浙西运河是其经济命脉，浙东运河还主要承担了对外贸易的功能。最后，运河名称的变化不仅体现了历时性变化的过程，而且区域差异亦可见一斑。宋代以运河命名的河流多集中于江南地区，辽金元时期，运粮河的名称则多出现在北方，这或许正是不同的文化及其实践在语言上的反映。

咸丰五年（1855），黄河在河南铜瓦厢决口北徙后改由山东入海，致使山东境内河道废弃，南北航运中断。光绪二十六年（1900），河运漕粮停止，运河的漕运功能结束。不过，在经济崛起和文化保护与传承的背景之下，大运河作为中华文明象征载体的整体性与延续性价值凸显，在历史上有着重要意义的三段运河及其影响下的区域被视为一个具有实际和文化象征功能的整体性的运河带。所谓“运河带”，是指因大运河流经而形成的空间上的带状区域；而“大运河文化带”，则是指置于运河带状区域之上、在历史进程中积累的，由民众创造、遵循、延续的制度、技术和社会文化的总和。与其他区域文化相比，它因存在严重的区域差异，而缺乏实际意义上的归属感和认同感，但由于运河具有强烈的历史、地域的整合、沟通功能，因此，“文化带”又是一个符号意义上的线性共同体。

大运河文化的内涵

观乎人文，化成天下。文化是凝结在物质之中又游离于物质之外的能够被传承的历史、地理、风土人情、传统习俗、文学艺术、价值观念乃至信仰等。运河文化的内涵也是如此，但同时又有区别于其他文化的特殊内涵，人工开挖是其区别于其他河道的水利属性；国家制度是其作为文化的一种战略高度；连接南北是其社会属性。从这三种属性中，可以看出运河文化的内涵包括了技术文化、制度文化、社会文化三大类。

首先是技术层面的运河文化，即运河的文物特性。相对于长江、黄河等河流，运河人工开挖的特点决定了其首先反映了人与自然的关系，辩证地看，这关系中既蕴含着人定胜天的积极态度，也有相地而流、本乎时势的理性，是人类适应自然和改造自然这一永恒矛盾的权衡。当这两种思想共同反映在运河河道开挖、疏通、改变及维护的层面上，就形成一种技术层面的文化，可以分为水运工程、引水工程、蓄水系统、整治系统、防灾系统等。其中节制工程、穿越工程、跨江河工程、闸坝工程等专门性工程是工程技术的核心。这些完备且颇具技术含量的工程浓缩了历代官员、水利专家以及大量百姓的心血与智慧，使得中国古代的运河技术一直走在世界前列。

其次，漕运制度，即漕运及运河治理所反映的制度文化。康有为曾说："漕运之制，为中国大制。"（《康有为政论集》）这一"大制"，跨越多个朝代，形成了稳定的运河制度文化。运河所蕴含的制度文化包含两个层面，一是行政管理文化。运河河道和漕运管理都属于国家行政的重要组成部分，包括机构组织、法律规制、人事安排等一系列河漕制度，是各朝各代执政者政治管理经验的总结与提炼，其完备性、周密性和成熟性以及整合的意义，亦反映了传统制度文化建设与发展的特质。二是战略文化。从历史长时段来看，运河线路的延长以及从人字形到南北贯通的一字形的改变，不仅从空间上拉近了中国南北的距离，更从国家战略格局上促进了传统经济格局和政治地缘格局的改变，解决了集权政治的稳定性、区域地方社会发展的不平衡性等问题，保证了国家的统一和安全。

最后，社会文化，大运河区域的社会文化是由运河及其所流经区域民众所创造、遵循、延续的文化，它是在运河开凿和通航过程中，长期积淀形成的全部物质文化和精神文化的总和，是一个以时空辐射为演变特征的跨区域、综合性的文化系统。与其他文化相比，运河社会文化有着显著的"运河"特征和开放、沟通、区域的特性。事实上，运河社会文化是一个宽泛的范畴，因划分标准不同，而形成了多种文化类型，因此其内涵似难以界定。但总体来看，关于运河社会文化的认识和理解：一方面应强调"运河性"文化的拼盘或多学科组合，如它涉及商贸文化、建筑文化、曲艺文化、饮食文化、信仰文化和民俗风情等多种门类；另一方面，还应看到运河历史文化是一个整体，从"人"的视角出发，运河文化并非所有的事实和现象，而是人们的行为，以及影响人的行为要素的整体联系的因素。所以，运河社会文化是运河区域民众所创造的文化本身与文化形成过程的结合。

大运河文化的价值与功能

大运河在古代王朝的时间序列和区域、跨区域的空间里实现了功能的价值性延续，对其进行意义追寻，既是文化遗产层面、知识系统层面、民族精神层面等传承与发展的需求，也是文化传播及战略布局的需求。运河的价值与功能表现在以下三个方面。

第一，作为文化载体的运河。大运河具有物化和符号化的不同意义，承载了“水利—物质”“国家—社会”“精神—行为”三个层面的内容。运河载体，既指实际的运河河道及其附属工程、建筑，也指人们观念中的大运河，即作为“事物”的大运河在人们观念中所构建起来并清晰存在的形象。大运河载体功能的发挥是指其对文化的聚合、传播、催生的作用。运河的流动性和开放性，使得人口流动速度加快，精英文化的价值观念较快地渗入大众生活中，区域间文化的融合性极强，各种文化相互吸收、融合、涵化，发生内容和形式上的变化，并通过相互接触、交流，进而相互分拆、合并，在共性认识的基础上建立具有连续性和一致性的新文化。运河载体功能的发挥，就是不同文化相互吸收、交融、调和而趋于一体化的过程。在这个意义上，作为载体的“运河带”不是一个单纯的地域概念，而是一个与运河相关的包含经济、政治、思想、意识等层面交互作用的统合体。

第二，作为文化联结纽带的运河。大运河带是标签性的“线性共同体”，同时又具有明显的区域、跨区域特性，该区域包括了北京、天津、河北、山东、江苏、浙江、河南、安徽等行政区域，也跨越了江南、江北自然区域，以及燕赵、齐鲁、中原、江南等不同文化圈。它连接南北，并进而通过其他东西之河道及交通枢纽相互联结，形成了经济、文化传播的网络。在这个意义上，运河与其他自然河流一起，共同构建了中国地域的线性框架性格局。同时，大运河分别在宁波和洛阳与丝绸之路交汇，是海上丝绸之路和丝绸之路的连接线，将草原、沙漠、丝绸之路联结成一个环状，形成了一个巨大的文化交流和商品贸易通道。所以，运河文化本身的历时演变与附着其上的文化脉络编织了一个巨大的文化网络，沟通古今且连接世界。

第三，作为生活方式的运河。“运河”是一种文化符号，更是一种生活方式。大运河开挖、通航所形成的生存环境和生活条件，已经成为一个巨大的生活磁场，不仅漕运群体、商人组织、河工人群等因运河形成了独特的生活方式，而且也造就了运河流经区域社会人群特殊的生存、生活方式，并由此形成了人们不一样的风俗观念。生活方式不会随运河断流而快速消逝，也不会在时代变迁中永远固守，真实而生动地存续于生活场景和基本生活情态中的运河，是最有价值和活力的，它们在日常生活的劳作、交往、消费、娱乐、礼仪等层面得到传承。因此，大运河文化的传承与保护，旨在唤醒、传承集体记忆，让作为遗产的“物”化运河与作为主体的“人”的边界逐步消失，在断流河道，通过物化的运河遗产构建持续的文化传承；在依旧畅通的河段，让运河所浸润的、人们已经过惯了的生活安静延续。

运河学发微[*]

李　泉[**]

运河是从事交通运输的工程化的水道，同时在排水、引水、灌溉等方面也起到了重要作用。所谓“工程化的水道”是指人工开挖的河道或利用工程设施渠化了的自然河道。中国大运河是一项伟大的水利工程，其规模之宏大、历时之久远、作用之巨大、文化内涵之丰富，在中国和世界历史上均非其他工程可比。中国大运河申报世界文化遗产的过程中，有人提出建立运河学的问题。随着运河及区域社会研究的深入，许多学者对此表示赞同。① 本文首先探讨中国大运河的历史功能，说明建立运河学的必要性，而后讨论运河学研究的内容和理论方法。

一　运河在中国文明史上的意义

运河和长城是中国历史上最伟大的两项建筑工程，它们是中华民族顶天立地的象征，也是中华民族生生不息的写照。但是，长城是防御性工程，它的价值取向是封闭、排外的，其中多少透露出一些屈辱。运河是综合性工程，它的价值取向是开放、进取的，所蕴含的是中华民族的自豪感。反观中国古代历史，运河发挥的作用和社会影响，远远大于长城，远远大于中国历史上的任何一项建筑工程。

---

* 本文原载《运河学研究》第1辑，社会科学文献出版社，2018，第3~32页。

** 李泉，聊城大学运河学研究院教授，《运河学研究》主编，主要研究方向为中国古代史、运河史。

① 21世纪初以来，杭州王国平多次提出建立运河学的问题，2009年以后，土建专家罗哲文也几次在会议上发言，提议建立运河学（参见罗哲文《运河申遗应建立运河学》，《中国文化遗产》2011年第2期）。此后，学界经常有人撰写文章表示赞同，并讨论运河学的相关问题。2016年6月8日《中国社会科学报》发表以“运河学研究方兴未艾”为题目的“运河学笔谈”，就建立运河学的有关问题进行了讨论，参加笔谈的有邹逸麟、李孝聪、陈力、常建华、李泉、吴琦、张士闪、吴欣。

（一）运河的政治功能

商周实行分封制度，诸侯林立，各自为政，王室只是名义上的天下共主。春秋时期大国争霸，势力较小的诸侯国相继被兼并，政治大一统的趋势开始萌生。在这样的情况下，江南的几个诸侯国相继开挖连通自然河道的运河。春秋末年，吴王夫差开挖邗沟、菏水，率兵由运河北上，争当中原霸主①，开启了南、北诸侯国之间的军事对抗，加快了国家统一的步伐。到战国初年，春秋时期的上百个诸侯国已缩减为几个大国，实现了区域性局部统一。这时由西向东扩张势力的魏国大举开挖治理鸿沟②，使东、西各诸侯国的交往更为密切。要之，运河在中国统一进程中应运而生，它改善了中原和东部各地区之间的交通条件，区域联系加强，为全国一统奠定了基础。

在两千多年的传统社会中，运河在维护国家统一方面一直发挥着至关重要的作用。秦始皇在统一中国的战争中建立起水军，称为“楼船之士”。灵渠开凿后，军需得以及时补充，乃战胜南越，使秦朝疆域达于岭南。③ 从理论上讲，当时由关中地区沿水路可以直达广东，为中国历史政治大一统奠定了交通方面的基础。后来汉武帝训练水军，出兵岭南，设置郡县，对南方广大地区实行有效的行政治理，大一统局面得以巩固。曹操统一北方，征战乌桓，每次大战的胜

---

① 《左传》哀公九年（前 486）：“吴城邗，沟通江淮”，吴修筑邗城，后人称其所开运河为邗沟。杜预注称邗沟为韩江，《水经注·淮水注》称其为渠沟、渎水，《汉书·地理志》称其为渠水。据《国语·吴语》载，吴王夫差战胜齐国后，于公元前 484 年在商（今河南商丘）、鲁（今山东曲阜）之间“阙为深沟”，沟通了沂水和济水。《水经注》载，菏水在定陶（今山东定陶）东北从济水中分出，东流至谷庭（今山东鱼台）入于泗水。定陶离商丘很近，溯泗水而上则可到达曲阜，因此夫差所开的通于齐鲁的“深沟”就是后来的菏水。

② 大约在魏惠王十年（前 360）至十八年（前 352），魏国在黄河与淮河之间兴修了著名的水利工程鸿沟。鸿沟不是一条单一的水道，而是由几条运河构成的水系。其主水道由荥阳（今河南荥阳东北）引黄河水东行，过魏都大梁转而东南流，至陈（今河南淮阳）折向南流，入于颍水。鸿沟在大梁附近出现了几个分支：其中汳水（下游称获水）流经今河南兰考与商丘之间，东至彭城入于泗水；睢水流经今河南杞县、睢县、宁陵、睢阳，向东南至江苏睢宁东入于泗水；泗水与淮水通，所以这两条运河都可沟通黄河与淮河。另外，鸿沟水系的涣水从大梁南向东南流，至安徽五河县人淮水，直接连通了黄河与淮河。

③ 秦攻灭山东六国后，于秦始皇二十六年（前 221）派大军 50 万，分五路南下进攻岭南地区。其中一支军队由番禺（今广东广州）西进，受到生活在今广西一带的越族西瓯人的顽强抵抗。那一带山峦起伏，粮草给养运输困难，军队前进受阻。双方相持三年，秦军伤亡惨重。为解决军需给养的运输问题，秦监御史禄在今广西兴安县境内开挖灵渠，建设分水工程，筑拦河坝抬高水位，设陡门逼河水流向高处。沟通了湘江和漓江，连通了长江和珠江水系。

利，都得益于运河交通的保障。[①] 隋炀帝开挖运河后，沿运河巡视南方，走运河出兵北方，运河的政治军事功能至为明显。[②] 唐宋以后，运河的政治军事功能常常被它的经济作用所掩盖，但是无论是在和平年代还是战乱时期，运河军事运输和政治控制的作用都十分明显。“安史之乱”中，叛军占据洛阳，切断了运河交通线，唐中央政府与东部地区的联系断绝，朝廷顿时乱了手脚，玄宗乃仓皇出逃。“安史之乱”平定后，政府所做的第一件大事便是整修运河，恢复运河交通。北宋极力经营御河[③]，因为它是向北部边境运送军事物资的通道。金朝为了向南方用兵，也十分重视对御河的培护。元朝在进攻南宋的过程中，曾经在山东境内疏通河道，开挖运河，为输送军需提供了便捷的通道，也为开挖贯通南北的大运河积累了经验。[④] 元明之际，朱元璋军队北攻元朝大都，大将军徐达曾在济宁一带开耐劳坡口、塌场口[⑤]，舟船由淮水入泗水，而后达于山东、河南。清代康熙、乾隆皇帝为了加强对南方地区的控制，多次沿运河南巡[⑥]，运河

---

① 官渡之战后，曹操北征袁氏政权，于建安九年（204）率军渡过黄河，修筑大坝拦截淇水，使之流入白沟，将白沟开拓疏浚，用以运送军粮。此后，曹操又继续向北开挖引滹沱水入泒水的平虏渠，从平虏渠入泒水处向北开挖了纵贯泉州县（今河北武清南）东部的泉州渠，又由泉州渠向东沿海边开挖了新河。建安十八年（213）开挖利漕渠，“引漳水入白沟”。曹操开挖的这些运河，沟通了南起黄河，中经清水、漳水、淇水、洹水、滱水、易水、涞水、沽水、滹沱河，北至海河水系的许多自然河流，便利了曹魏政权对华北地区的控制，其中有些河段为隋代京杭运河所利用。

② 隋炀帝迁都洛阳后，于大业元年（605）开挖沟通黄河与淮河通济渠。同年，整修山阳渎（邗沟）。大业四年（608）春，在黄河以北开挖永济渠，北达涿郡蓟县（今北京市）。大业六年（610）十二月，整修江南河。以上四条运河首尾相连，以洛阳为中心，南可通过通济渠、山阳渎、江南河到达馀杭，北可进入永济河抵达涿郡，中国历史上贯通南北的京杭大运河最终形成了。由洛阳溯黄河西行，入关中的广通渠，可达隋初的都城长安。

③ 《资治通鉴》卷268《后梁纪三》，胡三省注曰：“隋炀帝大业四年穿永济渠，引沁水南达于河北，通涿郡，后人因谓之御河。”后阻断沁水，以卫辉苏门山百泉为水源。因河道流经古卫地，故多称其为卫河，其中临清到天津的河段清雍正以后称南运河。

④ 元代开挖贯通北京城的通惠河，整修通州至直沽（今天津附近）的白河（北运河）、直沽到临清的卫河（南运河），在山东西部地区开挖会通河，疏通淮扬运河（里运河）和江南运河，从此京杭大运河全线贯通。

⑤ 《明史》卷83《河渠志一·黄河上》：“明洪武元年，（黄河）决曹州双河口，入鱼台。徐达方北征，乃开塌场口，引河入泗以济运，而徙曹州治安陵。塌场者，济宁以西，耐劳坡以南，直抵鱼台南阳道也。”

⑥ 康熙皇帝平定三藩之乱后，于康熙二十三年（1684）至康熙四十六年（1707）间六次南下巡视，南巡的路线多为乘船沿运河经今河北、山东、江苏到达杭州，然后返回京城。南巡的主要目的是视察黄河运河重要工程，同时查访吏治民情，笼络汉族士大夫。乾隆皇帝自乾隆十六年（1751）至乾隆四十九年（1784）间也曾六次南巡，除视察河工外，还多次前往海宁一带，视察海塘工程。他曾在江宁（今南京市）、京口（今镇江市）和杭州举行盛大阅兵式，炫耀武力，威慑南方士民。

的政治功能更加显明。在一次又一次由分裂走向统一的过程中，我们几乎都能看到运河在发挥作用。大运河是一条政治之河，是国家统一的重要保障。

秦汉以后，影响中国统一的政治势力主要来自北方，在辽阔的草原上，善于骑射的游牧部族面对恶劣的生存环境，时刻谋求向内地扩张，与中原王朝分庭抗礼。因此，南北之间的军事对抗贯穿于整个中国古代社会。中原王朝为抵御北方政治势力侵扰，多建都于北方，以北方或西北地区为政治军事中心区域。但是秦汉到魏晋时期，中国的经济文化重心在东部地区，唐宋以后转移到了东南江浙一带。政治军事中心和经济文化重心长期偏离，如果不能将两个区域紧密联结起来，势必影响国家政治稳定，难以建立起政治一统的国家。怎样将两个相距较远的区域连接起来，唯一的办法是开辟稳定顺畅的交通路线。于是，各个朝代无一例外地选择了运河，严格管理，精心培护。不管是强盛的汉、唐，还是大一统的明、清，都把运河作为京城物资供应、强化区域政治军事联系的南北通道。康熙皇帝亲政后，在宫中的柱子上写下当时的朝政要务：三藩、河务、漕运①，三件大事中有两件与运河有关。三藩之乱平定后，朝廷重点关注的就只有河务和漕运了。康熙、乾隆多次南巡，一方面是为了威吓、笼络南方士族，另一方面也是为了视察河工及漕运，保证南北之间的政治经济联系。

当然，在中国历史上，也有不少朝代为了保障京城的粮食及其他物资供应，建都在离东部地区较近的洛阳、开封等地。这里地处南北大运河中段，运河的政治军事功能依然比较显著。比较而言，这些朝代都不甚强盛，除东汉和西晋为统一王朝外，其他朝代都难以摆脱分裂和动荡的局面。至于建都在南京和杭州的几个朝代，多处于分裂割据时代。历史事实说明，在中国的传统社会中，只有以北方为国家政治军事中心，才能建立起统一的强大政权。而政权强盛、稳定的重要条件是运河交通畅达。大运河是国家大一统的重要支柱，反过来说，没有大运河，就没有中国古代的长期统一。

（二）运河的经济功能

在交通不发达的中国古代，大运河作为南北交通动脉，不仅承担着漕粮

---

① 康熙皇帝曾经对大臣们说："朕听政以来，以三藩及河务、漕运为三大事，夙夜廑念，曾书而悬之宫中柱上，至今尚存。倘河务不得其人，一时漕运有误，关系匪轻。"参见《清圣祖实录》卷154，康熙三十一年二月辛巳。

运输的任务，也是区域物资交流的通道，沿线社会经济发展水平远远超过相邻的其他区域。

西汉时期，政府每年都要通过黄河、渭河及关中漕渠将山东、河南等地的粮食转运到京城长安，于是建立了漕运制度。东汉修治汴渠，隋唐通济渠（汴河）畅通，漕运便捷。宋代以后，江浙地区成为粮食主要产区，南粮北运的格局逐渐形成。运输漕粮成为京杭大运河的最显著的功能，所以人们将其称为漕河。① 明清时期，京杭大运河畅通无阻，每年船运京城的漕粮在400万石以上，从此大运河成了国家“命脉攸关”② 的漕运通道。把几百万石粮食从南方运到京城，运输费用很高。政府既要漕运军卒承担繁重的运输任务，又不愿付给他们与劳动量相当的报酬，于是沿袭宋代的做法，允许他们运输漕粮时顺便从事私货贩运作为经济补偿，以提高其从业积极性。③ 漕船从南方挟带大量地方特产北上，沿途售卖；在通州交粮入仓，船已卸空，又购买大量北方特产，运回南方。这种做法，虽然降低了漕粮运输的效率，但对运河沿线商品交换，起到了巨大的促进作用。明清时期漕船一般在万只以上，漕运兵丁十余万人，他们沿线停泊，使运河城市流动人口大量增加；漕运兵丁在运河沿线从事商品贸易和各种消费活动，改变了运河城市的产业结构。

大运河纵贯中国东部数省，沟通了东西走向的自然河道，形成了以运河为中轴线的水路交通网。运河区域的官道、大道或与运河平行，或与运河相交，形成了运河区域的陆路交通网。纵横交错的水陆通道，无一不成为商人商帮转贩货物的商路，于是运河区域形成了四通八达的商业网络。中国各地的商人商帮，纷纷来到运河区域，在这个百货齐集的商业大舞台上，扮演着引人注目的角色。明代运河区域徽商势力最盛，他们以扬州为中心，势力覆盖整个运河区域，主要经营盐业、典当、茶叶、木材及米谷、棉布、丝绸、

---

① 漕河之称始于唐代，李吉甫《元和郡县图志》卷二《关内道》称韦坚在关中所开的运河为漕河，刘昫等《旧唐书》将流经扬州、洛阳的运河称漕河（参见《旧唐书》卷17上《敬宗文宗本纪》、卷37《五行志》、卷86《高宗中宗诸子传》）。张廷玉等《明史》卷85《运河》（上）：“淮扬至京口以南之河通谓之转运河，而由瓜、仪达淮安者又谓之南河，由黄河达丰、沛曰中河，由山东达天津曰北河，由天津达张家湾曰通济河，而总名曰漕河。”可见，明代将南北京杭大运河统称作漕河。

② 孙承泽：《春明梦馀录》卷46，引明代总河曹时聘说。影印文渊阁四库全书本。

③ 陈均：《九朝编年备要》卷23：“旧发运司主东南漕，其法：听操舟者载私货，征商不得留难。故操舟者富厚，以官舟为家，时补其敝而周船夫之乏。”明清时期，漕船夹带私货的数量逐渐增多，明前期政府规定的漕船夹带私货的最高限额是20石，后增至40石、60石，清代更增加到100石、150石，道光年间增至180石。

纸墨、瓷器等商品，有行商，有坐贾，也有的兼营手工业。清代晋商凭借着与政府的特殊关系，控制了中国北方市场，北方运河流域出现了晋商独执商界牛耳的局面。他们经营的行业更广泛，除粮食、食盐、典当外，兼营茶、棉布、丝绸、铁、炭、木材、金融及衣、帽、皮货、毛毡、丹、油、书、纸、墨、烟、酒、漆、烛、杂货、海味等。苏南一带经济发达，且处于运河岸边，得天时地利，所以苏州洞庭商人、南京江宁商人、太仓商人、无锡商人在运河沿线城镇十分活跃，在白布业、绸缎业经营方面称雄一时，领尽风骚。浙江商人以经营绸缎、毛竹为主，兼营稻米、典当、日用杂货、桐油等行业。江西商人也来到这里，他们以经营瓷器为主，兼营纸张、药材。以经营布匹、粮食、药材著称的山东济宁商帮，不仅在本地有很大的势力，而且活跃在江浙运河区域。来自闽广、辽东的商人也常常出现在运河区域，从事各种贸易活动。①

便捷的交通、兴盛的商业，为运河沿线城市发展提供了良好条件。唐宋时期，运河沿线的杭州、苏州、常州、润州（治今江苏镇江）、楚州（治今江苏淮安）、泗州（治今江苏盱眙南，后沉入洪泽湖中）、宿州（治今安徽宿县）、宋州（治今河南商丘）、开封、魏州（治今河北大名东北）都是商业繁华的城市。唐中期诗人王建在途经汴河时写下《汴路即事》诗，叙述沿途见闻及运河沿线商业繁荣的状况："千里河烟直，青槐夹岸长。天涯同此路，人语各殊方。草市迎江货，津桥税海商。回看故宫柳，憔悴不成行。"② 运河千里，孤烟直入云天，青槐夹岸，远通天际。远来的四方客商都经过运河这同一条水道，他们操着各种不同的语言进行商业贸易。河边的草市里商贩争相货买由江南运来的货物，津桥旁边的关卡对泛海而来的商品征税。运河区域商业呈现一片繁荣景象。

明清时期，运河通畅，沿线经济进一步发展，城镇更加繁荣，许多新兴的工商业城市崛起。以山东地区为例，明代前期位于会通河与卫运河交汇处的临清很快发展为北方重要的商业中心城市。城中有许多专门经营某一商品的街巷或市场，见于地方志记载的以商品名称或手工业部门命名的街巷有茶叶店街、草店街、冰窖街、酱棚街等，市有锅市、马市、鸡市、青碗市、姜市、饭市、柴市、猪市、米市、菜市、羊市、牛市，巷有果子巷、大白布巷、

① 李泉、王云：《山东运河文化研究》第四章"商人商帮与商业文化"，齐鲁书社，2006。

② 王建：《王司马集》卷3，影印文渊阁四库全书本。

小白布巷、白纸巷、钉子巷、银锭巷、鼍鼓巷、竹竿巷、琵琶巷、箍桶巷、粜米巷、纸马巷、曲巷、故衣巷、手帕巷、弓巷、窨冶巷、鞍子巷、豆腐巷、打狗巷、马尾巷、油篓巷、皮巷、香巷等等。[①] 这里设置钞关征收商税。嘉靖年间，临清钞关的年商税额达八万多两，超过了地处京师的崇文门钞关而居于全国八大钞关之首。会通河南段的济宁、中段的张秋、卫河岸边的德州，也都是商业繁华的城市。会通河沿线的中小城镇更为密集，它们处于运河沿线的码头、桥梁、关津、闸坝所在地，有便利的交通条件，可以充当远离运河的经济区域进入运河的通道。这些大小城镇像一颗颗珍珠镶嵌在运河上，组成繁华多姿的运河城镇带，拉动着运河区域经济的发展，也承担着向外的经济辐射功能。

运河沿线城镇兴起和商业手工业发展引起了社会结构和产业结构的变化。首先，频繁的社会流动引起人口结构的重大变化。各级政府每年征发沿线农民专门从事运河与交通管理，名目种类繁多，有船夫、纤夫、闸夫、坝夫、浅铺夫、湖夫、泉夫等。明朝弘治年间仅在山东南部各州县便征发泉夫2600多人。由于经济利益的驱动，运河沿线乡村人口大量向城镇流动，由农业转而从事商业、手工业和服务业。其次，运河沿线区域经济结构发生了重大变化，许多地方出现“居民弃农趋贾”[②]，“小农去而贩，大农去而贾”[③] 的现象。《夏镇漕渠志》说运河开挖以前，夏镇（今山东微山）民众纯朴而恭谨，运河通航后变得讲求文采而生活奢侈，如今更变得轻佻而诡诈了。[④] 朴愿是农民的品格特点，而文、靡、佻、诡正是商人的特质。运河区域民众由朴愿向文靡的转变，是传统农业社会解体的征兆，也是社会经济发展的表现。另外，运河沿线的农业生产结构发生了重大变化，鲁西北运河沿线的一些州县，种棉地多，种粮地少，不少地方棉田占到农田的十分之七。[⑤] 他们种植的棉花几

---

① 乾隆《临清直隶州志》卷2《城池》，凤凰出版社，2004年影印本。

② 乾隆《馆陶县志》卷3《建置》。

③ 鲁一同：《清河风俗物产志》，载刘学军、葛莱主编，杨恒忠、徐亚龙副主编《千年古县·淮阴》，南京大学出版社，2011，第262页。

④ 狄敬：《夏镇漕渠志略》（卷下），风俗：“未有运以前其人朴而愿，有运之后其人文而靡。今则佻而诡，盖愈趋而愈下焉。”（《北京图书馆古籍珍本丛刊》，书目文献出版社，1996，第104页）

⑤ 《夏津县志》记载：“物产多棉花而少五谷，年之丰歉，率以此为验。”直到民国年间，依然如此：“本县农作物棉产为大宗，约占农田十分之七，五谷产量极少，以丰年而论，尚不足六月之需，势必资借外粮以裕民食。”（孟昭贵主编《夏津县志（古本集注）》，天津人民出版社，2001，第218、625页）附近其他各县情况类此。

乎全部进入流通领域，其粮食消费也大都依赖于市场。运河沿线的烟草、花生、林果等经济作物种植面积也占有相当大的比重。经济作物的大量种植，改变了运河沿线的农产品结构，给传统农业发展带来了新的机遇和动力。

运河的主要功能是交通运输，但运河的影响却遍及社会经济的各个领域和部门，这种影响和促进作用巨大而持久，使得运河区域的经济发展水平明显高于临近的其他区域，形成了一个纵贯南北的运河经济带。

（三）运河的文化功能

运河文化是运河本体文化和区域文化的结合体。运河本体文化是运河开挖修治、工程建设、河务管理过程中形成的文化现象。区域文化又被称作系统文化，是特定文化区域中产生的独特文化现象，文化区域是她的母体和载体；区域文化又是历史文化的层层积累，文化历程是她的血肉和精髓。就是说，当某一地理区域的文化积累相当丰厚，出现了区域内部物质文化的共性和精神文化的认同，这种共性和认同明显区别于相邻的同属于一个文化大系的其他区域文化时，新的文化区域就出现了，新的区域文化也形成了。[①] 中国运河文化是社会各层级的人们在长期从事运河开挖、管理，在与运河相关的社会实践中创造的物质的和精神的财富的总和，是中华民族文化大系中的南北地域跨度大、时间积累长、内容丰富多彩的区域文化。

运河本体文化主要由物质文化、制度文化两种形态构成。物质文化又称有形文化，是以历史文物、建筑及文化遗址为载体的文化。被列入《世界遗产名录》的 63 处运河水工遗存（河道及与之相连的湖泊）、9 处附属遗存（保障运河运行的配套设施和管理设施）、12 处相关遗存（与运河密切相关的古建筑、历史文化街区）及 1 处综合遗存，便属于运河物质文化遗产。[②] 与运河相关的制度文化遗产最为丰富，内容包括河道及工程管理制度、漕运制度、运河航运管理制度、河道航运管理机构及相关制度等等。这些制度，有的完整记录在相关书籍文献中，有的散见于各种档案资料中，规模宏大、内容丰富，是一座制度文化的宝库。

运河区域文化是一个博大精深的文化系统。运河畅通促进了区域商业兴

---

① 李泉：《中国运河文化的形成与演进》，《东岳论丛》2008 年第 3 期。

② 中国文化遗产研究院编《文物保护工程与规划专辑 1——体系与方法》，文物出版社，2013，第 160～165 页。

盛和经济繁荣，运河城镇规模扩大、数量增多、城市功能增强，为运河区域文化的发展提供了良好条件。政府官员、士人学者和商旅人等往来于南北之间，有的在此驻足停留，有的游览运河名胜，有的在此落籍居住，运河区域出现了前所未有的良好文化氛围。这个富有特色的文化体系，由许多部门文化所构成，如商业文化、城镇文化、漕运文化、消费文化等等。下文我们从主流文化（精英文化）和市井文化（通俗文化）两个层面揭示明清时期运河区域社会文化的基本内容和特点。

就主流文化而言，自隋唐大运河开通以后，运河沿线就成了文化发达的区域，明清时期更成为全国文化重心所在。从书院、科举、藏书家的数量等上层文化要素分析，运河区域在全国所占比重均大于相邻的其他地区。拿藏书楼来说，不仅皇家的藏书楼大都建在运河区域，北京建有文渊阁、文源阁，扬州建有文汇阁，镇江建有文宗阁，杭州建有文澜阁，私家的藏书楼也大都集中在运河区域，仅浙江运河沿线，就有宁波的“天一阁”、杭州的八千卷楼、湖州的皕宋楼、南浔的嘉业堂等著名藏书楼。吴晗《江浙藏书家史略》收录浙江藏书家399人，江苏藏书家490人[①]，乾隆皇帝说“江浙为人文渊薮”[②]，而江浙地区的人文，又以运河区域为最盛。明清时期的哲学、史学、文学方面的成就，也以运河区域最为显著。

运河区域的市井文化丰富多彩。市民文学兴起的先决条件是城市工商业兴起，市民阶层力量壮大。在运河城镇中，工商业、服务业人口占大多数，他们的物资生活水平比农民高，对精神生活的需求比农民强烈，市井文学的出现适应了这样的需求。唐代出现变文，宋代发展为话本，元代杂剧、南戏盛行，明清白话章回小说异军突起，促进了市井文学的繁荣。明代小说中，影响最大的是被称为“四大奇书”的《三国演义》《水浒传》《西游记》和《金瓶梅》，这几部小说都和运河有关系。《三国演义》的作者罗贯中祖籍太原，后来长期生活在杭州。《水浒传》的作者施耐庵，也曾长期生活在运河区域，小说中故事的发生及展开都以山东运河区域为背景。《西游记》作者吴承恩是淮安府人。这些著作中表现出的积极向上的思想倾向，向压迫者抗争的

---

① 吴晗：《江浙藏书家史略》出版说明及原书序言，中华书局，1981。

② 乾隆四十九年二月二十一日《谕内阁将来江浙文汇等三阁分贮全书许读书者领出传写》，载中国第一历史档案馆编《清代档案史料纂修四库全书档案》（下册），上海古籍出版社，1997，第1768页。

精神，曲折生动的故事情节，都是当时运河区域城市经济繁荣的产物。《金瓶梅》是中国文坛上出现最早的世情小说，它以运河城市作为故事展开的背景，描写清河县破落财主西门庆发迹到败落的故事。书中描述的临清城市繁华，可与其他书籍相印证；七八十处临清景物的描摹，在临清地方志中都可以找到真实的记述；特别是对临清钞关、娱乐业、服务业、运输业的描绘，更说明作者对临清有全面深入的了解。生活在运河区域的文人，出入于市井，受商业文化浸染，关注商人的经营活动与个人生活，逐渐改变了不屑与商贾为伍的清高态度，在他们创作或改编的小说中，出现了大量商人生活题材的作品。“三言”（《喻世明言》《警世通言》和《醒世恒言》）、“二拍”（《初刻拍案惊奇》《二刻拍案惊奇》）是这方面的代表作。清代运河区域通俗小说的代表作是曹雪芹的《红楼梦》。曹雪芹的祖父、父亲都曾担任江宁织造，是设置在南京的专门为宫廷制作服装衣饰的机构，这些衣饰全都通过运河送到京城。后来，曹府家道中落，曹雪芹贫居北京西郊。小说通过以贾家为首的几个大家族的兴衰过程，再现了清代运河区域经济繁荣和社会上层生活的腐华，其中也有皇帝南巡等运河区域重大历史事件的直接描述。书中关于文人诗社、节日时令、戏剧曲艺、酒席宴饮等方面的记述，无不再现了当时运河区域的社会生活场景。另外，产生于苏南运河区域的昆腔，沿运河向北方传播的徽戏、汉剧，在运河北端的京城与秦腔融汇，形成了中华传统文化的结晶京剧。运河沿线的各种地方戏剧、曲艺，如京津地区的曲剧、评剧，河北的河北梆子、乱弹，山东的茂腔、柳子戏、五音戏、山东梆子，江苏的淮剧、扬剧、锡剧，浙江的越剧、绍剧，等等。这些地方戏同样是中国传统文化表现形式，它们凝结着运河区域的社会风尚、民风习俗。①

运河沿线的市井文化和通俗文化的表现形式还有很多，诸如口头文学和民间传说，民间艺术、民间工艺、杂技、音乐、舞蹈、传统体育与游艺，传统礼仪及节庆等，这些文化现象大都以非物质文化遗产的形式存在，是运河区域优秀传统文化和非物质文化遗产的重要组成部分。

一部中国运河史，就是半部中华文明史。运河的影响遍及中国社会的各个方面，举凡政治经济、社会结构、思想观念、文化艺术等领域，都有运河因素在发挥作用。运河的影响力持续传承，历久弥新，自春秋战国以后，历时两千多年，时至今日，仍充满生机活力。我们珍视中国运河，重视运河的

---

① 李泉：《运河文化》第三章“文化的河”，山东大学出版社，2013。

功能，关注运河的社会影响，这是我们建立运河学的初衷。

二 运河本体研究和运河区域社会研究

本文所说的运河学，可以理解为一个学科，也可以理解为一个研究方向或一门学问。一个学科或一门学问能否成立，关键因素有两个，一是研究对象是否具有丰富的内涵和清晰的外延，二是研究资料能否支撑这个学科。下文试就这两个方面对运河学的研究内容及研究资料进行解读。

（一）运河本体研究

我们所说的“本体研究”指运河本身或主体的研究，这项研究大体内容如下。

1. 运河发展史①

中国的运河存在时间长，分布空间广。运河学作为一门学科，研究历史上的运河，也研究现代的运河；关注贯通南北的大运河，也关注全国其他区域的运河。研究运河开挖的历史背景、河道变迁及各历史时期运河的特点。运河发展史的研究起步早，研究成果十分丰富，但值得深入研究的题目还很多，兹略举一二。

关于中国运河史的发展阶段及各阶段运河功能、特点的研究。即便从春秋末年夫差开挖邗沟算起，中国的运河也有两千多年的历史，中国运河的发展经历了哪几个发展阶段，每一个阶段有哪些特点，取得的主要成就是什么，这是需要认真总结的问题。

关于中国大运河以外的其他运河研究。目前，由中国大运河申遗引发的运河热遍及大运河流经的东部各省市，政府及相关部门从经济文化带建设方面关注运河，学术界将研究的视域投向了运河，民间则对北方运河通航充满着期盼。比较而言，大运河之外的其他河道则为大家所忽视。中国的运河遍及南北各地，有些距离较短，有些已成历史遗迹，这些运河尚未引起各界关注。它们是中国运河的重要部分，也是运河学研究的重要内容。

---

① 运河发展史方面的研究成果很多，如史念海《中国的运河》写成于抗日战争时期，1944 年由学生书局出版印刷，修订后于 1988 年由陕西人民出版社出版重印。又如姚汉源《京杭运河史》，中国水利水电出版社，1998。陈桥驿主编《中国运河开发史》，中华书局，2008。其他著作论文甚多，不一一列举。

关于中国运河与世界运河的比较研究，目前，不管是研究中国史还是研究世界史的学者，对运河都十分关注。但是，大家各扫门前雪，缺乏必要的合作与沟通，就连运河的定义也是各执一词，差异很大。① 进行比较研究，不仅具有重要的学术价值，而且具有重大的现实意义。

2. 运河与生态环境变迁

运河的开挖是人类利用自然环境、改造自然环境的行为，这种行为的直接目的是用于交通运输，但从客观效果看，在交通运输条件改善的同时，引起了自然环境、生态环境的改变。运河学关注的不只是运河本身的自然属性及其工程技术进步，同时应该关注开挖运河引起的自然环境的变化：区域水文改变、自然水系变化、湖泊形成与消长、农业生态环境——水、土壤、植被的变化。

中国的自然河道大都是东西走向，而沟通自然河道的人工运河大体为南北走向。运河与自然河道不可避免地存在交汇连接。运河靠自然河道补充水源，但又常常受自然河道侵害：北方的自然河道多发源于山地，夏秋洪水暴发，危及运河堤防；河水挟带大量泥沙将运河淤浅。怎样避开自然河道的侵害？古人大体采取了两种办法：一是修筑闸坝，将运河与自然河道隔开，适当引自然河道之水以补充运河水源；二是改造自然河道，使其成为运河的支流或减河。运河的开通改变了许多自然河道的走势流向，自然水系及水文环境因此而改变。运河的路线设计及航运管理，均以漕粮运输为计，关于排涝、灌溉及农田水利则无暇顾及，江北运河区域频繁发生水灾、旱灾，与运河有一定的关系。

中国运河对区域生态环境影响巨大而持久，这是一个十分复杂却有重要

---

① 国外学者给运河下的定义是“为改良与扩充天然水路而建造的水道，一般是用以促进运输，但早期却是为许多特殊的目的所设，如排除水泽区的水、灌溉耕种的土地、促进经济发展及改进交通等”［《大美百科全书》第5册，光复书局《大美百科全书编辑部》编译，（台湾）光复书局，1990，第192页］。在中国，学界一般把运河定义为“人工开凿的航运渠，用以沟通不同的江河、湖泊、海洋，缩短通航里程，改善交通条件”（《中国大百科全书》总编辑委员会编《中国大百科全书·交通卷》，中国大百科全书出版社，2002，第611页）。“虽以航运为主，但在综合利用资源的原则下，对灌溉、排涝、泄洪、发电等方面也有重大作用。”（夏征农、陈至立主编《辞海》，上海辞书出版社，2009，第2841页）显然，国外学者把早期用作排水、灌溉的渠道均视为运河。而中国学界则把用作排水、灌溉的人工渠道排除在了运河之外。史书中说禹“尽力乎沟洫”（《论语·泰伯》）、西门豹开十二渠，“引漳水溉邺”（《史记·河渠书》），如按国外学界的定义，这些都可以称作运河，但中国史界历来均将其排除在运河之外。

学术价值和现实意义的研究课题，是运河学研究的重要内容。

3. 河道工程[①]

运河河道工程种类多，分布广，兴建频繁。概括说来，大体有以下几类：

综合性枢纽工程。是指为控制水流、调节水量，满足运河供水、排水、交通、灌溉等需求，在运河与其他河流交汇处或适宜河段修建的由几种不同类型水工建筑物构成的大型水利工程。如明清时期的南旺分水工程、清口工程，如今的淮河入海水道穿越京杭大运河工程、南四湖二级坝水利枢纽工程等。

供水工程。是指为运河提供水源的引水河道、蓄水湖泊及泉源等。蓄水湖泊以会通河水柜最为著名。明清时期，济宁以北有五个水柜，称北五湖；济宁以南有四个蓄水湖泊，称南四湖。运河水量过大时排水入湖，水量过小时放湖中水入运河，利用水柜将运河水量控制在最适于航行的水平上。另外，苏北的骆马湖、扬州城南的五塘、丹阳西北的练湖、苏南的太湖，也都起到了调节运河水量的作用。泉是北方运河的重要水源，明清政府十分注重发掘、疏通泉源，使之汇流成河渠，输水入运河。明后期鲁西山地泉数多达300多个，这些泉源分布于兖州府、济南府的16个州县。[②]

排水工程。自然水体流向运河的水量过大时，会造成运河决堤泛滥。古人在运河沿线修建了许多排水设施，包括排水河道（减水河）、排水涵闸（减水闸、减水涵洞、减水坝、滚水坝等），用来排泄运河洪水。里运河、南运河、北运河沿线都建有许多这样的排水设施。

控水工程。京杭大运河的控水工程主要由闸、坝、堤、弯道、月河等构成。闸，秦汉时期称水门，后称斗门或陡门，宋代始将大型斗门称为闸。明清时期，人们习惯上把可以通行船只的或规模较大的斗门称为闸，规模较小或只用作输水、排水者仍称为斗门或陡门。按照功能的不同，运河水闸可分为三类：船闸（节制闸），建于河道中，启闭闸门控制河水的流量和河水深度。积水闸（进水闸），建于水源与运河相交处，运河水量小时，可开闸向运

① 目前研究当代运河工程的著作论文较多，从科技史的角度研究古代运河工程设施的论著很少，即便是运河史上最著名的工程如南旺分水工程、清口工程等，也是从事文化史的学者对其文化遗产价值进行分析评估，而缺乏科技史方面的力作，以至于很多人在介绍这些工程设施的时候，只能泛泛地说其科技含量很高，如果问起科技含量高在哪里，则无不语塞。

② 参见蔡泰彬《明代漕河之整治与管理》第四章“明代各朝疏浚山东济运泉源数表”“明代山东各州县所属济运泉数表”，（台湾）商务印书馆，1992。

河输水。减水闸（平水闸、排水闸），建于运河与减河、水壑相交处，运河水量过大时，可开闸向外排水。另外运河沿线也建有涵洞，用于进水、排水，其优点是不影响地面交通，缺点是水流量小。坝，防水或拦水的构筑物。按功能分类，有拦河坝：建于河道中，拦截河水，使之断流或改变流向。元代以后比较著名的坝有山东的堽城坝、戴村坝，苏北的御黄坝等；有车船坝：将运河与自然河道隔开的拦水坝，船只越坝后方可进入另一河道，著名的有明初以前的淮安五坝，运河入长江口的车船坝，江南运河和浙东运河上车船坝较多。有减水坝（滚水坝、平水坝）：是一种低溢流堰，运河水量过大时，可掘坝放水，或任水由坝顶溢出。按材质分类，有土坝，其优点是便于开启及控制高度；有石坝：坚固耐用，但难以调节高度，容易造成坝前淤积；有土石坝，土石混合建成的坝；有埽坝：将秫秸、芦苇、树枝、石块捆扎成圆柱状，垒筑成坝，是临时的小型拦水坝。堤，为防止河水漫溢而修筑的挡水建筑物。历代政府都十分重视运河堤岸的维护，植树种草，以石垒砌，时常加以培护。黄河中下游易泛滥的河段筑有两道堤防，内为缕堤，外为遥堤。山东等地的水柜也有堤：外为大堤，内有子堤。元、明、清三代鲁西的北五湖、南四湖，苏北的骆马湖，高邮宝应诸湖外围都有堤，有的地方还用石块修砌。运河主河道旁有许多辅助性河道。其中月河数量最多，因绕闸开挖，状如半月，故称月河。又因其为越过船闸之河道，故亦称“越河”。“月河之制，环绕闸旁，水涸则塞，水溢则开，以杀水势，亦名泄水河，凡闸皆有之。”①

交通工程。为便于与陆路通道衔接，运河沿线建有许多辅助性交通工程，包括桥梁、码头、纤道等。桥是运河上使用最多的建筑物之一，明清时期，江南运河沿线多为石桥，北方运河多木桥。凡建闸的地方均顺便搭建木桥。闸门关闭时，两闸墙间搭上木板，便可过河；将木板移开，便可开闸过船。另外，运河上还有许多临时性浮桥，“以舟为桥”，“拨桥中二舟以通往来船，船过还以所拨之舟复为桥”②。

运河工程的研究历来受到关注，成果较多，但以往的研究偏重于运河工程本身，或研究其兴建原因、工程概况，研究其对运河的作用、发展演变等等，关于这些工程对自然环境和区域社会的影响，却很少有人讨论，这是运

① 陆陇其：《陆清献公日记》，李德龙等《历代日记丛钞》第14册，学苑出版社，2006，第347页。

② 〔朝鲜〕崔溥：《漂海录》，葛振家《崔溥〈漂海录〉评注》，线装书局，2002，第124页。

河学今后研究的重点。

4. 运河管理

在上千年的传统社会中，运河管理机构逐步健全，各种管理制度日益完善。

秦汉到隋唐时期，运河管理无专官，由“都水”[①] 兼管。宋以后，政府设专职官员，管理运河及工程设施，其官隶属于工部。明初设总理河道，为相对独立的管理运河的中央派出机构，常以工部尚书、侍郎领其职。又将运河分为若干河段，工部分派郎中管理，为总河下属官员。郎中下辖若干分司，管理所属运道及运河工程。运河流经的省、府、州、县分派官员参与管理。管河差役趋于专业化。清代设河道总督署，为独立的运河管理机构，河道总督秩位与地方总督同。雍正以后分设南河、东河、北河三总督，“掌治河渠，以时疏浚堤防，综其政令，营制视漕督”[②]。地方管理机构分道、厅、汛三级，各级政府也都设置专门管理河道事务的官员。

运河河道淤浅及堤岸决口的问题历来比较严重，政府征派大量夫役，负责疏通河道、培护堤防。宋代建立起相应的管理制度，明清时期各项制度日臻完善。以会通河为例，明清政府规定：每年漕船南返后，便筑坝拦水，停止通航，挑浚河道。大规模的挑浚两三年一次，小规模的挑挖每年一次。运河两岸遍设浅铺，铺夫负责守护堤岸，疏通浅滩。还要在运河堤岸上植树种草，每夫种树的数量有严格规定，树木枯死，须及时补种，否则会遭处罚。[③]

运河之水全靠自然河道和湖泊补充，太湖、练湖、扬州诸塘、高宝诸湖、骆马湖、山东境内南四湖、北五湖以及泗水、汶水、卫河、漳河均是运河的重要水源。历代政府均注重运河水源的调配，制定明确的管理制度。唐宋政府均做出规定，盗决河湖之水，罪比杀人。[④] 明清政府设置专门管理机构管理水源，制度尤为严格，违反者严惩不贷。如明代《漕河禁例》规定，严禁农民取湖水泉水灌溉：“凡决山东南旺湖、沛县昭阳湖堤岸及阻绝山东泰山等处

① 秦汉时期太常、少府、水衡都尉属下均设都水长、丞，管理全国河渠、陂池等水利事务，汉武帝时因都水官太多，设都水使者二人。晋代以后改为都水台，唐称都水监，地位日益提高。

② 赵尔巽等：《清史稿》卷116，《职官三》，中华书局，1977，第3341～3342页。

③ 有关挑挖运河的规定，参见潘季驯《河防一览》卷3《河防险要·山东》；薛凤祚：《两河清汇》，卷1《运河》。关于浅铺的设置及相关规定，参见谢肇淛《北河纪》卷6《河政纪》；《明会典》卷159《工部十三》。

④ 长孙无忌等：《唐律疏议》卷27《杂律》；脱脱等：《宋史》卷79《河渠七》。

泉流者，为首之人并遣从军，军人犯者徙于边卫。”① 清代亦多次重申此法律规定。对于卫河上游的泉源，也有类似规定。水柜湖泊周边筑堤植柳，严定边界，不准农民侵占。明中期到清代，水柜日益淤浅，涸为陆地，地方豪强纷纷占种，中央政府三令五申，加以禁止。另外，水柜的储水量，政府也有规定，特别是清代中后期，微山等湖的收水深度，每旬都须直接向皇帝及中央政府报告。

运河水工设施的管理也各有制度。如船闸管理方面，明清时期管理十分严格，基本原则是开启上闸，即关闭下闸；开启下闸，则关闭上闸，使河水不过多流失。过闸船只，须结为一帮，集体通过，以减少船闸启闭次数。运河水浅的时候，有的船闸集结船只百艘以上方才开闸，“启完即速过船，船过完即速闭板”②。此外对于供水、排水、蓄水、控水等各种工程设施，政府都制定有严格的管理制度。

明清时期运河航运制度十分完备，对于江北段运河，除严格限定各类船只长宽外，航行顺序也有严格规定，过闸或难以通行处，皇家船只优先通过，其次是漕船，再次是官船，最后才是商船、民船。对于无端滋事，扰乱航行秩序的漕丁船夫等，地方官员有权缉拿处理。关于漕船的航行管理，规定更为细密严格，内容包括行驶次序、各河段的行驶速度、抵达通州的期限等。③

以上管理制度及措施，虽然很多著作文章中多有论及，但专门性的研究还很不够。

（二）运河与区域社会

比起运河本体的研究来，运河与区域社会研究的内容更加丰富多彩。运河是一条政治之河、经济之河，也是一条社会之河、文化之河。大运河纵贯三千多里，流淌了两千多年，在运河流经及辐射的区域内，几乎处处都能看到运河的印记。我们必须关注运河在区域社会发展中所起的作用，从运河流经及辐射区域产生的不同于其他区域的社会现象入手，探究其原因，揭示发展演变过程及对现代社会的影响。也就是说，我们的运河区域研究，不是一般意义上的社会史、经济史或文化史研究，而是与运河密切相关、有运河因

---

① 王琼：《漕河图志》卷3《漕河禁例》，水利电力出版社，1990。

② 张伯行：《居济一得》卷2，《四库全书》本。

③ 载龄等：《清代漕运全书》卷14，北京图书馆出版社，2004年影印本。

素注入的综合研究。在中国古代社会里，尤其是在水系不发达的北方地区，运河交通有其他交通路线无法相比的优势：经济省力，运输成本远低于其他运输方式；承载能力强，可以运送其他运输工具无法装载的大宗物资和大型物体；受恶劣天气和山隔水阻等自然条件影响较小。所以运河交通为历代政府所重视，特别是明清时期，运河被看作是国家的经济命脉和生命线。运河对区域社会的影响大而广泛：举凡政治、军事、商业、手工业、农业、服务业及居住环境、城镇格局、文化交流、习俗变化、社会流动等等，方方面面都有运河流动的印记。我们关注上述社会因素和社会现象，更关注运河在这些社会因素、现象形成变迁中的作用。

1. 漕运与交通

中国历代视漕运为国家大政，学界也十分重视这个问题的研究，其中不乏大家力作。[①] 但我们的研究与一般漕运史不同，漕运史的研究是从漕粮储运出发而论及运河，我们的研究则是从运河出发而探究漕粮运输。尤其是漕运对运河交通及沿线城镇人口结构、产业结构和社会风气的影响，更是我们研究的重点。[②]

唐宋以后，大运河的主要功能是运输漕粮，同时，政府也用来运输木材及其他地方特产，遇有战事则用来运输军队及军事物资。此外，民间的物资转运、商旅往来也依赖于运河。因此，运河交通问题也是一个不容忽视的课题。交通史是一个比较成熟的学科，不管是陆路交通还是内河交通的研究，都不乏大家力作。但是运河作为内河航运的主要通道，交通史方面的研究成果并不多，特别是运河交通的具体状况，学界鲜有涉及。历史上的运河交通并不如我们想象的那样顺畅，甚至可以用困难重重、险象环生来概括。运河沿线有民谚说“赶车使船，命在眼前”，意思是说，在运河上行船，随时都有生命危险。运河交通的困难主要表现在如下方面：一是盘坝，运河与长江、黄河等大河相交处，常修筑大坝，以免江河之水倒灌淤塞运河、冲毁堤岸。

① 自20世纪30年代起，便有学者关注中国历史上的漕运问题，如日本学者青山定男《论北宋漕运法》（《清华周刊》1934年第10期），清水泰次《明代之漕运》（《禹贡》1936年第1期），李文治《清代屯田与漕运》（《学原》1948年第2期），对明清时期的漕运均进行了初步研究。20世纪50年代以后，研究漕运的论著大量问世，如李治亭《中国漕运史》（文津出版社，1997），彭云鹤《明清漕运史》（首都师范大学出版社，1995），黄仁宇《明代的漕运》（新星出版社，2005），李文治、江太新《清代漕运》（中华书局，1995），吴琦《漕运与中国社会》（华中师范大学出版社，1999），对中国古代漕运进行了全面系统的研究。

② 李泉、王云：《山东运河文化研究》第二章“运河漕运与漕运文化”，齐鲁书社，2006。

运河中往来船只，须卸下货物，用绞索拉空船沿坝斜坡翻越，而后装载货物，继续航行。二是过闸，运河上船闸很多，尤以山东段运河最为密集。过闸之难有二：有些船闸水流迅急，船只通过时易倾翻或发生磕碰损毁；有些船闸乏水，需等待数日方能开启通过。三是风涛，高宝诸湖，最为湍险，“西风鼓浪，往往覆舟”[①]，其余如清口、徐吕二洪、昭阳诸湖、卫运河等处，也有风涛之险。四是浅涸，运河各河段几乎均有浅滩，其中以山东运河及白河（北运河）为甚，遇有浅阻，或等待浅夫捞浅，或使用小船驳运。五是冰冻，明清时期，北方运河结冰达三四个月之久，冰冻初结时，船只可打冰前行，冰坚时只能停船等待来年冰开。六是漕船、官船阻碍交通，漕船兵丁，异常凶悍，多亡命徒，常沿线滋事，借故勒索，故商船民船，常视运河为畏途。除此之外，对于运河交通工具、水驿管理、与运河相通的自然河道之交通、与运河相接之陆路交通、运河交通对于区域社会的影响，学界大都没有进行深入研究。

2. 运河城镇带

运河是一条交通磁力线，对沿线州县城镇有巨大的吸引力：运河流经的城镇迅速向河岸边扩展，形成新的商业区；离运河略远的城镇则移动城址，在运河岸边重建新城；无法移动城址的，则在运河边上寻找口岸，由此进入运河交通网；原本荒村僻野，因为兴建有工程设施、政府机构驻守等原因，逐渐发展为繁荣的商业城镇。于是，逐渐形成了以运河为轴线的分布密集的城镇带。

以山东运河区域为例，济宁、聊城、德州都是运河岸边的城市，大运河开通后，济宁运河以西以南，聊城东关外运河两岸，德州城西运河岸边，都形成了繁华的商业区。临清城本来在离运河八里路的曹仁侦，会通河开挖后，移至今址，很快发展成为北方最大的商业城市之一。张秋原来只是个不知名的小镇，大运河开挖后，商业迅速发展，清代其城市面积大于一般县城，比其所属的泰安府城还大些，商业规模仅次于临清、济宁，远非其他府县城可比。夏镇本是个小渔村，南阳新河、泇河开挖后，很快成为商业发达的城镇，后来为微山县政府驻地。台儿庄本是一乡村，明末运河改道经此，至清中期其商业规模便远远超过了其所属的峄县城。运河两岸小城镇分布更为密集，台儿庄向北是韩庄镇，过夏镇向北有南阳镇、鲁桥镇。济宁以北小镇更多，

---

① 张廷玉等：《明史》卷85《河渠三》，中华书局，1974，第2095页。

依次是安居、长沟、南旺、开河、袁口、安山、戴庙，过张秋后又有阿城、七级、周店。聊城向北有梁家浅、魏家湾、戴家湾，是运河浅滩、转弯处形成的小镇。①

运河沿线府县城是区域政治经济中心城市，在空间结构上有明显特点，即政治社区与商业社区相互分离。城墙内是政治社区，建有官署、学校、粮仓、宗教祠庙等，街巷两旁偶有商业商铺，但分布不集中。城外运河岸边，是新兴商业社区，朝着运河码头、桥梁、渡口方向，形成了经营、加工各类商品的街巷或市场，它们大都以所经营加工的产品为名，形成了鲜明的运河城镇特色。

运河城镇兴衰的原因、城镇功能、城镇空间结构、城镇产业结构、人口结构、城镇与乡村的关系、南北商业城镇的差异、城镇的个案分析，这些题目是城市史研究的重要内容，也是运河学研究的重要题目。

3. 商业、手工业和服务业

运河区域的商人商帮、商品流通、商业会馆、手工业部门等，历来是学界研究的重点，研究成果也很多②，但运河城镇商业发展对区域社会的影响，研究还相对薄弱。明清时期，运河城镇的服务业——旅店、饭馆、茶庄、钱庄、典当业、租赁业、搬运业、演艺业等，是十分昌盛的行业，因为当时难登大雅之堂，所以正史和其他史书中很少记载，今天则是我们研究的重要对象。

4. 农业开发

明清政府开挖运河的目的是运输漕粮，即所谓“运道之设，专为岁漕”③。但是运河作为一项水利工程，对沿线农业产生的影响是巨大的，这方

---

① 李泉、王云：《山东运河文化研究》第三章“运河城镇及文化特色”，齐鲁书社，2006。

② 有关江南市镇经济研究的论著大都涉及江南运河区域经济发展问题，如李伯重《多视角看江南经济史（1250～1850）》（三联书店，2003），范金民《明清地域商人与江南市镇经济》（《中国社会经济史研究》2003年第4期），彭慕兰、史建云《世界经济史中的近世江南比较与综合观察》（《历史研究》2003年第4期），樊树志《江南市镇：传统的变革》（复旦大学出版社，2005），吴滔《清代江南市镇与农村关系的空间透视》（上海古籍出版社，2010）。江北运河区域经济发展的研究虽然不如江南研究红火，但也不断有高水平的研究成果问世，如许檀发表了《明清时期山东商品经济的发展》（中国社会科学出版社，2007），《明清时期华北的商业城镇与市场层级》（《中国社会科学》2016年第11期），《明清时期临清的商业》（《中国经济史研究》1986年第2期）。孙竞昊《明清北方运河地区城市化途径与城市形态探析：以济宁为个案的研究》（《中国史研究》2016年第3期）。廖声丰《浅论清代前期运河地区的商品流通——以运河榷关税收》（《中国经济史研究》2014年第1期）。以上都对江北运河城镇商业经济进行了深入研究。

③ 潘季驯：《河防一览》卷1，《四库全书》本。

面的研究亟待加强。研究内容包括：大运河引起的自然河道水系变迁及农业水环境变化、土地垦殖状况变化及种植结构调整。运河流域湖泊形成及农业生态环境变迁，山东水柜湖区的沉粮地及水域农田面积变化，农业生产结构及农作生产结构改变、水生物与水产养殖等。运河区域土壤植被的变化，黄淮海平原盐碱地分布及与运河关系的分析，河湖洼地的沙碱化，北运河沿线决堤事件与土壤改良，运河两岸种植林木及其保护措施，沿湖植树及湿地保护。运河水利与区域自然灾害，运河的排水、灌溉作用，运河引起的区域性水灾、旱灾、蝗灾。运河夫役佥派对农业生产的影响，明清时期夫役征派成为运河沿线农民的沉重负担，北方抓夫拉纤的现象十分严重，农民视运河为畏途，德州一带流行的“三月三，九月九，无事不向江（河）边走”的民谚，骆马湖附近土地价格“其腴者亩直一钱，硗者以次减，盖苦于重役也”①，足以说明夫役派征严重影响农业生产。运河与农业关系的研究，不仅有重要学术价值，而且有重要的现实意义②。

5. 社会结构③和社会流动④

从历史社会学的角度来看，大运河对区域社会结构的影响是显著的，这方面的研究内容包括：人口结构、家庭结构、社会组织结构、城乡结构、区域结构、消费结构、社会层级结构等等。大运河在一定程度上改变了运河城市人口谋生手段和生活方式，形成了独特的社区、社会团体，如宗教团体、帮会团体、商人会馆、工商业行会等，促进了思想文化、价值观念、信仰习俗的交流融会，形成新的开放性社会结构形态。

与其他区域相比较，运河区域的社会流动十分频繁，其中有社会水平流

---

① 谈迁：《北游录》，中华书局，1960，第136、145页。

② 李泉：《晴清时期江北运河对区域农业发展的影响》，《中国社会科学报》2017年5月18日。

③ 关于社会结构这个概念，目前学术界看法还不完全一致，本文所说的社会结构是狭义的社会结构，指各主要社会群体之间的相关联系的基本状态，包括群体结构（按一定社会关系结合起来的人群集合体，是人们生存和生活的基本单位）、制度结构（社会关系的模式或规则）、层级结构（人们的社会地位、社会角色等）、社区结构等。

④ 社会流动的概念是美国社会学家索罗金于1927年所著《社会流动》一书中提出的。学术界认为社会流动大体分为两类：一类是垂直流动，指人们所处的社会地位的变化或所属的社会层级和等级的改变，它直接影响到社会的阶级和阶层、职业和产业结构。另一类是水平流动，是指同一社会地位中不同职位的横向流动，包括人们居住和生活地点的变动，从一种职业到另一种职业的转变。水平流动虽然不会引起人们的社会地位变化，但对于区域人口分布、产业结构会产生重大影响，有利于区域间文化交流，对打破区域封闭状态、促进社会发展有重要意义。

动，如农业向商业、手工业、服务业的流动，非运河区域向运河区域的人口流动，农村向城镇的流动等，是处于同一社会层级的不同职业之间的流动；也有社会垂直流动，即社会不同层级之间的流动。社会流动影响到地区间的自然资源、财富资源、人力资源的分配使用，推动了区域内部社会层级结构和产业结构的变化，有利于各地区间群体和人员的往来交流，破除地区和人群的封闭状态，促进社会发展。目前这方面的研究还停留在宏观的理论思考阶段，缺乏深入的微观层面探究。

6. 文化及文化遗产

近年来，运河沿线各地政府为建设运河文化带均做出部署安排，制定规划并逐步实施。与此同时，运河文化研究也备受重视，不少地方成立有运河文化研究的民间团体和学术机构，相关论著不断问世。关于文化的内涵，言人人殊，所以运河文化的内容也是包罗万象，囊括文史哲各个方面。[①] 目前，这方面的研究尚显浮泛乱杂，既缺乏理论提升，也没有形成知识体系。中国运河申遗成功，运河文化遗产广受关注，但是，人们看到的只是遗产展示，真正意义上的学术研究还没有展开。

通过以上类似于学术史回顾，我们就运河学研究的主要内容做了粗浅梳理，篇幅所限，难免挂一漏万，隔靴搔痒。不过，通过简单的梳理，我们还是能够看出，运河学的研究内容极其宽泛，涉及诸多学科和研究领域。运河学研究内容丰富、界限明确、特点鲜明、意义重大，完全可以支撑一个独立的学科。

（三）运河学研究资料

运河学研究的资料十分丰富，完全可以支撑起这门学科。兹分类简要介绍如下。

1. 专门著作

元代以来，参与运河兴修管理的官员、学者编撰了许多关于运河的书籍著作，流传至今的有一百多种，散见于几种丛书及各大图书馆藏的珍善本书中。这些著作，有的是修治运河的论著，有的是治河名臣奏议奏疏选编，有的专门记述运河及相关工程，有的是漕运资料汇编。就内容而言，涉及治河治水的理论理念、运河河道开挖挑浚、运河工程建设维护、漕运及其管理体

---

① 关于运河文化的研究内容，参见李泉《运河文化》，山东大学出版社，2013；《中国运河文化的形成及其演进》，《东岳论丛》2008 年第 3 期。

制、黄河与运河关系、运河区域生态环境与社会状况等。这上百种专门著作，有几部如《漕河图志》《再续行水金鉴》《治水筌蹄》已经整理出版，但印量不大；有几部如《清代漕运全书》、张鹏翮的《治河全书》已单独影印出版，有一些收入《续修四库全书》《四库全书存目丛书》《中华山水志丛刊》（线装书局，2004）、《中国水利志丛刊》（广陵书社，2006）影印出版；还有很多重要典籍，作为珍善本书藏于各大图书馆，一般读者难以寓目。我们已分别撰写书目提要，并由国家图书馆出版社影印出版。①

2. 史书方志

二十五史的《河渠志》《食货志》《地理志》②中有不少关于运河与漕运的记载，人物传记中散落着大量治运人物事迹及河政河务方面的材料。其他史书中也有关于运河的资料，但均较为零散。明、清《实录》中涉及运河的材料很多，但卷帙浩繁，且属编年体，相关材料分系于年月之下，故需进行系统的检选整理。全国性通志如《元和郡县志》、《太平寰宇记》、《元一统志》（残本）、《明一统志》、《清一统志》、《天下郡国利病书》、《读史方舆纪要》及其他地理类著作中，有不少可以利用的材料。运河流经区域的省志、府志、州志、县志、镇志、乡土志、山水志、榷关志等等，总量有数百种之多。内容涉及运河修治、河道变迁、漕粮征运、城市街区、商品交换、手工业门类、河务漕务管理、民风民俗等各个方面。方志是运河研究的资料库，关于运河工程、管理机构、重要建筑、风景名胜的具体位置、历史沿革，关于社会下层文化、市风民俗等，比正史和一般史书的记载详尽具体。

3. 档案资料

据初步统计，中国第一历史档案馆藏上谕档和大臣奏疏中，内容涉及运河的约有5000件，是研究历朝治水思想、河道工程、河务管理、漕粮运输、运河区域经济发展和社会状况的第一手材料。这些材料使用起来最为困难，

① 王云、李泉等：《中国运河文献书目提要》，人民出版社，2012；王云、李泉主编《中国大运河历史文献集成》（全80册），国家图书馆出版社，2014。

② 二十五史中有《河渠志》的共7部，分别是《史记》《汉书》《宋史》《金史》《元史》《明史》和《清史稿》（《史记》称《河渠书》，《汉书》称《沟洫志》），其中有关运河河道走向、历史变迁的资料很多；有《地理志》的共17部（其中《宋书》《南齐书》称《州郡志》，《魏书》称《地形志》，《旧五代史》称《郡县志》，《新五代史》称《职方志》），其中有运河区域地理沿革、人口数量、城镇分布、物产特产、河道水系及名胜古迹等记载；有《食货志》的共13部（《史记》称《平准书》《货殖列传》），其中有关于户口、赋役和漕运方面的资料，宋、明、清各史中则有《漕运篇》，是研究运河漕运的重要史料。

一是查阅档案犹如披沙拣金，工作很量大；二是上谕奏疏的内容与史实未必完全吻合，需要其他相关资料为依据，方能弄清事情原委及君臣言论的内容实质。目前的学术研究中，这类材料基本上没有被使用。明清时期，各地政府及水利部门也保存了大量与运河有关的档案，如开挖运河的奏疏详文、勘察报告、工程预算、往来公文、竣工验收报告、开支清册等。明代朱国盛的《南河志》、清代李庆云的《江南水利全案》等，都是当时的水利工程档案选编。明清时期地方档案多毁于兵燹，晚清民国档案尚有保存至今者，中华人民共和国成立初期治理运河的档案，数量甚多，分布甚广，也是研究运河的宝贵资料。

4. 政书、类书

明清时期官修政书种类多，部头大，内容包罗万象[①]，其中运河方面的材料不少。如《明会典》《清会典》《大清会典则例》《大清会典事例》《续三通》《清三通》等，大都有河工水利、漕粮征运、钞关仓储等类目，集中保存了与运河有关的史料。唐代以后，历代编有类书，宋代以后，类书亦有官修，其中多有与运河相关的材料。清代《古今图书集成》是类书的集大成者，《食货典》《山川典》搜集了运河方面的材料。《清稗类钞》的《地理类》《名胜类》《巡幸类》《屯漕类》《吏治类》等篇目中，都有与运河有关的资料。政书、类书按内容分类编排材料，运河方面的资料相对集中，使用比较方便。但类书多属工具书性质，其材料全由其他书籍摘录抄掇而来，在使用的时候应查找原始出处，认真核对，以免出现错讹。

5. 文集笔记

明清时期官员文士经过运河往返于京城与南方各地，或在运河沿线地方政府任职，或沿途办理公务、驻足游历、访朋会友、求师问学、购买商品、娱乐消费，他们将自己的经历见闻记录下来，著为文章。文人以赋诗抒怀为习尚，遇山水胜景，奇闻逸事，便即兴吟诗作歌。粗略翻阅一下古代诗文集

---

① 政书是记录政府各部门规章制度、政策措施及有关事项的书籍，《四库全书总目》曰："志艺文者有故事一类……大抵前代事也。《隋志》载汉武故事，滥及稗官；《唐志》载魏文贞故事，横牵家传。循名误列，义例殊乖。今总核遗文，惟以国政朝章、六官所职者入于斯类，以符《周官》故府之遗……惟我皇上制作日新，垂模册府，业已恭登新籍，未可仍袭旧名。考钱溥《秘阁书目》有'政书'一类，谨据以标目。见综括古今之义焉。""政书"是史部图书中的一类，其名称起自明代钱溥，为《四库全书》所沿用。《四库全书》史部"政书"类下又分作通制、典礼、邦计、军政、法令、考工六个小类。

就会发现，运河沿线城市，即便是仅仅建有船闸码头的小镇，也都有文人留下的文章诗作。这类文字有的是无病呻吟，言之无物，但不少是有感而作，有的则具有纪实的性质。明清时期的文人笔记常见的有五六百种之多，其中所记与运河有关的史事人物，生动形象，关于运河区域社会生活的具体描述，更是其他书籍所欠缺。明清小说有些以运河区域社会为背景，某些篇章直接描写运河沿线人物世事，可以为运河研究提供帮助，如《金瓶梅》中描写临清商业繁华、钞关胥吏奸诈、富商大家生活的文字，都是运河区域社会研究的有价值的佐证材料。文集、笔记、小说中的资料十分零散，虚构夸张、道听途说者所在多有，使用时要特别慎重。一是要做必要的考证，下些去伪存真的功夫；二是仅可拿来作为旁证材料，且不可作为直接史料使用。这方面的资料难以系统地搜集整理，目前很多有价值的材料还没有进入研究领域。

6. 外国史料

自唐代起，亚洲各国的使者商团经常沿大运河往返京城与沿海港口之间，自元代起欧洲各国的传教士、商人、使臣等也浮海而来，由运河前往各地，他们留下了大量关于中国运河及运河区域社会的记述。其中比较著名的如朝鲜人写的《漂海录》《燕行录》《奉使录》，日本僧人贡使写的《参天台五台山记》《初渡集》《再渡集》《壬戌入明记》，欧洲人写的《马可·波罗游记》《鄂多立克东游录》《利马窦中国札记》《英使谒见乾隆纪实》等。朝鲜大臣崔溥《漂海录》① 中关于明代运河工程、宦官奢华骄横、南北社会生活及风俗习惯差异等记述，有很高的史料价值。日本和尚策彦周良的《入明记》②，以日记形式记下日本贡使两次沿运河往返北京与宁波间的所见所闻，其内容之丰富翔实，中国文人笔记无出其右者。朝鲜、日本人的著作多用汉文写成，欧洲人的著作今大都翻译成了汉文，一般人阅读使用均无困难。这些著作虽然早已引起了学界的关注，但使用其中的材料研究中国运河与运河区域社会的论著并不多见。

① 葛兆光、辛承云主编《韩国汉文燕行文献选编》第一册，复旦大学出版社，2011。收录有《锦南先生漂海录》（按：崔溥字锦南），据韩国传世的《漂海录》刻本影印。《漂海录》的排印校注本有：葛振家《崔溥漂海录评注》，线装书局，2002；〔韩〕朴元熇校注《崔溥漂海录校注》，上海世纪出版股份有限公司、上海书店出版社，2013。

② 〔日〕牧田谛亮编《策彦入明记の研究》（上）收录有《策彦和尚初渡集》，松崎印刷株式会社，1955。

此外，民间文献如碑文、族谱、契约等，在运河研究中的价值也不可低估。各地政协编印的文史资料，各社会团体印行的民间文艺方面的材料，记载了与运河有关的见闻、回忆、民谣、传说、风俗民情、民间文学、民间艺术等等，也是很有价值的历史资料。

三　多学科理论和方法的集合

运河学属交叉或边缘性学科，从上文所述研究内容可以看出，它既包含历史学、历史地理学、社会史、历史社会学、文化人类学、文献学、考古学等社会科学的内容，同时也涉及科技史、水利学、工程学、环境科学等自然科学的内容。著名计算机学家姚期智曾指出："多学科交叉融合是信息技术发展的关键。当不同的学科、理论相互交叉结合，同时一种新技术达到成熟的时候，往往就会出现理论上的突破和技术上的创新。"① 当今多学科的交叉，既有社会科学、自然科学内部各分支学科之间的交叉，也有社会科学和自然科学两大学科门类之间的交叉，运河学的学科交叉属于后者。学科的交叉，不仅是研究内容的交叉，而且是学科理论和研究方法的交叉。

（一）社会科学的理论和方法

从社会科学方面而言，运河学涵盖的学科门类主要是历史学、社会学、文化人类学、文化学和文献学等学科，同时涉及文学、哲学、艺术学等学科。

历史学。中国运河至今已流淌了两千多年，它本身有着丰厚的历史积淀，它的影响渗透到了中国社会历史的各个方面。春秋战国以后，不仅中原地区的朝代更替、社会变迁与运河密切相关，而且许多重要历史事件、重要人物、重要社会现象与运河也有关系，研究中国历史离不开运河。尤其是明清时期，国家视运河漕运为经济命脉，明清史书中，有关运河漕运的记载连篇累牍，与运河相关的事件、人物比比皆是。从这个意义上说，中国运河研究是中国历史研究的重要组成部分。所以中国运河的研究，离不开历史学的理论和方法。

---

① 转引自黄云锴、常河、王荣彬编著《多元地学信息系统研发及应用》绪论，冶金工业出版社，2013，第1页。

社会学、社会史和历史人类学。研究运河区域的历史与社会，离不开社会学和历史社会学，目前已有学者做这方面的尝试，相信不久会有研究成果问世。运河是一条社会的河，运河的研究与社会史有许多叠合之处。社会史运用各种社会科学的理论和方法，特别是社会学的理论和方法，对历史上的社会结构、社会组织（家庭、宗族、社区、各种社会集团）、社会行为及社会心理进行研究，它是历史学的重要分支，也是与社会学密切相关的学科，社会史与社会学的主要区别在于前者研究往昔的社会整体及其各个侧面，而后者研究现实社会的结构及社会问题。运河学研究的许多内容属社会史范畴，应当使用社会史的研究方法。目前，许多学者研究运河区域的家族、宗族、民族及其相关的文化现象，使用的是历史人类学的理论和方法。① 历史人类学是人类学的分支学科。主要研究比较不同民族、部落、区域的文化现象，找出区域文化的特殊性和共通性。它的研究对象类似于社会学，只是它更注重存在于社会下层的文化现象，特别是存在于落后蛮荒地区的历史文化。它的研究方式是注重质而不是量，现象的观察多是“特例”而非“通识”。在研究方法上与社会史有许多共同之处。

文化学。② 研究运河文化，建设运河文化带，离不开文化学的理论和方法。从事运河文化学的研究，首先应该树立整体文化观。从目前的情况来看，人们普遍关注的是运河本身及运河区域的具体文化现象，大到哲学、史学、文学，小到衣食住行，只要把发生在运河区域的这些文化现象累积在一起，便是运河文化。近年出版的几种运河文化史、大运河史及论文集，都是这种文化观念的产物。至于说各种文化现象之间的联系及其与中华文化大系、与各区域文化的关系，则很少有人探讨。说来说去，大家得到的只是一个空泛而模糊的运河文化概念。因此，我们要有进行运河文化的宏观把握和整体性

① 目前，许多从事历史人类学的学者开始关注运河区域研究，如中山大学历史人类学研究中心有不少与运河相关的研究成果，香港中文大学科大卫教授主持的“历史人类学在中国”的研究项目，也把北方运河区域作为研究的重点。

② 19 世纪三四十年代，德国学者首先提出了“文化学”的概念，1909 年，德国科学家奥斯瓦乐德给文化学下了这样的定义：“把人类种系与全部其他动物物种区别开来的这些独特的人种特性，都包含在文化一词中。因此，以这门关于人类特殊活动的科学可能最适于称作文化学。”20 世纪中期开始，现代意义上的文化学学科逐步确立和形成，中国学术界也不断有这方面的著作问世，如阎焕文 1934 年出版了《文化学》，朱谦之 1935 年出版了《文化哲学》，陈序经于 1947 年出版了《文化学概观》。20 世纪 80 年代以后，随着文化热的兴起，这方面的论著大量出现，而且衍生出许多分支学科。参见邹文贵著《文化学十四讲》，黑龙江大学出版社，2015。

思维，研究运河文化形成的历史、特征及基本精神，研究其在中国文化史中的地位及发展规律，说明各种文化现象之间的关系。其次，运河文化是一种活态的文化，在不同的历史时段，它的内涵不尽相同。在文化演进过程中，新的文化现象不断出现，使得运河文化更加丰富多彩。因此，运河文化的研究，既是文化现象学研究，又是一种社会历史学的研究。

考古学。运河学与考古学关系密切。考古学运用田野调查和科学发掘的方法，获取古代人们生产生活过程中的遗物和遗存。运河历时久远，分布广泛，文化遗存十分丰富。这些遗存，有些在地面上，但多数埋藏在地下。这些遗存以实物的形式展示了历史上运河河道、码头、闸坝、船只、房屋建筑、生活用具等等，具有历史文献无法替代的价值。如 1999 年发掘的隋唐运河淮北遗址，2011 年发掘的明清时期山东运河的七级码头、土桥闸和南旺分水枢纽工程，一方面印证了文献中的许多记载，另一方面为我们提供了文献中没有的历史信息。

文献学。运河学离不开历史文献的整理研究，对历史文献的产生发展、表现方式、流传情况，以及文献的内容类别、整理利用乃至文献数据化进行探讨和研究，是运河学研究的起点和重要内容。历史文献的搜集整理是一门大学问，也是最重要的研究方法。当然，我们所说的文献，既包括传统文献，也包括契约文书、碑刻、族谱及口述资料，还包括越来越多的影像录音资料。文献资料是学术研究的基础，运河学研究能否得到学界认可，关键是要看我们的文献资料能否支撑这个学科学术研究的持续发展。从这个意义讲，文献学方面的工作是不可忽视的。

（二）自然科学的理论和方法

运河本身是一项建筑工程，它涉及水利、环境、科技等方面，均属自然科学领域。

工程学。工程学是用数学和其他自然科学的理论方法设计有用物体进程的一门学科，它研究自然科学在各行业中的应用方式、方法及工程进行的一般规律，并对相关技术进行改良。运河是一项伟大的建筑工程，其中包含土建工程（河道开挖、堤岸维护、闸坝修筑、道路桥梁等）、水利工程（控水工程、引水工程、排水工程等）、交通工程等。所以必须用工程学的学科理论对它的发展进程进行深入研究。这方面的研究偶有成果发表，但多着眼于当代，对历史时期运河工程的研究则十分薄弱。[①]

环境学。研究运河区域环境，应当使用环境水利学的理论和方法。环境水利学研究水利与环境的相互关系。主要研究内容包括：水资源保护、水利工程的环境影响评价、区域环境水利规划、水利经济等。理论基础是环境水力学、环境水文学、环境水化学（水污染化学）、环境水生物学（污水生物学）等。这是自然科学的研究方法，将其与社会科学的研究结合起来，从事环境史的研究，是一种有益的尝试。

地理学。中国的运河里程长，分布广，所经地区地势复杂，历代均有变化，因此，常会涉及自然地理与历史地理的研究。其中自然地理属自然科学，历史地理属社会科学，因此运河地理学研究的本身就属于交叉学科。古人开挖运河时，首先必须考察沿线自然地理状况，以确定河道走向、河道工程及引水排水等问题，这些都属于自然地理的范畴。历史地理学研究历史时期地理环境及其演变规律，是现代地理学的一个重要分支。运河河道开挖变迁及其与自然水系的关系，历史时期运河区域的自然环境和人文环境，都属历史地理学的研究范畴。

此外，我们还应及时吸收相关学科最新的理论和研究方法，如卫星遥感数据采集、湖泊水域采样分析、旅游学中的“廊道文化”理论、文化遗产分析中使用的“文化线路”方法等，都可以拿来进行运河学研究。

运河学是多种学科交叉的新学科，它的理论和方法是多学科理论和方法的汇集综合。这种汇集与综合不是无序的拼凑，不是简单的相加。其中既有各学科的独立研究，也有各学科理论方法的综合性研究。根据研究对象的差异，灵活地调整运用不同的研究方法，才能达到良好的研究效果。运河学涉及诸多学科，作为一个研究者，这些学问不可能门门精通，所以运河学的研究，应该是一个集众的研究。既有统一的设计规划，又注重发挥个人的特长；既有宏观的整体视野，又有具体问题的深入探究。这样才能真正建立起运河学，才能使之成为人们所期盼的显学。

---

① 就目前的情况看，从历史学的角度研究历史上运河工程的著作较多，从工程技术角度研究古代运河的著作较少。笔者所见，后者仅如下几部：蔡蕃《北京古运河与城市供水研究》，北京出版社，1987；《京杭大运河水利工程》，电子工业出版社，2014；谭徐明等《中国大运河遗产构成及价值评估》，中国水利水电出版社，2012；欧阳洪《京杭运河工程史考》，江苏省航海学会，1988。

用千年水文化助力文化中心建设*

万金红 宫辉力 杜 梅**

一个国家、一个民族的强盛，总是以文化兴盛为支撑的。“缘水而居，不耕不稼”，水孕育了中华文明，催生了华夏民族，塑造了中华文化的独特品格。“上善若水”是两千年前老子对中国文化的阐释。水文化是人民的文化，它源于人与水的互动，塑造了人民对水的认知，成为中华传统文化的重要组成部分。

中共十八大以来，我国文化建设进入了全新阶段。新时期、新阶段赋予北京市文化建设新的契机。适应当前文化繁荣发展的需求，传承、弘扬北京悠久、丰富的水文化必将成为推动北京建设全国文化中心的重要手段。水文化遗产是水文化重要的物质载体，保护好、传承好、利用好水文化遗产是弘扬北京水文化的重要抓手。以大运河为代表的北京水文化遗产是中华文明源远流长的伟大见证，是北京建设世界文化名城的重要根基，必须精心保护好这张金名片，以凸显北京历史文化的整体价值。《北京城市总体规划（2016～2035）》明确提出“推进大运河文化带、长城文化带、西山永定河文化带的保护利用”。大运河文化带、西山永定河文化带建设的重要内容就是水文化遗产的保护、传承和利用。研究北京的水文化，对于重新诠释、认知北京文化具有重要的现实意义。

一 什么是水文化

文化是国家之根、民族之魂，是国家不断前行的不竭动力。水是人类文明的源泉。人类在以水为载体的生产、生活实践中创造、丰富了文化的内涵，

---

* 本文原载《前线》2018年第1期。

** 万金红，中国水利水电科学研究院高级工程师。宫辉力，首都师范大学北京文化带研究院教授、博士生导师。杜梅，水利部南水北调规划设计管理局教授级高级工程师。

形成了独特的水文化。水利部部长陈雷指出，“水文化的实质就是人与水关系的文化，是人类活动与水发生关系时所产生的以水为载体的各种文化现象的总和，是不同民族以水为轴心的文化集合体，它产生于人民之中，涉及社会生活的各个方面”。可以说，水文化是人类社会发展进程中人水互动过程所创造的物质和精神成果的总和，正如2005年世界水论坛对水文化的界定，“水文化是人民的文化”。

中华民族在认识、改造自然的过程中，在人水互动的实践中，形成了中国水文化，深深植根于中华文明的沃土中，成为中华文化不可或缺的组成部分，丰富了中华儿女的精神世界。大禹治水催生了华夏民族，“上善若水”成为中华民族的处世准则；兴水利除水害的治水史对我国五千年来国家政体的形成和历代政权的发展起到了重要作用；以中国大运河为代表的水文化遗产更是中华民族创造力的象征，成为中华民族的标志性工程。正因如此，中华水文化才得以在五千年华夏文明史上占据特殊地位，成为人类文明史中光辉璀璨的一页。

二　水文化是北京文化灵与魂

文化是民族的血脉，是人民的精神家园，是城市发展进步的灵魂。“凡立国都，非于大山之下，必于广川之上，高毋近旱而水用足，下毋近水而沟防省，因天材，就地利，故城郭不必中规矩，道路不必中准绳。”作为人类利用水资源最为集中的空间，城市的发展需要考虑给水、排污、航运、防洪等问题，因此城市成为水文化遗产最富集的空间。历代城市围绕水这一限制因子，设计了一套精心利用水资源的制度系统和工程体系，也因此保存了众多的水文化遗产。这些遗产体现了古人对自然认知和实践的探索，研究水文化遗产能够构建出古人对水的敬畏思想体系，理解水对城市文化的重要价值以及对区域文明的推动意义。

作为有三千年建城史、八百年建都史的北京，其因水而建、因水而兴。自辽金建都以来，北京城池内外人口繁盛，各项功能汇聚都城，因水资源短缺，历朝历代对水资源问题都极为重视。因此，北京的城市发展史蕴含着丰富的、可以感官感受的水文化韵味。北京的水文化遗产代表了中国古代水利的精华，并构成今日特殊的城市文化景观。

（一）水文化遗产与北京城市的发展

水文化遗产是北京城市发展的重要见证，大运河、皇城园林水系、永定河等成为北京水文化遗产的主体。这些水利工程承担着漕运、城市园林、农业灌溉、防洪等功能。北京市水文化遗产展示出北京城市发展的几个特定时期。

宋代以前，北京地区水利建设多为服务耕战。魏晋的戾陵堰和车箱渠、隋唐的永济渠是集中代表。刘靖“立遏于水，道高梁河，造戾陵，开车箱渠”，形成了一套包含堰、坝、堤、闸、渠的水利设施，构成了年灌溉农田两千顷的工程体系，并满足了当时的北京用水需求。隋炀帝为征伐辽东而开凿的永济渠，成为当时隋唐大运河北线的重要组成。

宋元时期，北京开始向王朝的政治中心转化。人口聚集，城市规模增大，物资的需求增加，对水运的诉求日益高涨。为此，辽代开凿了萧太后运粮河；金代开凿长河引瓮山泊（今颐和园）水源，疏通潞河航运，开凿坝河、金口河、闸河，沟通中都和通州之间的漕运；元代郭守敬导引西山泉水水源，开凿通惠河，贯通了南北大运河。

明清时期，北京的城市水系格局基本定型。明代修浚北运河、通惠河和修建浑河（今永定河）堤防。清代进一步完善永定河的堤防系统和西郊皇家园林，同时开展了畿辅水利营田等工作。这些工作直接影响到近代以来北京城市规划和城市发展。

在长期的治水实践中，北京地区遗留下丰富的水文化遗产。据不完全统计，北京市现存各类水文化遗产 416 处，涉及古代水利工程、管理用房、祭祀建筑等多种形式。同时，治水活动也催生出丰富的非物质形态的水文化遗产。如永定河畔河神崇拜衍生的祭祀文化（三家店龙王庙庙会活动）、通州大运河沿线的漕运文化（通州运河龙灯会等）。

（二）北京水文化的特点

北京的水文化（物质形态和精神形态水文化遗产）是通过漫长的历史时期逐步形成和遗留下来的宝贵财富，是今天我们可触摸到的尚未消逝的历史真实。水文化是北京城市生命历程中不可切断的链接，它将今天的生活与历史、未来紧密联系在一起，成为我们对北京城市感情的依托。

北京的水文化核心特点是“为民兴利，泽润生民”。乾隆皇帝曾说，“自古致治，以养民为本。而养民之道，必使兴利防患，水旱无虞，方能使盖藏充裕，缓急可资。是以川泽、陂塘、沟渠、堤岸，凡有关于农事，豫筹画于平时。斯蓄泄得宜，潦则有疏导之方，旱则资灌溉之利，非可诿之天时丰歉之适然”（清实录乾隆朝实录卷四十七）。由此可见，北京的水文化就是为了让民众得以生存并谋求更好的生存环境。从秦汉的灌溉工程建设，到明清的运河修护和永定河防洪建设，以及内城园林水系的建造，无不体现出“为民兴利，泽润生民”的典型特点。

北京水文化另一特点就是“自然之美、和谐之美、文明之美”。北京古代园林水利设计创造性地运用了“系中之系，园中之园”的设计理念，玉泉水系包含着“内城水系”（六海、御河、筒子河等），内城水系又包含着“紫禁城水系”（内外金水河），颐和园中包含着“谐趣园”。这些设计将城市河湖与皇家园林有机结合，使宫廷的威严与河湖的秀美交相辉映。“先有什刹海，后有北京城。”北京的水文化不仅包含着历史内容，更具有时代气息。颐和园、莲花池等依托水文化遗产孕育而生的现代城市公园，彰显了北京水文化的历史感与现代感的融合。水文化精神层面渗透到百姓生活的方方面面。农历二月二日龙抬头的岁时民俗，官方民间祭天祈雨的祭祀风俗，放荷灯、泛舟游湖的市井风情，无不体现出水文化已经深入各个阶层日常生活中。

（三）水文化遗产核心构成

围绕着北京的水文化遗产，文物部门开展了大量的工作，如 1998 年推荐颐和园申报世界文化遗产，这是北京市第一个以园林水利工程为主体的世界遗产；2014 年大运河申遗成功，作为维系京城发展重要纽带的北运河和通惠河，以及沿线的玉河故道、澄清上闸（万宁桥）、澄清中闸（东不压桥）、什刹海等重要遗产点，作为中国大运河的重要组成部分被列入世界遗产名录。

北京市“十三五”规划纲要中提到，着力建设全国文化中心，保护好历史文化名城金名片，构建整体保护格局，推进区域文化遗产连片、成线保护利用。其中东部运河文化带和西部西山永定河文化带建设的核心，就是围绕着北京水文化遗产展开的。

通过对北京的水文化遗产保存情况进行梳理发现，北京的水文化遗产表现出“一体两翼”的空间格局。“一体”指皇城园林水文化遗产区，城内主要沿着什刹海、北海、中南海、玉河等分布，城外主要沿着长河、凉水河、莲花池、玉渊潭等水系分布，以及西山清代皇家园林水系等。“两翼”指大运

河文化带遗产区和西山永定河文化带遗产区。大运河文化带遗产区指北京城内由东直门内至朝阳门内区域，是元明清的漕运仓储区，分布着海运仓、北新仓、南新仓等遗址；城外是通惠河、北运河、运河沿线水闸堤坝、仓厂沉船遗址等，集中展示了漕运文化。西山永定河文化带遗产区，在永定河出山口地区，历史上也是水利工程比较集中的地区，比如戾陵堰、车箱渠工程、金口河工程，还有丁家滩灌渠、龙泉务灌渠和兴隆坝灌溉系统等。此外还有卢沟桥、南北惠济庙遗址、三家店龙王庙等文化遗产。这一地区由龙王庙衍生的水祭祀文化，构建了区域内特有的社会管理秩序和水源分配使用方式。

三　擦亮世界认可的水文化符号

（一）弘扬水文化的现实意义

水文化是城市文化的重要组成部分，保护、利用、传承水文化遗产，不仅仅是保持北京城市个性和特色的需要，而且是延续北京文化的需要。北京城市发展和演变过程的点点滴滴都记录在城市的记忆中：永定河畔河神庙的香火、紫竹院长河的翠柳、玉河遗址的沧桑旧事，每一处水利遗存背后，都承载着丰富的历史、社会和文化信息。这些信息使北京的城市记忆变得更为真实，让人们更能实实在在地感受北京历史的积淀。北京的水文化是历代先民创造、积累的，能够赋予我们巨大的物质和精神享受，启发智慧，开拓未来。近年来，水文化在城市文明进程中扮演着越来越重要的角色，成为城市生命的有力见证。北京市实施的菖蒲河遗址公园、莲花池遗址公园等水文化遗产保护利用工程，让水文化遗产所揭示的文化信息融入人们现实的文化生活中，使这些遗产成为城市中有尊严、有文化气息的地方。这些实践让我们认识到，新时期、新形势下，有必要让民众认识到水文化遗产对于现实生活的意义，使这些遗产成为城市中最美丽、最令人向往的地方。因此，保护北京的水文化，具有很强的现实意义。

一是避免北京城市记忆的消失。北京的城市记忆是在历史的长河中一点一滴积累起来的，在历代引水灌溉、漕运通航、防洪减灾等水利建设中，保留下来的水文化遗产成为北京城市记忆的最有利物证之一，是北京文化的重要体现形式。

二是避免城市面貌的趋同。城市面貌是城市历史的积淀和文化的凝结，是城市外在形态与精神内质的有机统一。北京城市的水利发展是与特殊的自然地理条件相适应的，历代统治者在永定河治理、大运河治理、城市供水和园林水利建设上形成的众多水文化遗产已成为构成今日北京独特城市风貌的重要内容，破坏了这些水文化遗产，北京的城市风貌也就荡然无存了。

三是避免城市环境的恶化。城市环境是自然、社会、经济的复合系统，城市生态环境系统具有高度的敏感性。作为水文化遗产的北京城市河湖水系是塑造城市环境的重要环节，玉渊潭、北海、长河等营造了良好的城市环境，为市民提供了一个健康休闲的场所，激发了城市居民的生活积极性和创造性。

（二）弘扬水文化的建议

一个缺少历史积淀的城市，不是一个健康的城市。2014 年，习近平总书记在视察北京时强调："历史文化是城市的灵魂，要像爱惜自己的生命一样保护好城市历史文化遗产。"水文化是北京文化的重要组成部分，被印刻在市民的记忆里。保护水文化遗产不仅仅是满足人们对昔日的怀念，更是为了从物质和精神层面延续城市文化，让今天和后世的人们都能触摸到传统文化"不能消失的未来心跳"。2013 年 12 月，中央城镇化工作会议明确提出，城市建设"要融入现代元素，更要保护和弘扬传统优秀文化，延续城市历史文脉"。文化遗产对城市发展和市民生活质量提高有着不可替代的价值，对城市文化传承、现代社会发展具有重要意义。

一是进一步完善文化领域法律法规，加大水文化领域经费的投入和管理。要充分认识到水文化对于建设全国文化中心的重要意义，市、区两级政府根据北京市三个文化带建设的要求，开展相关保护规划的编制时，要充分考虑水文化的保护、传承与利用；市、区两级财政部门要不断加大对水文化传承领域的经费投入，采取措施鼓励社会资金进入水文化传承工作，北京文化发展基金可向水文化传承工作倾斜。

二是开展水文化遗产的普查工作，制定针对性的水文化遗产保护策略。开展水文化遗产普查建档登录工作，在水法、防洪法、文物法框架下，对水文化遗产进行评估、定级、管理，实现水文化遗产的保护、利用、传承，分类分级实施精准保护。

三是加强水文化研究，推动水文化交流与宣传普及。组织专家队伍，归纳总结水文化建设的理论与实践成果，加强水文化交流，提高北京市水文化建设水平。充分利用各类媒体平台、大众文化设施，宣传水文化，扩大水文化的影响力。充分利用“世界水日”“中国水周”“文化遗产日”等活动宣传水文化，在中小学开展“水文化研学游”活动，通过多种形式普及水文化，把水文化教育与公民教育结合起来，发挥水文化的教育引导服务功能。

论我国古代运河在国家统一及疆域发展中的历史作用*

王　健**

古代运河在统一多民族国家形成与发展中有着什么样的功能地位，起过什么样的历史作用？民国以来有过不少论述，充分肯定了大运河的历史功绩。① 姚汉源（1913～2009）在晚年评价自己的研究时说道："虽有些水利知识，但于水运方面却所知不多；虽有些历史知识，但于水运经济方面更无所知。……但水运对于一个国家的形成、历史的影响、文化的造就等意义深广，不容禾梢尽所知，徒欲提供后来者一些初步资料。"② 显然，他认为在大运河水运史、水运经济方面，研究还很薄弱，而古代大运河的主要功能在于水运（或称航运），水运对于中国古代国家的形成、历史影响、文化造就的意义极其重要。目前关于大运河水运功能及其影响的研究，多集中在漕运、区域经济交流等方面。③ 这些研究对运河的水运功能及对国家的影响研究很不深入、系统。本文从政治地理的视角，考察运河在中国疆域发展中的重要作用。

一　统一王朝疆域的政治地理特征

政治地理学，就是通常所称的地缘政治，过去主要运用于国家间关系这

---

* 本文原载《江苏社会科学》2018 年第 2 期。

** 王健，江苏省社会科学院历史研究所研究员。

① 参见胡愈之《交通发达与文明之关系》，《东方杂志》1918 年第十五卷第一号；须恺《运河与文明》，《水利月刊》创刊号，1931 年第一卷第一期；全汉昇《唐宋帝国与运河》，台北中研院历史语言研究所专刊之二十四，（重庆）商务印书馆，1944，1995 年重排版；姚汉源《京杭运河史》，中国水利水电出版社，1998；安作璋主编《中国运河文化史·序》，山东教育出版社，2001；邹逸麟《运河在中华文明发展过程中的作用》，《浙江学刊》2017 年第 1 期；等等。

② 姚汉源：《京杭运河史·自序》，中国水利电力出版社，1998。

③ 参见李文治、江太新《清代漕运》（修订版），社会科学文献出版社，2008；吴琦《漕运与中国社会》，华中师范大学出版社，1999；陈峰《漕运与古代社会》，陕西人民教育出版社，2000；〔美〕黄仁宇《明代的漕运》，新星出版社，2005。

样的国际空间，近年来也被引入中国历史地理研究。就国家而言，研究中国古代政治地理涉及疆域的伸缩、与邻国的地缘关系、边疆区与核心区的变迁、首都定位的地缘政治基础、行政区与行政中心的变迁、就疆域本身的要素来进行分解式的以及政治学角度的研究、政治过程对地理区域变迁的影响研究等等。[①] 显然，古代运河对古代疆域盈缩、都城定位和边疆与核心区的变迁等均有重要影响，这是我们考察其历史地位的重要视角。

中国古代大一统国家最显著的外部特征，就是中央王朝能够开拓并在一个较长时期中有效控制辽阔的疆域，尤其是在各王朝的强盛时期。秦、汉、隋、唐、元、明、清无不是开疆拓土的大一统时期。历代疆域盛况在正史中都有记载，历史地图中也多有描绘。《史记·秦始皇本纪》收录琅琊台石刻铭文中有秦朝疆域的描述："六合之内，皇帝之土。西涉流沙，南尽北户。东有东海，北过大夏"，其疆域"地东至海暨朝鲜，西至临洮、羌中，南至北向户，北据河为塞，并阴山至辽东"[②]。秦朝短祚，西汉疆域有了很大的拓展。"至武帝攘却胡、越，开地斥境，南置交阯，北置朔方之州。"[③] 特别是张骞开通西域，汉代对西域的经营，使西部边疆得到很大发展。[④] 隋朝重新统一中国，疆域"东西九千三百里，南北万四千八百一十五里，东南皆至于海，西至且末，北至五原，隋氏之盛，极于此也"[⑤]。

在明代著名人文地理学家王士性（1547～1598）看来，汉人建立的中原王朝"古今疆域，始大于汉，阔于唐，复狭于宋，本朝过于宋而不及于唐"，虽然"本朝北弃千里之东胜，南弃二千里之交趾，东北弃五百里之朵颜，西北弃嘉峪关以西二千里之哈密"[⑥]。明初"禹迹所奄，尽入版图，近古以来，所未有也"，"东起朝鲜，西据吐番，南包安南，北距大碛，东西一万一千七百五十里，南北一万零九百四里"，尽管放弃了一些地方，疆域"则东起辽海，西至嘉峪，南至琼、崖，北抵云、朔，东西万余里，南北万里"[⑦]。唐强大在前期，"唐全有汉地，分天下为十道、十五采访使。南北万里，东西万七

---

① 周振鹤：《建构中国历史政治地理学的设想》，载《历史地理》第十五辑，上海人民出版社，1998。

② 《史记》卷6《秦始皇本纪》，中华书局，1982，第245、239页。

③ 《汉书》卷28《地理志上》，中华书局，1962，第1543页。

④ 参见《隋书》卷29《地理志上》，中华书局，1973，第806页。

⑤ 《隋书》卷29《地理志上》，中华书局，1973，第808页。

⑥ （明）王士性撰《五岳草游·广志绎》，周振鹤点校，中华书局，2006，第190页。

⑦ 《明史》卷40《地理志一》，中华书局，1974，第882页。

千里”。“其地：东西九千三百里；南北一万四千八百一十五里，东、南皆海，西至且末，北至五原。”“然举唐之盛时，开元、天宝之际，东至安东，西至安西，南至日南，北至单于府，盖南北如汉之盛，东不及而西过之。”“安史之乱”，唐朝由盛转衰，疆域大大缩水，“天宝盗起，中国用兵，而河西、陇右不守，陷于吐蕃，至大中、咸通，始复陇右。乾符以后，天下大乱，至于唐亡”①。北宋与辽、西夏对峙，“北失燕、云、山前山后十五城于辽；西北失银、夏、灵、盐四城，甘、凉、鄯、廓七城于元昊；西失松、叠十一城于羌；西南失滇云全省于段氏”②。其疆域不如上述几个大一统朝代，但仍然能够保有黄河流域乃至东南沿海。

元朝的疆域相当辽阔，“自封建变为郡县，有天下者，汉、隋、唐、宋为盛，然幅员之广，咸不逮元。……故其地北逾阴山，西极流沙，东尽辽左，南越海表。……元东南所至不下汉、唐，而西北则过之，有难以里数限者矣”③。清朝前期疆域盛况一直为后人津津乐道，清乾隆二十四年（1759）统一新疆之后，疆域达到“东极三姓所属库页岛，西极新疆疏勒至葱岭，北极外兴安岭，南极广东琼州之崖山……汉、唐以来未之有也”④。

从政治地理视角看，大一统王朝疆域演变有这样几个特征值得注意。①东部、南部，包括沿海广大区域自秦汉完成统一之后，便始终成为历代稳定的疆域，每个统一王朝都能够将其囊括在内，没有例外。②元以前中原汉族建立的王朝，除了汉唐盛时，北部、西部疆域基本上很难真正突破秦汉开拓的边界，大致维持在长城内外，即河套朔方五原阴山及西北甘肃。北部阴山以北的漠南漠北蒙古地区，西部嘉峪关（早期玉门关阳关）外的西域，西南滇藏云贵的疆域拓展较为缓慢，即便有所开拓，守卫也极为艰难，盈缩变动大。③中古以后北方草原民族力量越来越强大，东晋南北朝和五代十国大分裂，都与北方民族入主中原有关，中原汉族王朝退居淮河乃至长江以南，几无还手之力。只有元、清这样的边疆草原游牧畜牧狩猎民族才能真正驰骋在广阔无垠的大漠草原、天山南北、云南青藏，建立起辽阔的大一统疆域。④都城位置影响疆域控制。定都长安时，秦汉隋唐对西部的控制力强，疆域

---

① 《新唐书》卷37《地理志一》，中华书局，1975，第959～960页。

② （明）王士性撰《五岳草游·广志绎》，周振鹤点校，中华书局，2006，第190页。

③ 《元史》卷58《地理志一》，中华书局，1976，第1345页。

④ （清）赵尔巽等撰《清史稿》卷54《地理志》，中华书局，1977，第1981页。

达到甘肃西部，甚至西域，但北方只能到河套阴山。定都中原或南方时，北部西部均难控制。两宋以后定都中原或杭州的王朝，疆域北界只能维持在黄河甚至淮河一线。元明清定都北京，临近北部长城一线，才能确保君临天下，控制辽阔疆域。明朝迁都北京，集中政治军事力量于都城，依托长城之险，基本上保障了北部疆域的安全，之前的五代及两宋，都没有真正做到这一点。显然，上述政治地理特征中的两个重要因素，自然地理和都城位置，都与运河有很大的关系。

二　运河在王朝疆域发展中的作用

中国疆域发展的政治地理特征深受自然地理，特别是水运条件制约。而这个条件真正发挥作用，又是开凿运河沟通各条水系，形成水路交通网络的结果，所以我们称之为“运河作用”。

笼统讲，清代内陆18省的自然条件，一直为西方人所称道：“位于亚洲大陆的东南角，景色美丽，土壤肥沃，气候宜人，有宏伟而可通航的河流，多样而丰饶的物产，可以和地球上任一部分争妍”，“河流是中国的荣耀。内地航运的自然条件是任何国家不能媲美的。中国人民认为自己国家的地理条件以河流最有吸引力，给予最大的关注”。[①] 作为世界水运，尤其是内河水运（包括运河）最为发达的文明古国，中国大运河“建筑之伟大，为近世所稀有，而创成于数千年之前”[②]。

然而，受气候、地形等多种因素影响，我国河流的区域分布严重不平衡，北方河流湖泊少，河网密度低，南方的河流湖泊多，河网密度高。“河网密度从北至南逐渐增加，其中黄河以北的河网密度大约为0.5～0.69km/km^2，黄河以南至徐州河段的河网密度大约为0.7～1km/km^2，中运河和里运河河段的河网密度大约为2～5km/km^2，江南运河段的河网密度最高，在59km/km^{2}以上。”[③] 黄河以北河网密度只有江南运河段的1%左右！黄河以南至徐州段，河网密度是江南运河段的60%～85%。北方河流中全年通航的河流更稀少。历史上北方西部长城以外，多为干旱或半干旱区域，广泛分布着草

① 〔美〕卫三畏：《中国总论》，陈俱译，陈绛校，上海古籍出版社，2014，第5、12页。

② 须恺：《运河与文明》，《水利月刊》创刊号，1931年第一卷第一期。

③ 俞孔坚等：《京杭大运河国家遗产与生态廊道》，北京大学出版社，2012，第13页。

原沙漠。[①] 活动在这一区域的民族，以游牧为生，逐水草而居之，曾出现过许多强大的“草原帝国”[②]。长城及其沿线的广阔区域，既是阻挡草原民族南侵的屏障，也是限制中原王朝疆域扩展的壁垒，而黄河流域与江淮以南水运条件的差异也对南北发展形成影响，由此构成长城、淮河等重要地理分界线。

这种水运条件分布的强烈差异，直接影响政治疆域的形成发展。水运条件越好的地方，统一性就越强，反之则越弱。南方自古以来就有十分发达的水运交通，北方水运条件不甚发达，为了改善这种状况，春秋战国局部统一时进行过运河建设，以沟通区域间的水运联系。秦汉以来，凡是中央集权强大，实现大一统后能有效控制辽阔疆域的王朝，多重视运河开凿，由此构建漕运体系，加强南北联系，实现对全国，包括边疆地区的控制。秦汉、隋唐、北宋、元明清统一疆域的拓展与运河开凿和水运发达是成正比的，特别是京杭大运河的开通，将统一王朝的政治军事中心与经济文化重心紧密联系在一起，有力支撑了北京长期作为都城的中心地位，这为向北向西发展和开疆拓土创造了条件。

长城以南，淮河以北，关中及其以东，汉民族为主体的广大区域内，历史上河流湖泊要比现在多一些，曾经具有良好的水路交通条件。学者研究认为历史上北方的运河建设要比南方多，“黄河流域在历史上兴建的运河数字远远超过长江流域，可是除了河北省境内的南运河部分河段尚可通航外，绝大部分运河或淤成平陆或尚存河形而无舟楫之利。这就是历史时期两大流域自然条件不同所赐予人工运河的不同命运”[③]。南北大运河的北段“由于自然条件的原因，并不是十分理想的航道。历代统治者投入大量人力物力，不时疏浚修筑，都是为了保证封建王朝每年所需要数百万石漕粮的供应”。北方运河的维护成本及运输成本虽然大大高于南方沟通自然河流的运河，但也迫不得

---

① 地理学上，通常以年降雨量在200毫米以下的地区称为干旱区，年降雨量在200～500毫米的地区称为半干旱区。中国北方的北纬35°～50°的区域面积占全国面积的50%以上。半干旱区东起东北平原西部，西到内蒙古中部和宁夏的盐池一带。以西则为干旱区。

② 法国史学家勒尼·格鲁塞著有《草原帝国》（魏英邦译，青海人民出版社，1991）一书，叙述了匈奴、突厥、回纥、契丹、蒙古等草原民族的历史。历史上的长城，主要防御的也是这些草原民族。但英国学者李约瑟认为“‘草原帝国’这一名称一般是给……蒙古帝国用的”（〔英〕李约瑟：《中国科学技术史》第一卷《总论》第二分册，科学出版社，1975，第349页注2）。

③ 邹逸麟：《从地理环境角度考察我国运河的历史作用》，原载《中国史研究》1982年第3期，收入《椿庐史地论稿》，天津古籍出版社，2005。

已，因为这对维护国家的统一至关重要。西汉有人上书劝谏汉武帝征伐匈奴，一个重要理由是以史为鉴，秦伐匈奴，运输艰难，百姓痛苦，最终天下叛秦。当时秦北地“地固泽卤，不生五谷。然后发天下丁男以守北河。暴兵露师十有余年，死者不可胜数，终不能逾河而北”，为了运粮，“又使天下飞刍挽粟，起于黄、腄、琅琊负海之郡，转输北河，率三十钟而致一石。男子疾耕不足于粮饷，女子纺绩不足于帷幕”①。匈奴远在长城以北，秦将征集的军粮集中到山东半岛沿海地区，再转输到北河，即朔方一带，以支持秦军抗击匈奴。当时秦有蒙恬三十万大军驻守长城一线，军粮供应十分困难，花费的成本也极高昂。途中消耗三十钟才能运输一石军粮到朔方，试想三十万大军的消耗，需要运输多少粮食，又有多少粮食消耗在运输途中。宁可绕道水路，以降低运输成本。即使秦朝移民实边，也难以再向北拓展。

淮河以南，河流纵横，湖泊密集。历代多利用海河、黄河、淮河、长江及钱塘河流域的平原地带开凿运河。“历史时期在长江流域开凿的运河，如春秋战国以来的邗沟、江南河、胥溪、灵渠等等，两千多年来经不断地收治和改建，始终是可以通航的。”② 纵贯南北东西的运河加强内部的联系，为政治统一、经济沟通和文化交流提供了便利条件，其内部统一性得到加强，统一的障碍被减弱。即便有分裂割据，也是在整个大的分裂时代之内的分裂，一旦统一出现，这种分裂很快就会结束。像隋朝终结魏晋南北朝以来数百年分裂局面，北宋结束五代十国等，只要解决了北方问题，南方的统一就势如破竹。

在古代，水运是极为关键和重要的交通方式，也是最便利、最有效、最经济的运输方式。在南方，江河湖泊众多，舟楫之利益于长距离、大规模军事行动。这可能是中国疆域的拓展在东南进展神速，而在北方沙漠、草原、高原地带却停滞不前，甚至只能依托长城固守的重要原因。早在秦汉时期，东南沿海广大地区就被纳入中央王朝疆域范围，而且始终比较稳定，很少真正从统一王朝中分离。这里就有水运交通便利的因素。

古代出征，开疆拓土，后勤保障最为重要，核心是军粮供应。“在现代战争出现之前，可以毫不夸张地说，粮食就是军队的生命，而充足的粮食储备，

---

① 《史记》卷 112《平津侯主父列传》，中华书局，1982，第 2954 页。

② 邹逸麟：《从地理环境角度考察我国运河的历史作用》，原载《中国史研究》1982 年第 3 期，收入《椿庐史地论稿》，天津古籍出版社，2005 。

就是其最重要的武器。”①

秦始皇在灭六国统一天下之后，以湖南为基地（这里有苍梧郡，战国楚国即设，秦承之，后来改称长沙郡）发动对岭南的战争。开始秦军长途远征岭南越地，但“旷日持久，粮食绝乏，越人击之，秦兵大败”②。原因是孤军深入，缺乏后勤支援，粮食供给不上，在丛林中被土著打败，损失惨重。监史禄专门运输军粮，开凿了灵渠，秦军船舶直接将粮食运输到前线。有了后勤保障，秦军步步为营，很快就打过岭南，攻占两广，一直到越南北部，设置了桂林、象郡等郡。水路交通帮助秦朝将南方、东南版图扩大到极致，运河起了关键作用。灵渠的重要意义还在于使长江流域与珠江流域沟通，形成了从黄河到淮河，由淮河到长江，再经湘江到漓江，由漓江南下梧州，汇郁水为西江，东出广东肇庆再至三水，或可与北江汇合，直达广州。隋唐以后，更为便利的大运河沟通长江、鄱阳湖、赣江、浈江、珠江水系的水路大通道和江南运河、钱塘江、兰溪江、信江、鄱阳湖的水路交通线，将整个黄河以南都紧密联系起来，形成一个整体。即便是“安史之乱”后藩镇割据，唐朝在中原的统治受到极大削弱，但仍然能够对东南直到广州的广大区域实现有效控制。李翱《来南录》中就记载了他从长安经洛阳，水路直达广州的经历，中间仅在梅岭有一段陆路。③ 总之，灵渠与隋唐京杭大运河的开凿，将瑷珲—腾冲一线以东地区的主要水系联结起来，塑造了由水运网络覆盖的辽阔疆域。

反观黄河以北，战国时期秦、赵、燕就在长城一线固守。秦统一后在攻下河南之地后寸步难行，数十万主力只能在长城一线消极防御。以后的汉、隋、宋、明等中原汉族政权大多也只能以防御为主，或构筑长城、坞壁固守。只有元、清这样的草原游牧民族政权才可以真正将长城踩在脚下，饮马黄河上下，穿梭阴山高阙，驰骋大漠南北，完成对长城南北的大统一。两相对比可知，南方的统一看上去轻而易举，易维持长期有效控制，重要原因就是有漫长而连贯的水路，关键节点靠的是运河的沟通串联。这种条件北方草原无法具备，而农耕民族又缺乏游牧民族的马上功夫，很难在草原、沙漠中驰骋。恶劣的自然条件、难以逾越的交通阻隔，使长途作战无法得到后勤保障，故

① 冀朝鼎：《中国历史上的基本经济区与水利事业的发展》，朱诗鳌译，中国社会科学出版社，1981，第 11 页。

② 《史记》卷 112《平津侯主父列传》，中华书局，1982，第 2958 页。

③ （唐）李翱撰《来南录》，《四库全书·集部·别集类·李文公集卷十八》。

只能坚守在长城一线，戍边垦殖，很少逾越长城，深入草原沙漠。

三 运河在区域统一走向大统一中的作用

早期的运河开凿主要是为军事运输服务的，秦朝向五岭以南进攻，汉朝向西南夷、南越进攻，都遇到了军需供应问题，直到隋朝都是如此。[①] 区域统一是运河开凿的必要政治社会条件，同时，由区域走向统一王朝的大统一也需要运河助力。春秋战国楚国开汉江间运河，吴王夫差开胥溪、邗沟、商鲁间菏水等运河，魏国开鸿沟。东汉末曹操开凿黄河以北运河，割据江东的孙吴政权开挖秦淮河与江南运河之间的破冈渎，将太湖流域富庶地区与都城建业（今南京）联系起来，巩固了三分天下有其一的格局。从上述史料中都能看到区域统一走向全国统一中的运河作用。

《史记·河渠书》在追述了《夏书》（《夏本纪》《禹贡》）所载大禹治水"诸夏艾安，功施于三代"[②] 的功绩后，记录了以中原为中心，以鸿沟为骨架的水运体系："荥阳下引河，东南为鸿沟以通宋、郑、陈、蔡、曹、卫，与济、汝、淮、泗会；于楚，西方则通渠汉水、云梦之野，东方则通（鸿）沟江淮之间；于吴，则通渠三江五湖；于齐，则通淄、济之间；于蜀，蜀守冰凿离堆辟沫水之害，穿二江成都之中。此渠皆可行舟，有余则用溉浸。"[②] 从运河开凿的必要条件看，实际上，这个水运体系应形成于春秋末至战国时期。这是因为，只有在区域统一达到一定水平之后才能够形成这种跨诸侯国疆域的水运系统。这些河渠均可通航行船，而且在满足航运之后，还可用于灌溉。京杭大运河最早的河道是邗沟，开凿时间在春秋末年（前486）。地处太湖流域的吴国，在臣越服楚之后，决心北上发展，开拓疆域，争霸中原。吴国跨江北上，在经过残酷战争灭亡邗国后才能够放心大胆地开凿通往淮河的邗沟。不然，只能继续从太湖入江达海，沿海北上，从云梯关溯淮而上进入泗水。吴国开凿邗沟沟通江淮，由淮入泗北上，又开凿菏水沟通济水，直达黄河岸

---

① 邗沟，"春秋时代的吴王夫差开挖、疏通这条运河，只是为了运粮、运兵，北上伐齐。越王勾践灭吴以后，也曾利用邗沟北上伐齐……越国并入楚国以后，邗沟不被军事所用，便消失无闻了"，"隋炀帝两次亲到涿郡大举征伐高丽的史实，进一步说明了隋炀帝开挖永济渠、通济渠和邗沟的历史作用，主要在于军事方面"。傅崇兰：《中国运河城市发展史》，四川人民出版社，1985，第59、61页。

② 《史记·河渠书》，中华书局，1982，第1405、1407页。

边，最后在黄池（今封丘南）与晋国争霸，实现了暂时的霸主地位。吴国还开通了从菏济到齐国的交通线路，可能利用了汶水经莱芜的线路。这些水道基本上奠定了东南通达中原、鲁西北水道的走向。

东汉末年，曹操在击败袁绍基本统一北方后，为攻取邺城（今河北临漳），建枋头城，将黄河→淇水→白沟（黄河古河道）水路连为一体。在夺取邺城后又以此为都，挥师北上，征伐乌桓。为此利用太行山以东漳河、滹沱河、古黄河等水系资源，开凿平虏渠、泉州渠、利漕渠等运河，将白沟→漳水→黄河故道→滹沱河→清河→平虏渠→泒河→泉州渠→潞水连接，构建了北方运河系统。这条运河奠定了隋朝的永济河体系，也为后来的御河、卫河→临清→京杭大运河（山东运河→南运河→北运河）奠定了基础。《肇域志》山东馆陶县（今属河北邯郸）条有："漳河，在县西南五十里。有二源……下至临漳县合而西，复分二流，一北流入滹沱河，一东流至本县入卫河，与会通河合。""《府志》：卫河，在县西二里。源出辉县百门泉，引鸿雁、洹二流，东北迳馆陶，至临清与汶水合，为今漕渠，北过夏津、恩县、武城，注直沽入海。隋疏为永济渠，亦名御河。"①

没有北方运河的开凿，曹操很难迅速打败辽西乌桓，统一辽东、辽西广大地区，解除北方威胁。"曹操开通的一系列运河，使北方水运系统达到辉煌。水运交通又促进了邺城的发展，使邺城在北朝的很长时期中是黄河以北华北平原的政治、经济和文化中心。"② 而北朝的发展又为隋朝结束南北朝数百年分裂割据，重新统一中国打下坚实基础。江东的孙吴政权定都建业后，开凿了破冈渎，通过秦淮河将长江与太湖水系沟通，由丹阳一带直接进入江南运河，避开长江与江南运河交汇风险，充分依托太湖流域富裕地区，对孙吴的巩固和南方的局部统一起了重要作用。这条运河的开凿难度很大，需要采取多级埭堰提高水位，翻越分水岭。隋文帝为统一江南，曾经秘密开挖山阳河，恢复古邗沟直下扬州，伺机越江灭陈。中国的大一统，往往是从区域性的统一开始的，割据政权的数量在区域统一的过程中逐渐减少，形成区域性中心，最终汇成大统一。

---

① （清）顾炎武撰《肇域志》（一），载谭其骧、王文楚点校主编《顾炎武全集》6，上海古籍出版社，2011，第 885 页。

② 王守春：《黄河北侧运河的开凿与水运系统的形成》，载陈桥驿主编《中国运河开发史》，中华书局，2008，第 48 页。

四　东西之争到南北一体中的运河作用

从以都城迁移位置变动为标志的冲突与融合看，中国古代有所谓从“东西之争”到“南北对峙”，再到“南北一体”的政治地理大势转换。在这个过程中，运河也曾起过重要作用。早期大运河主要利用自然河流、湖泊而建，在关键节点开凿人工河加以沟通，大体上呈东南、东北走向，故有学者称其为“东西大运河”。“西汉自长安东向有漕渠，东通黄河、鸿沟、古汴渠、邗沟过江南，通三江五湖以至杭州，自西北而东南逐渐形成水运要道。至隋唐，向西通今宝鸡，向东有广通渠通黄河接汴渠，邗沟过江至杭州为西汉渠道之延长发展，形成东南西北大运河，可称为东西大运河。”① 这一走向，与关中、中原政治军事中心地位是适应的。元明清定都北京，政治军事中心得到统一，而经济文化重心区域仍在东南，南北主轴线成为最重要的政治地理标志，京杭大运河成为连接两者的生命线。

东西之争。主要是关中与关东之争，也包括以关中都城为中心向西开拓。早期是以东西为融合主线，傅斯年在《夷夏东西说》中揭示：“自东汉末以来的中国史，常常分南北，或者是政治的分裂，或者由于北方为外族所统制”，而夏商周“在三代时及三代以前，政治的演进，由部落到帝国，是以河、济、淮流域为地盘的。在这片大地中，地理的形势只有东西之分，并无南北之限。历史凭借地理而生，这两千年的对峙，是东西而不是南北”②。东夷在东，夏在西，商在东，周在西。春秋时期，诸侯国之争，秦在西，晋、齐、鲁等在东，仍然是东西对峙，但这样的格局在春秋战国时已经被打破。南方楚国形成了最大的疆域，北出方城，进逼洛阳，问鼎中原，足以与北方晋国分庭抗礼。吴越也不断向北发展。吴王夫差筑邗城，开邗沟，沟通江淮，就是向北发展，最终争得短暂霸主地位。当时的南北之争，主要是从长江流域到淮河－黄河流域，基本上不过黄河。如吴国最远到黄池（今河南封丘南），楚国由方城攻击到达洛阳附近，城濮之战之后就很难再向北发展。吴、楚之争，

① 姚汉源：《京杭运河史》，中国水利水电出版社，1998，第8页。

② 傅斯年：《夷夏东西说》，原刊1933年1月台北中研院《历史语言研究所集刊》外编第一种《庆祝蔡元培先生六十五岁论文集》，收入《中国现代社会科学家选集丛书·傅斯年卷》，天津人民出版社，1996，第247页。

主要也是东西之争，争夺焦点在淮河流域。战国主要是东西之争，合纵与连横的主角是中原的魏、赵、韩对关中的秦国。东方的齐起平衡作用。长平之战后，楚国渐成抗秦主力。燕国基本上作壁上观，有的只是与齐国的恶斗，只是最后由燕太子丹策划荆轲刺秦王的闹剧。秦统一六国，最后才横扫幽燕，灭燕齐，直达长城。往东南灭楚后，更没有什么阻碍，打到岭南、闽越。当时的南北轴线基本上没有很大障碍，重要的就是修灵渠。可见，在南北之争中，开凿运河成了关键之举。秦汉一举囊括岭南及东南沿海广大地区，靠的是灵渠、泗水、邗沟、江南运河的交通运输条件。秦汉之际的楚汉战争，基本上可归入东西之争，尽管刘项都是东部泗水流域的代表性人物。但灭秦之后，刘邦成为关中势力的代表，项羽则为东方之盟主。汉大统一，中央集权不断强大，东西之争逐渐减弱，汉景帝时的七国之乱，应是统治集团东西之争的尾声。汉武帝时期，主要是反击匈奴，开拓西域。

南北对峙。既有中原王朝或代表中原的非汉族政权与南方之争，如东晋南北朝时期、金宋对峙时期等；也有中原王朝或入主中原的王朝与北方游牧民族之争。对疆域发展影响大的是后者。由于匈奴的兴起，秦朝不得不派大军长期驻守长城一线，当时就有从沿海向山东半岛北部水运军粮，再从河北转输到长城一线的行动。从渤海向河北转输的线路，文献没有记载，但可能利用了古黄河入海的“九河”故道，越河济至河北桑乾河流域可往山西，这条水路曾长期断断续续通航，并且连接永济渠、京杭运河河北天津段水系。

秦末起义爆发后，秦长城守军回撤作战，最后被项羽歼灭于巨鹿。北方边界大门洞开。西汉初期就开始遭到北方的挑战，高祖刘邦与匈奴马邑对抗失利，只能采取和亲政策，暂时缓解北方压力。后来汉武帝发动三次反击匈奴战争，基本上解除了北方、西方的威胁，将疆域推进到西域。也正是汉武帝时期，关中漕运十分发达，运量大增，关中漕渠起了重要作用。同时汉中、河东也进行了一些不成功的运河开凿工程。对西部疆域的开拓，必然增加关中的后勤保障压力，也因此受到主父偃等的批评。

北方真正的压力是在东汉末年以后，这是从东西之争向南北对峙转换的滥觞。曹操在统一北方之后，挥师向北进攻，三征乌桓，就是要解除北方压力并向北拓展疆域。在这个过程中，开凿运河就是关键之举。曹操以邺城为都，大规模开凿黄河以北的运河体系，奠定了北方运河的基础。隋炀帝开凿的永济渠、元代开凿的京杭大运河、临清以上的运河系统早在曹操时期就有开凿。

魏晋以后，北方渐成军事重镇，南北对峙成为中国政治经济军事的主轴。军事政治重心的变化对北部边疆的安全发生极其重要的影响。北魏是一个明显的实例，魏孝文帝改革，重要内容是将都城从平城（今大同）迁往洛阳。这样做的结果虽然有利于汉化，打破鲜卑贵族集团对改革的阻挠，但也使新的都城洛阳远离军事重镇平城，皇权与军权严重分离。北部长城边镇军事统帅掌控了军权，导致发生了叛乱（所谓“六镇起义”），极大削弱了北魏的统治。

唐朝“安史之乱”也是皇权与军权分离的一个历史教训。唐朝都城在西北的长安，又以洛阳为东都，虽然可以有效控制西北和江淮经济发达地区，但对北方的控制能力却日渐减弱。军政大权逐渐落入节度使手中，朝廷丧失了军事控制权。唐朝的军队，一是驻守在西北，主要在京畿附近；一是驻守边疆，特别是北部边疆。当时奚族和契丹势力较强，安禄山长期坐镇北部边疆，对边疆情况极为熟悉，曾被誉为安边长城。这说明即便是唐玄宗开元盛世，也难言强大到可以不要长城的程度。贞观时期李世民“天可汗”地位，也只是名义上的、短暂的。

军权与皇权长期分离，就容易产生叛乱，极大威胁中央集权国家体制。安禄山掌控了一支由多民族组成、财力雄厚的武装集团，于755年在范阳起兵，南下进攻，很快攻陷洛阳。次年正月在洛阳称大燕皇帝。这是秦统一后第一个以“燕”为名建立的政权，标志着北方政治军事集团已经登上历史舞台，南北轴心巨变揭开帷幕。乾元二年（759），史思明从范阳南下，在邺城（今河北临漳一带）击败60万唐军后还范阳称“大燕皇帝”，之后南下洛阳，与唐军对峙。这个时期，北到范阳，中到洛阳，南到睢阳（今商丘南），以河北、河南（大致今太行山东麓京广铁路、陇海铁路沿线）为走廊，形成了东西与南北的对峙。显然，唐朝对幽燕的失控，南北线空虚状况凸显。而为了平叛，唐在河西（节度使驻甘肃武威）和西域（安西节度使驻库车，北庭节度使驻吉木萨尔）的驻军大量内调回援，河西走廊与西域空虚，吐蕃乘虚而入，陆续占领陇右、河西诸州，长安与西域联系的河西走廊道路为吐蕃控制，安西四镇与中央联系中断，孤悬在外，成为抵抗吐蕃的孤立力量。北部边疆安危对整个疆域的影响之大可见一斑。

“唐分十道，此为河北道，天宝以后强藩往往窃据焉。”① “安史之乱”

---

① （清）顾祖禹撰《读史方舆纪要》卷10《北直一》，贺次君、施和金点校，中华书局，2005，第406页。

后，中国政治经济军事的主轴已经由东西横向完全转移到南北纵向，但轴心还在黄河流域的洛阳、开封一线。这主要是经济重心向东南转移，以太湖流域为中心的南方成为轴心南端，中原王朝始终能够牢牢控制东南，大运河成为唐宋帝国的生命线。全汉昇认为大运河在中国古代历史上真正发挥积极作用是在唐宋及以后主要历史时期。“在此后的六百多年内变为唐宋帝国的大动脉。这一条动脉的畅通与停滞，足以决定唐宋国运的盛衰隆替，其关系的密切简直有如真正的动脉之于身体那样。”唐宋经济重心南移之后，军事政治重心仍然留在北方，隋炀帝开凿的运河大大有助于满足这个新时代的客观形势，“即如何把军事政治重心的北方和经济重心的南方联系起来，以便因内在的坚强凝结而生出力量”。隋唐大运河对统一王朝来说，起到了生命线的作用。中国在运河充分发挥作用的时候“国运兴隆”，反之“国运衰败”。“运河自隋代开凿后，与唐宋帝国势运的盛衰消长，着实是非常密切的。”“洛阳和汴州所以能够先后成为全国重要的政治中心，由于运河的影响而起的经济地理的变动，实是其中的一个主要的因素。”① 随着西北突厥衰落，北方东北契丹、女真乃至蒙古兴起，北方成为政治军事的一端，南方经济文化重心与北方政治军事中心分离格局形成。中原王朝再也顾及不了西域，此后西域失多得少，直到蒙古元朝兴起。草原游牧民族多由东北、北方向中原或西部进攻，居高临下，从北方蒙古地区向西进攻，草原丝绸之路更容易控制河西走廊和西域。而中原一路，向北方草原沙漠地区发展就比较困难，防御也是如此，只能靠长城。其后有北宋与辽、西夏的对峙，南宋与金、蒙古的对峙，南北冲突愈演愈烈。

南北一体。自古以来，都城无疑是每个王朝的政治军事中心，君权与军权必须紧密依存、高度一致。政治与军事是不能长期分离的，否则会造成割据和反叛，所以皇帝不能随意离开京畿之地，军队要驻守在京畿或者边疆。政治军事中心与经济重心的最佳配置是能够保持基本一致，这样，国家强干弱枝，中央保持对地方的巨大优势，能够有效控制全国，这样的统治成本也比较低，社会稳定，不容易出现分裂。即便出现地方反叛，也容易迅速出兵镇压。明初军事重镇燕与都城的分离，最终导致了燕王反叛夺取皇位。军政力量汇聚北京，有利于控制广大的草原沙漠地区。元明清中国的疆域不断扩

① 全汉昇：《唐宋帝国与运河》，“中央研究院”历史语言研究所志刊之二十四本书，商务印书馆 1944 年初版，（台湾）商务印书馆 1995 年重排版，第 124～125 页。

大，不仅名义上的疆域，而且有效控制的范围远远超过前朝。清康熙年间到中国的法国传教士李明分析过明朝迁都的原因：明朝有南北两京，“北京，即北方的京城，是历代皇帝宫廷所在地。这样称呼它以区别于南京，另一座巨大的城市。南京，即南方的京城。过去这样称呼南京，因为皇帝曾住在那里，就像是住在最美丽、最舒适、在帝国位置最佳的城市里；但是，由于不安于现状的好斗的鞑靼人的不断入侵中原，迫使朝廷迁都到北方的省份，以便皇帝能够随时亲率最庞大的一支御林军抵御外侵。这就是建都北京的原因”①。试想，如果都城在南京，危险来自北方，军事与政治中心就要分离，皇帝根本不敢将大量军队投入北方，既不可能御驾亲征，也不愿意劳师北伐，不愿长期将军权交给军事将领。万一将领坐大，君权就可能不保。这样丢失皇位的史实不胜枚举。而唐宋中原与东南经济重心地区的分离，不但没有造成分裂，相反还利于南北均衡发展。经济重心地区往往比较富庶，文化教育昌盛，科举人才荟萃，社会相对稳定，发生起义的可能性很小，即便有，次数和烈度也会远逊于北方和边疆地区。从历史上看，政治军事中心与经济重心是可以分离的，条件是两者之间必须有便利的交通通道，特别是水路通道。大运河的运输能力及其网络影响，对中国疆域的扩大及其有效控制有着很好的促进作用，可以使中央王朝远离经济重心区域进行大规模的远征。

元明清完成了由南北对峙走向南北一体的转折。元代将大运河改道，形成了京杭大运河，南北的统一性在强大的中央集权体系下变为现实。隋唐以后，中国政治军事中轴从东西横向轴（纬线）转为南北纵向轴（经线），南北成为主导国家统一的主轴。大运河对此起了重要作用，它将政治军事中心与经济重心地区沟通，从此统一成了主线。元明清定都北京，政治军事中心得到统一，而经济文化重心区域仍在东南，南北主轴线一体成为最重要的政治地理标志，京杭大运河是连接两者的生命线。将都城北迁至幽燕地区，背靠太行、燕山，进可攻，退可守，特别是面向广大的草原地区。近代以来，虽然运河中断，可现代交通和海运的兴起，使得南北联系仍然密切，继续支撑着北京的都城地位。

王士性指出：“前代都关中，则边备在萧关、玉门急，而渔阳、辽左为

① 〔法〕李明：《中国近事报道（1687～1692）》，郭强、龙云、李伟译，大象出版社，2004，第64页。

缓。本朝都燕，则边备在蓟门、宣府急，而甘、固、庄、凉为缓。”“边备无定，第在随时为张弛，视虏为盛衰。”[①]都城要迁到敌人威胁最大的地方，集中军事政治资源，而依托后方的经济文化资源。“商人迁都安阳的目的，大约是求便于对付西方，自太行山外面来的戎祸，即所谓鬼方者，恰如明成祖营北平而使子孙定居，是为对付北鞑者一般。”[②]只有加强北京地区的防御，才能控制整个局面，南方是不用担心的，关键在于北方的蒙古余部、东北女真。“幽州之地，控带沙漠，明初列戍漠南，锁钥深固，后防维日坏，无复初制矣。”[③]

明初朱元璋封同姓王，朱棣被分封到最重要的“强干之地”北平，掌握军权。明太祖死后，朱棣发动“靖难之役”，南下线路包括了德州、沧州、临清、东昌、济宁、徐州、宿迁、灵璧、泗州、盱眙、淮安、扬州、仪真、瓜洲等运河城镇，基本上也是隋唐与京杭大运河沿线。[④]“成祖以幽、蓟赳桓之旅，加江、淮脆弱之师，处既形便，势有地利，当时之事，不战而已知为燕矣。”[⑤]朱棣以一隅之地，自北向南进攻，如此轻松打下天下，其政治地理优势起了重要作用。明成祖称帝后，开始营建北京，1421年迁都北京，完成了政治中心与军事中心的统一，从此再也没有发生威胁皇权的军事叛乱，而南北主轴的格局也再次确定。

永乐皇帝以北京为大本营，解除了政治军事上的后顾之忧，连续向北出击，追逐蒙古余部，开拓疆域，保障北京安全。他于永乐八年“亲征蒙古余裔，至斡难河以北，俘获而还。十二年北征瓦剌，追败之于土剌河，乃班师。二十年，复征蒙古，获其辎重于杀胡原，乃移师征兀很哈，大破之于屈裂河。二十一年，复征蒙古。明年，复北征，至答兰纳木河，不见敌而归。盖五出塞北，穷追伏影，千乘万骑，勒铭殊庭，自古帝王未有之烈也”[⑥]。

永乐帝北征所达地区，包括后来的内外蒙古、大漠南北，包括和林，即今乌兰巴托。这应当是明朝最强盛、北部疆域拓展最大的时期。如果没有君权与军权的紧密结合，很难真正达到这样的成就。

---

① （明）王士性撰《五岳草游·广志绎》，周振鹤点校，中华书局，2006，第199页。

② 傅斯年：《夷夏东西说》，原刊1933年1月“中央研究院”《历史语言研究所集刊》外编第一种《庆祝蔡元培先生六十五岁论文集》，收入《中国现代社会科学家选集丛书·傅斯年卷》，天津人民出版社，1996，第290页。

③④⑤⑥ （清）顾祖禹撰《读史方舆纪要》卷9《历代州域形势》，贺次君、施和金点校，中华书局，2005，第412、381~384、384、385页。

明朝长城的防御功能是一流的。“在防御工事方面，中国人在用以把帝国的一部分封闭起来的奇妙的工程中超越了古人。这就是一般称之为大城墙的工程，或按他们自己的称呼，万里长城，它从东海一直伸展到陕西省。这并非它真有那么长，但是，肯定地说，如果把它的蜿蜒曲折都计算在内，它决不少于五百古法里。”加上箭楼及几道墙等长城整体的防御工事，“这一切使得中国人能在这个方向抵御敌人朝夕，得到安宁”。“由于几乎整个中国和鞑靼以山相隔，人们把长城修得很长。”① 而到了清代，中国基本上放弃了长城。长城“这一工程是前所未有的，最伟大的，同时也是最荒诞的工程之一。事实上，是谨慎小心使中国人关闭了最便捷的通道。但是，把工程一直建到连鸟也难以飞过，连鞑靼骑兵也不可能登上的山顶，那就滑稽可笑了。如果人们确信鞑靼人有足够的决心要使全军登上山顶，怎么能认为如此不坚固，如此低矮的墙能阻挡他们”。“据说，在汉人皇帝治下，有一百万士兵守卫着这座著名的长城；如今，皇帝也是鞑靼的主子，就仅在最开阔的防御工事和最好的通道驻扎有军队。”② 18 世纪末，英国马戛尔尼使团从北京往返热河时，沿途所见长城衰败情景说明，长城早就丧失了作为北方防御重镇的使用价值。③ 南北一体的局面已经完成。

五　大运河支撑南北一体格局

都城，并不一定要建立在经济最发达的地区，但一定要建立在政治、军事意义最大的地区。元明清定都北京，政治军事中心得到统一，而经济文化重心区域仍在东南，南北主轴线成为最重要的政治地理标志，京杭大运河成为连接两者的生命线。

梁启超在《中国地理大势论》中谈到北京崛起的历史、北京与南京的关系等问题，特别强调了大运河对支撑北京都城，实现南北一体，从而对国家统一和疆域开拓的重要意义。他说：“夫在昔之燕不足重轻也如彼，而今则海宇之内，敛袂而往朝者，七百余年，他地视之，瞠乎其后者，何也？其转捩

① 〔法〕李明：《中国近事报道（1687～1692）》，郭强、龙云、李伟译，大象出版社，2004，第85页。

② 〔法〕李明：《中国近事报道（1687～1692）》，郭强、龙云、李伟译，大象出版社，2004，第86页。

③ 〔英〕斯当东：《英使谒见乾隆纪实》，叶笃义译，上海书店出版社，2005，第323页。

之机，皆在于运河。中国南北两大河流，各为风气，不相属也。自隋炀浚运河以连贯之，而两河之下游，遂别开交通之路。夫交通之便不便，实一国政治上变迁之最大原因也。自运河既通以后，而南北一统之基础，遂以大定。此后千余年间，分裂者不过百年耳。而其结果，能使江、河下游日趋繁盛，北京、南京两大都握全国之枢要，而吸其精华。故逮唐中叶，而安禄山、史思明用范阳、卢龙之众，蹂躏中国，实为幽燕势力之嚆矢。至宋而金源宅京于此，用之以俘二帝，盗中国之强半矣。蒙古（纱）金臂而夺之，遂以灭金灭宋，混一寰区矣。明祖南入安南，奠都金陵；而燕王（隶）卒以靖难之师起北方，复宅金、元之故宅，以至于今。非地运使然，实地势使然也。尔后运河虽瘀涸，而燕京之势力不衰者，一由积之既久，取精用宏，与千年前之镐、洛相等；一由海道既通，易运河以海运，而燕、齐、吴、浙、闽、越一气相属，燕乃建高瓴而注之也。”①

史家言，汉魏以来，都城之间的距离，近者相距数百里，远者不过千里，而明代南北两京制度大大突破了古代的空间极限，“若悬隔三千里之外，逾江越淮，泝河浮济，而欲巡幸会同，岁时无失，此又必不得之数也。然则何以为善法成周？曰金陵财赋所萃，幽陵士马所资，控西北以震叠河山，绥东南以供输京阙，此成祖继述之善，冠古烁今者也。或者曰漕河绝续，则咽喉可虑；关、陇遥阔，则肩北为虞；毋乃未考于驭边筹漕之初制乎？”②

“漕运的空间变动、漕运线路的指向，应该是考察中国古代经济重心南移的一个极好视角。漕运在空间上的不断变化，直接反映了政治中心与经济重心区域在空间地域关系上的变动，总体趋势是政治中心与经济重心区域分立南北，南粮大量北运。”③ 政治军事中心长期远离经济重心区域，并非坏事。京杭大运河的开通，为统一王朝政治军事中心与经济重心的长期分离提供了交通条件，而这种南北分离，更有利于北部疆域的开拓、巩固和防御。

在幽燕地区建都，需要有南方财源地的支撑，这就需要靠一条便捷的水路通道。都城在洛阳、开封时，有水路通道。洛阳为都，有隋唐运河的通道，北宋东京有四条长带生命线，即汴河、蔡河、五丈河和金水河。都城在北京，

① 梁启超：《中国地理大势论》，载刘梦溪主编《中国现代学术经典·梁启超卷》，河北教育出版社，1996，第704～705页。

② （清）顾祖禹撰《读史方舆纪要》卷9《历代州域形势》，贺次君、施和金点校，中华书局，2005，第387页。

③ 吴琦：《中国古代漕运空间变动的历史意义》，《光明日报》2017年11月6日，第14版。

财富在东南，原有的隋唐运河从汴河到永济渠就迂回遥远，十分不便，需要一条直达的线路，将大都（北京）与南方地区直接沟通。这样就出现了元朝开凿济州河、会通河、通惠河，形成了京杭大运河。美国学者施坚雅将中国划分为九大经济区，即华北、西北、长江上游、长江中游、长江下游、东南沿海、岭南、云贵、东北，其中清代内陆十八省涵盖了除东北外的八大区域。这八大区域中，“除云贵高原外，这些地区核心是河谷低地，同边缘地区相比，按照定义，几乎都有较大的有利运输条件。同陆路运输相比，水路运输由于单价低廉，因此除云贵和西北外，在所有可通航的地区，全是水路运输的天下。即使在河流不能通航的地区，那里的河谷也典型地提供了最有效的陆路运输”，平原低地，筑路、开凿运河的费用不那么昂贵，“每个地区的主要城市是在中心区或通向这些中心区的主要交通线上发展起来的”①。大运河沟通了其中的华北，长江上、中、下游，东南沿海，岭南六大区域，其作用之大，可想而知。“天下马头，物所出所聚处。苏、杭之币，淮阴之粮，维扬之盐，临清、济宁之货，徐州之车骡，京师城隍、灯市之骨董，无锡之米，建阳之书，浮梁之瓷，宁、台之鲞，香山之番舶，广陵之姬，温州之漆器。”②文中举的16个“天下马头”中，有11个在京杭大运河（包括浙东运河）沿线。明代天下重要关榷有8个，其中7个在大运河沿线，以山东临清关税收最多。

如果靠陆运，政治军事中心不可能相隔如此遥远，春秋战国人就知道，“国地小而食地浅也；田半垦而民有余食而粟米多者，国地大而食地博也；国地大而野不辟者，君好货而臣好利者也；辟地广而民不足者，上赋重，流其藏也。故曰，粟行于三百里，则国毋一年之积；粟行于四百里，则国无二（半）年之积；粟行于五百里，则众有饥色”③。粮食运输距离越长，运输成本代价越大。特别是陆路运输，300公里几乎就吃掉了粮食的成本。而水路，则大大便宜，一般只有陆路的五分之一，甚至更低。

北京的西南、东部的永定河流域，也曾有良好的水运条件。金元时期，都有运河连接的水路，“桑乾河，源出山西马邑县西北……东流经大同府

① 〔美〕施坚雅：《十九世纪中国的地区城市化》，载施坚雅主编《中华帝国的晚期城市》，叶光庭等译，陈桥驿校，中华书局，2000，第247～249页。

② （明）王士性撰《五岳草游·广志绎》，周振鹤点校，中华书局，2006，第193页。

③ 《管子·八观第十三》，《诸子集成》本《管子校正》，岳麓书社，1996，第87～88页。

南……入北直保安州界，经州西南出西山，至顺天府西南曰卢沟河，俗呼小黄河，以其流浊而易淤也，亦谓之浑河，出卢沟桥下，东南流为看丹口……分二派：一派东流至通州南高丽庄在州西南十三里，稍东南即张家湾也，合白河；一南流经良乡县东，固安县西，为巨马河，与霸州河合，东流经永清县及东安县，南至武清县小直沽达于海。”[①] 永定河东、南两个方向都与后来的运河相通，即连接曹操开辟的北方运河系统。其实，这条水路漕运的时间应该更早，“后汉建武十三年，王霸治飞狐道，陈委输事，从漯水漕以省陆挽之劳，即此也”。金世宗大定十年（1170），即南宋孝宗“乾道六年，金人议开卢沟河以通京师漕运，自金口河导至京城北入濠，又东至通州北入潞水。既而以地峻水浊不堪舟楫，漕渠竟不成”[②]。元朝可能开发了永定河水运，从马可·波罗的记载可知，他到西方出任专使时从西南出北京城，经过永定河，过卢沟桥。“离开都城，西行十六公里来到一条河流，它名叫永定河，蜿蜒流入大海。河上舟楫往来，船帆如织。它们运载着大批的商品。河上架有一座美丽的石桥。这也许是世界上无与伦比的大石桥。”[②] 此时的永定河可以通航，大量的舟楫向北京城输送物资。这条河还可以和京杭大运河北运河与南运河段联系。元朝时北京的物资供应并非仅来源于南方，由大运河沟通的北方运河水系也提供了有力支持。

在南北主轴一体化转换过程中，对北京的支撑主要来自京杭大运河沿线。山东西部与河北东部运河沿线的兴盛起了重要作用。元明大运河改线后，“燕、齐地界相错，由京师走山东德州七百里而近，楚、粤、江、浙、闽海之趋京师者，皆以山东为梯航之会”[③]。大都“那里有二万五千名娼妓。无数商人和其他旅客为朝廷所吸引，不断地来来往往，络绎不绝。娼妓数目这样庞大，还不够满足这样大量商人和其他旅客的需要”[④]。“凡世界上最为稀奇珍贵的东西，都能在这座城市找到，特别是印度的商品，如宝石、珍珠、药材和香料。契丹各省和帝国其他各省，凡有贵重值钱的东西都运到这里，供应那些被这个国家吸引，而在朝廷附近居住的大批群众的需要。这里出售的商

① （清）顾祖禹撰《读史方舆纪要》卷9《历代州域形势》，贺次君、施和金点校，中华书局，2005，第416～417、417页。

② 〔意〕马可·波罗：《马可·波罗游记》，福建科学技术出版社，1981，第130页。

③ （清）顾祖禹撰《读史方舆纪要》卷9《历代州域形势》，贺次君、施和金点校，中华书局，2005，第384页。

④ 〔意〕马可·波罗：《马可·波罗游记》，福建科学技术出版社，1981，第111、171～172页。

品数量，比其他任何地方都多。根据登记表明，用马车和驮马载运生丝到京城的，每日不下一千辆次。丝织物和各种丝线，都在这里大量生产。”“在京城附近，有许多用城墙围绕的城镇。它的居民，大部分依靠做朝廷的生意来维持生活。出售自己生产的物品，换取自己需要的东西。”①

根据这里的描述，北京与国外的商业关系极为密切，但不知这些印度等地商品是怎么运到北京来的，是通过陆路丝绸之路，还是海上丝绸之路，还是两者皆有。生丝通过车辆运输。北京附近的居民，既是消费者，也是生产者。“瓜洲（Kayn-gui）是大港南岸的一个小城镇。这里每年汇集大批的小麦和稻米。其中最大的部分运往汗八里（今北京）城，供应皇帝的臣民，瓜洲城位于通往契丹省的交通线上。这条交通线，是由许多河流、湖泊，以及一条又宽又深的运河组成的。这条运河，是根据大汗的旨意挖掘的，其目的，在于使船只能够从一条大河转入另一条大河，以便从蛮子省直达汗八里，不必取道海上。”“这样宏伟的工程，是十分值得赞美的。然而，值得赞美的，不完全在于这条运河把南北国土贯通起来，或者它的长度那么惊人，而在于它，为沿岸许多城市的人民，造福无穷。沿着运河两岸，也同样筑有坚固、宽阔的河堤，使陆上交通变得非常方便。”②

马可·波罗单独将瓜洲列出来，突出了瓜洲特殊的地理位置。瓜洲正是大运河的南北连接点，是漕运的必经之地。江南运河来的漕粮，都要经过此地转入江北运河。马可·波罗准确描述了漕道的形成，漕道并非完全是运河，而包括自然河流与湖泊，但以运河为主线。尽管元代以海运为主，但从瓜洲作为漕粮集散地，真州作为盐运港口看，元代继承了北宋的漕运线路。如果完全实行海运，瓜洲不应当是漕粮的集散中心。

马可·波罗正式使用了大运河的名称，其对大运河的评价非常客观，并非简单从工程宏伟、沟通南北交通、长度惊人等表象看问题，而是看到大运河的开凿，对沿岸地区发展的贡献。其特别指出，大运河不但沟通了水路交通，而且大运河河堤所形成的陆路交通线便利了陆上交通。这是为一般人所忽略的大运河的重要功能。

当转到以北京为都城的时代，经济重心转移到了东南、江南，政治军事中心仍然长期在北方，这种状况的维持，就需要大运河的支撑。元朝开凿的

---

① 〔意〕马可·波罗：《马可·波罗游记》，第 111 页。

② 〔意〕马可·波罗：《马可·波罗游记》，第 171～172 页。

大运河为明清两代的繁荣奠定了基础，功不可没。明清定都北京，控制了辽阔的蒙古高原、新疆和西藏，出现了“康乾盛世”，而沿大运河的江苏、山东、浙江城市，同样出现了高度繁华。江苏能够在明朝后期以后在经济文化人才等各项指标上跃居全国首位，与其始终居于大运河的骨架中心地位，受惠于大运河是分不开的。大运河与长江交汇处扬州是全国水路的枢纽。“枕江臂海，绾毂三吴、两浙、七闽之口，故天下之美丽皆归焉。鹾商走集，俗尚奢靡。”① 扬州府“富甲天下，而奸人、豪客伏匿其中，天下富贵，扬一益二。（号为天下繁侈）淮南之西，大江之东，南至五岭、蜀汉，十一路百州迁徙贸易之人，往还皆出其下，舟车南北日夜灌输京师者，居天下之七”①。全国各地的资源，70%都要从大运河北上输送到北京，扬州成了转输中心。大运河成就了扬州的长期繁荣。

17世纪意大利传教士卫匡国在他的震动西方的地理名著《中国新地图集》中描述了北京城的水运情况：“这里无论是必需品还是奢侈品，应有尽有。皇家用船就有几千艘，更不用说私人的了。他们运送各式各样的东西，小到值不了几个钱的东西。无论从南到北，中国人用自己的勤劳和智慧通过河流可航行的河道把船一直开到了首都。这些工程简直是太绝妙了：有天然的河流，也有人工的运河，让他们畅通无阻地航行好几百公里，最终云集在天津的贸易集市，然后从那儿北上入京。因此，即使是在这个被称为物产不丰富的城市，也成了各种产品的集散地。这一事实证明了民间关于北京的传说的确名副其实：北京什么也没有，但是什么也不缺。”② 这为“漂来的北京城”做了最好的注释。显然，大运河是最重要的运输通道。皇家船之外，还有大量的民船，数量要超过皇家船。运河并不是仅仅服务于漕运，而是只要需要，什么都运。北京什么都不缺乏，主要是因为有运河水运的保障。这是明朝晚期的情况。

近代美国中国学之父卫三畏对大运河做了详细的介绍，他引述了1816年随英国阿美士德使团来华的中文翻译德庇时的观点。大运河沟通了中国内部的联系，效用超过长城。“中国另一项重大公共工程是大运河，也称闸河或运

---

① （清）顾炎武撰《肇域志》（一），载谭其骧、王文楚点校主编《顾炎武全集》6，上海古籍出版社，2011，第73、72页。

② 〔意〕卫匡国：《卫匡国地图附录》，载张西平、〔意〕马西尼、〔意〕斯卡尔德志尼主编《把中国介绍给世界卫匡国研究》，华东师范大学出版社，2012，第273页。

河。策划和实施这个工程的君王应赢得的荣誉，远远高于中国征服者所建的长城；如果考虑到挖掘的年代和策划者的品格，任何国家的历史上为数不多值得提及的工程，都不会比它更有意义、更有功用。在黄河引水失败之前，运河把几条河流连接起来，完成了从北京到广州、跨越全国的整个水路交通网；它穿过两大河流，将货物和旅客运送到流域的每个大城镇。"①

"天庾之供"的漕粮北运等国家强制行为，虽然加重了东南经济负担，但却能使经济文化资源的配置达到一定的平衡，这对统一王朝的区域发展起着积极的作用。南北运输促进商品物资的输送交流，为运河沿线的区域发展创造了机会，大量的运河城市出现并繁荣。例如京杭大运河沿线的扬州、淮安、济宁、聊城、临清、德州、沧州等，都是因运而兴的城市，漕运、盐运、治河、保运等大量投入，为沿岸城市带来了极大的资源。同样，近代大运河的衰落，对这些城市的打击是致命的，其急剧衰落不可避免。

---

① 〔美〕卫三畏：《中国总论》，陈俱译，陈绛校，上海古籍出版社，2014，第32页。

二　河工与漕运

古代治水、开河与通漕的历史逻辑*

吴士勇**

近年来，随着大运河文化带建设的不断推进，运河与漕运逐渐成为学界关注的热点之一，相关研究成果亦层出不穷。然而，从历史和理论角度回答治水、开河与通漕之间的内在逻辑关系研究却极为稀见。西方学者认为，中国古代的中央集权体制孕育于传说中的治水时代，当中央集权的大一统帝国确立后，开始开凿运河，以漕运的方式维护帝国中央的长治久安。倘若如此，应是先有治水及治水社会，然后才诞生中央集权体制；作为漕运载体的运河也必然开凿疏浚在前，而作为运河主要功能的漕运则运作于后。如果治水、开河与通漕之间存在因果关系，那么治水为因，开河为果；开河为因，通漕为果，而不是相反。这种未经详细的历史考察和理论论证的论调，其实经不起审慎地推敲。

一 治水与开河：从中央集权体制到水利社会

一部中国史贯穿了中国人民前赴后继治水的历程。农业社会的背景注定了历代统治者和劳动人民重视治水和水利建设的历史传统，从传说中的大禹治水到先秦时期的郑国渠、都江堰到秦汉时期的灵渠、秦渠、六辅渠、白渠，再到三国两晋南北朝时期的通渠灌溉。从隋唐开始，大一统帝国开始围绕着贯通南北的大运河做文章。这些大型水利工程无不散发出古代劳动人民优良的工程技术，也是体现中华民族杰出智慧的优秀文化遗产。

与之相应，我国的治水及水利史研究浩如烟海、源远流长。老子讲“上善若水，水善利万物而不争”，是先民对水的顶礼膜拜；大禹治水与精卫填海、夸父追日、后羿射日、共工触山一起，构成了绚烂多姿的古代神话，反

---

* 本文原载《深圳大学学报》（人文社会科学版）2018 年第 2 期。

** 吴士勇，历史学博士，淮阴师范学院历史文化旅游学院副教授，主要从事明清史与运河文化研究。

射出先民们在恶劣的自然环境面前不屈不挠的斗争精神；二十四史、《水经注》《行水金鉴》《续行水金鉴》、历代一统志、地方志及各种地理专书中则记载了不少治水与水利工程。

国内学者从研究治水到注意发掘水利社会走过了一段漫长的路程，直至姚汉源提出："稍及政治经济与水利之互相制约，互相影响，为社会发展的一部分，但远远不够，不能成为从经济发展看的水利史，仅能为关心这一问题的专家提供资料而已。"不无遗憾的是，水利史的研究虽然取得了相当的成就，但主要成果或主流话语仍限于少数水利史专家，水利史研究依然没有脱出以水利工程和技术为主的"治水"框架，姚汉源期望的那样一种将水利作为社会发展的一部分，从政治、经济、社会等多角度探讨水利及其互动关系的研究局面仍然没有显现。

将我国古代的治水及水利工程研究拓展到广袤无垠的"水利社会"学术视野，有很多学术问题需要解决。依笔者看来，理解这些问题的关键在于厘清治水与政治的关系，尤其是如何看待政治权力在治水及水利工程的角色扮演，成为认识治水与政治关系的一把关键钥匙。

有关这个问题的探讨可追溯到马克思关于亚细亚生产方式的论述。1859年，马克思提出："大体说来，亚细亚的、古代的、封建的和现代资产阶级的生产方式可以看作是社会经济形态演进的几个时代。"马克思的亚细亚生产方式理论是一个历史概念，在不同时期有不同的表述，在学术界引起巨大的争议，因不关乎本论文主旨，不再赘述。我们所关注的是，亚细亚生产方式作为原始社会最后发展阶段所有制的主要形式，从动态和静态两个角度考察了社会形态演进，其基本特征表现为：农村公社的土地公有制，自给自足的村社制度，中央集权政府承担农业灌溉、修建公共水利工程的任务。其中的"专制政府承担农业灌溉、修建公共水利工程的任务"一直被学界认为是理解欧洲以东的东方社会形态发展的关键理论。

没有证据表明，马克思在论证亚细亚生产方式时持有典型的欧洲中心论思想，"但是在话语系统中依然保持着西方与东方之间权力符号表现和权力运行机制的巨大张力，这种张力显现的矛盾历史地成为亚细亚生产方式理论体系的逻辑构造力量"。事实上，在我们的学术话语系统还没有完全构造成形之时，自觉或不自觉地引用西方学术话语是不可避免的事。具体到中央集权政府承担治水及水利工程任务之理论时，在相当长的时间内，学界将之视为我国古代社会理论的圭臬之一。

马克思用“亚细亚生产方式”理论解释东方专制主义社会，德国学者魏特夫则进一步加以发展。他认为，东方专制主义社会形态起源于干旱和半干旱地区的治水活动。在这类地区，只有当人们利用灌溉，必要时利用治水的方法来克服供水的不足和不调时，农业生产才能顺利和有效地维持下去。这样的工程需要大规模的协作、严明的纪律、从属关系、强有力的领导以及遍布全国的组织网。因此，控制这一组织网的人总是巧妙地准备行使最高政治权力，于是便产生了君主专制为主导的东方专制主义。从“治水社会”中产生东方专制主义本是欧洲人东方观中一种源远流长的传统。从亚里士多德到亚当·斯密、从孟德斯鸠到黑格尔都或多或少地表达过这类看法。这种“偏见”也是从马克思、普列汉诺夫直到列宁、托洛茨基都一脉相承的。但是从学术上系统论证这种观点，并把它发展成一套完整的史学理论的，无疑还是首推“异端马克思主义者”卡尔·魏特夫。魏特夫的“治水社会”理论与马克斯·韦伯的先有新教伦理后形成资本主义生产方式论断颇有异曲同工之处，然而这种社会意识决定社会存在的逻辑，正好与马克思的论述相反，也违背了中国历史发展事实。

从历史发展来看，伟大的治水斗争和开河行为，对孕育创造出光辉灿烂的中华文明起到了相当的积极作用。吴宗越认为，治水斗争第一次把我国四千多年前许多分布在各地以血缘关系为纽带的氏族部落联系在一起，带来生产大发展、思想大解放，为建立我国第一个奴隶制社会拉开了序幕，并逐步扩大到大一统的国家。由此奠定了中华民族具有永恒的内向性和坚不可摧的凝聚力，最终形成世界四大文明古国中唯一绵延至今的中华文化。

但这并不意味着东方式的古代中央集权政府从治水和开河实践中来。事实上，先民们的治水举措只是水患面前的自发行为，只有当强有力的中央集权政府形成后，才能对大型水利工程有效地规划、运作和管理，而不是相反。[①] 在中国古代社会，大规模地开凿运河是在中央集权政体确立以后才能付诸实施。在帝国体制下，官僚阶层的经济职能取决于中央集权政权的政治目的，而远非魏特夫所言的对人民大众的义务感。[②]

---

① 解释中国式的专制主义社会形成比较流行的理论是“酋邦”说，可参阅谢维扬《中国早期国家》，浙江人民出版社，1995。

② 秦晖在总结国内数年来对魏特夫理论的批判时，认为总体上的结论是“不治水，照样专制”。而与之相反，国外的魏特夫批判者有的对传统并不那么反感，也不认为传统王朝那么蛮横以至于“不治水，仍要专制”。他们描绘的是“既不治水，也不专制”。可参阅《“治水社会论”批判》，《经济观察报》2010 年 7 月 21 日。

大规模地开凿运河远非个体小农所能承担，因而需要集体的力量，也就是要把小农组织起来共同参与。马克思认为，在东方社会这是中央集权政府的职能。事实上，在中国传统的基层社会，以宗族为主要纽带的乡村社会，在一定程度上是被政府关注较少的自治群体，这样，小范围的水利工程得以完成并持续。傅衣凌就曾指出："事实上，在中国传统社会，很大一部分水利工程的建设和管理是在乡族社会中进行的，不需要国家权力的干预。"但对整个帝国来说，开凿运河光靠分割的村落自然是难以完成的，由此在逻辑上需要一个全国性的组织、动员、管理和监控网络。就中国历史的实际进程而论，帝国的产生与治水的需要是否存在因果关系可能还有争论。但我们无法否认的是，自华夏大地上出现农业国家以来，这个国家的维持就再也离不开对治水的密切关注了，进而也就离不开复杂而完备的官僚系统了。

二　运河与漕运的因果律

隋唐以后的大一统帝国并不关注或者说并不重点关注泽被苍生的水利灌溉工程，其目光所视的水利重点在于通往京城且能够行走漕船的大运河。

晚唐诗人皮日休在《汴河怀古》中写道："尽道隋亡为此河，至今千里赖通波。若无水殿龙舟事，共禹论功不较多！"将隋炀帝开凿运河通济渠与大禹治水相媲美，看中的正是运河的南北贯通带来的交通便利。然而，大运河的开凿是在挑战中国大河东西走向的自然规律，历代王朝为了维系大运河的正常运转，耗费了惊人的人力、物力，这到底所为者何？简单回答，是为了漕运。这种简单而直线式的因果关系似乎是漕运与运河之间的唯一纽带。可是，仔细思索一下，就可发现，无论从逻辑推理还是从历史发展的角度，二者的关系均远非如此。我们知道，事件的原因必然发生在结果之前，这是一切自然科学和社会科学都承认的科学因果律，否则便是形而上学或神学。作为漕运载体的运河必然开凿、疏浚在前，而作为运河主要功能的漕运则运作于后。如果运河与漕运之间存在着因果关系，那么运河为因，漕运为果，而不是相反。

可是，当我们考察漕运的原始含义与漕运制度形成的历史动因时，却大有深究之处。许慎《说文解字》云："漕，水转毂也。一曰：人之所乘及船也。"司马贞《史记索隐》："车运曰转，水运曰漕。"这两种说法大同小异，均认为漕运的本义为水运，尤指谷物水运。人类开始舟行水上，运输物资，便有了漕运。明代学者丘濬对此持有异议，他认为自古漕运陆、河、海三种皆有。清人段玉裁作注时，认为“人之今乘”后脱一“车”字，“盖车亦得称漕”。近人张舜徽在《说文解字约注》将“漕”字按语中引《汉书·赵充国传》及注：“臣前部入山伐材木，大小六万枚，皆在水次，冰解漕下。颜注云：‘漕下，出水运木而下也。’”张氏认为，漕之为用，不专于转穀也。何乔远认为：“漕之道有三，曰陆、曰海、曰河。陆之运费，海之运险，惟河为宜。”由是观之，漕运可陆、可河、可海，其运输对象亦不限于粮食一种，只不过所费人力、财力有多寡。河运视陆运要省力，视海运要安全，除元代外的历代王朝漕运均首选河运。总之，自然水道作为漕运载体，出现较早，且渐被广为接受①，而运河显然是作为自然水道的补充呈现于世的。如此看来，运河并非漕运的必要条件。

漕运的历史动因是多方面的。从历史发展来看，先秦分封体制下，虽有“普天之下莫非王土，率土之滨莫非王臣”之说法，但“天子中千里而为都，公侯中百里而为都。天子之都，漕运东西南北所贡入者不过五百里；诸侯之都，漕运所贡不过五十里。所以三代之前漕运之法不备”。诸侯、卿、士大夫对于上级的贡赋极其有限，甚至徒留形式。这一方面与诸侯及以下的统治者统辖的采邑保持着政治、经济的相对独立性有关，另一方面，在生产力相当低下的条件下，大规模、长距离的物资运输不太现实。正如《管子·八观》所论：“粟行三百里，则无一年之积；粟行四百里，则无二年之积；粟行五百里，则众有饥色。”所以，春秋战国时期虽也有邗沟、鸿沟等人工运河与泛舟之役的粮食水运，但国家层面上制度化的漕运是不存在的。②

漕运的制度化始于秦，丘濬认为，“飞挽始于秦，秦以欲攻匈奴之故，致负海之粟，输北河之仓”。那么，什么样的历史因素导致了漕运制度化？鲍邦彦认为，漕运是一种因封建社会地区间经济发展不平衡，商品交换关系不够发达，封建政府为了供应政治中心粮食，以赋役形式进行地区间粮食调拨的方法。彭云鹤认为，漕运制度的产生，是由于自给自足的自然经济占主导地

① 杨文煊《历代漕运评述》（《中国学报》1944 年第 12 期）最早关注了漕运本义问题。吴琦在《漕运“辨义”》（《中国农史》1996 年第 4 期）转述之，并探讨了漕运的原始意义与社会意义。倪玉平的博士学位论文《清代漕粮海运与社会变迁·绪言》（上海书店出版社，2005，第 8 ~ 9 页），对此探讨最为全面。

② 有关这个问题，可参阅史念海先生的《中国的运河》第二章“先秦时期运河的开凿及其影响”（陕西人民出版社，1988，第 11 ~ 64 页）。

位的封建社会，地区间经济发展不平衡，商品交换尚不发达，全国经济中心不断南移，与政治中心、军事中心相去日远。封建政府于是以国家政权的力量，以田赋形式，从重点产粮地区攫取巨量的粮食与物资，再通过水道运往京师或其他地区。此类专业运输便是漕运。围绕这一活动而制定的各种制度即漕运制度。此二说均认可漕运制度化的前提是一个强大的中央集权政府，以及小农经济形态下的经济中心、政治中心分离的社会形态。不过，这样的概述缺乏对漕运制度演变的分析，对漕运的具体特征也没有具象的界定。李治亭认为，漕运由国家经营，处于中央政府的直接控制之下。通过水上运输，把征收的税粮及上供物资，或输往京师，或实储，或运抵边疆重镇以足需要，并借此维护对全国的统治。此论比起星斌夫之说“漕运就是把税粮为主的官有物资，通过水路由地方送往京师，有时则从京师运送到地方的一种制度”要详尽得多，将漕运的基本特征胪列殆尽。此外，吴琦认为，中国漕运是封建社会中央政权通过水道强制性运转官粮物资的一种形式，主要满足京城皇室、官兵及百姓的用粮需要。它与中国封建社会相始终，它以封建集权政治为母体，以小农经济为经济土壤，以优良的水道运输系统为运输载体。类似的观点在陈锋《漕运与中国社会》一书中也有反映。以上学界诸说各富特色，但大都忽略了漕运的内在历史演进。倪玉平认为，传统社会早期的漕运泛指官方物资的水运，它的内容多样，诸如粮食、木材、金属等物质的运输，均可视为漕运。到了宋元以后，随着漕运制度的发展，漕运便专指漕粮运输。此为确论。

秦汉以降，帝国庞大的中央官僚机构、军队体系为维持正常运转，发挥其政治、军事功能，需要巨量的粮食与其他物资供应。另外，国家为应对各种突发事件，也需要储备相当数量的粮食。中央集权王朝对粮食的政治渴求，使得漕运成为帝国母体须臾不可废止的附属物。自给自足的小农经济在强大的集权统治下分散而软弱，只能源源不断地提供赋税。统治者往往扶植小农生产，巩固其赋税之源，从而维系王朝的长治久安。很明显，帝国中央集权体制与小农自然经济的结合，才是漕运制度出现并发展的最根本原因。至于运河开凿与疏浚之类的大型水利工程，亦完全是历代王朝利用已有的自然水道而实施的政治行为，运河只能是漕运产生与发展的客观条件之一，甚至不能算是漕运的充分条件。

质言之，漕运产生的历史动因是多维的，运河与漕运之间存在着因果关系，但远非唯一直线式。运河既非漕运制度化的必要条件，也非充分条件。

三　政治：连接治水、开河与通漕的纽带

既然如此，那么连接治水、开河与通漕的媒介又是什么？答案是政治。中国古代历代王朝的政治诉求多通过运河的漕运功能彰显。

正如前文所言，制度化的漕运是中央集权王朝对各经济区施行的政治行为，它以人工运河沟通自然水道作为漕运的客观条件，亦可谓由于对漕运的需求，王朝政治渐渐与运河紧密相连。这里有两个问题须明确辨析。

第一，帝国中央集权统治是漕运制度化的母体，漕运是超经济的政治行为，因而自漕运制度化始，中央王朝就拒绝了以商品流通的方式调节市场粮食供应的可能性。马克思认为，农业社会的小农群体生活条件基本相同，彼此间类似的生产方式并不让他们相互交往，而是相互隔离。大多数农户自给自足，消费自己生产的消费品，他们取得生产资料的方式也主要依靠自然，而不是社会的商品往来。小农之间存在着地域联系，但他的利益共同性并不形成全国性的共同关系，形成一种政治组织。由于小农不能代表自己，于是便有了站在小农头上的权威代表他们、主宰他们，形成不受限制的政治权力。马克思称之为“行政权力支配社会”。中国秦汉以来的社会与马克思笔下的法国农村极为相似。统治者的行政权力（政治权力）最大的外化表现便是掌控经济资源。如果某一权力主体掌握着财产，并对经济生活的各个领域进行管理，那么他就能够对他人实行控制并对国家政策施加决定性的影响。马俊亚认为，“即使政治权力起源于某些经济权力，但政治权力始终对经济权力起决定性作用”。政治权力能够决定社会财富的流向，并且这种流动还可以被纳入统治者预先设定的、可控制的通道中。既然如此，政府就失去了发展商品经济，以市场原则进行物资流动的动力。这种理论很好地解释了帝国集权体制下，国家所需物资只能通过漕运，而不是通过商品的自由流通来解决的问题。[①]

第二，政治与运河联姻是一个渐进的过程，其中原因很多，关键在于历代政治中心与基本经济区不断转移。历来王朝大政莫不以供奉政治中心（京

---

① 欧洲在资本主义萌芽之前的中世纪，有包买商制度，调节市场粮食供应。这与明代开中制颇有几分相似，不过东方专制主义社会与马克·布洛赫笔下的欧洲封建社会发展道路不同，一如两条互不相交的平行线。强行将这两种范式放在一起比较，是不合时宜的。

师）为先。《韩非子·扬权》所谓“事在四方，要在中央。圣人执要，四方来效”，便是这个道理。自秦以来，中国古代的政治中心始终在变化中：秦至北宋的政治中心变动轨迹大致沿着长安→洛阳→开封这一纬线作由西向东运动，政治格局主要表现为东西关系。三国两晋南北朝、五代十国时期大体可以看作是政治格局由东西关系向南北关系转变的一种过渡形态。南宋至清末的政治中心变动轨迹大致是由杭州→南京→北京这一经线作由南向北运动，政治格局主要表现为南北关系。政治中心的转移，与王朝山川形势、政治军事环境有关。

与之不同的是，古代基本经济区①不断南徙，走上了与政治中心不同的发展轨迹。从关中到关东、从巴蜀到江淮、从两湖到江南，这些基本经济区都曾对王朝政治产生过决定性的影响。为了保障对政治中心的长期稳定供给，统治者对水利事业施以始终如一的关注，“用政治手段执行了经济职能，即举办公共工程的职能”②。如前文所云，魏特夫认为，当治水工程的组织者形成强有力的领导和全国性权力网络时，以君主专制为主导的东方专制主义便应运而生。但这种说法既不符合马克思主义的基本理论，又与中国历史事实相左。冀朝鼎同意马克思的说法，认为国家机器把开凿运河之类的水利事业当作政治斗争的一种主要手段，目的就在于管理那些在不同程度上独立自给的基本经济区，“这种国家内部组织的松散性与各地区自给自足的特性，大大扩充了地区关系上的重要性与困难，从而也就显示了作为统一管理的物质基本的基本经济区是多么的重要”。很显然，中央政府无论是发展与维护基本经济区的经济活动，还是举办大型水利工程（如运河）都属于统治手段，其本质上仍是政治行为，真正的目的在于维系政治中心地位的稳固。

这样的背景下，运河自诞生之日起，其选线就与政治中心和基本经济区

---

① 冀朝鼎最早提出中国古代基本经济区的概念，并以此论证古代水利事业发展与其关系，从而揭示基本经济区变动与中国历史上统一及分裂的内在联系。见氏著《中国历史上的基本经济区与水利事业的发展》（中国社会科学出版社，1981）。李伯重在考察江南经济区时认为，经济区的选定须基于两点：一是该地区必须是一个自然—生态条件相对统一的区域；二是长期的历史发展所导致的该地区内部经济联系的紧密与经济水平的接近，使此地区被人们视为与毗邻地区有着显著差异（《简论“江南地区”的界定》，《中国社会经济史研究》1991 年第 1 期）。本文的基本经济区服膺李氏之说。

② 马克思：《不列颠在印度的统治》，载《马克思恩格斯选集》第 2 卷，人民出版社，1995，第 64 页。马克思对东方社会用政府力量干预水利事业产生过浓厚的兴趣，并试图用生产力状况分析东方专制主义国家的这种特殊职能。

的连线大致重合。秦汉至南北朝的政治中心与基本经济区都在中原，运河大致是东西走向，中原之外的运道也大都是指向中原。隋代形成了以东都洛阳为中心的向西北、东北及东南辐射的全国性运河网络体系，其走势“犹如一把张开的纸扇，沿扇形的两边，分别开凿了通向东南和东北的运河，穿越黄河下游南北和长江下游富庶经济地区的中心，其柄端又直插关中平原的中央”。唐宋两朝特别倚重汴河，而永济渠则经常断航。北宋亡国，南宋僻居杭州，汴河繁荣不在，五百多年国命所系的大河，陷入了无可奈何花落去的颓境中。元代建都于华北平原北端的北京，离开了东西横向的轴线，不过此际的基本经济区已远在江南，原有运河或淤或塞，不能满足漕运需求，这样，南北贯通的京杭大运河应运而生。元代漕运以海运为主，运河的漕运作用并不明显，其主要作用在于为明清两代河漕的发展奠定了坚实的基础。历史上，运河经历由东西走向向南北走向的巨大转变，主要原因就是国都与基本经济区连线的变迁，国都变了，运河随之变；基本经济区南迁，运河随之南迁。谭其骧先生认为，唐宋以前的运河以中原为主，呈多枝形发展，将众多地区联系起来，对于平衡调剂各地经济文化有重大作用。元明清运河的南北向线形布局，将政治军事中心的北京与基本经济区的江南连接起来，在形成东部交通大动脉的同时，将广大的中部和西部摈之于主要交通线之外，这既不利于中西部地区自身的发展，也不利于全国各地的经济文化交流。

我们还可以从明代漕运的实践中找到例证。樊铧考证出明廷停海运的决定是在永乐十二年（1414）闰九月做出的，而其时清江浦尚未开凿，因而“朝廷放弃海运专行运河的决定导致了清江浦的开凿，而不是反之”。顺着这个思路，我们再仔细审视王琼《漕河图志》收录的两篇奏疏《始罢海运从会通河攒运》《始议从会通河攒运北京粮储》，不难发现，明廷在永乐十二年九月做出河运的政治决定时，作为河运重要的配套设施五大水次仓（淮安、徐州、临清、德州、天津）只有淮安仓粗具规模，用于漕运的浅底船亦只有500艘，远不足敷用。这些史实说明，先有内河漕运的政治决定，后有开凿清江浦、扩建五大水次仓、大建浅底船等相关运河与漕运的配套建设。因此，明代内河漕运绝非南北物资流通水到渠成的经济行为，而是附庸于中央集权体制下不计成本的政治决策，并最终导致了明代漕运的制度化运作。

四　漕运：治水与运河的政治化

运河的政治化，表明运河的开凿、疏浚、运行、维护等实践行为均为集权政体政治运作的结果，并且首先服务于漕运这一政治主题。由于漕运的需要，治水及水利工程趋于附属地位，王朝大政向运河倾斜及运河的政治化几乎同时进行，或者说，三者就是孪生的兄弟，彼此的基因相差无几。治水及运河的政治化首先表现为历代王朝设职官对水利工程、运河及漕运进行有效的管理。

设官员开凿河渠、管理水利事业可追溯至传说中的尧舜禹时期，“虞舜命益作虞，以掌山泽。周官有林衡、川衡二官，掌林麓川泽之禁”。秦统一后，在诸卿之中设置两名治粟内丞（也称治粟内史），其属官都水长丞和太仓令，其对运河与漕运管理属于兼职性。汉袭秦制，只是做了一些细微调整。至魏晋南北朝时，运河及漕运职官制度一直处于萌芽阶段，没有革新性的变化。隋唐以来，京师长安所产有限，不足以应付庞大开支与战略储备，于是开始转运东南之粟。唐玄宗任命陕州刺史李杰充陕州水陆发运使，负责黄河上游关键一段水路的漕务。宣州刺史裴耀卿建议增置转运仓，在危险河段配合使用陆运方式运输。裴耀卿的建议获得了唐玄宗的同意，这次改革亦使东南漕运转输法成为制度，此后，转运使的设置逐渐增多，运河及漕运管理逐渐走向专职化方向。北宋中央的三司（元丰之后则为户部）是负责运河与漕运的主管部门，地方上的转运司和发运司协作管理漕运，运河与漕运的职官制度化基本形成。南宋偏处一隅，无须大规模转运。元代大运河南北贯通，中央设都水监总理漕运。运河时有淤塞，漕运遂以海运为主，主管机构是海道运粮万户府，以蒙古人担任达鲁花赤，汉人担任万户长。明清两代运河与漕运职官制度日趋成熟。明初承袭元代海运之制，随着运河的全面疏浚，漕粮的运输主要转向河漕。明自永乐帝迁都北京后，逐步制定了南粮北运的漕运规制，并设总漕、总河分治漕、河。至此漕运部门从其他部门中分离出来成为一个独立管理机构。清代漕运已发展成为完整的经济系统，运河与漕运管理机构健全，组织严密，形成了一整套严密的职官制度。

由上可知，治水、运河与漕运职官制度伴随着漕运而生，当漕运弊端丛生时，才设置相应的官员去解决问题。随着国家对漕运需求的不断增长，政治对运河的影响力也在不断增强，表现为：治水、运河与漕运职官逐步走向专职化、制度化，至明清已趋于完备与成熟；运河与漕运最高长官从地方行政系列逐渐升格为中央官员，至清代时已臻顶峰。

运河的政治化还表现为，为了维护漕运的畅通，中央政府动用一切政治资源，不惜浪费人力、物力，牺牲局部利益，并由此形成一股庞大的政治利益集团。[①] 这一点在明清两代表现得尤为明显。

正如前文所云，国家政治中心与基本经济区之间的通漕河道往往是王朝政治生活的生命线，尤其是明清两代定都北京，贫瘠的华北平原无法满足奢华的皇家需要，江南转漕之粟便成为国家紧关命脉，即所谓“一日不得则饥，三日不得则不知其所为命”。有鉴于此，国家为了保漕，往往不计经济成本。如成化十年（1474）开凿仪真罗泗闸之前，“其各船至坝，经旬需次，起若凌空，投若入井，财废船坏，不可胜算”。利玛窦认为，运河行船需要征调民夫拉纤；过闸时，又耽搁良久，且在闸坝出入口，常有船只覆没，水手们很少能幸免于难。漕运制度是以巨大的人力、物力、财力的耗费为代价的，为维持漕粮河运、修浚运道，设置职官、修造漕船、设置屯田等事是一笔极大的开支。据李文治统计，清乾隆年间每运一担米至京，则要支付三石米以上的代价。以明清两代每年运送漕粮 400 万石计，其直接运费即达 800 万石米，又以每石米值银 2.2 两计，则百姓每年要为河运多花费 1000 多万两白银。加上维持运道的每年数百万至千万两白银费用，这几乎占据了清代中期中央政府每年直省四千万两左右财政收入之半壁江山。如此的财政支出既让国家背上沉重的财政负担，又使得最后被转嫁负担的升斗小民日趋贫困下去。

为了漕河的整体畅通，统治者还不断牺牲苏北、皖北、鲁南等地的局部利益。1128 年，宋人掘开黄河大堤以阻挡金兵南下的铁骑，从此黄河夺淮，改变了淮河流域的水系。明弘治年间，刘大夏建黄河北堤，以解决黄河北岸的溃决之虞，自此“淮北始有河患。水道之迁徙，此后益开其扃钥，实自禹以来未有之变局也”。明廷对治黄保运有明显的政治目的，“祖陵水患为第一要义，次之运道，又次之民生”。清代治河虽抛弃了明人维护泗州祖陵的心头

① 有关这方面的研究，马俊亚的《集团利益与国运衰变——明清漕粮河运及其社会生态后果》（《南京大学学报》2008 年第 4 期）及著作《被牺牲的“局部”——淮北社会生态变迁研究（1680～1949）》第一章“淮北治水事务中的地区冲突与政策偏向”（北京大学出版社，2011，第 28～117 页）、郭孟良和孔祥君的《大运河漕运与中国封建社会长期延续》（《黄淮学刊》1992 年第 3 期）、吴琦的《漕运与中国封建社会的长期延续》（《中国农史》2000 年第 4 期）等皆有论述。

悬剑，但在运道畅通高于民生安危这一认识上是高度一致的。如为了保证潘季驯制定的“束水攻沙、蓄清刷黄”的治黄方针得以顺利实施，明后期及有清一代，罔顾淮河中游平原地带不宜修建水柜这一事实，不断加筑高家堰，形成了巨大的人工湖泊洪泽湖。繁华的泗州城及周边乡镇，终成烟波万顷的水乡泽国。又如微山湖，地势本低于运河河床，清代强行将之纳入为蓄水济运的大水柜，致使微山湖淹没的农田与村舍越来越多，乾隆年间，微山湖的面积竟达2055平方公里。魏源沉痛地说：“山东之水，惟许害民，不许利民，旱则益旱，涝则益涝，人事实然，天则何咎！”对苏北、皖北、鲁南等地区而言，这条政治的运河破坏了原有的自然环境，阻碍了当地社会经济的发展。隋唐时还是富足天下的鱼米之乡，明清以后竟成了水旱频仍的穷乡僻壤。即便被称为点缀在运河沿线的明珠——运河城市，也是建筑在沙滩上的虚假大厦。它们依靠漕运政治的表面商业繁荣，并无城乡实体经济的强力支撑，其积聚的商业资本多为政治的附庸，一旦漕运大政改变，繁华的浮萍随风而逝，就只能永远地停留在后人的追忆中。

运河及漕运的职官制度至明清两代日益完善，这种制度下的官僚群体和乞食运河而生的人群形成了一股强大的政治利益群体。运河政治化的最大受益群体是漕运与河工大臣，他们获益方式多样，最主要的便是不断制造水灾，兴办治河工程，进而中饱私囊。“自乾隆季年，河官习为奢侈，帑多中饱，寖至无岁不决。又以漕运牵掣，当其事者无不蹶败。”上行下效，通漕之省大小官员对于名目繁多的剥浅费、过闸费、过淮费、屯官费、催攒费、仓胥费利益均沾，即便是运丁中看似无足轻重的伍长，也“鲜衣怒马，酒楼歌馆，举百万金钱荡而化为灰烬”。还有一些不守成法之奸顽官役，利用漕船南回机会，夹带私货牟利，甚至“隐藏犯法人口，倚势恃力，行凶害人。借名阻碍河道，殴打平人，托言搜寻失物，抢劫民船。且有盗卖漕粮，中途故致船坏，以图贻害地方”，成为引发社会矛盾之蠹虫。运河政治化的利益群体是明清专制主义中央集权不断加强的产物，其政治、经济利益的习惯性膨胀，损害了商业阶层、普通百姓甚至王朝的利益，成为社会改革与发展的绊脚石。

历史上的运河很多，但老百姓习惯性地将隋代开始修筑的京杭大运河视为狭义上的运河代称。今天大运河的北段早已淤塞，甚至变为良田，但中国政区地图上的运河依然以连贯的蓝色线条表明大运河贯通南北。这些足以说明，大运河已经超出历史遗迹与现实航运的社会存在，她同长江、黄河一样，成为中华民族希望南北畅通、天下一家的心灵图腾。大运河的文化符号其实便是历代王朝对其施加的政治影响的结果：从一开始的漕粮运输，到政治化的管理，再到为了维护大运河而牺牲运河区域的局部利益，这些历代不断重复发生的举措效应叠加起来，便形成了运河的政治化过程，其核心目的均为出于王朝政治需要的漕运。尽管漕运陆、河、海三种途径皆可，漕运与运河之间也不存在着唯一的直线式的因果关系，但除元代外的历代王朝无不视河运为首选，并不断向民众灌输河运文化的思维定式，培育因河运而生的利益集团，从而让民众从心理上弱化了这条违背自然规律的长河所带来的负面效应，强化了人们对祖先建造这一宏大工程的自豪感，以及基于祖先崇拜而孕育而生的国家与民族的共同认同感。此种结果，恐怕也不是当初设计与开凿大运河的统治者所能料及的了。

参考文献

鲍邦彦：《明代漕运研究》，暨南大学出版社，1995。

陈锋：《漕运与古代社会》，陕西人民教育出版社，2000。

杜佑：《通典》，浙江古籍出版社，1987。

段玉裁：《说文解字注》，上海古籍出版社，1988。

樊铧：《政治决策与明代海运》，社会科学文献出版社，2009。

傅衣凌：《中国传统社会——多元的结构》，《中国社会经济史研究》1988 年第 3 期。

顾炎武：《天下郡国利病书》，《续修四库全书》史部地理类第 596 册，上海古籍出版社，2002。

行龙：《从治水社会到水利社会》，《读书》2005 年第 8 期。

何乔远：《名山藏》，张德信等点校，福建人民出版社，2010。

冀朝鼎：《中国历史上的基本经济区与水利事业的发展》，朱诗鳌译，社会科学文献出版社，1981。

李文治、江太新：《清代漕运》，社会科学文献出版社，2008。

李治亭：《中国漕运史·序言》，（台北）文津出版社，1997。

利玛窦、金尼阁：《利玛窦中国札记》，何高济等译，广西师范大学出版社，2001。

刘锦藻：《清朝续文献通考》，浙江古籍出版社，1988。

卢少华、徐万珉：《权力社会学》，黑龙江人民出版社，1989。

吕祖谦：《历代制度详说》，两淮马裕家藏本，江苏广陵古籍刻印社，1983。

马俊亚：《被牺牲的“局部”——淮北社会生态变迁研究（1680～1949）·导言》，北京大学出版社，2011。

马俊亚：《集团利益与国运衰变——明清漕粮河运及其社会生态后果》，《南京大学学报》2008 年第 4 期。
《马克思恩格斯选集》，人民出版社，1995。
马正林：《中国运河的变迁》，《陕西师范大学学报》1978 年第 1 期。
倪玉平：《清代漕粮海运与社会变迁・绪言》，上海书店出版社，2005。
彭云鹤：《明清漕运史・前言》，首都师范大学出版社，1995。
秦晖：《“治水社会论”批判》，《经济观察报》2010 年 7 月 21 日。
丘濬：《大学衍义补》，京华出版社，1999。
司马迁：《史记》，中华书局，1959。
谭其骧：《黄河与运河的变迁》，《地理知识》1955 年第 9 期。
汪胡桢、吴慰祖：《清代河臣传》，中国水利工程学会，1937。
王庆云：《石渠馀纪》，北京古籍出版社，1985。
王在晋：《通漕类编》，《四库全书存目丛书》史部第 275 册，北京大学出版社，1995。
〔德〕魏特夫：《东方专制主义》前言，徐式谷等译，中国社会科学出版社，1989。
魏源：《魏源集》，中华书局，1976。
吴琦：《中国漕运产生的历史动因》，《华中师范大学学报》1995 年第 3 期。
吴宗越：《华夏文明始于治水》，《华北水利水电学院学报》2001 年第 3 期。
武同举：《江苏淮北水道变迁史》，南京大学图书馆藏，印本，1927。
〔日〕星斌夫：《明代漕運の研究・绪言》，東京：日本學術振興會，1963。
许慎：《说文解字》，中华书局，1963。
杨竞业：《论形成亚细亚生产方式理论的三个矛盾关系》，《哈尔滨市委党校学报》2007 年第 5 期。
姚汉源：《中国水利史纲要》作者自序，水利电力出版社，1987。
张舜徽：《说文解字约注》，中州书画社，1983。
张廷玉等撰《清朝文献通考》，纪昀等校订，浙江古籍出版社，1988。
朱国盛：《南河志》，《续修四库全书》史部地理类第 728 册，上海古籍出版社，2002。

唐代运河工程的成本收益分析*

卢厚杰**

一　问题的提出

随着中国大运河申遗成功，运河历史文化研究成为学界关注的焦点课题。[①] 从研究时段上看，国内外学者对明清大运河与区域社会的研究最为重视，并产生了不少富有启发意义的学术成果。[②] 相对而言，隋唐大运河的新近研究稍显沉寂。在此学术背景下，引入新的研究视角，重新分析和评估唐代运河工程效益，对于推进国内"运河学"研究具有一定的学术意义[③]，同时也有利于进一步探究唐代运河工程及其日常运作的经济逻辑和社会价值。

大运河在唐代南北交通和经济转输体系中居于重要地位，大运河的水情与航行关乎唐代国计民生。但是，唐代运河水道的淤塞、水浅等问题严重阻碍了船舶航行。比如宪宗元和年间，自洛阳经由运河前往广州的李翱作有《来南录》一文，文中常见舟船遇阻的描述，如"水涸舟不通"，"渠有高下，水皆不流"，"逆流，多惊滩"。[④] 面对这一难题，唐代中央朝廷和地方州县频频兴修运河工程，其中清淤工程、保水工程与河道改凿工程最多，以图解决唐代运河水道的航行困境。

作为唐史研究中的重要议题，自20世纪以来，国内外学界对唐代运河工程问题已给予一定关注，并形成以下几种研究路径：历史地理学者侧重于唐

* 本文原载《中国社会经济史研究》2018年第3期。

** 卢厚杰，山西财经大学经济学院晋商研究院讲师。

① 吴欣：《从"制度"到"生活"：运河研究的新维度》，《光明日报》2016年8月10日。

② 高元杰：《20世纪80年代以来漕运史研究综述》，《中国社会经济史研究》2015年第1期。

③ 张强：《运河学研究的范围与对象》，《江苏社会科学》2010年第5期；李泉：《运河学研究的内容和方法》，《聊城大学学报》2015年第1期。

④ 董诰等：《全唐文》卷638李翱《来南录》，中华书局，1983，第6442～6443页。

代运河工程的水利意义、环境影响等的考察，如黄盛璋、马正林、辛德勇、何汝泉等探讨了关中漕渠和河南漕路工程①，又如潘镛较全面梳理了唐代运河工程兴建概况②，再如史念海等论述了黄河三门峡的疏凿工程③。政治史研究者更着重于剖析运河工程与政治局势、军事战争之内在关联，如王力平对唐宪宗元和年间淮蔡运河工程与淮西战役的互动情形有精湛研究。④ 经济史学者将运河工程视为区域交通体系和经济网络的重要构件，着重分析运河工程与商业流通、城镇发展等经济问题。⑤ 社会史学者则聚焦于运河工程与区域文化、习俗以及社会变迁的研究。⑥

要之，关于唐代运河工程的研究已取得良好成绩，以往研究成果及分析视角对理解唐代运河工程具有重要理论意义，为进一步研究奠定了良好基础。不过，在具体的研究实践中尚存在以下几个问题需引起注意，如运河工程人力结构、物料采办、经费收支等问题有待厘清⑦；又如运河工程对沿运地区生态环境、农业生产和民众日常生活之负面影响的研究有待深化和拓展。本研究认为，在面对上述问题时，研究者需要将目光转移到运河工程的兴建和维护上，从“成本—收益”这一分析视角入手构建新的研究切入点⑧，对唐代运河工程不同参与主体的行为逻辑进行阐释。笔者拟通过“成本—收益”分

① 相关成果有黄盛璋《历史上的渭河水运》，《西北大学学报》1958 年第 2 期；马正林《渭河水运和关中漕渠》，《陕西师范大学学报》1983 年第 4 期；辛德勇《汉唐期间长安附近的水路交通——汉唐长安交通地理研究之三》，《中国历史地理论丛》1989 年第 1 期；〔日〕清木场东《唐代の东南漕运路 - 2 - 黄河・渭水》，《产业经济研究》1989 年第 1 期；辛德勇《隋唐时期陕西航运之地理研究》，《陕西师范大学学报》2008 年第 6 期；何汝泉《唐代河南漕路续论》，《西南大学学报》2010 年第 2 期。

② 潘墉：《隋唐时期的运河和漕运》，三秦出版社，1987。

③ 史念海：《三门峡与古代漕运》，《人文杂志》1960 年第 4 期。

④ 王力平：《唐后期淮颍（蔡）水运的利用与影响》，《河北学刊》1991 年第 2 期。

⑤ 主要包括史念海《隋唐时期运河和长江的水上交通及其沿岸的都会》，《中国历史地理论丛》1994 年第 4 期；张剑光《唐五代江南水上交通路线的建设》，《历史教学问题》2002 年第 2 期；冯兵等《水与城的双向互动：隋唐五代时期运河变迁与城市兴衰》，《学习与实践》2017 年第 2 期。

⑥ 李菁：《解读运河——大运河与唐代社会经济、文化深层关系之考察》，博士学位论文，厦门大学，2002。

⑦ 杨联陞从宏观角度阐述中国古代公共工程的经济开支，间或论及唐代公共工程经济费用，不过相关问题的专门性研究有待拓展、加强。参见杨联陞《从经济角度看帝制中国的公共工程》，载《国史探微》，新星出版社，2005，第 134 ~ 187 页。

⑧ 一定程度上，唐代运河工程可视为经济活动，作为现代经济学计算投入产出的重要方法，“成本—收益”分析有助于剖析唐代政府、官员以及公众在运河工程这一经济活动中的经济决策方式。

析，论证唐代政府兴建和维护运河工程的必要性和必然性，着重分析唐代不同时期运河工程效益之变化，并解释唐后期运河工程经济效益锐减与运河工程数量剧增这一“悖论”出现的历史背景。

二　唐代运河工程成本

在唐代运河工程兴修中，作为最重要的参与主体，政府与公众均付出一定成本，构成运河工程的总成本。运河工程成本的多寡，成为左右工程兴修决策的影响性因素。在此，笔者根据参与主体和成本内容的差异，将唐代运河工程成本分为政府成本和社会成本，并对其基本内容和数量关系进行简单分析。

（一）政府成本

从宏观上看，运河工程包括两方面的成本，即兴建成本和维护成本。从微观上看，运河工程包括三方面的成本，主要是人工、物料和行政成本。

1. 人工成本

唐代公共工程的人工来源包括工匠、兵士、防人和人夫等。[①] 有唐一代，政府通过征派人夫、调动士兵和雇募丁夫等不同方式保障运河工程施工人力。人工多征派自沿运地区，如玄宗开元初年（713），河南尹李杰“发汴郑丁夫”[②]，疏浚梁公堰。再如代宗大历年间，河、汴运道淤塞，州县每年征派人夫疏浚，史谓“每年正月，发近县丁男，搴长茭，决沮淤”[③]。唐政府常调动士兵参与运河工程。如广德二年（764）三月，刘晏受命疏凿淤塞的汴渠，但承安史战乱之祸，汴渠周边丁夫稀少，刘晏遂与河南副元帅李光弼“计议开决汴水”[④]，借助驻扎在汴河两岸的李光弼的军队，最终完成疏浚工程。[⑤] 再

① 牛来颖：《〈天圣令·赋役令〉丁匠条释读举例——兼与〈营缮令〉比较》，《唐史论丛》第13辑，第104页。

② 刘昫等：《旧唐书》卷100《李杰传》，中华书局，1975，第3111页。

③ 董诰等：《全唐文》卷370刘晏《遗元载书》，第3763页。

④ 王钦若等：《册府元龟》卷497《邦计部·河渠二》，中华书局，1960，第5952页。

⑤ 王力平：《〈旧唐书·代宗纪〉纠谬一则兼论广德二年开汴事》，《古籍整理研究学刊》2001年第1期。

如元和八年（813）四月，政府又派神策军士修长安城南之洨渠。[①] 此外，唐政府亦雇用丁夫参与运河施工。如中宗时，将作大匠杨务廉雇用丁夫开凿三门砥柱，但杨氏残暴坚啬，“所雇夫并未与价直”[②]。

关于唐代运河工程消耗的人工量，史籍中存有零散记载。如高宗显庆元年（656）十月，褚朗“发卒六千人”，凿山架险开砥柱，“一月而功毕”[③]，总计消耗18万个人工量，大约日耗人工量6000个。中宗时，崔湜开凿大昌关，以引丹水通漕至商州，前后“役徒数万，死者十五”[④]。可见，这一运河工程不但消耗大量人工，许多劳工甚至因此葬送性命。又如开元十五年（727），梁公堰堵塞。将作大匠范安及检校郑州河口斗门，“发河南府、怀、郑、汴、滑、卫三万人疏决，开旧河口，旬日而毕”[⑤]。这一工程所耗人工量为45万个。再如懿宗咸通九年（868），桂州刺史鱼孟威疏浚湮废的灵渠运道，周边百姓畏役逃亡，鱼孟威“标求善价，以佣愿者”，前后使用53000余人工量。[⑥]

唐代运河工程征雇的不同人工均有成本。以丁匠征派为例，按大唐《赋役令》，丁匠每年需无偿充役20或22日，役使期间自备食粮，即“各准役日赍私粮”[⑦]。但是，丁匠“抵达集合地一同赶赴役所”途中所耗食粮则由政府供给[⑧]，此即“程粮”。唐代丁口日耗食粮2升[⑨]，以10000名丁夫为例，每日需耗程粮200石，相当于唐前期100家均田农户的税租量，市场价格约为6000~24000文[⑩]。一旦役使期限超过法定役期，丁匠可以将役折租、调[⑪]，

---

① 王溥：《唐会要》卷89《疏凿利人》，上海古籍出版社，1991，第1923页。

② 李昉等：《太平广记》卷268《酷暴二·杨务廉》，中华书局，1961，第2107页。

③ 王溥：《唐会要》卷87《漕运》，第1891页。

④ 宋祁等：《新唐书》卷99《崔仁师附湜传》，中华书局，1975，第3922页。

⑤ 王溥：《唐会要》卷87《漕运》，第1892页。

⑥ 董诰等：《全唐文》卷804鱼孟威《桂州重修灵渠记》，第8454页。

⑦ 天一阁博物馆、中国社会科学院历史研究所《天圣令》整理课题组：《天一阁藏明钞本〈天圣令〉校证（附唐令复原研究）》，第477页。

⑧ 牛来颖：《〈天圣令·赋役令〉丁匠条释读举例——兼与〈营缮令〉比较》，《唐史论丛》第13辑，第108页。

⑨ 李林甫等：《唐六典》卷6《尚书刑部》载：“丁口日给二升，中口一升五合，小口六合”，第203页。

⑩ 商兆奎认为，唐前期米价波动在50~200文，米、粟比价约为5∶3，参见商兆奎《唐代均田农户生计考察——基于制度运作实效的解读》，《贵州社会科学》2011年第11期。

⑪ 卢厚杰：《唐代折变考论》，《云南社会科学》2015年第4期。

“满十五日免调”，计绢4.5丈（1.1匹）[①]，市场价格约为450文[②]；“三十日租、调俱免”，合计免粟2石、绢1匹，市场价格约为510～690文。除此之外，唐政府对上役丁匠的医疗以及意外身亡等均有管理规定[③]，这也是运河工程人工成本的内容。值得注意的是，雇用丁夫所花费的成本更高，如鱼孟威雇工疏凿灵渠，每工所费100钱，“凡用五万三千余工，费钱五百三十余万”[④]，累计耗资5300贯，而同一时期，长安畿辅米价每石约200文[⑤]。

2. 物料成本

物料供给关乎运河工程正常运转与否，为保障运河工程兴建和维护的顺利进行，唐政府制定专门的规章制度，设置相应的管理机构，并严格监督物料采办、筹备状况。

唐代运河工程物料以石、土、木等物资为主。如德宗贞元年间，洛阳修建城中漕河斗门。关于物料耗用状况，史云：“中桥之旁有古堰，废石沈于泥沙，公乃发而转之，以代寘薪之制。省于自他山而致者，盖百之一。”[⑥] 可知，漕河斗门工程物料包括石料、寘薪。石料自“他山而致”，即从远处开采、运输而来。但文中的安平公充分利用斗门旁边古堰的废弃石料，从而节省一大笔工程开支。

现存史籍中涉及唐代运河工程物料采办的记载不多，但考虑到运河工程物料与唐代其他水利工程物料采办方式相近，故可以唐代水利工程物料采办文献为基础，分析运河工程物料采办制度规定和运行。《唐六典》卷七《尚书工部》记云：

> 河阳桥所须竹索，令宣、常、洪三州役工匠预支造，宣、洪二州各大索二十条，常州小索一千二百条。大阳、蒲津竹索，每年令司竹监给竹，令津家、水手自造。其供桥杂匠，料须多少，预申所司，其匠先配

---

① 商兆奎：《唐代均田农户生计考察——基于制度运作实效的解读》，《贵州社会科学》2011年第11期。

② 胡如雷：《隋唐社会经济史稿》，中国社会科学出版社，1996，第151页。

③ 彭丽华：《唐代丁匠的征发与上役管理——以〈赋役令〉为中心》，《史学月刊》2015年第4期。

④ 董诰等：《全唐文》卷804鱼孟威《桂州重修灵渠记》，第8454页。

⑤ 黄冕堂：《中国历代粮食价格问题通考》，《文史哲》2002年第2期。

⑥ 董诰等：《全唐文》卷783穆员《新修漕河石斗门记》，第8133～8134页。

> 近桥人充。浮桥脚船，皆预备半副；自余调度，预备一副。河阳桥船于潭、洪二州造送；大阳、蒲津桥于岚、石、隰、胜、慈等州采木，送桥所造。[①]

敦煌文书《唐开元二十五年水部式残卷》第127～132行载有浮桥维护所需物料采办规定：

> 自余供桥调度并杂物一事以□，仰以当桥所换不任用物回易便充，若用不足，即须申省，与桥侧州县相知，量以官物充。每年出入破用，录申所司勾当。其有侧近可采造者，役水手、镇兵、杂匠等造贮，随须给用，必使预为支拟，不得临时阙事。[②]

唐代工程物料采办以官物供给为主，如由所司供给原料、地方役使工匠制造工程物料；同时，政府购买也是物料采办方式[③]，采购经费“以当桥所换不任用物回易便充”，或者“与桥侧州县相知，量以官物充”，并接受中央财务机构如户部、比部管理。除此之外，唐代部分地方官员灵活筹集工程物料。如代宗时，萧县“临古汴之冲，每岁为害”，县令李并要求百姓“因租之集，两税一石，置于水滨，治之为防”[④]，即通过缴租纳石的方式筹集运河工程所需物料。

3. 行政成本

行政管理成本是运河工程成本的重要组成部分，具体而言，唐代运河工程行政管理成本包括组织成本、人力成本和监督成本。

唐代政府建立组织机构，如水部司、都水监、转运使等，以期有序管理运河工程事务，此类组织机构耗支大量财力经费。水部司为中央水利政务机构，“掌天下川渎陂池之政令，以导达沟恤、堰决河渠”[⑤]。都水监是中央水利行政机构，“总河渠、诸津监事”。自开元年间始，唐政府大量设置转运使

---

① 李林甫等：《唐六典》卷7《尚书工部·水部郎中员外郎》，第225页。

② 唐耕耦等：《敦煌社会经济文献真迹释录》第2辑《唐开元二十五年水部式残卷》，第584页。

③ 吕岩：《唐朝政府物资购买领域研究》，《社会科学战线》2014年第5期。

④ 董诰等：《全唐文》卷321李华《扬州司马李公墓志铭》，第3252页。

⑤ 李林甫等：《唐六典》卷7《尚书工部》，第225页。

职，专门负责运漕事务。[①]“安史之乱”后，运漕管理体系再次调整，盐铁使与转运使合一[②]，史称“以盐养漕”。宪宗元和中，李巽改革漕法，“转运事务已经完全委于使职及其地方机构巡院系统”[③]。很明显，在唐代政治经济大背景不断演变的格局下，大运河的重要性愈发凸显，运河工程管理制度不断变迁，转运使等使职差遣参与运河工程事务，形成新的运河工程管理体系。唐代新的管理制度和新的组织机构的出现，一定程度上增加了运河工程管理成本。

唐代运河工程管理组织运行过程中，从中央职官到地方人员以及有关使职差遣构成了人力成本。唐初以来，水部司和都水监职官均主掌中央层面的运河工程管理事务[④]，地方州县仓曹等负责辖内运河工程事务。至唐中后期，转运使开始负责运漕事务，中央转运使、地方转运使[⑤]以及诸道巡院官吏成为运河工程行政管理的中坚力量。除此之外，地方州县职官及渠堰门长也是唐代运河工程地方管理力量。众所周知，水利工程管理是刺史、县令年度政绩考核内容之一[⑥]，在唐代53项运河工程中，由州县长官主持兴建的多达36项，占总数的68%[⑦]。在基层水利区域，唐代置有水利工程专司人员协管渠堰、河道，如渠长、斗门长等，“渠长、斗门长节其多少而均焉，府县以官督察”[⑧]。对于水利要道上的关津、河堰、桥梁，州县另派“中男二十人，匠十二人，分番看守”[⑨]，随时进行维护。

所谓监督成本，意指为防止工程管理人员和相关个人为谋取私利而损害

---

① 关于唐代转运使，何汝泉先生有深入研究。参见何氏系列论文《唐代转运使成为固定职官考》，《西南师范大学学报》1982年第1期；《关于唐代转运使的治所问题》，《西南师范大学学报》1983年第4期；《唐代转运使的设置与裴耀卿》，《西南师范大学学报》1986年第1期；《唐代地方运使述略》，《西南师范大学学报》2003年第6期。

② 刘昫等：《旧唐书》卷49《食货下》，第2117页。

③ 吴立余：《略论元和初期李巽的盐法漕运改革》，《清华大学学报》1986年第2期。

④ 李林甫等：《唐六典》卷7《尚书工部》：“水部司设水部郎中一人，从五品上；员外郎一人，从六品上；主事二人，从九品上；以及令史四人；书令史九人；掌固四人。都水监设使者二人，正五品上；丞二人，从七品上；主簿一人，从八品下；录事一人；府五人；史十人；掌固三人”，第225页。

⑤ 何汝泉：《唐代地方运使述略》，《西南师范大学学报》2003年第6期。

⑥ 彭丽华：《唐代水利工程的营缮与州县长官的迁转》，《井冈山大学学报》2013年第2期。

⑦ 卢厚杰：《唐代若干财经问题与政府应对研究》，博士学位论文，山东大学，2016，第98页。

⑧ 宋祁等：《新唐书》卷48《百官志三》，第1276页。

⑨ 唐耕耦等：《敦煌社会经济文献真迹释录》第2辑《唐开元二十五年水部式残卷》，全国图书馆文献缩微复制中心，1990，第579页。

政府利益，唐代政府制定律令规章、委派监督人员实施监管等等。唐代律令包括多条运河工程修建和管理的条文。如《唐律疏议》规定：“近河及大水有堤防之处，刺史、县令以时检校。若须修理，每秋收讫，量功多少，差人夫修理。……若有损坏，当时不即修补，或修而失时者，主司杖七十。”① 同书“杂律”条记云：“诸盗决堤防者，杖一百。”② 另外，敦煌出土的《开元水部式》文书残卷，是我国现存最早一部水政法规。从文书可见，唐政府对运河桥梁、要津的管理细则非常详尽，且增派人员加强运河关键渠段管理，如“扬州扬子津斗门二所，宜于所管三府兵及轻疾内，量差分番守当，随须开闭”③。此外，唐代运河工程的人力征派、物料筹集支用、日常维护状况均是中央度支司、比部司和地方州县监察官员④以及出使郎官⑤的审计监管内容。不过，尽管唐代运河工程监督机制细密，但是工程管理弊病不断，进一步增加运河工程成本。如敬宗宝历初年（825），李渤主持灵渠疏凿工程，“当时主役吏，不能协公心。尚或杂束篠为偃，间散木为门”⑥。可知，由于施工官吏偷工减料，以藤、木等物料代替沙石，致使李渤所修灵渠工程质量堪忧。

（二）社会成本

唐代运河工程的兴建和维护，与周边民众关系密切。对唐代社会公众而言，运河工程成本主要包括三个方面，即生活成本、生态成本和经济成本。

1. 生活成本

运河工程建设与民众日常生活密切关联，比如屡屡淤塞漫污的河道、处理失范的工程废料等，均给唐代沿运民众日常生活带来灾难和困扰。

有唐一代，东南运河数次大面积淤塞和溃决。如“安史之乱”后，汴渠一片泞污，刘晏说：“津吏旋于泞，千里洄上，罔水舟行。”⑦ 可见，昔日便捷的交通水道，已成为阻碍当地民众出行的障碍。又如唐后期，邗沟南段运河水道维护不力，“江派南徙，波不及远，河流浸恶，日淤月填。若岁不雨，

① 长孙无忌等：《唐律疏议》卷27《杂律》，上海古籍出版社，2013，第429～430页。

② 长孙无忌等：《唐律疏议》卷27《杂律》，第430页。

③ 唐耕耦等：《敦煌社会经济文献真迹释录》第2辑《唐开元二十五年水部式残卷》，第579页。

④ 杜文玉：《唐五代州县内部监察机制研究》，《江西社会科学》2013年第2期。

⑤ 陈明光：《唐朝的出使郎官与地方监察》，《厦门大学》2009年第2期；《唐朝中央对地方政府的财政监督述论》，《宁波大学学报》2009年第2期。

⑥ 董诰等：《全唐文》卷804鱼孟威《桂州重修灵渠记》，第8454页。

⑦ 董诰等：《全唐文》卷370刘晏《遗元载书》，第3763页。

则鞠为泥涂，舟楫陆沈，困于牛车，积臭含败。人中其气，为疾为瘵"[①]。可见，淤塞的河道与臭腐的河水破坏了运河周边的生活环境，疫病极易发生，沿运民众的健康状况备受威胁。再如昭宗乾宁四年（897），"杨氏据淮甸，自甬桥东南决汴，汇为污泽"[②]，汴渠自此成为一片污泽，对周边民众日常生活带来破坏性影响。

运河工程施工同样给沿运民众的日常生活造成许多困扰。如玄宗开元二十七年（739），汴州刺史齐瀚"开汴河下流"，但施工人员对工程废料处理不当，致使周边民众出行困难，"因弃沙壅旧路，行者弊之"[③]。又如天宝初年，转运使韦坚开凿广运潭，施工过程中竟大肆破坏民众祖坟，以致江南、长安民情不安，引起社会骚乱，"多坏民冢墓，起江、淮，至长安，公私骚然"[④]。

2. 生态成本

唐代运河工程对沿运地区生态环境带来一定的冲击，比如改变了沿运地区河湖水系的自然分布格局（以江淮地区最明显），而河湖水系的变动又易引发洪涝灾害，造成沿运地区生态环境隐患重重[⑤]，其中危害最大的便是频发的洪涝水灾。

运河水道工程阻断了部分自然水系的正常流向。众所周知，江淮地区横跨黄河、淮河与长江三大水系，河湖网络密布，加之地势向东南倾斜，河流多是东西走向。但是，汴渠、邗沟与江南河是唐代运河工程兴建频率最高的河段，频繁疏凿的运河水道贯通南北，阻断了这一地区自然河流的正常流向，打乱了江淮地区湖泊塘陂的水域体系，"从而使本区的水网形势更趋复杂而紊乱"[⑥]，每遇暴雨时节，当地易现洪水涝灾。如梁涣判文云："得津吏告下方伤水，请毁左右隄，水工景固争。"[⑦] 即是反映了唐代东南运河流域的洪涝问题。

---

① 董诰等：《全唐文》卷519梁肃《通爱敬陂水门记》，第5274页。

② 脱脱等：《宋史》卷252《武行德传》，第8856页。

③ 刘昫等：《旧唐书》卷9《玄宗纪》，第211页。

④ 宋祁等：《新唐书》卷134《韦坚传》，第4560页。

⑤ 关于这一问题，马雷有深入研究，参见《唐宋时期的江南运河对农田水利的影响研究》，硕士学位论文，复旦大学，2008，第27~36页。

⑥ 马雷：《唐宋时期的江南运河对农田水利的影响研究》，硕士学位论文，复旦大学，2008，第27页。

⑦ 董诰等：《全唐文》卷397梁涣《对津吏告下方伤水判》，第4048页。

运河工程的兴建也影响到太湖的泄洪能力①。据不完全统计，唐前期，江南地区有 4 次大规模洪涝灾害，而唐后期，这一地区的洪涝灾害达到 16 次②。频繁出现的洪涝灾害，给江淮地区带来一系列的生态问题，如河湖淤废、土壤碱化等。生态环境恶化影响当地民众的生活，如吴融诗云："我有二顷田，长洲东百里。环涂为之区，积葑相连缅。松江流其旁，春夏多苦水。堤防苟不时，泛滥即无已。"③ 再如陆龟蒙在太湖附近"有田畸十万步"，但其田地逼近运河水道，加之地势低平，雨季颇受水涝困扰，史谓"田汙下，暑雨一昼夜，则与江通"，"先生由是苦饥，囷仓无升斗蓄积"④。

3. 经济成本

运河工程加重沿运地区丁夫的徭役负担。如邗沟扬州河段经常淤塞，"长民者时兴人徒，以事开凿。……或妨夺农功，殚财竭力"⑤。显然，运河工程征调丁夫已影响到沿运民众的正常农业生产。再如卢振奏云："汴河两岸，堤堰不牢。每年溃决，正当农时，劳民功役。"⑥ 可见，农业生产时间与工程施工时间往往冲突，虽然唐政府明确限制和规定公共工程的兴修时间，但执行过程中存在失灵现象，沿运民众生产时间缺乏根本性保障，不得不弃农时修河工。再如唐僖宗时，灵渠水道航行不畅，其日常维护和修整给沿边百姓带来沉重的徭役负担，"转使桂人肤革羸腊，手足胼胝，且逃且死，无所诉怨，殆十七八矣"⑦。可知，繁重的徭役征派大大损害周边百姓经济利益，致使百姓逃亡、民情骚乱。

运河用水与农业用水之间屡屡产生矛盾。为维持运道水位，唐政府强化对运河水源、水位的控制与管理，但是，沿运地区多为农业生产核心区，用水之争引发激烈冲突。如德宗时期，宣武、武宁二镇横跨汴渠，"大梁、彭城控两河，皆屯兵居卒，食出官田。而畎亩颇夹河，与之俱东，仰泽河流，言其水温而泥多，肥比泾水，四月农事作，则争为之派决而就所事，视其源绵绵，不能通槁叶矣"⑧。汴渠河水"肥比泾水"，是沿运地区农田灌溉水源，

---

① 马雷：《唐宋时期的江南运河对农田水利的影响研究》，第 31 页。

② 张波等编《中国农业自然灾害史料集》，陕西科技出版社，1994，第 31 ~ 51 页。

③ 董诰等：《全唐文》卷 685 吴融《祝风三十二韵》，第 7871 页。

④ 董诰等：《全唐文》卷 801 陆龟蒙《甫里先生传》，第 8420 页。

⑤ 董诰等：《全唐文》卷 519 梁肃《通爱敬陂水门记》，第 5274 页。

⑥ 董诰等：《全唐文》卷 855 卢振《请开斗门奏》，第 8970 页。

⑦ 董诰等：《全唐文》卷 804 鱼孟威《桂州重修灵渠记》，第 8454 页。

⑧ 董诰等：《全唐文》卷 736 沈亚之《淮南都梁山仓记》，第 7605 页。

如何保证运河用水和农业用水二者兼顾成为难题。在这一局面下，保证运河用水成为政府首要任务。贞元二年（786），德宗下敕云："漕运通流，国之大计，其河水每至春夏之时，多被两岸田莱，盗开斗门，舟船停滞，值此之由。"德宗要求郑州、徐州、泗州三地，"各仰刺史准此处分，仍令知汴州支遣院官计会勾当"①。之后，唐朝廷再次要求汴宋节度使，"春夏遣官监汴水，察盗灌溉者"②。此举必致农业灌溉水源紧张，周边农业生产深受其弊。显然，在国计与民生之间，社会公众经济利益成为维护国家财政命脉的牺牲品。

三 唐代运河工程收益

现代经济学侧重投入—产出的研究视角，以推进经济活动内在逻辑的分析。事实表明，唐代运河工程收益的多样性，正是运河工程屡兴的驱动力。本节通过对相关史料的挖掘和探究，尝试对唐代政府、官员与公众在运河工程实践中的收益进行考察。

（一）政府收益

冀朝鼎指出，古代中国的公共水利工程，"在很大程度上决定于统治集团用以加强对国家进行控制的政治目的"③，唐代运河工程的兴修亦是政治局势、军事战争、财政税收等多重因素综合作用的结果。作为推动运河工程主导力量的唐代政府，它的预期收益主要包括政治收益、经济收益和军事收益三个方面。

1. 政治收益

唐代运河工程的兴建和维护，关乎政府形象、官员升黜和公众舆情。因此，功效卓显的运河工程对于提升朝廷政治形象和历史地位，拉近地方政府与社会公众的距离，以及增加官员在政治系统内部威望和升迁资本，均有裨益。

---

① 王溥：《唐会要》卷87《漕运》，第1894页。

② 宋祁等：《新唐书》卷53《食货三》，第1370页。

③ 冀朝鼎：《中国历史上的基本经济区与水利事业的发展》，中国社会科学出版社，1981，第7页。

永泰年间，润州刺史韦损主持练湖疏凿工程。练湖“幅员四十里”，地处丹阳县，是唐代江南运河的济运水源，也是当地农业供水、防治洪涝的设施。[①] 江南运河的镇江→丹阳河段，流经区域地势较高，运河水位较浅，漕船通行困难，为解决这一困境，唐政府屡屡兴建保水工程，但成效甚微。同时，练湖周边大族长期侵塞水泊，“泄流为田”，既损害了普通百姓的生计利益，又阻碍了练湖的济运功能。永泰元年（765）十一月，润州刺史韦损率众疏凿练湖，短时间内解决练湖“百年侵塞”之难题。自此之后，每逢冬春运河水浅之时，利用斗门引湖水入运河，“湖水放一寸，河水涨一尺”，“自是河漕不涸”[②]。

这一运河工程的成功造就了唐代政府、官员、公众三赢的局面。首先，韦损迁任润州刺史是朝廷精心选择的人事任命。时值“安史之乱”初平，朝廷“以江南经用所资，首任能者”[③]，派遣常州刺史韦损出任润州刺史。韦损短时间内革除练湖百年积弊，政绩十分显著，“民刻石颂之”，证明了朝廷用人策略的合理性与科学性，极大提升了朝廷在江南地区的政治形象。其次，韦损主持的这一运河工程，为其集聚了极高的政治名望和升迁资本，如河南、江淮以南转运使刘晏“闻而悦之，白三事以闻，诏书褒异焉”[④]。再次，韦氏此举颇得练湖周边百姓人心。运河工程的人力征派本是苦差，但练湖开凿过程中，丹阳百姓“人不俟召，呼抃从役，畚锸盖野，浚阜成溪”[⑤]。透露出丹阳百姓对这一运河工程的踊跃支持姿态。工程完工后，丹阳民众代表耆寿周孝瑰、百姓汤源等拜手敬谢，“追琢刻颂扬芳馨”[⑥]。

2. 经济收益

唐前期，关东、剑南等地是财赋主要来源地，为保障税物转输效率，河北、河南、巴蜀、关中四地运河最受朝廷重视。唐代关中、砥柱、永济渠等河段的运河工程共有 16 次，修于唐前期的多达 14 次，占总数的 87.5%。[⑦] 黄河中下游地区的粟米布帛，通过运河不断地转输至关中长安和边防前线，成

① 冻国栋：《唐五代“练塘”资料中所见的“强家”与“百姓”——隋唐五代江南地方社会个案研究之一》，《魏晋南北朝隋唐史资料》2006 年第 23 辑，第 175～187 页。

② 董诰等：《全唐文》卷 871 吕延祯《复练塘奏状》，第 4041 页。

③ 董诰等：《全唐文》卷 314 李华《润州丹阳县复练塘颂（并序）》，第 3193 页。

④ 董诰等：《全唐文》卷 314 李华《润州丹阳县复练塘颂（并序）》，第 3193 页。

⑤ 董诰等：《全唐文》卷 314 李华《润州丹阳县复练塘颂（并序）》，第 3193 页。

⑥ 董诰等：《全唐文》卷 314 李华《润州丹阳县复练塘颂（并序）》，第 3193 页。

⑦ 卢厚杰：《唐代财经若干问题与政府应对研究》，第 96～97 页。

为唐代朝廷和军队物资补给的主要来源①。

玄宗开天时期，朝廷财政开支浩大，国库米帛存量短少，裴耀卿、韦坚、杨国忠等将东南财赋经由水路转运至京师长安。为保障漕船航行畅通，朝廷先后兴修 14 次运河工程，达到唐代列朝运河工程数量的峰值。运河工程的频频兴建，既增加了漕米转输量，又降低漕米运输成本。如玄宗朝开元末天宝初，江南漕米转输数量处于唐代高峰期，每年最高达到 250 万石。同时，江南漕米转输成本不断降低，如开元二十五年（737）齐澣开伊娄河，“岁减脚钱数十万”，据孙彩红估算，这一时期江南漕米转输成本约为 302 文/斗，较之前降低 8%②，经济收益明显。

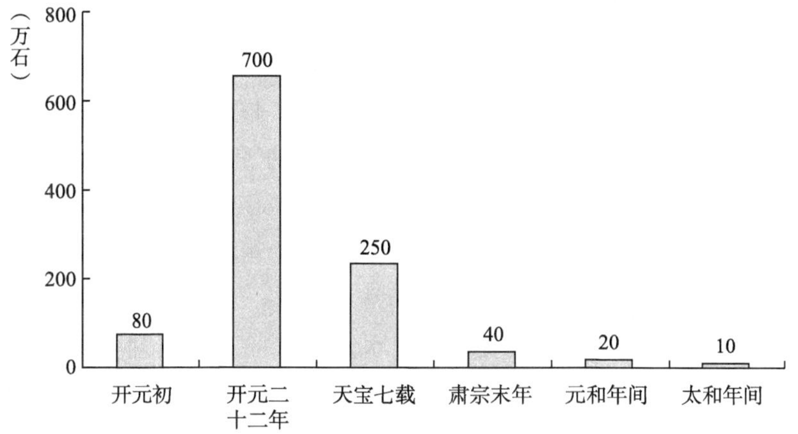

唐代漕米运量波动图

资料来源：孙彩红《唐代政府的粮食需求与财政经济》，博士学位论文，厦门大学，2002，第 77 页。

“安史之乱”后，河北失控，西北边防吃紧，江淮漕米成为关中地区最重要的粮食来源，正如刘晏所云：“漕引潇、湘、洞庭，万里几日，沦波挂席，西指长安。三秦之人，待此而饱；六军之众，待此而强。”③ 从财政意义上讲，江淮财赋已居绝对地位，而大运河的航情又直接关乎东南物资转输效率，保持运道畅通便成为唐后期朝廷及州县在东南运河、汉沔河道大量兴修工程的最大驱动力。如代宗大历十一年（776），亳州防御使、陈州刺史李芃利用鸿

① 张荣强：《初唐时期的江淮漕运》，《中国社会科学院研究生院学报》2005 年第 1 期。

② 孙彩红：《唐代政府的粮食需求与财政经济》，博士学位论文，厦门大学，2002，第 64 页。

③ 宋祁等：《新唐书》卷 149《刘晏传》，第 3512 页。

沟旧渠，“开陈、颍运路，以通漕挽”[①]。德宗建中三年（782），李希烈、李纳谋袭汴州，“东南转输者皆不敢由汴渠，自蔡水而上”[②]，宣武节度使李勉遂“治蔡渠，引东南馈”[③]。李希烈平定梁崇义后撤离襄阳，却留部将姚詹戍守邓州，后又占领汝州，以致武关运道梗绝。次年（783）正月，德宗委派陕虢观察使姚明敭“治上津道，置馆通南方贡货”[④]。建中四年（783）十一月，朱泚叛乱，德宗出走奉天，途中下诏令殿中侍御史万俟著“治金、商道，权通转输”，幸赖这一运河工程的成功疏凿，“诸道贡赋继至，用度始振”[⑤]。

3. 军事收益

除此之外，唐代运河工程是军事物资转输的重要通道。高宗、武后时，唐军东征高丽，为保障军需供给，朝廷多次在永济渠兴修运河工程，如神龙三年（707），沧州刺史姜师度于蓟州之北傍海穿漕，“以避海难运粮”[⑥]。元和年间，宪宗全力削平淮西镇，淮颍水道的开凿主要用作运输军事物资。元和八年（813），盐铁使王播实地考察淮颍水道并进呈《陈许琵琶沟年三运图》，中官李重秀奉命前往巡察，回奏称：“可以通漕至堰城下北颍口，水运千里而近。”宪宗命宣武军节度使韩弘派兵开凿琵琶沟，“以通汴河”，“船胜三百石者，皆得入颍”[⑦]，对于成功削平淮西藩镇，“深有力焉”[⑧]。至元和十一年（816）十二月，唐廷又置淮、颍水运，疏凿寿州至郾城的运河水道，“扬子等诸院米，自淮阴溯流，至寿州西四十里入颍口，又溯流至颍州沈邱界，五百里至于陈州项城，又溯流五百里，入于溵河，又三百里输于郾城”[⑨]。通过淮颍水道，扬州等地的税米可快速运至战争前线的唐军营帐。

（二）社会收益

运河工程既是水利工程，又是交通工程，新的交通方式的出现和完善引

---

① 刘昫等：《旧唐书》卷 132《李芃传》，第 3655 页。

② 司马光等：《资治通鉴》卷 227 德宗建中三年十一月条，第 7337 页。

③ 宋祁等：《新唐书》卷 225《叛臣中·李希烈传》，第 6438 页。

④ 宋祁等：《新唐书》卷 225 中《李希烈传》，第 6437 页。

⑤ 司马光等：《资治通鉴》卷 229 德宗建中四年十一月条，第 7376 页。

⑥ 刘昫等：《旧唐书》卷 49《食货下》，第 2113 页。

⑦ 王钦若等：《册府元龟》卷 497《邦计部·河渠二》，第 5953 页。

⑧ 刘昫等：《旧唐书》卷 164《王播传》，第 4277 页。

⑨ 刘昫等：《旧唐书》卷 15《宪宗下》，第 458 页。

发了运河周边地区以农工商业发达、民俗文化汇融等为特征的历史变迁。[①] 作为运河区域社会活动的主体，运河周边地区的社会公众成为新的社会变动的主要受益者。

运河工程的兴建改善了沿运地区的交通条件。如宪宗元和五年（810），苏州刺史王仲舒“堤松江为路”，作为江南运河的配套工程设施，其改变了松陵镇的道路状况，史谓“时松陵镇南北西皆水乡，抵郡无路，至是始通”[②]。显然，松江堤的修建便利了周边社会公众出行。同时，随着运河工程数量增加，唐代内陆水运航道覆盖范围不断扩大，水运网络体系构建加快区域整合与流通的发展。以江淮地区为例，此地运河水道最密集，以运河工程为纽带，江南及周边区域的商贸网络发达，李吉甫记云：“自扬、益、湘南至交、广、闽中等州，公家漕运，私行商旅，舳舻相继。”[③] 运河交通的便利，带动了沿边地区农工商业结构变迁，影响了社会公众的生计策略和职业选择，江南弃农经商规模扩大，涌现出大量富裕船商。[④]

运河工程的兴建引致沿运地区城市的发展变迁，刺激了周边城镇经济繁荣、城市地位变化和城镇地理格局改变，其中较有代表性者有汴州、宋州、蔡州、宿州等。汴州是东南运河的中转口岸，“自江、淮达于河、洛，舟车辐辏，人庶浩繁”[⑤]。宋州毗邻漕河运道，“地管御河”，商业贸易繁盛，“商旅往还，船乘不绝”[⑥]。宪宗元和年间，唐廷开凿鸡鸣岗水道，蔡州成为最直接受益者，交通条件大为改善，进而成为淮西中心城市。[⑦] 宿州原是徐州符离县，地理位置颇佳，“江淮漕运，自淮入汴，以埇桥为咽喉者是也”，随着官私船舶往来，埇桥成为一方“舳舻之会”[⑧]。

运河工程的人力雇用和物料采购，一定意义上推动了周边产业发展。随着农业生产工具的改进和丁夫劳动效率的提高，唐代农村部分富余劳动力逐渐从生产领域分离[⑨]，开始进入工商业活动领域，运河工程人力的雇用为他们提供新的谋生

① 江沛：《关于开展中国近代交通史研究的若干思考》，《史学月刊》2016 年第 8 期。

② 傅泽洪：《行水金鉴》卷 154，商务印书馆，1940，第 2270 页。

③ 李吉甫：《元和郡县图志》卷 5《河南道一》“汴渠”条，第 137 页。

④ 谷更有：《试论唐代船商的地域特征和经济实力》，《思想战线》2001 年第 5 期。

⑤ 刘昫等：《旧唐书》卷 190 中《齐澣传》，第 5038 页。

⑥ 刘昫等：《旧唐书》卷 67《李勣传》，第 2483 页。

⑦ 周怀宇：《论隋唐五代淮河流域城市的发展》，《安徽大学学报》2001 年第 3 期。

⑧ 李吉甫：《元和郡县志》卷 9“宿州”，第 238 页。

⑨ 周尚兵：《唐代的技术进步与社会变化》，博士学位论文，首都师范大学，2005，第 99 页。

机遇。同时，唐代政府向社会公众采购运河工程所需麻、石等物料，这一行为恰如政府向民间工商业者提供的政府“订单”，促进了区域相关产业链的发展。

运河工程改善了沿运地区的居住生活环境。作为唐代运河水道的配套管理制度，运河两岸均栽植有杨树、柳树等绿化林木。如王泠然《汴堤柳》诗云：“流从巩北分河口，直到淮南种官柳。”[①] 描绘了汴渠两岸官柳成荫的美丽图景。唐末，王建诗云：“千里河烟直，青槐夹岸长。”[②] 可见，运河两岸数千公里的绿林美化了河道周边居住环境。

四 唐代运河工程效益变动分析

唐代运河工程效益究竟有多少[③]，何以驱动唐代政府不断大兴土木？已有研究多以定性分析为主，尚未见定量分析成果出现。从长时段下动态视角而言，随着政治环境、社会经济、制度空间等的变迁，唐代不同时期运河工程的成本与收益时时发生变化，进而引致唐代运河工程效益不断波动。

（一）经济效益波动

鉴于政治、军事等方面的成本和收益难以定量分析，进一步增加了运河工程效益定量分析的难度，本研究暂将上述因素予以简化和剔除。在这一基础上，笔者尝试考察运河工程的人力、物料和行政成本，分析唐代运河工程的经济绩效，得出虽不够准确但有一定参考性的计算公式，进而比较唐代前后期运河工程效益的增减情形，揭示唐代政府耗费巨大力量兴建和维护运河工程背后的经济动因。

笔者选取玄宗开元二十六年（738）齐澣和敬宗宝历二年（826）王播主持的两次运河工程作为分析案例。开元二十五年（737），齐澣迁润州刺史，充江南东道采访处置使。次年，“润州北界隔吴江，至瓜步沙尾，纡汇六十里，船绕瓜步，多为风涛之所漂损。澣乃移其漕路，于京口塘下直渡江二十里，又开伊娄河二十五里，即达扬子县。自是免漂损之灾，岁减脚钱数十万。

---

① 彭定求等：《全唐诗》卷115王泠然《汴堤柳》，第272页。

② 彭定求等：《全唐诗》卷300王建《寄汴州令狐相公》，第3406页。

③ 所谓效益，意指经济活动中收益减去成本的剩余所得。

又立伊娄埭，官收其课，迄今利济焉。”[①] 宝历二年（826），扬州城内官河水浅，遇旱即滞漕船，盐铁转运使王播主持河道疏凿工程，“自城南阊门西七里港开河向东，屈曲取禅智寺桥通旧官河，开凿稍深，舟航易济；所开长一十九里，其工役料度，不破省钱，当使方圆自备，而漕运不阻。后政赖之”[②]。

关于唐代运河工程效益的计算可采用以下公式[③]：

$$
\begin{aligned}
I &= S - C \\
&= S - C_1 - C_2 - C_3 \\
&= S - (p_{役} \times q_{役}) - (p_{物} \times q_{物}) - (p_{官} \times q_{官})
\end{aligned}
$$

（其中 I 表示效益，S 表示总收益，C 表示总成本，C_1 表示人力成本，C_2 表示物料成本，C_3 表示行政管理成本，p 是单价，q 是数量）

唐代运河工程成本包括人力、物料和行政成本。其中人力成本（C_1）和物料成本（C_2）是唐代运河工程的主要开支。不过，齐澣新开河道 45 里，王播疏凿水道 19 里，两次运河工程量显然不同，无法直接比较成本差异。但是，在技术水平及劳动效率一定的条件下，单位运河工程所耗人力和物料在数量上应大致相近，因此最关键的影响性因素便是物价变化。众所周知，绢是唐代主要流通商品，在“钱帛兼行”的唐朝[④]，它在某种意义上执行货币流通手段职能，故我们以匹绢价格变动来考察运河工程成本之变化。据池田温先生研究，开元天宝年间，一匹绢价格 550 文，至中晚唐时期，绢价呈上升态势，如建中年间 2000～3000 文，贞元至元和、长庆时降至 800～900 文，武宗、宣宗时期为 900～1000 文。[⑤] 绢价上涨带动人力和物料价格上涨，从人力和物料成本而言，唐后期政府的运河工程经费投入大幅度增加。除此之外，随着唐代运河管理机制和体系的变动，参与运河工程管理事务的行政部门和人员渐增，“自江以南，补署皆剸属院监”[⑥]。盐铁使、转运使、巡院等组织林立，机构臃肿不堪，诸道盐铁转运使卢坦一度裁省冗职 80 余员，却仍无法

① 刘昫等：《旧唐书》卷 190 中《文苑中·齐澣传》，第 5038 页。

② 刘昫等：《旧唐书》卷 164《王播传》，第 4277 页。

③ 石涛老师计算清代晋商茶叶贸易利润一文，对拙文写作颇有启发，此处公式亦借用石涛老师下引文。石涛、李志芳：《清代晋商茶叶贸易定量分析——嘉庆朝为例》，《清史研究》2008 年第 4 期。

④ 李埏：《略论唐代的“钱帛兼行”》，《历史研究》1964 年第 1 期。

⑤ 〔日〕池田温：《中国古代物价初探——关于天宝二年交河郡市估案断片》，载氏著《唐研究论文集》，中国社会科学出版社，1999，第 167 页。

⑥ 宋祁等：《新唐书》卷 53《食货三》，第 1371 页。

遏制办公经费、俸禄开支等负担加重的趋势。显而易见，伴随人力、物料和行政成本的提高，唐后期运河工程兴修成本呈上升态势。

遗憾的是，唐后期运河工程收益却呈下降趋势。唐代运河工程的经济收益主要包括三个方面：一是漕米运量，二是运输费用，三是商税税额。由漕米运量柱状图可知，宪宗以后漕米运输不过10万～20万石，较之开元后期200万石的年运量相差甚远，其主要原因在于运输费用增加[①]，而运输费用的剧增与唐后期漕运制度缺陷及执行弊端紧密相关，比如极端情形下，“岁漕江淮米四十万斛，至渭河仓者才十之三四”[②]，漕米运量减少和运费增加，直接导致唐后期运河工程收益急剧降低。至于运河商税，开元二十二年（734），齐澣开伊娄河、设伊娄埭，征收商税，“岁利百亿”，史家所言自有夸大，但仍可知晓开元年间运河商税收益颇丰。至宪宗时期，浙西观察使李锜领盐铁转运使，“江淮堰埭隶浙西者，增私路小堰之税”，运河商税大量流失。后来李巽改革漕政，再次“以堰埭归盐铁使”[③]。不过，在朝廷控制力渐趋衰减的唐后期，朝廷掌控的运河商税收益比重及数量难与开元时期媲美。

要之，结合唐代运河工程消耗的人力、物料和行政管理等投入，可知唐后期运河工程消耗的成本更高，在考虑财政状况变动的背景下，唐后期运河工程经济负担显然沉重。同时，通过对唐后期运河工程漕米运量、运输费用及商税收益等的分析，可知唐中后期的运河工程收益较之开元时期大幅度下降，最终导致运河工程经济效益愈加恶化。

（二）政治、军事效益与运河工程

从经济效益角度来看，唐后期兴修运河工程几无效益可言。可从历史来看，唐后期恰恰是运河工程频频兴修的高峰期，这是一个明显存在的“悖论”。很显然，唐代运河工程的兴建和维护，是朝廷多方权衡和考量的结果。本节立足于数据统计对运河工程时间分布特征的宏观分析，有助于我们较全面地把握唐代运河工程兴修过程中的综合效益考量。

自高祖武德元年（618）至宣宗大中十三年（859），唐代先后兴修53次

---

① 大中咸通年间，租米从江至渭的费用超过每斗667文。参见孙彩红《“用斗钱运斗米”辨——关于唐代漕运江南租米的费用》，《中国农史》2002年第2期。

② 刘昫等：《旧唐书》卷49《食货下》，第2122页。

③ 刘昫等：《旧唐书》卷49《食货下》，第2123页。

运河工程，平均4.54年兴修一次，工程频度为22%。具体而言，唐代运河工程时间分布存在以下特点：①以“安史之乱”为界，唐后期工程数量增加、间隔缩短、频度提高。唐前期工程数量为24次，工程间隔平均为5.7年，工程频度为17.5%；唐后期工程数量为29次，较之前期增加5次，平均3.58年兴修一次运河工程，较之前期缩短1.12年，工程频度上升为27.9%，较之前期增长59.4%。②每朝的运河工程数量分布不平衡。玄宗和德宗两朝运河工程数量最多，分别为14次和11次，工程间隔分别为3年和2.4年，工程频度为33%和42%，这两组数字均为有唐一代的峰值。同时，武宗以后诸朝，运河工程明显处于低谷期，除宣宗开凿褒斜水道，其余数朝并无大型运河工程见诸史籍。

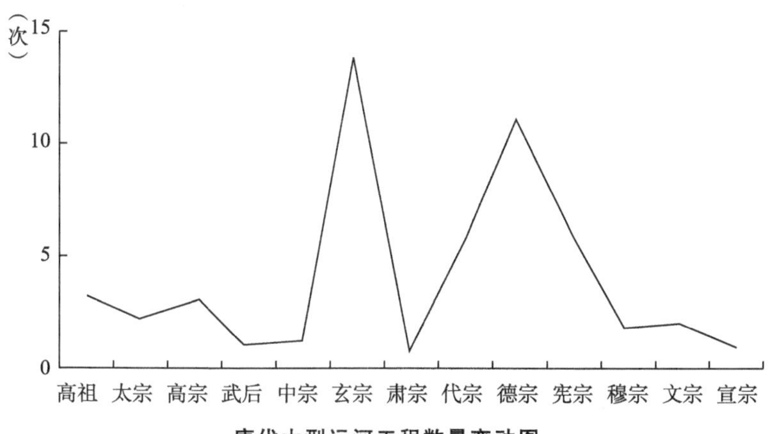

唐代大型运河工程数量变动图

数据来源：《旧唐书》《新唐书》《唐会要》《元和郡县志》《资治通鉴》等。

唐后期，运河工程兴建频率明显增加，但运河工程的经济效益却呈趋减态势。如此一来，我们便遇到了可视之为“悖论”的问题，亦即运河工程经济效益越低，唐政府兴建工程频率越高。很显然，这一选择和举动违背经济理性。细究可知，笔者前面的分析仅立足于经济效益这一变量的选择，而经济效益并不是唐代运河工程考量的唯一因素。唐后期的运河工程以德宗、宪宗两朝最多，且尤以南方水域如淮颍水系、汉水流域等为主。由上文可知，这一时期匹绢价格上涨、工程成本增加，朝廷兴建运河工程的经济收益几无保障，其主要出发点在于政治、军事因素考量[①]，而这恰恰是笔者简化计算模型中所剔除的两个变量。由此，上文提到的“悖论”得

① 张晓东：《汉唐漕运与军事》，博士学位论文，华东师范大学，2008。

到较有说服力的解释。

部分观点认为，唐代运河工程的兴修更多是不计经济效益的政治工程。事实上，政治、军事等因素的确在很大程度上影响朝廷的决策选择，但需要说明的是，作为一种经济活动，唐代运河工程修建过程中经济效益的重要性不容忽视。唐末，东南物资转输效率低下，倘单纯基于政治、军事等因素的考量，许多运河工程应在东南运河水道实施，可是唐廷却极少兴修和维护运河工程。在分析其中缘由时，我们需将唐廷的财政收支状况纳入考虑范围。一般而言，唐代运河工程所耗人力、物料和行政成本，可谓之绝对成本；某一时期的运河工程成本在同期财政收入所占比重，可谓之相对成本。考虑到唐末朝廷财政紧张的事实，即便运河工程的绝对成本与唐前期一致，唐末运河工程的相对成本仍有涨幅，朝廷的实际开支负担仍有增加，运河工程经济效益仍有减少。梳理史实可知，唐后期的许多运河工程资金，并非直接来自朝廷财政支出，一部分来自盐铁转运使办公经费①，一部分来自社会资本。②要之，在政府财政窘迫、运河工程成本高昂以及经济收益极低的条件下，朝廷很难不计成本收益地组织兴修运河工程。

总之，在唐前期，王朝达到经济顶峰，官私商品贸易发达，运河工程的兴修更重视经济效益。如玄宗开元末年、天宝初年，朝廷在东南运河兴建的一系列工程，对运输费用的降低和经济效益的提高颇有助益。③“安史之乱”后，政治、军事效益成为左右运河工程决策的影响性因素，这与唐后期的政治社会变迁有内在关联。引人深思的是，随着唐代运河工程覆盖面的扩大，运河工程高昂的维护成本成为唐后期朝廷面临的经济难题，从而引致多次漕政改革的尝试。但是，朝廷、地方、漕吏等不同参与主体之间的多重博弈，对中央朝廷而言，并未取得预期的效果，唐代运河工程的经济效益持续下降，故晚唐诸朝运河工程数量十分寡少。降至北宋，赵氏建都汴梁、舍弃西安，运河转输的经济效益当是朝野思考的一个重要因素。

---

① 宪宗元和年间，盐铁转运使王播奏请疏凿扬州城内官河，“其工役料度，不破省钱，当使方圆自备”。这笔资金很可能来自盐铁司系统内部的经费。宋祁等：《新唐书》卷53《食货三》，第1371页。

② 咸通九年（881），桂州刺史鱼孟威疏浚灵渠，但“帑藏且殚”。鱼孟威一方面“约公费，积刀布”，一方面“招求美财”，似是利用民间社会力量筹集工程经费。参见《全唐文》卷804鱼孟威《桂州重修灵渠记》，第8454页。

③ 孙彩红：《“用斗钱运斗米”辨——关于唐代漕运江南租米的费用》，第59页。

余　论

作为现代经济学理论，“成本—收益”分析是基于理性经济人假设这一前提的。唐代并未形成现代市场结构，也不可能形成理性经济人。不过，作为一种分析视角和理论工具，其对于唐代运河工程兴修过程中各个经济主体行为逻辑的分析颇有助益。

本文初步揭示了唐代运河工程的成本与收益及其变动趋势。作为运河工程主要的参与主体，政府与公众均付出一定成本并取得一定收益。事实上，在运河工程修建和维护过程中，唐政府投入的经济成本、政治成本和制度成本最高。不过，高昂的成本投入并未阻碍唐代政府兴建运河工程的热情，原因在于从运河工程中收益最多的就是唐政府。具体而言，经济、政治和军事效益是左右唐代政府运河工程决策的重要因素。需要指出的是，在唐代不同时期的社会环境下，三者的影响力是不断变化的。

唐代运河工程的成本收益分析，聚焦于对运河工程效率问题的探讨。因此，对各种影响运河工程成本收益的因素进行考索，成为深入认识唐代运河工程运作的基础。事实上，制度和制度变迁是影响经济活动效率高低的重要因素，如唐后期工程经费筹集制度的变迁，便是一种效益更高的新生制度对原有制度的补充。基于此，今后的研究过程中，在面对运河工程课题时，研究者需要建立“制度空间”的分析视角，将研究目光聚焦于制度空间下参与主体的行为方式，进一步讨论中国古代公共工程的实际运作方式和运行绩效。①

① 杨联陞：《从经济角度看帝制中国的公共工程》，载《国史探微》，新星出版社，2005，第134～188页。

民生灾难与族群藩篱：元代漕粮海运及其社会后果的再思考*

陈彩云**

自唐宋开启中国的“大航海时代”，到明清的“闭关锁国”，元代可谓中国海洋时代的转向时期。① 元明之际海洋时代转向的重要标志就是帝国漕粮供应方式由海路转为内河，黄仁宇认为明清时期放弃元代实行的海运，改行河运是中国走向封闭、孤立的表现。② 马俊亚从反思明清时期漕粮河运积弊的角度来评价元代海运，认为当时中国已经拥有成熟的航海技术，海运的效率、经济性都远远优于河运，而政府为利益集团弃海运、行河运，导致国家财政极大浪费，牺牲诸多无辜百姓生命，更给江淮地区造成无可估量的生态灾难，使国家失去发展海上力量的大好时机，是近代中国落后于世界的重要原因。③

与明清时期漕运弊政多遭批评形成对比，学界多给予元代漕粮海运以积极评价。吴辑华认为“元朝的经济命运在海运上”，是漕粮海运“支持了一个强大的帝国，这是元朝”。④ 赖家度认为大都政权的财政和物资依赖东南海运，虽然漕粮海运是以“征服者的威势，压迫全国人民”，“榨取人民的劳动”，但是它开辟南北交通运输的新阶段，便利了商品经济的活跃，提升了造船科技，是“祖国历史上人民的劳绩，值得我们自豪”⑤。施一揆指出海运兴起后，运河航运在便利民间商人往来贸易、沟通南北经济文化交流方面仍有相

* 本文原载《社会科学》2018 年第 6 期。

** 陈彩云，历史学博士，浙江师范大学人文学院历史系、环东海与边疆研究院副教授。

① 陈彩云：《元朝政权何以亡于海上动乱》，《中国社会科学报》2014 年 10 月 17 日，第 A05 版。

② 〔美〕黄仁宇：《明代的漕运》，新星出版社，2005，第 228 页。

③ 马俊亚：《集团利益和国运衰变：明清漕粮河运及其社会生态后果》，《南京大学学报》（哲学人文社会科学版）2008 年第 2 期。

④ 吴缉华：《元朝与明初的海运》，“中央研究院”《历史语言研究所集刊》第 28 本上册，1956，第 363 ~ 380 页。

⑤ 赖家度：《元代的河漕和海运》，《历史教学》1958 年第 5 期。

当大的作用，而元末海运断绝在一定程度上加速了元朝统治的崩溃。① 高荣盛认为元代海运虽为历史的进步，然亦全面分析元代漕粮海运的利弊，包括对下层船户的压迫，加剧了江南重赋的形成，具有诸多消极影响。② 舒振邦认为元朝海运便于南北经济交流，促进了航海科技的发展，为明初郑和下西洋提供了非常有利的条件。③ 日本学者杉山正明在《忽必烈的挑战》一书中提出，忽必烈塑造了世界历史上最早具有近代意义的“世界体系”，打造跨越海洋的超大规模的通商、物流体系连接融合草原军事力、中华经济力以及穆斯林商业力，并建立与之适应的军事、政治体制。④

目前，学界虽已论及元代漕粮海运存在的弊端，但大多是从政治、经济等角度强调漕粮海运之于元帝国的重要意义和其在中国海洋史上具有发展航海科技、沟通海上贸易等方面的积极作用，特别是与明清漕运造成“国困民穷”进行对照，对海运在明清时期遭到舍弃感到惋惜。本文则从社会民生的角度出发，分析元代维系漕粮海运体制造成东南地区的民生灾难，江南“重赋”、族群冲突等问题，认为东南民众作为漕粮生产者和漕粮海运的承担者，付出生命代价的同时，却在漕粮海运体制中处于最底层的地位，严重的族群藩篱和待遇不公使得海运体制在元末最终崩溃，加速了元帝国的败亡进程。

一　海运劳役与东南沿海的民生灾难

元代漕粮海运弊端丛生，多遭批评，然仍被元人视为本朝能超越汉、唐的标志性政治成就。处于海运起发地的四明人程端学就宣称：“我朝疆宇极天所覆，地大人众，仰东南之粟以给京师，视汉、唐、宋为尤重，神谋睿筭，肇创海运，较循贡赋古道，功相万也。”⑤ 元帝国是中国史上首度将统一王朝的都城定于华北平原的北缘，从遥远的江南等地运输漕粮至大都城，工程难

---

① 施一揆：《元代海运琐谈》，《南京大学学报》（哲学人文社会科学版）1981 年第 3 期。

② 高荣盛：《元代海运试析》，《元史及北方民族史研究集刊》1983 年第 7 期；后又以《元代海运与江南社会经济》为题，辑入作者主编的《江南社会经济研究 · 宋元卷》，中国农业出版社，2006。

③ 舒振邦：《民无挽输之劳、国有储蓄之富——军国之资的元代海运》，《内蒙古社会科学》1990 年第 6 期。

④ 〔日〕杉山正明：《忽必烈的挑战》，社会科学文献出版社，2013，第 136 页。

⑤ 程端学：《灵济庙事迹记》，《积斋集》卷 4，《文渊阁四库全书》第 1212 册，第 352 页。

度之高，前所未有。诸暨人杨维桢指出元代漕运的难度远超汉、唐，大都与江南之间距离数千里，山川层层阻隔，若无良法则必然导致“民劳国弊”的局面，他认为漕粮海运实为“非旷古以来所未有之大利捷便乎”，而它的开通非唯人力，亦是“天运之启”。[①] 元人大多承认漕粮海运比之河运“费省役轻”，江南海上漕船顺风十日便可抵达直沽。“视古凿渠引河，劳工力，阻湍石，困于输，将万不侔也。”[②] 路程缩短，运费降低，运输时间节约，效率大为提升。“无旬日、半月间达诸京庾，盖竣事于春夏之交，而返棹于季秋之候，用力寡约而成效居多。”[③] 连明初史臣修《元史》时都罕见地加以赞叹，认为海运有“民无挽输之劳，国有储蓄之富”的优势，称之为“一代之良法”。[④] 从元帝国的角度来看，漕粮海运确实具有非凡的意义，对此加以特别重视亦是合情合理，不过如此高效率漕粮海运的社会民生代价为何？高效率对于承担它的海运民众又意味着什么？

对于承担海运劳役的民众来说，海上航行是对其生命的极大威胁，除了应付时常出没的海盗劫掠外，还要对抗恶劣的天气和海上航行的疾病。元廷为确保漕粮海运的稳定运行，将海运民众编入独立的户籍，名为海船户，船户为元帝国承担海运劳役，既属强制劳役。[⑤] 在古代航海条件下，从事远离海岸的航行是非常危险的，葬身于大海的人不在少数，其内心的恐惧可想而知。“以数百万斛委之惊涛骇浪，冥雾飓风，帆樯失利，舟人嚓守，危在瞬息。”[⑥] 正因为海上航海凶险万分，常有葬身鱼腹之遭遇，连元朝官员都不得不认为海船户是帝国负担最重、最危险的户计人口。“念有家国天下者，盖无不役之民，役其民而驱之以涉天下之至险，则无有甚于漕民者。”[⑦]

然对于元代海运民众而言，对其生命的最大威胁不是海上的狂风暴雨和航行的疾病，而是人为的苛政。元廷对海运漕粮的欲壑难填，常违背自然规

① 杨维桢：《重建海道都漕运万户府碑》，《东维子文集》卷23，四部丛刊本。

② 陶安：《送海漕官徐师颜序》，《陶学士先生文集》卷12，《北京图书馆古籍珍本丛刊》第97册，第175页。

③ 刘仁本：《送户部侍郎韩君汝舟督漕还京序》，《羽庭集》卷5，《文渊阁四库全书》第1216册，第89页。

④ 《元史》卷93《食货一·海运》，中华书局，1976，第2364页。

⑤ 孟繁清：《元代的海船户》，《蒙古史研究》2007年第9辑，第107页。

⑥ 《积斋集》卷4《灵济庙事迹记》，第352页。

⑦ 郑元祐：《郑元祐集》卷11《亚中大夫海道副万户燕只哥公政绩碑》，浙江大学出版社，2010，第273页。

律，强迫海船户在不适宜的季节出海运粮，人为制造船难。至治元年（1321）初春，元廷以大都缺粮为由，命江浙行省平章政事赛音迪延从海路运58万石粮至大都，诏下江浙行省，官员大多惊讶无奈，咸称："海道岁运必以夏至为期，风力高兢，其乃有济。今风东北行，帆一日起，大海中漫烂不见踪迹，舟控御失所，则碎破沉溺，患在目前，能有济乎？"漕粮向北海上运输是利用夏季的东南季风航行至直沽，不遵信风，强行起船航行，将置船户、水手于极其危险的境地，然赛音迪延却强行募集大小船只400余艘，于来年三月就起航于嘉定、刘家港等地，起航之前赛音迪延唯有问鬼神一途，祭祀于天妃宫中，献祭牺牲和俎豆，希望天妃保佑能有奇迹发生，"毋狂而风，毋冥而雾"①。草菅人命、违反自然规律的人祸大大增加了航海的危险性，使得承运船户无辜殒命海上。天历二年（1329），"漕吏或自用，不听舟师言，趋发违风信，舟出洋，已有告败者，及达京师，会不至者，盖七十万"②。大量漕粮损失的背后是众多海船户的冤魂葬身大海。

漕粮海运的危险性和不确定性颇高，元廷制定严密、苛刻的制度确保海运漕粮的稳定供应。为节约成本，大部分海运漕粮都是散装运输，海上航行难免打湿漕粮造成霉化变质，海运处于春夏之交，"日气曝于上，海气蒸于下，米渐浥腐，至直沽，群有司每归罪漕民，伸雪无所至，或卖舟籴米，贫不能返"③。或因南北度量衡刻度不一，官府的漕粮损失则要船户赔偿，造成船户困顿不堪。"斯稻之载海舟、涉鲸波也，不能必其无少变于其初，故或米与样违，南北概量，大小不齐，而受辜被斥，淹滞留难而诛求之，于是漕民焦然，或剥舟匍匐而归者，或借贷狼狈而归者。"④ 至大四年（1311），温、台两路运粮船在途中遭风，加上直沽交卸时所欠官粮，承运船户最后只好出卖56只、共26230料的船以赔偿官债。⑤ 损失如此多的船只，很多船户就在海运中破产。在风涛汹涌的海上运输漕粮风险极高，"风涛不测，粮船漂溺者无岁无之，间亦有船坏而弃其米者"。元廷为确保漕粮运输安全，完全不顾惜

---

① 任士林：《江浙行省春运海粮记》，《松乡集》卷2，《文渊阁四库全书》第1196册，第521～522页。

② 虞集：《送祠天妃两使者序》，《道园学古录》卷6，《四部丛刊初编》第235册。从永乐大典关于天历二年的事故粮记载来看为"十八万石"，疑此处为"十七"之误。

③ 《郑元祐集》卷11《亚中大夫海道副万户燕只哥公政绩碑》，第274页。

④ 嘉靖《河间府志》卷1《天文志地理志·山川》，《天一阁藏明代方志选刊》第1册。

⑤ 赵世延：《大元海运记》卷上，（台北）广文书局，1972，第69页。

漕户的性命，规定“海运船坏弃米者，运官偿之，人船俱溺者，免所陪粮”①。只顾漕粮，不顾人命的恶法加剧了人祸，导致海运官员宁愿整船沉没也不会救助遭难船户，加剧了官民矛盾和对立。

海运船户在海运体制中地位低下，缺乏政治话语权，不仅要赔偿海难事故中的漕粮损失，就是理所应得的运费（脚价）都不能及时、足额领取。起初元廷为鼓励民众承运漕粮，脚价尚属合理，“钞法贵重、百物价平……为有余利，争趋造船，专心运粮”。后来随着钞法败坏，物价上涨，“所得不偿所费，船户艰辛”②。船户是以政府发放的脚价银为生产成本和生活来源，而元廷为压缩海运成本，极力压榨船户，应得的脚价银却经常被海运官员侵吞、克扣，导致船户生活贫困。“押运监临之官，与夫司出纳之吏，恣为贪黩，脚价不以时给，收支不得其平，船户贫乏，耗损益甚。”③ 官员掌握着船户脚价银的发放，数额非常巨大，官员权力寻租机会多，弊端百出。“论船户大小载粮多寡，官以石给钞雇募之，谓之水脚钱……春夏两运，官给水脚钱动至数万缗，行中书省岁分宰臣临莅，漕府奸民射利，伪滥百端。”④ 恶吏欲壑难填，本应属于船户的水脚钱被侵吞，至大二年（1309）时脚价“及民者十盖一二”⑤。

得不到脚价银的船户为应付强制的海运差役，甚至不得不卖儿鬻女，倾家荡产，甚至被迫逃匿海岛，元廷为保证漕粮海运顺利完成，在东南沿海地区就行拘收民间船只，强迫抑配普通沿海民众装粮海上运输，“移文平江、嘉兴、湖州、松江诸路府，选民之胜任者补充漕户”⑥。强迫不懂航海的滨海民众从事漕粮海运是极不人道的暴政。至大二年（1309）开始，温州沿海渔民就被官府强迫从事海上运粮，“夏吉甫等俱系捕鱼为生，递年官司自十月间召顾，拘留船只，不能生理，举债收买物件，修理船只”⑦。官府强驱沿海捕鱼之小船，涉不测之远洋，不啻驱民于死。由于吏治腐败，下层民众为应官府差役不得不卖儿女来应付，内中悲苦不可言状。“略举温州路船户陈孟四将一

① 《永乐大典》卷15949，中华书局，1986，第6969页。

② 《永乐大典》卷15949，第6972页。

③ 《元史》卷97《食货五·海运》，第2481～2482页。

④ 《郑元祐集》卷11《海道都漕运万户府达鲁花赤和尚公政绩碑》，第275页。

⑤ 苏天爵撰，陈高华、孟繁清点校《元故赠推诚效节秉义佐理功臣光禄大夫河南行省平章政事追封魏国公谥文贞高公神道碑铭》，《滋溪文稿》卷11，中华书局，1997，第165页。

⑥ 陈基：《海道都漕运万户府达鲁花赤脱因公纪绩颂》，《夷白斋稿》卷12，四部丛刊本。

⑦ 《永乐大典》卷15949，第6972页。

十三岁亲女卖与温州乐清县傅县尉，得中统钞五锭，起发船只。”连《经世大典》的编撰者也不得不疾呼“此等船户，到此极矣”[①]。海运民众连最基本的生存都没有保障，自然对海运体制怨恨入骨。

海运劳役在东南沿海地区造成严重的民生灾难，惨痛的历史记忆一直在民间流传。洪武十五年（1382）五月丁未，明太祖命群臣集议固守辽东地区议屯田之法，指出海运漕粮供应辽东使得海运民众面临风涛之险，百姓忧苦。“其粮饷岁输海上，每闻一夫有航海之行，家人怀诀别之意，然事非获已，忧在朕心。”[②] 朱元璋起于布衣，对于民生疾苦多有体会。有关元代海运的恐怖记忆传至明末，曾任河道总督、兵部尚书等职的王在晋的家乡就是处于海运起发地的太仓，也是海运劳役负担最重的地方，他称：“（王在晋）家生长海壖，尝闻父老言，驱民转输海粟，父别子，夫别妻，生受其祭，而死招其魂，浮没如萍，生死如梦，其幸而脱鲸鲵之口，则以为再世更生，来岁复运，如蟪蛄之不知有春秋。”[③] 而明清时期官员和文人强烈反对漕粮海运，执意河运，其立论也在于海上航行对普通百姓的生命威胁。[④]

明清时期反对海运者多以海运危险性高为理由，然而我们回顾历史，造成元代海运船户大量溺毙的主要原因其实不是航海技术不成熟，更不是海上风暴，而是暴政带来的人祸。在元初，任用具备丰富航海经验的张瑄、朱清等职业海民运粮，船难事故较少，然在族群政治的桎梏下张瑄、朱清败亡，其后海运体制弊端丛生，官员克扣侵吞水脚钱，海运船户不仅生计困难，无力置办坚固的海船，也无力及时修理海船，大大增加了航海的危险性。海运官员为满足一己之私，迫使船民在不适宜航海的时机出海，在海难发生时，又为免于事故赔偿，不去救助船员，往往造成人船俱没。在职业船户大量逃亡的背景下，官员又强行驱使不懂远航的沿海渔民和普通民众从事海上漕运，种种惨无人道的苛政才导致海运事故频发，给后人留下“胡元暴虐，草菅民命”的惨痛记忆和负面认知。

---

① 《大元海运记》卷上，第69页。

② 《明太祖实录》卷145，台北中研院历史语言研究所，1962～1968，第2283～2284页。

③ 陈仁锡：《通漕序言》，《皇明世法录》卷54，《四库禁毁书丛刊·史部》第15册，第407页。

④ 樊铧：《政治决策与明代海运》，社会科学文献出版社，2009，第188～283页。

二　海运漕粮征收与江南“重赋”的形成

元代漕粮海运的恶果不仅是东南沿海民众需要承担危险的海运劳役，漕粮从种植、征收、运输及其相关各环节均需江南民众承担。随着元帝国都城人口增长和官僚机构、军队的日益庞大，对海运漕粮的需求逐年增多。元末刘仁本总结漕粮海运的增长时提到，“上供之数始于六七万石，渐加数十万，至甚赢羡三百五十万而止”①。据默书民统计元代漕粮海运量的变化，由至元十九年（1282）初通时的46000余石，至桑哥执政的至元二十七年（1290），运量达到1595000石，至者1513856石，武宗至大四年（1311），运量为2873212石，又经过仁宗、英宗、泰定帝，至文宗天历二年（1329），达到3522163石，为最初运量的76倍。② 海运漕粮的惊人增长肯定不是江南农业发展的自然结果，当是元廷对江南进行超常规的经济掠夺。

与急剧暴增的海运漕粮形成对比，漕粮征收地域范围却比之南宋日渐萎缩，集中于浙西诸地，尤其以嘉兴、平江、松江为主，形成江南“重赋”现象。③ 南宋定都在水路交通便利的临安府，漕粮通过长江天然航道和江南诸人工水系运输而来，征粮地域可远达湖广、江西和江浙诸地区，各地负担相对较为均衡。元初亦沿袭南宋的征粮体制，海运征粮范围又来自湖广、江西，其中来自皖南宁国、池、饶和建康地区的漕粮，称“上江粮米”，将历代沿袭的河运改为漕粮海运后，所有漕船于长江口的刘家港等临海港口出发至大都前，常由海船逆长江西上装运，而江西、湖广地区的漕粮，则用河船东运至真州（今江苏仪征）与海船对装，反复转运耗费了大量的人力、物力，且长江水流湍急，浅沙暗礁密布，尖底海船吃水深，驶入长江航道常被打坏，导致船难事故频发。于是，至大四年（1311）元廷整顿漕运事务，“弃远就近装粮”，将浙西各路嘉兴、松江等地投下财赋税粮装发海运，而将江南其他地方、湖广等地税粮令诸路变钞折价拨付各投下、位下，该年将嘉兴、松江等地秋粮60万余石和江淮财赋府税粮100万余石以及江浙财赋府税粮24万余石提拨充海

① 《羽庭集》卷5《送户部尚书彻公通理趣漕回京序》，第88页。

② 默书民：《元代海运粮食数量的变化》，《元史及边疆民族史研究集刊》2003年第16辑。

③ 高荣盛：《元代海运试析》，《元史及北方民族史研究集刊》1983年第7期。〔日〕植松正：《元代浙西地方の税糧管轄と海運との関係について》，《史窗》第58号，2001，第111~118页。

运，其目的在于减少漕运事故、提高效率，以达到“官民两便”的效果。[①]

“弃远就近”的海运体制固然提升了海运效率，却使得江南地区负担急剧增加，元末朱德润说：“圣朝混一区夏，幅广员长，经费所入，江浙独当其十之九，岁给馈饷二百五十余万，自国初肇立海运，迨今六十七年，波涛不惊，奸宄屏息，兵食既足，邦本逌固。”[②] 强调江浙行省海运漕粮对帝国“邦本”的重要支撑作用，而江浙行省的海运漕粮也不是均衡的，江浙行省的漕粮主要来自靠海的浙西地区，特别是临近长江口诸海运港口的松江、嘉兴、平江等地，逐步形成江南地区“重赋”现象。大德元年（1297），江浙行省平章政事彻里言“江浙税粮甲天下，平江、嘉兴、湖州三郡当江浙什六七”[③]。浙西又尤以平江路为最，“浙省统赋诸郡，而平江为尤最，岁尝以税粮百余万石储备海漕”[④]。平江路占江浙行省海运漕粮四成左右。

嘉兴、松江、平江等地何以弹丸之地供应元帝国绝大部分的漕粮呢？元人多称羡浙西土地肥沃、适宜稻作农业，“当今赋出于天下，江南居十九，浙之地在江南号膏腴，嘉禾、吴、松江又号秔稻，厌饫他壤者，故海漕视他郡居十七八”[⑤]。元末苏天爵更是认为江南海运漕粮数量如此之多，不仅是当地土地肥沃、民众勤劳，更归功于元代七十余年精心治理、发展农业生产所致。“我国家混一南土七十余年，德泽休养，生齿繁庶，文教渐隆，不亦宜乎？且浙右之地若苏、湖、常诸郡，土壤肥沃，民务佃作，岁赋租米数百万石，漕海以供京师。”[⑥] 苏天爵也提及浙西诸地海漕数百万石的前提，就是元政府在江南掌握大量官田，当地“民务佃作”。分析上述至大四年（1311）关于海运漕粮的征收途径，其大宗来自嘉兴、松江和江淮财赋总管府、江浙财赋总管府所有官田的田租收入，而非民田的税粮。

元代江南官田既有来自原南宋官田，也有大德年间籍没朱清、张瑄等海运豪强的田产，也有至正时没入的朱国珍、管明的田产，还有其他来自逃亡人户的田地，对此学界已有深入的研究。[⑦] 漕粮海运体制建立后漕粮逐年递

---

① 《永乐大典》卷15949，第6973页。

② 朱德润：《存复斋续集》之《平江路問弭盗策》，《续修四库全书》第1324册，第366页。

③ 《元史·彻里传》，第3163页。

④ 《存复斋续集》之《善政诗序》，第355页。

⑤ 王沂：《送刘伯温序》，《伊滨集》卷14，《文渊阁四库全书》第1208册，第515页。

⑥ 《滋溪文稿》卷3《常州路新修庙学记》，第41页。

⑦ 〔日〕植松正：《元初江南における徵税体制について》，《東洋史研究》1974年第33卷第1号，第27～62页。

增，原有南宋官田的租赋无法满足元帝国的巨额开销，各级官员也在元廷压力加大下浙西“检括”官田的力度，由于官田清查大多“无凭无据”，结果造成大量膏腴民间田产被强夺为权贵己产，强行将百姓的民田指为官田，“今者膏腴之产，官司尽行拨赐各投下官员及寺僧道人等，供报数目，图籍既无稽考，奸人从而作弊，移东换西，以熟作荒，有司官吏略不加省，遇有官粮多而民粮少也”①。从根本上来说，“括田”就是对民间百姓财产的强取豪夺，造成江南民间扰动。仁宗延祐年间“经理”江南田土，派中书平章张闾“括江南民田以益赋税”，江浙行省平章政事高昉就加以反对，称“国家承平日久，赋税皆有常经，民心一摇，恐生他变”②。皇庆年间，燕人吴元珪任江浙行省左丞，时漕运官员奏称“江南之民，豪富殷庶，盖由膏沃之地隐匿者多，朝廷诚能遣官检覆，当益得田若干万亩，岁收米若干万石”。吴元珪反对道：“江南平定几四十年，户有定籍，田有定亩，一有动摇，其害不细。”因此争执不下，后吴改任甘肃行省右丞，数年后，入大都，继续反对江南括田之策，“今中书臣经理江淮田土，第以增多为能，加以有司头会箕敛，俾元元之民，困苦日甚，臣恐变生不测，非国之福”③。

海漕体制下的官田租赋已远超民众的负担，赋税拖欠严重。如以官田众多，负担畸重的上海县为例，“岁输粟三十万石，而宋季公田、曹氏湖田，额重租耗，民多闭偿”④。溧阳县民在元初将田产投献于海运豪强张瑄、朱清，借此免除杂泛差役，其后张、朱败亡后，朝廷籍没张瑄、朱清的田产，设江浙财赋总管赋管理，“向者附势之人皆受祸，而投户计者隶为佃籍，增租重赋倍于常民”⑤。不遗余力地“括田”使得浙西地区的负担远超南宋时期，如松江在南宋绍熙年间秋粮赋税为112300石，“其季世有公田之役，而赋以增，国初理土田增于宋赋，延祐间复理而增之，前后以罪人家田没入于官，其赋又再增之，盖今七倍于绍熙者矣”⑥。关于松江地区在海漕体制建立后，带来地方赋税急剧攀升、势力结构重组、政区调整等问题，谢湜、周运中已有研

① 任仁发：《水利集》卷2，《四库全书存目丛书·史部》第221册，第88页。

② 《滋溪文稿》卷11《元故赠推诚效节秉义佐理功臣光禄大夫河南行省平章政事追封魏国公谥文贞高公神道碑铭》，第165页。

③ 《滋溪文稿》卷22《荣禄大夫枢密副使吴公行状》，第370～371页。

④ 贡师泰：《奉训大夫绍兴路馀姚州知州刘君墓志铭》，《玩斋集》卷10，《文渊阁四库全书》第1215册，第690页。

⑤ 孔齐：《至正直记》卷3《势不可倚》，《四库全书存目丛书·子部》第239册，第254页。

⑥ 宋禧：《送宇文先生后序》，《庸庵集》卷12，《文渊阁四库全书》第1222册，第477页。

究，兹不赘言。[①]

由于官田租赋远高于民田，使得江南民众深受其害，导致社会矛盾极为尖锐，一方面，如前所述，元廷不仅全力追缴原南宋官田，而且将不少民田，甚至是贫瘠的土地也强行括为“官田”，获取巨大税粮以满足海漕需求。浙西官田由于租赋奇高，一般有田人家根本不愿佃种，“俱系是贫难佃户种纳”，春耕若是无田主借贷，无钱修理围岸，官府不加体恤的话，就只能“逼临在逃，荒废官田”。[②] 沉重的官田租赋使得佃户生活艰辛，若遇到水旱灾害，更是走上绝路。“佃户终岁勤苦，尽田内所得子粒，输官不敷，拖欠无纳，父子妻女，累累禁系，枷扒拷打，抑逼追征，十户九空，无可陪纳，上催下并，遂将家业变卖，无资产者卖子鬻妻，或弃生就死者有之，抛家失所者有之，水旱之年又有告灾不免之数，受罪陪纳之苦。言及公田，孰不怨恨？言及公田，谁肯耕作？”[③] 连官方地方志作者都对恶政连声追问浩叹，其病民之深可见。海运体制使得帝国漕粮集中于浙西征收，当地百姓自然需要负担漕粮运输期间的耗损，如仓储、鼠害等。“及至秋成，催租勾扰，赴仓送纳，又有船脚、加耗、仓用，得米一石上下，方可输纳正米五斗。”[④] 运粮加耗甚至超过原纳正粮的一倍，征收漕粮过程中，漕官恃强勒索，“海漕之粮岁不下三百万，漕官多强取赢，无锡州独不与，乃诬其粮恶，不宜上供”[⑤]。

海运之于元廷而言，自然是生命线所在，然对于起运地的江南百姓而言，劳役负担也不算轻，由于胥吏从中上下其手，民众苦不堪言，“初郡仓归米海漕，岁役徒千人，吏并缘为奸，民扰甚”[⑥]。其后改为由官府雇人应役，然百姓就需要增加赋税作为雇用费用。一些航道条件差，不利于海船直达仓库的州县，则需要承担额外的劳役，如绍兴承担海漕 10 万石，郡城距海 10 里，钱塘江泥沙淤积，使得海运大船无法抵达城下，民众只能自己承担短程运输的劳役，“仰舟为衣食者皆失业，无舟者转僦以纾祸，僦值视他时数倍，吏胥

---

① 谢湜：《宋元时期太湖以东地域开发与政区沿革》，《史林》2010 年第 5 期；周运中：《宋元之际上海的兴起》，《学术月刊》2012 年第 3 期。

② 任仁发：《水利集》卷 1，《四库全书存目丛书·史部》第 221 册，第 73 页。

③ 至顺《镇江志》卷 6《租赋》，《续修四库全书》第 698 册，第 608 页。

④ 至顺《镇江志》卷 6《租赋》，第 608 页。

⑤ 宋濂：《故朝列大夫浙江行省左右司都事苏公墓志铭有序》，《宋学士文集》卷 54，黄灵庚、陶诚华主编《重修金华丛书》第 138 册，上海古籍出版社，2014，第 414 页。

⑥ 至顺《镇江志》卷 15《刺守》，第 708 页。

又并缘为奸利”①。最终解决还是需要百姓出钱由官府雇舟运输。海运劳役对于远离海港的地区负担尤重，如集庆路的溧阳州海漕 74000 余石，需运至金陵的龙湾广运仓，若是陆运，则“虽伤财劳力，不克以达”，若走水路，则需经宜兴、无锡、昆山、嘉定四州之境，遂出海入江，至于丹徒，历金山及黄天荡，泝流而上，“风涛之阻，湍激之险，累月然后能至。其程二千五百余里，或遭覆溺寇攘之患，则为费倍蓰，穷困孤弱者既莫能躬役，富族强党缘是掊克，民之凋敝，由乎此也！”② 可以说，漕粮海运体制改变漕粮征收的地域格局和输纳方式，使得江南民众的负担畸重，使其对元廷的不满和怨恨逐步加深。

三　海运体制中的族群藩篱和元帝国的衰亡

元代漕粮海运体制在江南等地激起广泛民怨，然所谓“不患寡而患不均”，最令江南民众不满的是海运体制存在严重的待遇不公和族群藩篱，江南民众作为漕粮生产者和运输的承担者，付出血泪乃至生命代价的同时，却在帝国海运体制中处于最底层的地位。江南人士强烈质疑辽阔元帝国的漕粮供应为何大部分由江南民众来承担？抚州人虞集就对海运体制的负担不均提出强烈质疑，“如海运者，奈何独使东南之人，竭力以耕，尽地而取，而使之岁蹈不测之渊于无穷乎？”③ 长期旅居昆山的朱德润对海漕体制导致江南民生困境深有体会，“今朔方军储，京官廪禄，所藉于江浙一省而已，以故东南之漕不得不日益，而民斯困焉”④。同是帝国的臣民，何以待遇如此之不公？

元廷对漕粮的需求是无穷的，江南民众的承受能力却是有限的。海运体制对江南的剥削和压榨在元末达到极点，元朝与中国历代王朝一样，同样也背负着末代的罪恶，统治阶层内部充斥着权臣秉政、派系斗争、官员腐败，加之自然灾害频发，底层民众衣食无着，不少人迫于生计，铤而走险，起兵反元。为应对各地纷扰的局势，元廷加强军事镇压的力度，对江南地区海运漕粮的需求更为迫切。至正八年（1348）元廷下令江浙行省漕粮 300 万石，

① 《安雅堂集》卷 9《王经历惠政记》，第 115 页。

② 《陶学士先生文集》卷 16《集庆路达鲁花赤善政记》，第 218 页。

③ 《道园学古录》卷 6《送祠天妃两使者序》。

④ 《存复斋续集》之《善大夫海道都漕运万户府达鲁花赤买公惠政之碑并铭》，第 350 页。

比之往年光平江路就增加 11 万石，由府至州、州至县，县至民，层层相压，民众“弃产剥肤犹不能偿”。[①] 元末各地均遭受动乱和自然灾害的情况下，江南比之平时更成为帝国漕粮的依赖。“比年中原水涝相仍，谷麦不登，湖广地接猺蜑，难制易扰，供给之余，耕桑俱废，国家经费独仰于东南而已。”[②]

面对元末江南连年灾荒、民不聊生的惨状，元廷的劫掠达到杀鸡取卵、饮鸩止渴的程度。鄞县人袁士元曾有纪实诗《征粮叹》，至正十七年（1357）夏，元军正和红巾军起义军在江淮激战，“有司供馈饷，费冗每匮乏，上官急诛求，僚属走折屐”。作为当时少数尚未被战火波及的地区，鄞县正遭受自然灾害，“农苗半无实，民生正艰危，朝来不谋夕，未秋先借粮”。胥吏为征收漕粮，乘机下乡盘剥百姓，“吏曹幸此灾，公檄出如蝶。皂隶且欣然，纷纷入村落，喧呼夜打门，鸡犬尽惊怛，恣取无不为”。由于朝廷威逼、胥吏作威，导致民众被迫逃亡，“督责严限程，十室九逃匿，田莱尚多荒，讵暇顾耕织”。隔壁老翁年已七十，白发胜雪，却遭到胥吏殴打致伤，“一日两遭责，日暮寄衣归，斑斑血犹湿，相看重叹伤，家资复谁惜”，万般无奈之下被迫出售田产，此时粮价涌贵，田产贬值，袁士元寄言当道，“须知民之粮，粒粒乃脂血”[③]。地方官以保证海运漕粮征收为名，胡作非为，肆意凌辱百姓。

帝国生存如此系于江南的海运漕粮，对于江南民众来说，是“不可承担之重”，然对于元帝国来说，难道不是极为严重的国运隐患？一旦江南遇到自然灾害或者发生动乱，漕粮海运运行将会受到极大影响。如至元六年（1369）夏秋之际，嘉兴、平江、松江等地发生流域型特大洪水灾害，“溢坏民田庐，秋敛用微，流移者众”，结果是“民方结草苇以自托于坏堤毁堰之上，而海漕之常数莫登矣”[④]。负担不均、过于依赖江南的海运体制将极大影响帝国的生存，有识之士早已预见，提出警告。陈基指出元代漕粮运行于海上，一旦被海寇袭扰，导致海运不通，“鲸波鼓怒，袭我粮道，坚舟利楫，苍黄失错，鞠为灰烬于斯时也”，那时将只有“临流浩叹而已”。[⑤]

将大都和江南直接连通的漕运海运却使得南北隔阂和族群藩篱日益加深，

① 《存复斋续集》之《善政诗序》，第 355 页。

② 朱德润：《卷五送顾定之如京师序》，《存复斋文集》卷 5，《续修四库全书》第 1324 册，第 298 页。

③ 袁士元：《征粮叹》《书林外集》卷 1，《续修四库全书》第 1324 册，第 545 页。

④ 《伊滨集》卷 14《送刘伯温序》，第 515 页。

⑤ 《夷白斋稿》卷 12《海道都漕运万户府达鲁花赤脱因公纪绩颂》。

江南人士始终拒绝认同江南重赋、重役就是合理的，他们一方面认为江南的民脂民膏在大都遭到严重浪费，海运粮运至京仓后，除作为军队和官僚的薪俸发放外，元代在大都城还有日常性、针对百姓的“赈粜之制”，来源就是海运粮。“至元二十二年始行其法于京城南城，设铺各三所，分遣官吏发海运之粮，减其市直以赈粜焉，凡白米每石减钞五两，南粳米减钞三两，岁以为常。”此项每年消耗海运粮在50万石左右。大德五年（1301）开始，因为“赈粜粮多为豪强嗜利之徒，用计巧取，弗能周及贫民”，元廷又针对大都贫民发放政府补贴的红帖粮，价格比政府的赈粜粮还要低三分之一，与赈粜粮并行于市，每年耗粮204900余石。[①] 大都的漕米虽然来自江南地区，然已经和江南的实际米价脱节，可以说江南漕粮是以明显低于成本的价格在大都出售，原因是这些漕粮的成本由元代的漕粮海运体制来承担了，也就是并不包括由江南民众承担的生产成本和海上运输成本。这种将江南民众膏血挥霍的行为遭至江南人士的强烈反对。兰溪人吴师道曾任国子学助教，他向国子生的策问中就对此提出质疑，“今都城之民类皆不耕不蚕而衣食者，不惟惰游而已，作奸抵禁，实多有之，而又一切仰县官转漕之粟，名为平粜，实则济之，夫其疲民力，冒海险，费数斛而致一锺，顾以养此无赖之民，甚无谓也”[②]。激起吴师道强烈策问的是以江南百姓的血泪和生命为代价运来的漕粮，却用于养济“惰游”的都城之民。

江南人士对海漕体制的另一方面不满体现在南北负担严重不均上。元代大一统局面造成南北交通便利，江南士人为一展人生抱负，北游至大都，亲眼见到华北平原沃野千里，然水利不修，田地抛荒，漕粮却严重依赖江南。抚州人虞集曾言：“予北游，过江淮之间，广斥何啻千里，海滨鱼盐之利，足备国用。”汉代以来北方屯田足资国用，元代不重视北方水利兴修导致农业弊端，民生困顿。“不捍水势，则束手待毙，散去而已，其弊在于无沟洫以时蓄泄。”[③] 台州人柯九思就认为京畿地带沃野平川可募民开垦，则能减轻江南的负担。“十年沃野连千里，能减东吴漕运船。”[④] 江南人士认为正是因为元政

---

① 《元史》卷96《食货四・赈恤》，第2475~2476页。

② 吴师道：《国学・问四十道》，《吴礼部文集》卷19，《北京图书馆古籍珍本丛刊》第93册，第492页。

③ 《道园学古录》卷39《新喻萧淮仲乂字说》。

④ 柯九思：《酬陆友仁城南杂诗十首》，《丹邱生集》卷3，《续修四库全书》第1324册，第428页。

府荒废北方水利，导致对江南海运漕粮的需求日益增加。“自中原失河渠之利，二麦俱听于天时，而国家之经费并藉于南东矣，地利既尽，武力亦殚，行之既久，民斯困矣。”[①] 江南人士关于华北募民屯田、兴修水利的建议并未引起元廷的重视，虞集作为翰林侍讲学士，利用向皇帝进行经筵讲论的机会进言华北水利兴修事宜，他认为“庶可宽东南岁饷之役，可得民丁数万，卫京师、制岛夷”。结果“天子称善，群臣未有相其谋者”[②]。据虞集所言，他的建议被“时宰以为迂而止”[③]。由此可见，50余年的漕粮海运体制造就众多寄生其身的特权阶层和利益集团，在政治体制内形成强烈反对更张或者改革体制弊端的力量。吴人郑元祐就认为秦、汉、唐均重视华北屯田得以国力强盛，就是元初亦重视华北屯田及水利得以统一天下，“中州提封万井，要必力耕以供军国之需，如之何海运既开，而昔之力耕者皆安在？此柄国者因循至于今，而悉仰东南之海运”[④]。他将批评的矛头直指“柄国者”，认为不公平的海运体制既荒废了华北水利，也使得江南民众的负担丝毫不得减轻，族群藩篱日益加深。

苛刻的漕粮海运体制使得元廷与江南民众之间存在严重的族群矛盾，元末起义者反元檄文中“贫极江南、富称塞北”[⑤] 的描述，就是江南民众对元廷怨恨入骨的写照。毫无节制的海运劳役征发、钱钞贬值导致脚价银不敷成本，海运船户纷纷破产，使之成为在海上从事非法走私贸易、私盐贩卖的海寇。有研究者指出，元末以来船户承担日益加重，不少人为躲避海运劳役逃入海岛，形成海寇，是方国珍势力崛起于海滨的社会基础。[⑥] 这些在帝国漕粮海运体制中备受压榨、失去生计的海民首要的斗争目标就是终结帝国的漕粮海运。

早在至正初年，“李太翁啸众倡乱，出入海岛，劫夺漕运舟，杀使者，时承平日久，有司皆惊愕相视，捕索久不获”[⑦]。至正八年（1348）春，海寇已经出

---

① 《存复斋续集》之《海道都漕运万户张侯去思碑》，第349页。

② 欧阳玄：《元故奎章阁侍书学士翰林侍讲学士通奉大夫虞雍公神道碑》，《欧阳玄集》卷9，岳麓书社，2010，第117页。

③ 《道园学古录》卷6《送祠天妃两使者序》。

④ 《郑元祐集》卷8《送徐元度序》，第187页。

⑤ 叶子奇：《草木子》卷3，中华书局，1959，第55页。

⑥ 陈波：《海运船户与元末海寇的生成》，《史林》2010年第2期。

⑦ 《宋学士文集》卷40《故资善大夫广西等处行中书省左丞方公神道碑铭》，第321页。

现于漕粮海运的出发港，“白昼杀人，横截河港，劫掠运粮，旁及无辜者众”[①]。是年，方国珍入海为乱，劫掠漕运粮，执海道千户德流于实。[②]至正十二年（1352）二月，时任浙江行省参政的樊执敬督海运于平江，“官大宴犒于海口，俄有客船自外至，验其券信，令入，而不虞其为海寇也。既入港，即纵火鼓噪。时变起仓卒，军民扰乱，贼竞焚舟劫粮以去”[③]。此次方国珍部众直接攻打海运港口太仓刘家港，烧海运官船，劫掠即将起运的漕粮，时间竟精准选择在漕粮起运之际，方国珍的船队竟可假借券信得以直接进入港口，可见其中有海运船户作为内应。不仅饱受压迫的海运船户响应海寇劫夺漕粮，沿海遭受灾害却得不到抚恤、生活无着的民众亦加入反元斗争中，“往年小丑掠海，民之饥者偷生而从之，盖以征输之过，民失其食，仓廪羡余，州县剥之而不留恤”[④]。至至正十二年（1352）因海寇焚劫，漕粮海运基地港口被破坏，海船被焚毁，无力运粮北上，海道万户李世安建言暂停今年夏运，盛极一时的元代海运在危机中被迫停止，这造成了大都严重的粮食危机，直接影响帝国正常运转。“数年以来，寇盗梗化，吴郡之米不输，海运之舟不发，京师外馈军旅，内给百官俸禄，粮饷乏绝。”[⑤]元帝国因海运之便而过分依赖漕粮海运，结果在海寇阻断海上生命线后，加速了衰亡进程。

结　语

综上所述，尽管元人认为漕粮海运比之河运效率提升，费用节省，对于元帝国具有重要的政治、经济意义，然就社会民生角度来看，它根本不存在所谓“役轻费省”的优势，对于江南民众来说，海运劳役征发严重威胁沿海民众的生命，不断加重的漕粮征收使得官员肆意凌辱江南百姓，严重的待遇不公和族群藩篱更使得江南民众对于元廷的怨恨逐步加深，而特权阶层和利益集团拒绝对漕粮海运体制进行系统性的改革以减轻江南民众的悲惨境遇。在元末天下动荡的情势下，元廷更是不顾江南灾荒连年、负担已然极重的情

① 《存复斋续集》之《海道都漕运万户张侯去思碑》，第348页。

② 《元史·泰不华》，第3424页。

③ 《元史·樊执敬》，第4412页。

④ 《存复斋文集》卷5《送顾定之如京师序》，第298页。

⑤ （元）陈高：《送顾仲华督漕入京序》，《不系舟渔集》卷11，《元人文集珍本丛刊》第8册，（台北）新文丰出版公司，1985，第380页。

势，苛索海运漕粮，最终使得江南社会秩序大乱，海运民众纷纷逃入海岛或港湾为海寇，劫夺海上漕粮，烧毁漕粮船只，漕粮海运体制终致崩溃。

元代的海运暴政在东南地区造成严重的民生灾难，其无比惨痛的历史记忆使得江南士人和民众视海洋为畏途，强烈反对明帝国采取拓展性的海洋政策。而明初君臣鉴于强大的元帝国“亡于海”的历史昭鉴，也视海洋为“动乱之源”和“盗贼渊薮”，对海运苛政滋生出的强大海上力量极为警惕，故严格限制民间的海洋活动，给中华民族开拓利用海洋造成重大损失。

争夺运河之利：明代瓜洲闸坝兴替与漕运制度改革*

张程娟**

明代的瓜洲，位于长江与运河交汇之处的长江北岸，属扬州江都县。其范围大致为，东至丹徒县连城洲，西至花园港，南至金山，北至扬子桥，东北至冯家桥。《瓜洲志》曰："瓜洲虽弹丸，然瞰京口，接连建康，际沧海，襟大江，实七省咽喉，全扬保障也。且每岁漕艘数百万浮江而至，百州贸易迁涉之人，往还络绎，必停泊于是。其为南北之利，讵可忽哉。"① 可见，瓜洲虽然规模不大，但其地理位置重要，是明代运河和长江沿线的重镇。明代瓜洲有很多有关漕运的建置，不仅有漕运府、屯船坞、瓜洲仓等，还有瓜洲坝、通惠闸和广惠闸。② 隆庆六年（1572），瓜洲闸坝更替，始建通惠闸和广惠闸，并设闸关，此变化意义重大。以往学者对于明代漕运制度和运河工程的研究成果丰厚③，但对于明代漕运制度中的过江环节缺乏细致的考察，也较少将运河工程与漕运制度结合考察的研究。隆庆六年（1572）瓜洲建闸这个看似细微的变化常被忽略，自然也就忽略了此项工程对漕运制度及国家财政产生的重要影响，以及其背后的不同利益群体。关注瓜洲闸坝兴替，不仅是

---

* 本文原载《中国历史地理论丛》2018 年第 2 期。

** 张程娟，中山大学历史人类学研究中心博士研究生，研究方向为明清史，现就职于苏州大学社会学院历史系。

① 嘉庆《瓜洲志》卷 1《疆域》，《中国地方志集成·乡镇志专辑》，江苏古籍出版社，1992 年影印本，第 15 册，第 167 页。

② 嘉庆《瓜洲志》卷 1，《衙署》，第 170 ~ 171 页。

③ 〔日〕清水泰次：《明代之漕运》，王崇武译，《禹贡》1936 年第 5 期；〔日〕星斌夫：《明代漕运の研究》，日本学术振兴会，1953；〔日〕谷光隆：《明代河工史研究》，（京都）同朋社，1991；蔡泰彬：《明代漕河之整治与管理》，（台湾）商务印书馆股份有限公司，1992；彭云鹤：《明清漕运史》，首都师范大学出版社，1995；鲍彦邦：《明代漕运研究》，暨南大学出版社，1995；李文治、江太新：《清代漕运》，中华书局，1995；吴缉华：《明代海运及运河的研究》，台北中研院历史语言研究所，1997；黄仁宇：《明代的漕运》，新星出版社，2005；阮宝玉、吴滔：《明清漕粮运输方式推行中的区域差异——以州县水次仓为视角》，《中国历史地理论丛》2016 年第 3 辑。

理解长运法改革在江南地区的推行的关键，更是理解漕运制度运作以及明代中后期工部运河费用体系的重要面向，也体现出不同群体对于运河利益的争夺。

一　瓜洲建闸：长运法下从“军雇民船”到运军全运

洪武年间，国都尚未迁到北京，在粮长制度下，四方漕粮沿着长江运输到南京。① 至洪武十三年（1380），致仕兵部尚书单安仁言及漕粮供给南京和凤阳的路线，提到“其浙江等处运粮船，可从下江入深港过扬子桥至转运河过淮安坝，以达凤阳”②，当时漕船主要经过扬子桥，并在扬子桥设仓储③，此时，瓜洲扬子桥为转输节点。永乐十三年（1415），会通河开通，漕粮运输到北京，开始实行支运法。具体办法是，苏松等处漕粮由民运转输到淮安仓交兑，庐州、凤阳等处漕粮令民运到徐州仓交兑，徐州、山东兖州府等漕粮令民运到济宁仓交兑，河南、山东等漕粮令民运到临清仓交兑。然后，沿河的卫所运军到淮安、徐州等处支运漕粮运往北京。④ 可见，在支运法实行期间，淮安、徐州、临清等处是兑运漕粮的关键处所，瓜洲并未成为漕粮转运和交兑的重要节点。

直到宣德年间，兑运法实行，瓜洲开始成为收兑江南漕粮的重要水次。据《漕运通志》记载，“（宣德）七年，令官军运粮各于附近府州县水次交兑，江南府州县民运粮于瓜洲、淮安二处交兑”⑤。兑运法的实行办法是令江南各地漕粮民运至淮安、瓜洲等处，等待南京总及江北总等三总运军到瓜洲和淮安收取漕粮。⑥ 自此，瓜洲成为军民交兑漕粮的水次之一，也是运军运输漕粮的起点，卫所漕船并不需要过坝过江收取江南漕粮，不存在运军过江的问题。相较于支运法，兑运法缩短了江南百姓亲身应役运输漕粮的路程，运

① （清）张廷玉等编修《明史》卷79《食货三》，中华书局，1975，第1915页。

② 《明太祖实录》卷134，洪武十三年冬十月戊午，台北中研院历史语言研究所，1968年影印本，第2124页。

③ 《明英宗实录》卷22，正统元年九月癸巳，台北中研院历史语言研究所，1968年影印本，第423～424页。

④ 嘉靖《惟扬志》卷10《军政》，《原国立北平图书馆甲库善本丛书》302册，国家图书馆出版社，2013年影印本，第343页。

⑤ （明）杨宏、谢纯撰《漕运通志》卷8《漕例略》，方志出版社，2006年标点本，第112页。

⑥ 嘉靖《惟扬志》卷18《人物》，第370页。

军在瓜洲与民交兑，明王朝向江南百姓漕粮加耗，作为运军运费。[①] 宣德六年（1431）明政府还正式制定了“官军兑运民粮加耗则例”，即征收漕粮运费的规定。[②]

成化年间，江南地区推行长运法（又称改兑法），交兑地点由原来的瓜洲、淮安南移到了江南州县水次，运军开始面临过江的问题。以往学者们讨论长运法时，基本上以《明史》为依据，认为长运法与兑运法不同之处，在于军运代替民运。[③] 然而，《明史》记载简洁，难免隐没一些重要信息。我们发现《明史》《明会典》《漕运通志》和《通漕类编》明代几部重要文献对于长运法中运军收兑江南漕粮的过程的记载，颇有不同，尤堪关注。为便于对比，将文献排比如下。《明史》曰：

> 成化七年，乃有改兑之议，时应天巡抚滕昭，令运军赴江南水次交兑，加耗外复石增米一斗，为渡江费……由是悉变为改兑，而官军长运遂为定制。[④]

又《明会典》曰：

> （成化）十一年，罢民运淮、徐、临、德等仓粮，令军船径赴水次领兑，运送京、通二仓交纳，此改兑之始。[⑤]

《漕运通志》对长运法的记载：

> （成化）七年，始令瓜、淮水次兑运官军，下年俱过江，就各水次兑运。总督苏松粮储都御史滕昭奏，该应天、苏、松等府粮长徐汉等各告，近年民运过江，瓜洲、淮安二处水次兑军，并淮安府常盈仓上纳粮米，

---

① 《明宣宗实录》卷80，宣德六年六月癸巳，台北中研院历史语言研究所，1968年影印本，第1861页。宣德六年，平江伯陈瑄给户部报告中称：“若令江南民粮对拨附近卫官军运载至京，仍令部运官会计给与路费耗米，则军民两便。”

② 鲍彦邦：《明代漕运研究》，暨南大学出版社，1995，第223页。“军民加耗之例，请每石湖广八斗，江西、浙江七斗，南直隶六斗，北直隶五斗，民有运至淮安兑与军运者止加四斗。”

③ 参考鲍彦邦《明代漕运研究》，暨南大学出版社，1995。

④ （清）张廷玉等编修《明史》卷79《食货三》，第1918页。

⑤ 《明会典》卷27《漕运》，中华书局，2007，第195页。

俱照该部原定正耗则例起运，又加盘用船车等米……户部议得，常盈仓粮已议，就彼支与官军领兑，瓜、淮二处兑军粮米，准令官军过江，就各水次仓交兑，每石除加耗外，再添脚价米六升。[①]

但值得注意的是，《通漕类编》记载颇有不同，记载如下：

成化七年，都御史滕昭议罢瓜、淮兑运，里河官军雇江船于江南水次交兑，民加过江之费，浙江等处每正粮一石外加过江米一斗，南直隶等处每正粮一石外加过江米一斗三升，是谓兑运变而为长运也。[②]

长运法的实行主要是由时任总督苏松粮储都御史滕昭提议，由于兑运法期间，江南漕粮由民运到瓜洲和淮安水次交纳，并在交兑地点等待运军的到来。纳粮户不仅要亲身应役，还多交耗米，再加上等候期限不定，江南百姓的负担很重。所以，长运法实行的初衷是减轻百姓的负担。[③] 就长运法具体运输漕粮的方法，四则材料均涉及两个方面。其一，更改交兑水次到江南水次，运军过江到江南水次交兑。其二，江南州县百姓多交过江米。但细致对比，会发现就这两点而言，四则材料的记载有所不同，尤其是《通漕类编》透露了更为丰富的信息。

就第一点而言，《明史》记载为“令运军赴江南水次交兑”。《漕运通志》记载为“始令瓜、淮水次兑运官军，下年俱过江，就各水次兑运”。两则记载均认为，长运法的实行，交兑漕粮的水次由瓜洲和淮安改为江南州县水次，所以运军过江到江南水次交兑漕粮。这样的记载，很容易让后人误解为，成化七年（1471），运军直接到江南兑运漕粮，长运法的实行，使军运代替民运，正如《明会典》所言“令军船径赴水次领兑”。但是，细致分析《通漕类编》的记载，便会发现，长运法存在“官军雇江船”的环节。换言之，即

① （明）杨宏，谢纯撰《漕运通志》卷8《漕例略》，方志出版社，2006年标点本，第128～129页。

② 万历《通漕类编》，《原国立北平图书馆甲库善本丛书》第443～444册，国家图书馆出版社，2013年影印本，第126页。另，嘉靖《惟扬志》卷10《军政》中有相似记载：“成化七年，都御史滕昭议罢瓜、淮兑运，奏以里河官军各雇江船于江南水次交兑，仍令江南民加官军过江船费，视地远近有差。”

③ 范金民、夏维中：《苏州地区社会经济史》，南京大学出版社，1993，第125～126页。

使运军过江，但并非驾驶漕船，而是雇用民船到江南水次。长运法最初在江南推行之时，存在着“军雇民船”的环节，在运输形式上并未实现全部军运。运军为什么不能直接南下过江而要雇用民船？值得注意。

就第二点而言，关于长运法实行后，过江米的记载也有不同。《漕运通志》记载为每石除加耗外，再添“脚价米六升”①。《明史》记载为一石加一斗的“渡江费”，《通漕类编》则称，民多交“过江之费”，浙江加一斗，南直隶加一斗三升。如果六升脚价米，是针对运军运粮路程增加而增加的运费，那么一斗三升的“过江米”或“渡江费”最初出现的原因是什么？为何多出七升多的费用？鲍彦邦认为，六升脚价米即称为“过江米”。他指出，根据“改兑法”，运军径赴江南各水次兑运，运粮的路程相应延长，由是漕粮运费的编派做了如下的变动：一是适当增加运费，即在原来运费的基础上加脚价米六升，作为官军过江水次兑运的费用，名曰“过江米”。② 黄仁宇称为额外费，多少根据运输路程长短而定，就渡过长江进行运输的漕粮来说，增加了摆渡费。③ 前人学者较为笼统的视之为路费加耗，但并未厘清其最初产生原因及与漕运制度运作的关系。我们则认为，六升脚价米和一斗三升过江米，二者不可混同，过江米开始出现与过江环节有关。

《通漕类编》的记载令我们反思长运法中运军如何过江的问题，“官军雇江船”和“过江米”便是重要线索。对于为何官军不能直接南下而是雇用民船及过江米的产生，漕运都御史俞谏的上疏较为详细，曰：

> 自成化八年更改水次，漕运浅船俱不下坝，江北卫分派兑江南府县水次粮米者，每船摘拨旗军一半守船，一半到于各水次听兑，有司另出过江脚米，就彼雇船装载，行之年久，已是定规。④

“漕运浅船俱不下坝”中的坝指的是瓜洲坝。如果说宣德年间兑运法的实行，江北漕船不必过江，那么在长运法实行后，兑运的水次更改到江南州县水次，运军出现了过江的问题，但并非意味着江北运军驾驶漕船直接过江到

① 胡铁球：《明代法定漕费的形成与使用演变——兼论明末清初私贴额定化过程》，《清华大学学报》2016年第4期。

② 鲍彦邦：《明代漕运研究》，暨南大学出版社，1995，第30页。

③ 黄仁宇：《明代的漕运》，新星出版社，2005，第69页。

④ （明）杨宏、谢纯撰《漕运通志》卷8《漕例略》，方志出版社，2006年标点本，第208页。

江南水次收取漕粮。实际上，江北漕船“不下坝”，漕船和运军发生了分离，由运军雇用民船到江南水次兑运漕粮。瓜洲坝不再是漕粮交兑水次点，而只是漕船停泊点。长运法实行后，江北、南京五总[①]，兑运江南苏松等府粮米，或者每船一半官军雇船过江到水次收兑漕粮，或只许一旗一纲运官雇用民船到各水次领兑[②]，或每船只用旗纲两名运军负责雇募民船过江到江南兑粮，大部分运军是在船上守候漕粮。[③]

从结果上看，运军实际上确实过江到江南水次领兑，这与《明史》《明会典》和《漕运通志》记载的结果是一致的。但是从俞谏的上奏中可以看到，并非全部运军驾驶漕船到江南水次兑粮，而是一部分运军雇用民船过江，剩下的旗军仍留在瓜洲坝守护漕船。雇用民船等费用由江南府州县有司随粮多征收过江米。漕运都御史王宗沐《条为议单款目永为遵守疏》进一步说明了过江米产生缘由，曰：

> 江北三总粮船例不下坝，盖先年原系民运至瓜、淮水次兑军，其后虽改官军前赴江南领兑，船仍寄坝。而有司每粮一石，征过江脚米一斗三升，内以七升雇觅江船，装至瓜洲坝盘入军船转运。[④]

从中可知，“过江米”便是对应运军雇民船、盘坝这些环节产生的。《通漕类编》所言“一斗三升”过江脚米颇为可信。其中七升用来雇用民船，另外六升脚米征收本色给运军盘坝等费用。[⑤] 也就是民船将漕粮运输到瓜洲，需要盘坝将漕粮搬运到停留在瓜洲坝下的军船中。总督漕运巡抚都御史马卿曾经提议恢复民运漕粮到瓜洲水次交兑的方式，其揭示了过江脚米的实质，《攒运粮储疏》曰：

---

① 《明世宗实录》卷329，嘉靖二十六年十月戊申，台北中研院历史语言研究所，1968年影印本，第6051页。

② （明）王宗沐：《条议漕运事宜疏》，《漕抚奏疏》卷4，第1页a面，南京图书馆藏刻本。

③ （明）万表：《玩鹿亭稿》卷6《丙午年会议二条》，《原国立北平图书馆甲库善本丛书》第759册，国家图书馆出版社，2013年影印本，第161页。

④ （明）王宗沐：《条为议单款目永为遵守疏》，（明）陈子龙等选辑《明经世文编》卷344，中华书局，1962年影印本，第3698页。

⑤ 《明神宗实录》卷26，万历二年六月甲辰，台北，“中央研究院”历史语言研究所，1968年影印本，第645页。“折脚米以济修船，先时军船寄泊瓜仪，会议脚米六升，征本色给军，而以各军行粮折粮以抵修船之费。”

> 或令粮长仍照旧例自运至瓜、淮水次交兑，通免其脚米一斗三升。若以为过江不便，于民则令粮里自雇船只，运军止赴水次领船交兑，粮里自与船户随时平价，自相讲议雇觅，或官司为其区处，而运军不与焉，免其过江米七升，以为雇船之资。仍留六升照旧给军，以为过坝盘剥之费。①

马卿提议或者让百姓亲身应役到瓜洲、淮安水次交兑，恢复宣德年间的兑运法，免去军运，或者让民自己雇用江船，免除运军雇用江船的环节，这样就可以免掉七升脚米运军雇船的费用，六升脚米给军盘坝。我们发现，涉及的运总有江北三总、中都总、南京总、浙江总、上江总、下江总，这些运总的漕船在长运法实行之后，瓜洲建闸之前均不过坝，停泊在瓜洲坝下，运军雇用民船运输漕粮盘坝到军船上，所以需要多征收过江米。但这些运总的过江米并非整齐划一，而是陆续获得，一直到正德嘉靖时期，还有南京运总争取过江米的案子。②

行文至此，我们基本理清《通漕类编》记载的长运法的过程，深入认识了长运法和瓜洲在漕运体系中的地位。一斗三升“过江米”的征收，恰与运军经瓜洲过江中的雇用民船盘坝等漕运操作环节相关。成化年间，长运法在江南地区的推行，并未实现运军全运漕粮。如果说兑运法的实行，使得瓜洲坝成为兑运漕粮的起点，长运法在江南的实行，并非运输方式的改变，实质改变的仍然是运军交兑漕粮的地点，即交兑漕粮水次从瓜洲改为江南各州县的水次仓，百姓并不需要亲身应役运输漕粮到瓜洲交兑，减轻了百姓的负担，亦是此法推行的初衷。在运输形式上的彻底实现运军运输要到隆庆六年（1572）瓜洲建闸后。

长运法的实行，一开始在运输方式上并非全部由运军运输，只有部分运

---

① （明）马卿：《漕抚奏议》，（明）陈子龙等选辑《明经世文编》卷170，中华书局，1962年影印本，第1744页。

② 《明武宗实录》卷69，正德五年十一月癸丑，台北中研院历史语言研究所，1968年影印本，第1520页。“旧例，江北运军每石加耗米一斗三升，南京两总独无之，请比例加耗米六升，以给雇船盘坝，仍著为例。”《明世宗实录》卷329，嘉靖二十六年十月戊申，第6051页。“补脚米，谓南京、江北、中都五总浅船，俱在瓜、仪二坝寄泊，官军至江南领兑，惟江北三总，有过江脚米一斗三升，为雇船、盘坝、修船之用，其南京卫分，每石止有雇船过江脚米七升，而盘坝旱脚俱于各船本等加四耗米内支费，又无余米帮助修船，查得领兑江浙，三六耗米，每石扣斗米折银五分，除解军三料价外，量扣一分，以充诸费。”

军参与运输漕粮到瓜洲的过程。江北三总等卫所漕船仍然停泊在瓜洲坝，此时发生了运军和漕船的分离。漕船并不过坝，而是派部分运军雇用民船到江南水次领兑漕粮，然后将漕粮盘坝而过，装运到等候在坝下的漕船中。在这个环节中，"过江米"产生，有漕州县有司在征收漕粮的过程中，每石多向百姓征收一斗三升的过江米作为雇船盘坝的费用。长运法在江南实行后，由于漕船寄留在瓜洲坝，江南漕粮有一段是由"军民同船"共同参与的运输形式。隆庆六年，瓜洲建闸后，改变了商民船和漕船过江的方式。对于漕船来说，由于过江方式的变化，简化了"军雇民船"和"盘坝"的漕运环节，实现运军全运，相应由此产生的"过江米"的用途和归属也发生了变化。

二　工部"由闸"之利：从"过江米"到"运河银"和闸税征收

隆庆六年（1572），瓜洲建立通惠闸和广惠闸，建闸过程有一番曲折，涉及不同群体的利益。从嘉靖初年开始有官员上疏建闸，包括漕运都御史高友玑、运粮千户李显[①]等，到隆庆年间，出现了工部书杨家相、工科给事中张博、工部尚书朱衡和河道侍郎万恭，直到隆庆六年（1572），瓜洲建闸才得到批准。从"盘坝"到"由闸"，从技术层面讲，过闸本是简化了过江程序，但为何建闸的过程如此曲折？为何隆庆年间工部官员集体推动此事？其背后的动因是什么？值得追问。

伴随着"一条鞭法"赋役折银改革趋势，河道的夫役多折银，原来州县夫役改为交纳"工食银"，州县疲累。隆庆元年（1567），徐州洪设关抽税，本是为解决雇用夫役的费用问题，但是徐州洪船税马上被河道取用。[②] 在此契机下，工部收取河费的范围愈来愈广，早在隆庆初年，工部已有将脚米银挪用河道的动向。隆庆二年（1568），朝廷又将仪真、瓜洲两坝的脚米银，合计 2500 两拨给徐州四县支付洪夫工费。[③] 隆庆六年（1572），河道侍郎万恭提议

① 《明世宗实录》卷 241，嘉靖十九年九月己丑，台北中研院历史语言研究所，1968 年影印本，第 4878 页。

② 顺治《徐州志》卷 2《兵防》，国家图书馆藏刻本，不分页。

③ 《明穆宗实录》卷 25，隆庆二年十月丙子，台北中研院历史语言研究所，1968 年影印本，第 694 ~ 695 页。

将脚米银发给徐州洪夫作为工食银，得到工部批准。[①] 同年，在工部官员推动下，瓜洲建闸，建闸后，改变了商民船和漕船过江的方式。成化年间实行了长运法，但是并非所有运军和漕船直接过江到江南水次交兑漕粮，由于军船不下坝，存在着一段“军雇民船”的运输，并未实现全部由运军运输江南漕粮。隆庆六年（1572），瓜洲建闸，使得五总漕船可以下坝，由闸过江。[②] 时任河道侍郎万恭奏称：

> 查江南漕粮几二百万石，每石旧带征雇船脚米七升。近瓜洲建闸，运船径抵水次交兑，此未遂蠲，宜仍每石征一升，岁折银一万两。查各府河务轻重，分发收贮，名曰运河银。凡运漕渠挑浅、筑堤、建闸、修坝、雇募夫役、买办什物，一应工费，悉此项内动支应用，分毫再不干扰农商，贻累邻境。以瓜闸所省江南之费，为江南运道通融之用，似为长便，下工部，复行之。[③]

从万恭的奏疏中可以看出，瓜洲建闸之前，本是用来给运军雇用民船的七升脚米，并未因为漕运环节的减少而免征，而是发生了转变。[④] 瓜洲建闸后，七升脚米蠲免六升，工部利用原来过江米的名目，在向百姓征收漕粮的过程中每石多征收一升，每年折银一万两。这一万两银子，称为“运河银”，从此产生了新的名目。这项运河银由工部批准与征用，用作维护江南运道，比如挑浅、建闸、修坝、雇募夫役等工费。[⑤] 运河银的产生与隆庆年间工部河道官员等建闸提议一致，也与工部官员扩张河道费用趋势相吻合。对于

① 《明神宗实录》卷7，隆庆六年十一月癸未，台北中研院历史语言研究所，1968年影印本，第258页。

② 乾隆《江南通志》卷59《河渠志》，《中国地方志集成·省志辑》，江苏古籍出版社，2011年影印本，第208页。

③ 《明神宗实录》卷19，万历元年十一月丁丑，台北中研院历史语言研究所，1968年影印本，第532～533页。

④ 过江脚米剩下的六升脚米折银，用于修造漕船。《明神宗实录》卷26，万历二年六月甲辰，台北中研院历史语言研究所，1968年影印本，第645页。“折脚米以济修船。先时军船寄泊瓜、仪，会议脚米六升，征本色给军，而以各军行粮折粮以抵修船之费。今瓜洲建闸，运船直至水次听兑，必须先修船只，预办什物，粮完即可开行。合自万历二年为始，将脚米折征银两，给各运官，公同有司修船，置办什物，下户部议。”

⑤ （明）万恭：《治水筌蹄》卷下，《中国大运河历史文献集成》第1册，国家图书馆出版社，2014年影印本，第28～29页。

工部来说，建闸后将漕运费用转为工部经费，是建闸利益之一。这项“运河银”的来源及转变机制与过江环节简化密切相关，也反映出瓜洲建闸的动因。

除了收取“运河银”之外，工部还在运河要冲设关抽税。早在隆庆初年，就出现了工部在运河沿线设立钞关，收取船税的趋势。上文提及，隆庆元年（1567），工部主事唐链最早在徐州吕梁洪设立钞关，收取船税，雇洪夫应役，但随后变为河道费用。[①] 隆庆六年（1572），工部尚书朱衡将其改到徐州洪上收船税[②]，万历年间，又改设上水钞关和南钞关，收下水钞。隆庆四年（1570），仪真闸设关，榷收船税，以济河工。[③] 在这种趋势下，隆庆六年（1572），瓜洲设立广惠闸的同时，还在闸上建立了“由闸关”，其背后也有工部官员的推动，这是继徐州洪关税、仪真闸税和运河银后，继续对于河费来源的拓展。

瓜洲建闸设关，给工部带来另外一项收益。商民船由闸过江，开始征收过闸船税。[④] 同样是河道侍郎万恭的提议，曰：

> 今瓜闸既成，相应比照仪真事例，使昔之由坝者，许之由闸，一体抽分，则仪真无走船走税之虞，瓜洲得修河修闸之利……下工部复议，上如所请。[⑤]

万恭认为瓜洲建闸后，由于商民船也免去盘坝。过闸保证了其安全，他提议应该参照仪真的事例，对于商民船“一体抽分”，由此瓜洲可以得“修河修闸之利”。他的提议在工部的复议下得以实行。[⑥] 嘉庆《瓜洲志》记载，由

---

① 万历《徐州志》，（北京）全国图书馆缩微文献复制中心，1992 年制。

② 《明穆宗实录》卷 68，隆庆六年三月丙戌，台北中研院历史语言研究所，1968 年影印本，第 1629 页。

③ 《仪瓜工部分司志》，《扬州府备录》，（清）顾炎武撰《天下郡国利病书》，上海古籍出版社，2012，第 1292 页。

④ 《仪瓜工部分司志》，《扬州府备录》，（清）顾炎武撰《天下郡国利病书》，上海古籍出版社，2012，第 1293 页。

⑤ 《仪瓜工部分司志》，《扬州府备录》，（清）顾炎武撰《天下郡国利病书》，上海古籍出版社，2012，第 1294 页。

⑥ 《明神宗实录》卷 9，万历元年正月壬午，台北中研院历史语言研究所，1968 年影印本，第 334 页。

闸关征收税款，备修理运河岸工费用，呈报工部核销。[①] 这表明，瓜洲由闸收取的船税，其主要也是用于修理河道的工程费用，最后收归于工部。总督漕运凌云翼奏称：

> 其瓜、仪各闸坝，应归并南河郎中管理，不必添设主事，部覆如议。因言河道岁修钱粮，宜敕督臣照各边年饷事例，岁费若干，存留若干，悉解工部贮库，遇河工缺乏，通融请给，从之。[②]

万历年间，瓜洲闸关船税由工部核算，在工部收解贮库。明末瓜洲闸船税银成为“河赋”的组成部分，这部分财政收入到了明末尚未定额，会产生任意征收的可能。[③] 明代中后期，除了由过江米转化的“运河银”外，工部先后推动建立的徐州洪关、仪真闸关和瓜洲闸关，这些钞关收取的船税，共同成为河费的主要来源。不难看出，隆庆年间，工部官员希望漕船和商民船悉由闸过江，建立瓜洲闸背后的动因所在。

三 “盘坝”之利：地方势力阻挠建闸

瓜洲尽管于隆庆六年（1572）建闸设关，却经历了一个曲折的过程，其背后是地方势力对于工部提议的长期阻挠。瓜洲在兑运法实行后成为重要的过江节点，南北漕船和商民船都需要“盘坝”过江。[④] 诚如都御史滕昭所言“照得直隶仪真县地方，原设坝五座，瓜洲镇设有坝十座。凡四方供输运粮，商贾买卖船只，俱经二处盘闸过坝”[⑤]。过江盘坝实际上会给一些群体带来利益，这也是瓜洲建闸一直受阻碍的原因。这些坝上势力是哪些人群？关于瓜

---

① 《瓜洲续志》卷7《公署》，《中国地方志集成·乡镇志专辑》，江苏古籍出版社，1992年影印本，第368页。

② 《明神宗实录》卷114，万历九年七月壬戌，台北，“中央研究院”历史语言研究所，1968年影印本，第2163页。

③ （明）朱国盛撰《南河志》卷2《河赋》，《四库全书存目丛书》史部第223册，齐鲁书社，1996年影印本，第35～36页。

④ （明）万恭：《建瓜洲闸疏》，（明）陈子龙等选辑《明经世文编》卷351，中华书局，1997年整理本，第3774～3775页。

⑤ 《皇明条法事类纂》，《中国珍稀法律典籍集成》乙编第6册，科学出版社，1994年整理本，第72页。

洲的文献中，并未直言这些地方势力的明确身份。由于瓜洲改坝为闸的情境跟明中期的仪真类似，在瓜洲之前，仪真也经历了建闸的过程。[①] 同样，在仪真也存在地方势力的阻挠。我们尝试从仪真的故事中发现一些蛛丝马迹。《仪瓜工部分司志》曰：

> 粮运船经由仪真、瓜洲二坝，盘剥雇脚，所费不资，仪真设有拦潮闸一座，春三月以后潮长之时，可以通船。近年工部委官偏听坝上脚夫、店家之言，指以泄水为由，不肯开放。[②]

从仪真的例子中，我们可以看到，坝上主要有“脚夫”和“店家”，他们因为“坝利”，以走泄水利为借口，阻挠工部建闸提议。类似的记载有很多，如“仪真店户恶其夺己利，贿嘱所司假以走洩水利闭之”[③]。“其奈市户胶于坝利，往往啖管河官兴言鼓惑，意在塞隳。”[④] “居货庸力之徒，利于坝，故闸一开，纳赂泄水之谤起。”[⑤] 时任南京太常寺卿杨一清《新建拦潮闸记》曰：

> 国朝洪武辛亥始，即其地筑而坝之，舟下上必车坝乃达，不尽载剥，则不敢以举力，稍不齐，舟辄坏。由是仪真之地，舸舰云接，贩鬻喧阗，罔利之徒萍聚而蚁附，居货食力，咸坝是便，闸不复讲矣。[⑥]

明初由于漕船和商民船过仪真，都必须车坝，在这个过程中，仪真坝形成市场，商人和各色追求利益的人群聚集在坝上，他们“惟坝是便”。瓜洲的

---

① （明）万恭：《建瓜洲闸疏》，（明）陈子龙等选辑《明经世文编》卷351，中华书局，1997年整理本，第3774～3775页。

② 《仪瓜工部分司志》，《扬州府备录》，（清）顾炎武撰《天下郡国利病书》，上海古籍出版社，2012年整理本，第1288页。

③ 《明宪宗实录》卷148，成化十一年十二月丙子，台北，“中央研究院”历史语言研究所，1968年影印本，第2714页。

④ 《仪瓜工部分司志》，《扬州府备录》，（清）顾炎武撰《天下郡国利病书》，上海古籍出版社，2012年整理本，第1278页。

⑤ （明）黄瓒：《闸对记》，（明）杨宏、谢纯撰《漕运通志》卷10《漕文略》，方志出版社，2006年标点本，第328页。

⑥ （明）杨一清：《仪真县新建拦潮闸记》，（明）杨宏、谢纯《漕运通志》卷10《漕文略》，方志出版社，2006年标点本，第329页。

情形和仪真相似，坝上生存着脚夫和店家等，他们靠坝维生。首先，在漕船和商民船过坝的过程中，需要雇用脚夫，文献中常称“挑负盘剥之徒”“挑脚人户”。时任河道侍郎万恭《建瓜洲闸疏》曰：

瓜洲水陆之冲，商贾骈集，挑负盘剥之徒不止万众，闸座一建，恐客船径行，生理消歇等因。[①]

由于每年有苏浙漕船和商民船经瓜洲坝过江，漕粮和商船需要盘坝。一万多名脚夫聚集在此，这些脚夫或被称为“拗斛挑脚人户”，他们代替商船过坝挑盘觅利[②]，利用盘坝的环节赚取生计，其收益主要来自漕船运军的脚米银和商民船雇用费。

除了这些脚夫，坝上还有店户、商人和牙人，很多是欲牟大利的垄断之徒。[③] 据《漕运通志》称：“盖瓜多市舶居货佣力之徒，利于坝，故闸开则费钜，泄水之谤作焉。”[④] 他们参与到市场贸易中。此外，尤堪注意的是，瓜洲坝和仪真坝邻近通州和泰州盐场，是私盐贸易的重要节点。遮洋船本为漕船样式之一，成化年间盐徒私自修造遮洋大船，他们假借漕船形制，摆列军器，张挂黄旗，兴贩私盐，“密通彼处店主、牙行之人，窝藏发卖，全无忌惮”。这些盐徒主要来自南京等卫所、武进、江阴等县的军民大户，他们贩卖私盐过程中，瓜洲坝上的牙行、店家参与私盐贸易，从而获取利益。[⑤] 与仪真坝类似，明代瓜洲坝俨然也已发展成为一个市场空间，这些人群利用瓜洲坝谋取利益。[⑥] 坝的存在不仅对于靠获取脚费生存的脚夫，而且对于当地坝上居民生计意义重大。仪真的故事更有戏剧性。据南京守备太监蒋琮的奏疏称：

---

① （明）万恭：《建瓜洲闸疏》，（明）陈子龙等选辑《明经世文编》卷351，中华书局，1997年整理本，第3774～3775页。

② 施沛：《南京都察院志》卷10《职掌三》，《四库全书存目丛书补编》，第73册，齐鲁书社，第303页。

③ （明）万恭：《建瓜洲闸疏》，（明）陈子龙等选辑《明经世文编》卷351，中华书局，1997年整理本，第3774～3775页。

④ （明）杨宏、谢纯撰《漕运通志》卷2《漕渠表》，方志出版社，2006年标点本，第17页。

⑤ 《皇明条法事类纂》，《中国珍稀法律典籍集成》乙编第6册，科学出版社，1994年整理本，第804页。

⑥ 卜永坚：《明代的公共资本市场：以两淮盐引为中心》，《明代研究》2007年第10期。

> 扬州仪真地方，罗肆桥旧有通江港可开闸放船……时有奸豪侵占牵路，于沿河水次起盖浮铺为买卖者，恐斯闸一开，必致拆改，往往以河水易泄为辞，欲隳其成。……近坝居民谓为得计，就于临河牵路起盖文天祥祠宇，欲使后来不敢轻易改拆，而守备指挥亦于闸上擅自盖亭，索取财物。[①]

仪真地方“奸豪”侵占牵路，沿河修建店铺做生意，如果开闸的话，他们的店铺就会拆毁，利益随之受损，为了维护其利益，他们不仅以河水易泄为理由阻挠建闸，而且在牵路上修盖起了文天祥的祠宇来索取财物，而地方官员不敢轻易拆除。

与仪真情况类似，瓜洲坝上的脚夫、脚头、铺户、牙人等人群为维护坝上的利益，极力阻挠建闸。从工部给事中张博的请求中，可以看出一些端倪，他请求朝廷改瓜洲土坝为闸，但是长期得不到施行，原因是“狥私牟利之徒，倡言阻挠，而当事者惮于改作，故议久不决”[②]。河道侍郎万恭也指出瓜洲建闸一直不得行的原因，在于“本镇垄断之徒，欲牟大利，每假走泄水利为辞”[③]。我们可以看到，明代中后期瓜洲建闸的提议经常遭到反对，阻力很大，“徇私牟利之徒”“挑负盘剥之徒”“本镇垄断之徒”等，这些脚夫和地方势力，靠坝为生，依赖漕船和商民船车坝过江等环节获利，面临着朝廷官员多次建闸的请求，他们常常以建闸之后，“走泄水利”，影响河道畅通为借口，表面上是在为国家漕运大计着想，实际上是在维护他们靠瓜洲坝而获得的利益。

坝上势力依然试图维持瓜洲坝的繁荣局面，并未完全妥协。我们看到，建闸不到一年，商民船只许过坝，罢免过闸税，瓜洲闸行船过江有了区分，闸开三个月，过漕船和白粮船。三个月后，闸关闭，商民船仍然车坝。如此，瓜洲依然是闸坝并用的局面。提议者的理由仍然为瓜洲闸开泄水，这跟地方

① 《明孝宗实录》卷17，弘治元年八月壬辰，台北，“中央研究院”历史语言研究所，1968年影印本，第422页。

② 《明穆宗实录》卷57，隆庆五年五月壬戌，台北，“中央研究院”历史语言研究所，1968年影印本，第1402～1403页。

③ （明）万恭：《建瓜洲闸疏》，（明）陈子龙等选辑《明经世文编》卷351，中华书局，1997年整理本，第3774～3775页。

为阻挠瓜洲建闸所提借口一致。① 万历六年（1578），仍然有瓜洲梁头税名目的记载，暗示瓜洲闸关还在征收闸税②，商民船可过闸。万历九年（1581），有将瓜洲闸税收贮工部的决定。③ 万历十六年（1588），再次有禁止商船过闸的命令，“等苏浙运毕封锁，官私船照旧车坝”。④ 万历二十四年（1596），时任总督河道工部尚书的杨一魁称收取瓜洲船税作为河工费用。⑤ 直到崇祯年间，史籍仍有“瓜仪二闸船税银两”的记载。⑥ 可见，商船过闸还是盘坝，有一番反复。这种反复，也意味着不同利益群体仍然在争夺着运河之利。总体来说，工部官员还是希望商民船过闸，以收取过闸船税这笔费用。关于商民船过闸还是车坝的讨论，一直延续到清代。直到康熙年间，商民船过闸过坝可以自由选择。清初，瓜洲闸税由扬州江防同知监收，据康熙三十四年（1695）《江防同知苏告示碑》记载：

> 若夫商船至瓜闸、扬关输税纳钞，各有定则，原非重纳。唯是漕艘盛行之时，节据旗丁呈控，商船拥塞难行，故经本司行府查勘议令，正、二、三月重运北上之日，南来商船悉行过坝，以免迎头相阻，诚如宪批，漕粮关系天庾，是以宜加谨慎也。……兹因该府复详，回空南下，亦与北上商船相阻，又有八月下旬至十月终，商船过坝之议续。据商民赵澄素等条陈过坝不便情形，奉宪批司复行，该府查议，今据详报前情，本司复查，漕艘、商船均关国计。前议商船过坝者，所以让漕也，而漕粮莫大于重运。至回空之船，既非重载难行，又无风涛之险，自当恤商艰，而从民便。若复勒其过坝，不无跋涉之劳。兹该府议称，九月至十二月，客船由闸、过坝，听其自便。惟是重运北上之日，自正月至三月，止凡

① 《仪瓜工部分司志》，《扬州府备录》，（清）顾炎武撰《天下郡国利病书》，上海古籍出版社，2012 年整理本，第 1294 页。

② 《明神宗实录》卷 72，万历六年二月壬午，台北，“中央研究院”历史语言研究所，1968 年影印本，第 1565 页。

③ 《明神宗实录》卷 114，万历九年七月壬戌，台北，“中央研究院”历史语言研究所，1968 年影印本，第 2163 页。

④ 《明神宗实录》卷 197，万历十六年四月甲寅，台北，“中央研究院”历史语言研究所，1968 年影印本，第 3710 页。

⑤ 《明神宗实录》卷 300，万历二十四年八月丙申，台北，“中央研究院”历史语言研究所，1968 年影印本，第 5620～5621 页。

⑥ （明）朱国盛撰《南河志》卷 2《河赋》，《四库全书存目丛书》史部第 223 册，齐鲁书社，1996 年影印本，第 37 页。

> 商船，由北而南者，俱由天池过坝，其有南而北者仍尾漕船之后，而行征收税银仍照前议。由闸者仍收闸税，过坝者照征坝则。[①]

清初商民船可以过坝或者由闸，过闸收税，但过闸更为方便，所以很多商船还是选择过闸。但是，漕船北上和南下都要由闸。1～3月，漕船北上，南下的商船过闸的话迎头相对。9～12月，漕船南下回空，北上的商船过闸的话，又会相阻碍。该如何解决这个问题？康熙三十四年（1695）《江防同知苏告示碑》记载旗丁呈控南来商船过闸堵塞漕船，而姓赵的商民称过坝不便的案子，最终协调漕船与商船的关系。处理的结果是，1～3月，为保证北上漕船过闸通畅，令南下商船车坝，避开漕船。由北而南的商船，则由天池过坝。由南而北的商船，需要尾随漕船之后，仍然交闸税。9～12月，是漕船南下回空时间，江防同知认为回空漕船没有北上重运漕船重要，为保障商船利益，规定这个时间段，商船可以自己选择由闸或者过坝，听其自便。雍正年间，由扬河江防同知监收的瓜洲闸税，归并扬州钞关征收。[②] 瓜洲依然可以收取大量闸税，《瓜洲续志》记载：（雍正七年/1729）是时，瓜洲为江淮要道，商贾云集，南北货物于该处起卸，过闸后分运外江及里下河各地销售，税款大旺。[③] 乾隆三十八年（1773），中闸八港始设分关，稽查绕越。同治九年（1870），先后设立由关分口，计江都、仪真、泰兴、如皋各县境共有十余处。

隆庆六年（1572）瓜洲建闸的过程曲折，地方势力和国家官员为了各自利益左右着这项工程。瓜洲闸成之后，瓜洲坝依然存在。在瓜洲过闸和车坝成为过江的两种可能方式。建闸后，漕船改为过闸，这种过江方式影响了漕运制度的运作。漕船由闸经过，简化了成化年间长运法实行后漕船过江的方式，取消了“军雇民船”和车坝的环节，实现了“运船直抵水次听兑”，江南漕粮运输方式彻底实现全军运输。原来对应长运过江过程中的“军雇民船”和车坝等环节的漕费“过江脚米”也跟着发生转变。雇船的七升脚米，没有蠲免，依然征收部分，转变为修理河道的“运河银”；车坝的六升脚米，随之

---

① 《瓜洲续志》卷26《碑文》，《中国地方志集成·乡镇志专辑》，江苏古籍出版社，1992年影印本，第763～764页。

② 乾隆《江南通志》卷79《食货志》，《中国地方志集成·省志辑》，江苏古籍出版社，2011年影印本，第513页。

③ 《瓜洲续志》卷7《公署》，《中国地方志集成·乡镇志专辑》，江苏古籍出版社，1992年影印本，第368页。

折银，成为修造漕船的用项。建闸开始，商民船也是由盘坝改为过闸，工部在闸上设立钞关，商民船需交纳过闸船税。从中也可以看到工部推动建闸的动力。建闸之后，瓜洲出现闸坝并用的格局，商民船过闸还是过坝，一直到清代仍纠葛不断，其背后的故事有待进一步考察。

结　语

隆庆六年（1572），瓜洲建闸，这个看似细微的变化在学界亦尚未引起足够重视。实际上瓜洲建闸影响了漕运制度具体运作环节，并且对漕运制度及国家财政产生了一系列重要影响，也反映出不同群体对运河利益的争夺，本文便通过将明代中后期瓜洲闸坝兴替与漕运制度相结合，对此进行了分析。瓜洲建闸改变了明代漕运制度中的过江方式，过江方式是明代漕运制度中的重要环节，此环节的改变会产生一系列影响。其一，影响了长运法改革在江南地区具体推行。宣德年间，实行兑运法，瓜洲开始成为兑运江南漕粮的重要水次。江南州县漕粮由江南百姓民运到瓜洲，然后在瓜洲等待运军领兑漕粮，由运军接运北上，不存在运军过江的问题。成化年间，江南地区推行长运法，更改交兑水次，由原来的瓜洲、淮安南移到了江南州县水次，规定运军过江直接到江南水次领兑漕粮，再多征收脚米。但实际上“军走船留”，漕船仍寄留在瓜洲坝下，运军和漕船分离，由部分运军雇用民船南下兑粮，再盘坝将漕粮装运到军船。“雇船盘坝”的过江环节，也就解释了一斗三升“过江米”在制度操作上的由来，不可将之笼统视为路费加耗。长运法在江南地区的实行，更改了交兑漕粮的水次地点，减轻了百姓亲身运粮的差役负担，此亦为改革精神初衷，但在运输漕粮的形式上存在军雇民船共运，并未彻底实现军运。直到隆庆六年瓜洲建闸，运军和漕船可以同时由闸过江到江南兑运漕粮。至此，在运输形式上彻底实现军运。此外，瓜洲建闸，也使明代中后期漕船修造制度发生了变化。其二，工部的推动是瓜洲建闸的重要因素，工部官员试图在漕运制度操作层面减少“雇船盘坝”的环节，由闸直接过江，改变了原来盘坝的方式，便使得原来在此环节所征收的“过江脚米”有了转变为工部“运河银”的可能。最终于万历元年（1573），工部河道费用“运河银”项目设立，并且在瓜洲闸设关抽税，这是理解明代中后期工部运河费用体系来源的切入点。此外，值得注意的是，明代中后期瓜洲建闸的过程并非一蹴而就，而是经历了一番曲折，靠瓜洲坝维生的利益群体百般阻挠建闸。建闸后，瓜洲

坝亦并未废弃，而是闸坝并用。工部支持由闸过江，地方群体支持盘坝，选择由闸还是盘坝一直到清代仍然纠葛不断。过坝与由闸两种过江方式背后反映出不同群体对于运河利益的争夺。无论是坝上势力还是工部，都是以盘坝或者由闸有利于漕运为借口，“保证漕运畅通”成为争夺运河利益的正统话语。

从湖泊到水柜：南旺湖的变迁历程*

凌　滟**

引　言

“水柜”是明代运河上的一个特殊地理概念，指代山东境内用以蓄泄水源来调节运道水量的自然湖泊，数量为四个，于是又有“四水柜”这一说法（见图1）。据《明史》载，永乐年间工部尚书宋礼奉命重新疏浚会通河（运河临清→徐州段）时，将沿河的南旺、安山、马场、昭阳四湖设为水柜，“漕河水涨，则潴其溢出者于湖；水消则决而注之漕”，以应对该河段水源不稳的问题。① 即拥有水源和湖域的天然湖泊，既可以作为蓄水之所，亦可为泄水之地。

但是，《明史》同篇文献里却有另一段文字与前一释义抵牾：“在漕河西者曰水柜，东者曰斗［陡］门，柜以蓄泉，门以泄涨。”② 此句将水柜蓄泄兼济的功能分化，认为水柜仅用于蓄水以备不足，分泄过盛水源的则称之为斗门。③

水柜释义的矛盾在于清修《明史》时将不同阶段的记载拉到一个时间平面，以致混淆。本文的研究指出，“四水柜”并非运河开通之初一蹴而就，而是嘉靖时的河臣有意塑造的观念。水柜与四水柜概念的出现及发展，都是因应时代情境的需要。

因此，对“水柜”的探源溯流不仅仅是作为技术手段的考证，还是对历史情境的追寻。这将有助于修正当前的水柜研究。设若水柜是一个需要从头辨析的概念，这就需要我们重新审视一系列问题：若天然湖泊并非一开始就

---

* 本文原载《史林》2018 年第 6 期。

** 凌滟，北京师范大学历史学院博士后。

① 张廷玉：《明史》卷 85《河渠志三·运河上》，中华书局，1974 年点校本，第 2086、2098 页。

② 张廷玉：《明史》卷 85《河渠志三·运河上》，第 2081 页。

③ 此处的“斗门”应为“水壑”，根据《明会典》，斗门意为“减水闸”，应是修史人员不熟悉运河工程而误抄。

是水柜，从什么时候开始需要“水柜”，又为何追溯它与运河开通同步？成为水柜的湖泊因而会产生什么样的变化或者是否会有分化？

本文以南旺湖为主要研究对象，因为它是最早有“水柜”之名的湖泊，这可以帮我们从头厘清水柜的发展脉络。南旺湖坐落于运河的重要节点，今山东省济宁市汶上县南旺镇附近，该地是运河的地势最高处，故而供水尤为困难，南旺湖水柜之设甚为必要。而且，四水柜之中尤属南旺湖的文献最为完整，明代的河臣撰写了一系列河书：《漕河图志》《东泉志》《泉河志》《泉河史》《治水筌蹄》《北河纪》《河防一览》等，书内辑录了从天顺到万历时期的相关文献，时间跨度相当长。笔者意欲充分发掘这些史料，从中描绘水柜发展的动态历程，披露水柜运作过程中暗含的各种力量角逐。以此显示运河是一个动态形成的实体，其相关工程一直因时修建，它不单单是一条人工河流，这条国家力量支持的河流沿途吸纳了各种资源来维持运营。

一　蓄水之柜：南旺湖初具“水柜”之名

（一）济运之源由泉及湖

“水柜”首先是一个运河工程的概念，用以调节运道水源，它是随着济运工程的逐步发展而出现的。

永乐九年（1411）宋礼重开会通河时，并未对湖泊多加留意，彼时应对河水浅涩的问题，依靠的是引汶河水济运的办法。简单说来就是两个分水工程：在两个地点（堽城坝、戴村坝）设坝拦截汶水，将其分别导向济宁、南旺，在两地南北分流进入运道。济宁分水因袭元代，南旺分水（即戴村坝至南旺河段）则是新创的工程（见图1）。[①]《实录》对南旺湖未置一词，唯一对湖泊的记载是济宁附近的“马常泊”（即四水柜之中的马场湖），但宋礼对其并未有工程方面的规划，只是说：“会通河以汶、泗为源，夏秋霖潦则马常泊之流亦入焉。”[②] 意思即是，此时唯一进入运河管理者视野的湖泊，并没有被用来调节运道水量，反而在夏末秋初水势盛时，超出其容量的盈余之水会

① 姚汉源：《黄河水利史》，黄河水利出版社，2003，第423页。

② 《明太宗实录》卷118，“永乐九年八月戊午”条，台北，“中央研究院”历史语言研究所，1962～1968年点校本，第1502页。

溢入运道泄水。

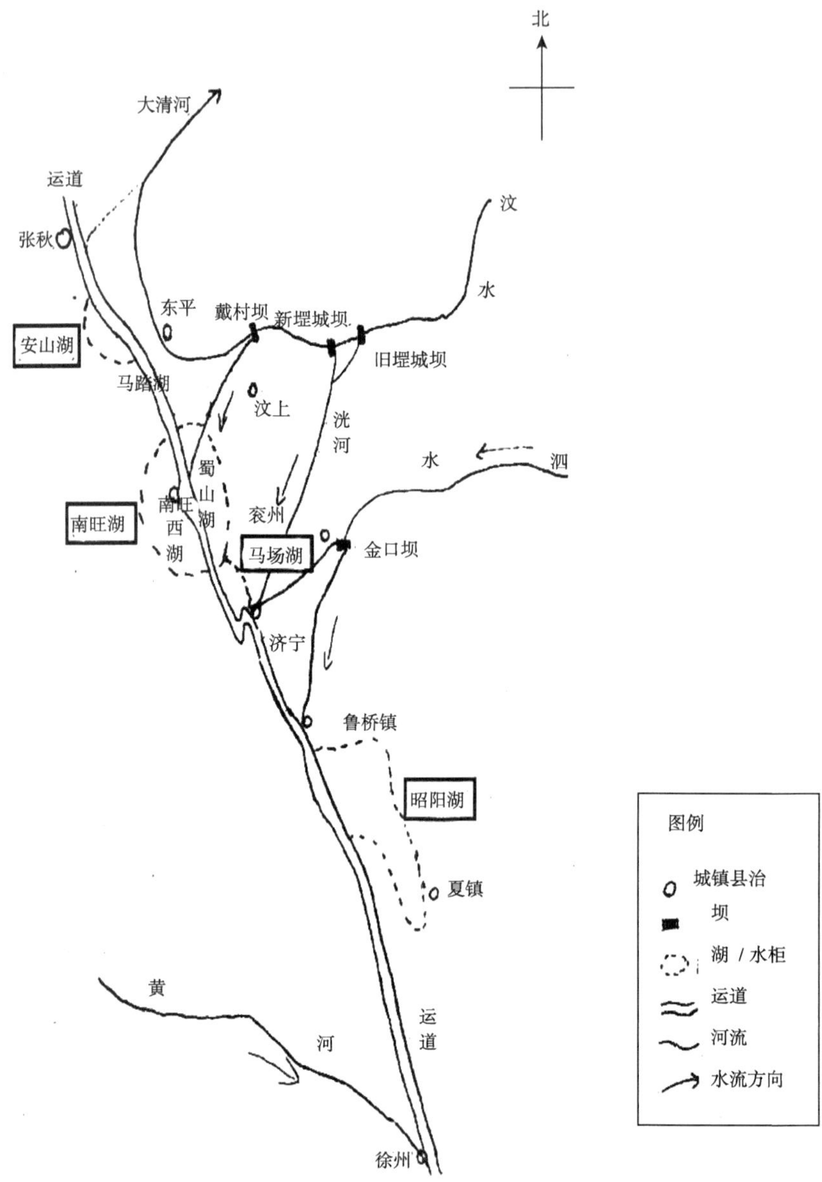

图1　嘉靖时山东运道“四水柜”［安山、南旺、马场、昭阳湖］分布图（作者手绘）

汶、泗河水的源头在泉水，所以最初保证山东段运河水量的核心对策是保护泉源。会通河上最早的运河专职官就是永乐十七年（1419）设置的宁阳管泉分司官。[①] 管泉官的主要职责在督率泉夫挖掘、疏浚、维护济运的泉源。[②]

至于南旺湖，现存最早的记录出现于天顺二年（1458），彼时尚无“水柜”之名，湖泊的形态仅有东西之分：

> 南旺湖……前辈都水者尝患舟楫往来漂没不定，故筑堤其中，绵亘于南北者六七十里。置桩木于两旁，中实以土，以为牵卒之路。堤之西则弥漫浩渺，冬夏不涸；其东则地稍高阜，水中分之。南通济宁、北抵安山。[③]

引文中可见，由于担心舟楫不敌湖中风浪而修筑的堤成南北方向，两堤旁又有纤夫之路，由此可推知是运道之堤。堤西水势浩荡，堤东地势高于西，所以两堤是设置在地势高低交界处。因此其水源恐怕并不充足，难以成为淮扬诸湖那样的运道，因此特修两堤以限定运道区域，且需纤夫牵挽之路。还需注意，此时运堤东边的湖，只被描述为被小汶河从中间分开，但被视为一个整体，南旺湖只有一个大致的模糊形态。

运河管理企图将南旺湖纳入济运工程，发生在弘治年间，也正是这时，南旺湖有了“水柜”的称呼。弘治六年（1493）黄河决口张秋，并携汶水入海，运道浅涩，刘大夏奉命治河。[④] 次年黄河北岸修建太行堤两道，断绝黄水入会通河之路。[⑤] 位于运道旁边的南旺湖自然而然进入济运视野。现存“水柜”的最早记录，载于弘治九年（1496）工部管河郎中王琼所撰的《漕河图志》可见：

> 南旺湖……萦回百五十余里，中为二长堤，漕渠贯其中。西堤有斗门，上有桥，以便牵挽，外蓄水，号为“水柜”。[⑥]

---

① 徐源：《宁阳都水分司记》，王宠：《东泉志》，《天津图书馆孤本秘籍丛书》，中华全国图书馆文献缩微复制中心，1999 年影印本，第 7 册，第 820 页（下）。

② 张克文：《新泉序》，胡瓒：《泉河史》，卷 3“河源”，第 42 页，《四库全书存目丛书》，齐鲁书社，1996 年影印本，史部第 222 册，第 564 页（上）。

③ 许彬：《汶上县重修南旺湖分水龙王庙记》，张桥：《泉河志》，《原国立北平图书馆甲库善本丛书》，国家图书馆出版社，2014 年影印本，第 400 册，第 172 页。

④ 《明孝宗实录》卷 72，“弘治六年二月丁巳”条，第 1354 页。

⑤ 姚汉源：《京杭运河史》，中国水利水电出版社，1998，第 172～173 页。

⑥ 王琼：《漕河图志》，姚汉源、谭徐明点校，水利电力出版社，1990 年点校本，第 37 页。

此时南旺湖只有运河西堤以外的蓄水区域称作“水柜”，又据前引天顺年间的材料，此湖西边地势较东边低，水势浩大，如此一来，我们能够理解为何该区域（以后称之为“南旺西湖”）被设为水柜。

然而此时的南旺西湖并未能充分发挥水柜的作用，只是用来蓄水，难以济运。据《明孝宗实录》，前一年（1495）都御史刘大夏曾建议道：“漕河水利全借泰山诸泉，每年夏秋潴蓄南旺等湖，至干旱时以济粮舟。”在此官方的运道统筹中，泉水与湖泊的蓄水功能连接在一起了。[①] 刘大夏上奏的一个月后，朝廷发布了疏浚南旺湖用以蓄水，以备春初泉源微时放入运河接济的命令。[②] 可是《漕河图志》说：“说者谓：引湖水以济漕渠者，误也。”因为它需要高具堤防才能防止走泄，然而做成那样，水大的时候又难以四面泄水。[③]

还需指出，该文献中“四水柜”之中的安山、马场、昭阳三湖均无“水柜”之名，且这三湖设备（斗门、堤、坝）都不如南旺湖完善，还不能直接济运。[④] 这足以说明“四水柜”是一个后来的概念。

质言之，明前期山东段的运河尚以泉水为重，直到正德时人的认识依旧是山东诸泉乃“漕河之命脉也”[⑤]。虽然督河者逐渐把视野扩及湖泊，但湖泊的作用却限于蓄水防洪。

（二）从蓄水防洪到输水济运

运河运行过程中，泉水补给能力有限的问题逐渐凸显：一般来说泉源冬春微涸，夏秋势盛，因而由泉至河而辟的渠道在四季里深广不一，虽然有几本泉志可稽，但它们都没有详细记载泉源出自哪里，泉穴的大小形状，所以对疏浚的官夫来说都是虚文，应需之时往往难以及时找到泉源。即使找到泉源，在导入运河的漫漫长途中，也极易沦没在河底的沙土之中，入运时早已式微。[⑥] 当然还有泉政败坏的人为因素：司泉者因工作辛苦而怠职，泉夫在明晚期常被调发改服杂事，不能专理泉务；泉水入漕河，便禁止用于农田灌溉，

---

① 《明孝宗实录》，“弘治八年十月丙寅”条，第1916页。

② 《明孝宗实录》，“弘治八年十一月乙酉”条，第1935页。

③ 王琼：《漕河图志》，姚汉源、谭徐明点校，第115页。

④ 王琼：《漕河图志》，姚汉源、谭徐明点校，第36、40、45页。

⑤ 王宠：《东泉志》卷1，《天津图书馆孤本秘籍丛书》，第7册，第776页。

⑥ 刘天和：《问水集》卷1，《中国科学技术典籍通汇·技术卷3》，第255（上）、250页（下），河南教育出版社，1994。龚良傅：《新建柳泉石桥记》，张桥：《泉河志》，《原国立北平图书馆甲库善本丛书》，第400册，第164页（下）。

沿岸豪强常隐匿泉源以为己用；增辟一泉，便需增置泉夫应役，为避劳役，当地父老不愿增报新泉。①

相比单纯补水又易堙塞的泉水，运道周边的湖泊既可以储蓄过盛河水、又可防旱的双面功能得到关注，并被逐步开发。弘治十五年（1502）上谕颁布了盗决南旺湖的禁令，法令上湖泊与泉源相提并论："凡故决山东南旺湖、沛县昭阳湖堤岸及阻绝泰山等处泉源者，为首之人并遣从军，军人犯者徙于边卫。"②

南旺湖在运河上的功能，从单纯蓄水渐进到输水的前奏工程是水车挽水。正德三年（1508）秋七月的暴雨并未如约而降，运道浅涸。次年（1509）王宠上任水部郎，制造水车：通过水车将湖水挽入运道内，速度快过用运道上的闸积水。③

水车的作用杯水车薪，于是督河者很快将眼光转移到湖本身，首先是厘清南旺湖的范围。嘉靖十三年（1534）总河刘天和着手山东运河诸湖，关于南旺湖的形态，他记录道：

> 近年惟以西岸为南旺湖，而东岸界分之二湖悉泯其名迹。居民指其北为马踏坡湖，南为蜀山坡湖，率皆侵占、耕稼其上。余……乃得弘治中韩通政隽所镌《南旺图说碑》在今安平镇显惠庙中，明甚，盖西岸为南旺西湖，东岸二湖为南旺东湖，二湖之下方为马踏、蜀山坡湖，而马踏之下为伍庄坡湖，蜀山之下为马场坡湖也。④

刘天和首先指出，近来因为南旺东湖泯灭其迹，造成了人们误以为南旺西湖就是整个南旺湖。但根据弘治时负责北河的通政韩隽所刻《南旺图说碑》（今已佚，也不确定是否真的存在过），南旺东湖有两个湖，其各自的下方才是如马踏、蜀山湖之类的其他民间泊洼。

不过，更可信的是并非当地居民故意泯灭东边二湖之名，而是官方想把

---

① 蔡泰彬：《明代漕河之整治与管理》，（台北）商务印书馆，1992，第167～169页。

② 杨宏、谢纯：《漕运通志》卷8《四库全书存目丛书》，（台南）庄严文化事业有限公司，1996年影印版，史部第275册，第105页（下）。

③ 王宠：《制南旺水车记略》，叶方恒：《山东全河备考》，《四库全书存目丛书》，齐鲁书社，1996年影印版，史部第224，第521页（下）。

④ 刘天和：《问水集》卷1第24～25页，《中国科学技术典籍通汇·技术卷3》，第253页。

东湖也纳入水柜体系济运，才找了一个模糊的托词来中和：承认南旺湖以外也有民间湖泊，比如马踏、蜀山湖，但是人们占种的其实是南旺东湖，由于诸湖相连，界限不分才导致了民间的误解，那么这次的整治我们就来划定界限："凡与西湖尽处相对者即为东湖，其下方为别湖也"，以与其他湖泊区隔。

需要指出的是，虽然重新划界南旺东湖，但在此时督河者的笔下，仍旧只有南旺西湖是"水柜"，相较弘治《漕河图志》的记载，此时西湖闸座的数量明确下来，为18座。闸是用来调节水量及控制水流去向的，闸数由缺至定也说明南旺湖在运河工程上的作用被重视："南旺西湖……汶水伏秋盛涨，则开闸引水以入湖，冬春则闭闸蓄水以防旱，谓之水柜。"①

刘天和在南旺湖的主要工作是修葺了西湖三面之堤。② 堤岸之重要性可援引安山湖堤的解释："无堤岸，东南风急则流入西北燥地，西北风急则流入东南燥地，未及济运，消耗过半。"③ 堤岸可以防止湖水随风深入附近干燥的土地因而流失，增加蓄水能力，另外还有一个不言自明的作用：划明界限。这在下一轮南旺三湖成为水柜的整治工作中表现得是十分突出的。

总起来说，弘治末以来，南旺湖在法令以及运河工程上的作用逐步显现，南旺湖的形态清晰起来，从中分的湖到一分为三的形态，水柜的意义由蓄水逐步走向蓄泄兼济，但这一功能还尚未能真正实现，被督河者视为水柜的仅限于南旺西湖。

二　从两湖到三湖：南旺湖水柜成型

（一）"四水柜"概念出现

虽然划定了南旺三湖的格局，并环筑两湖堤岸以蓄水，但南旺湖中的田土或自然或人工的淤积，居民占种日益增多。万历版《汶上县志》收录了嘉靖时期南旺文人记录当地的情况的文献："南旺……数十年来山潦纡回，浸成

---

① 刘天和：《问水集》，《中国科学技术典籍通汇·技术卷3》，第253页。

② 刘天和：《问水集》，《中国科学技术典籍通汇·技术卷3》，第253页。

③ 常居敬：《清复湖地疏》，潘季驯：《河防一览》，《景印文渊阁四库全书》，上海古籍出版社，1987年影印本，第576册，第513页（上）。

沃壤。农事日兴，室庐鳞次，负贩工技亦稍稍聚多。”[①] 南旺湖成为肥沃土地，以至该区农事兴旺，烟火繁盛，村舍相接。所以如果要保证南旺湖水柜充分发挥作用，必须着手的工作是清理湖田。

河臣奏请清理湖地始于嘉靖十五年（1536），总河李如圭说南旺、蜀山、昭阳、马场、安山等湖是受纳泉水之所，以济运道，然而年久不治，或湮没为害或被人侵占，应该责令其退出，应加以修治。虽然朝廷从之，却未见施行的成果。[②]

当运道需要大量供水时，建设水柜显得尤为迫切。嘉靖二十年（1541），会通河南端水浅不能行舟。这一段接连黄河与运河的交汇处——徐州洪、吕梁洪，这两个地段怪石嶙峋，地势险要，船只通行原本就困难，容易触石翻船，运道的浅涩则愈发增加了漕运难度。于是，兵部右侍郎王以旂受命整治运河。[③]

王以旂治理漕河，范围涵盖整条会通河及其南边的运道，工作包括了在运道上建立船闸积水通航，筑坝使河流汇集，最为开创性的则是修复水柜。根据《嘉隆两朝闻见录》记载：“［王］以旂上言：‘水柜以备蓄泄，河溢则悬河以入湖，河涩则悬湖以入河。’遂任怨力复水柜，迄今赖焉。”[④]

正是王以旂此次的上言，出现了“四水柜”这一为后世沿用的整体概念。[⑤] 万历年间工部水部分司官员回顾说南旺、蜀山、马场等湖是“嘉靖间兵部侍郎王以旂筑大堤，封为水柜”。[⑥] 王以旂奏疏如下：

> 汶上、宁阳之间故有四水柜置湖中，曰安山、曰南旺、曰马场、曰昭阳，势豪侵没多献德邸，籍其牵制放水、灌田成□，□官□循而不问，民隐忍而讳言，为弊颇久。[⑦]

---

① 吴岳：《邑人吴岳撰张水部重修里门记略》，栗可仕、王命新：（万历）《重刻汶上县旧志》卷8“艺文志”，第46（a）~47（a）页。

② 蔡泰彬：《明代漕河之整治与管理》，第182~184页。

③ 王廷：《乞留积水湖柜疏》，杨宏、谢纯：《漕运通志》，《四库全书存目丛书》，史部第275册，第148页（下）。

④ 沈越：《皇明嘉隆两朝闻见纪》卷6，第43（a）页，哈佛图书馆藏，http://nrs.harvard.edu/urn-3：FHCL：4653273，V6，seq.318。

⑤ 按：“四水柜”之名并非定型，在万历年间有五、八之说，但不可否认“四水柜”是普遍认识。

⑥ 《明神宗实录》，“万历十七年三月甲子”条，第3923~3924页。

⑦ 焦竑：《国朝献征录》卷57“都察院四·总镇尚书·王以旂”，（台北）台湾学生书局，1965年影印本，第24（b）页。

王以旂首次明确提出，运河上有 4 个水柜，分别是安山、南旺、马场、昭阳。不过此时他尚且认为水柜是在湖中，湖泊就是水柜这个概念要到十几年后才被主张。这些用以辅助运道的水柜却被势豪侵占耕种，而后大概出于逃税的目的又献给德王府的，如此一来，倚仗藩王之威，他们强行决堤放水或扩大田地面积，官府不敢过问，百姓更是只得隐忍。

这份奏疏非常巧妙，首先他宣称自己并非夺百姓之业，而是非难势豪、王府，表明自己是为地方除害；接下来，对抗王府最有效的理由自然是“国家大义”，于是王以旂以运河为托词：“水柜”早已有之且应用以济运，不能用来耕种。

这反映了一个真实的背景——“水柜”这一称呼因湖泊被占种而日益被强调。《实录》所收录的王以旂奏疏也强调此点：“漕河两岸原有南旺、安山、马场、昭阳四湖，名为水柜，所以汇诸泉、济漕河也，被豪强占种，蓄水不多。”[①] 当河道部门企图把湖泊纳入济运的范围后，湖田有碍运道，自然被纳入清理范围。那么强调水柜早已有之，便是以“先例定制”来证明清除湖田的正当性。

简言之，湖水济运的功能被督河者日益重视，随着运道对水源需求的增加，终于开启了将湖泊纳入济运体系的行动——王以旂封水柜，相应地，湖泊内的湖田就成为重要阻碍，湖田背后的豪强或王府力量又不可小觑，这就是“四水柜”概念出现的背景，以及日益被强调的原因。

（二）王以旂整治南旺湖

据记文，在创四水柜的过程中，王以旂“又以南旺地当要会，用力尤多”[②] 展开了一系列工作。

首先他试图扩大南旺湖的范围，主要是东湖的地域。在祭酒王道对此次修复南旺湖所做的记中，有如此之描述：“顾今南旺湖……湖界为二，东湖广衍倍于西湖”[③]，与先前西湖浩渺方作为水柜，东湖较为干涸的记述矛盾，此时王以旂指出东湖比西湖的湖域广袤得多，这就在不知不觉中扩大了湖域。

进一步，王以旂主张东湖亦是水柜：“南旺湖跨漕东西，其东湖跨汶南

① 《明世宗实录》，“嘉靖二十一年九月庚午”条，第 5272 页。

② 王道：《重修南旺湖记》，张桥：《泉河志》，《原国立北平图书馆甲库善本丛书》，第 400 册，第 166 页（下）。

③ 王道：《重修南旺湖记》，张桥：《泉河志》，《原国立北平图书馆甲库善本丛书》，第 400 册，第 165 页（下）。

北，南曰蜀山，北曰马踏……原系济运水柜。”[①] 在修复南旺湖后所立的这个《界石禁约》中，成功刻画了为后世沿用的水柜南旺湖被漕渠、汶河一分为三的局面（见图1）。

从划定水柜到成为水柜的关键步骤是保证水域，这就意味着清理界限内的湖田。王以旂指出，南旺湖有三患：堙塞、冒耕、盗决。归根结底，就是湖田问题：河沙壅积便堙塞湖域，形成田地；进而有人冒耕；种上庄稼后为了灌溉可能会盗掘河道或湖堤。有这三患，漕运便不能通畅。[②]

清理湖田的具体措施是“案图牒以正疆界，昭典宪以摄豪强，饬官联以慎法守”。[③] 即按照地图确立三湖水域的边界；昭示国家典章律法威慑豪强，使其退出水柜，还田为湖；饬发“关联”确保周边官吏居民奉公守法，根据万历初期河官的记载“每年冬春，管河官周围巡阅，责令守湖人役投递甘结”推测，大概是实行河夫、居民每年交单作保的政策，互相监督，以保证不侵犯湖域。[④]

王以旂当时退田还湖并下令以后禁垦的政策可算是雷厉风行，这在官方记录及民间文献中都有证明。十多年后的总河王廷回忆“王以旂督治漕河，清查水柜，居民盗种之地悉夺还官，周围筑堤，以严湖禁，迄今遵守”。[⑤]

民间文献记载的迁居故事也与这段历史吻合。现今居住在运堤上南旺以南运道堤岸上的寺前铺村傅氏族人，康熙年间所修《傅氏族谱》收录的碑文说道：“世居济郡之北鄙宁安村，永乐间开运河，置蜀湖以蓄水，遂迁于寺前铺而居焉。”[⑥] 傅氏本来是居住在蜀山湖内宁安村的家族，王开蜀湖为水柜，他们因此搬迁到寺前铺。

---

① 《南旺湖东界石禁约》，吴思学：《宋康惠公祠志》，《原国立北平图书馆甲库善本丛书》，国家图书馆出版社，2014，第408册，第322（下）~323页（上）。

② 王道：《重修南旺湖记》，张桥：《泉河志》，《原国立北平图书馆甲库善本丛书》，第400册，第166页（下）。

③ 王道：《重修南旺湖记》，张桥：《泉河志》，《原国立北平图书馆甲库善本丛书》，第400册，第166页（下）。

④ 潘季驯：《河防一览》卷3“河防险要”，第18页，《景印文渊阁四库全书》，第576册，第195页（上）。

⑤ 王廷：《乞留积水湖柜疏》，杨宏、谢纯：《漕运通志》，《四库全书存目丛书》，史部第275册，第146（下）~147页（上）。

⑥ 《创修宗祠碑文》（康熙五十二年/1713），《傅氏族谱》卷首。山东省济宁市汶上县南旺镇寺前铺村傅氏族人惠赐，碑现立于寺前铺傅氏宗祠内。按：每个宗族在追溯自己历史时总会把时限拉长，傅氏于康熙年间回忆往事，永乐之说不必相信，但开湖移民的历史记忆应确有其事。

细查傅氏搬离的“蜀山湖”，在王以旂整治前的考察中并没有这个名目：“东湖……北接马踏、武庄坡以及安山，南接马场坡湖以及昭阳诸湖。”那么蜀山湖如何在整治后凭空出现呢？协助王以旂的南旺管闸主事在疏辟南旺湖后，绘制了南旺湖图，并请人撰写《图说》，可以解答疑惑：

> 虽捐数千里之地而为一钜泽，不可为过侈，何者？势有轻重……迨琅琊王公［王以旂］、太原郭公［郭金］，爰考漕志，新创蜀山一湖，得百八十里。[①]

该《图说》证实了王以旂捐田新创方圆180里的蜀山湖一事，并评论道：“要权衡轻重，虽然是数千里的土地化为湖泊，但是用以造福国家，不算过分。”除了上文《傅氏族谱》所载迁居故事可为佐证外，民国时伪造蜀山湖存有孔子祀田的碑刻上也有“查蜀山湖建于嘉靖二十五年辛丑”之文字。[②] 辛丑当为二十年，虽是伪造，但蜀山湖建于嘉靖辛丑应是在民间代代相传的记忆，才会被沿用以佐证自己的碑刻言之有据。不过，这份《图说》对马踏湖未置一词，让人怀疑在该湖的湖田并没有受到干扰，王以旂的工作应是限于在蜀山湖卓有成效。

圈定三湖后必须标明湖界，以杜侵占。于是王以旂又环绕西湖筑了5600多丈的堤岸，圈址分界并防止水的流失；东湖地势较高，只是种上柳树以示分界，不过又在其南北端建了堤、渠，随堤开渠是保证他所划定的湖区最外围的水量，如此一来当地人便难以由外及内地蚕食湖田。此外还在东湖立界石标明四至，防止盗耕。[③]

此外，成为水柜意味着进入运河水源调节体系内，这需要工程上的协助。所以除了修浚17个斗门外，又另外建了闸、坝，这几个工程保证了湖水既可以在漕河干涸时入运河济运，也可以在湖水过盛时通泄别处。[④]

---

① 樊继祖：《南旺湖图说》，张桥：《泉河志》，《原国立北平图书馆甲库善本丛书》，第400册，第171（下）~172页（上）。

② 《查勘湖田纠纷报告》，《山东省建设月刊》1931年第8期。

③ 王道：《重修南旺湖记》，张桥：《泉河志》，《原国立北平图书馆甲库善本丛书》，第400册，第167页（上）。

④ 王道：《重修南旺湖记》，张桥：《泉河志》，《原国立北平图书馆甲库善本丛书》，第400册，第165（下）~167页（下）。

总而言之，嘉靖二十年（1541），奉命督河的王以旂把南旺湖水柜的范围从西湖扩大成南旺三湖，为实现这个目标，他扩大了东湖在文字记录上的范围，再落实到实处以与文字吻合，退田还湖、禁止盗耕，还新创蜀山湖成为东湖的一部分。

三　从水柜到水壑：南旺湖水柜定型与分化

（一）马踏湖之水域

三湖均成水柜的南旺湖此后并没有呈现实至名归之势。首先，王以旂修复三湖之时，其中马踏湖的情况我们本就不得而知。而后，隆庆六年（1572）工部尚书重申水柜用以济运，不得使居民侵占耕作。[①] 总河万恭因此奉命清查水柜，在他撰写的《治水筌蹄》一书中，记录了这次清查的结果。这个记录，提醒笔者注意到一个长久以来为学者们忽视的盲区：马踏湖面积有410顷，湖田面积410顷。[②] 也就是说，马踏湖没有真正的水面面积。又考虑到嘉靖王以旂新创蜀山湖有明确的记录，至此尚有不少湖域，令人不禁怀疑，王以旂所划定的南旺三湖水柜之中，马踏湖只是徒具虚名。

三湖都有确切的水域是在万历十七年（1589）由总河潘季驯及其副手常居敬实现的。当时水柜湖田已成愈演愈烈之势，常居敬奏陈其害：现今南旺等湖因为天气干旱而涸出土地，原本地方当局就开始招人耕佃。又逢嘉靖四十五年（1566）开通南阳新河，有了财政压力：一是筹措河工经费；二是新河将原属民田之地改为河道，既要补偿居民的土地损失，也要补还新河所在的滕县、鱼台县因开河而短缺的赋税，因此当局大开水柜湖田招佃之门。当湖田成为人民私业，为了防止其田土被湖水淹没，又有堵塞闸门，阻水以利己之情形。[③]

为此，常居敬奏请复湖地以预潴蓄，但也并非完全清除湖田，而是限制其数量：

---

① 《明穆宗实录》卷68，“隆庆六年三月辛卯”条，第1628～1629页。

② 万恭：《治水筌蹄》，“闸河水柜”条，卷下，第9页，《中国科学技术典籍通汇·技术卷3》，河南教育出版社，1994年影印本，第284页（下）。

③ 潘季驯：《河防一览》，《景印文渊阁四库全书》第576册，第508页（上）。

> 今勘得南旺湖……本湖东边高阜地量留护岸一里，共计一百六十二顷，南北留护岸地半里，共计一百一十六顷一十亩……马踏湖……计地四百一十余顷，俱应退出还官……复蜀山湖……除宋尚书香火地六顷，并高亢地八顷五十三亩，照旧令民佃种纳租外……修完于湖口竖立大石，明注界址、斗门以杜侵占。①

据上文，常居敬划定西湖湖田是在环湖外围，近300顷；东湖北部的马踏湖则全部退田为湖；南部的蜀山湖内允许存在的湖田是香火地以及高亢地（即水位上涨也难以淹没之处），总计仅约15顷。相比前几次南旺湖的整治，常修筑了保证东湖水域的工程：堤岸，并又竖立界石碑示众。如此一来，既有了明确的界限以防民间侵占，也能防止湖水的自然走泄。

将隆庆时期万恭和万历时常居敬对湖田、湖域面积的记录做成表格，予以对比，我们可以对南旺湖这十几年的变化有直观的观察。

表1　1572年万恭清查的南旺三湖水柜、湖田面积②

单位：顷

南旺湖（西湖）		蜀山湖		马踏湖	
总面积：1982		总面积：1711		总面积：410	
湖域面积	湖田面积	湖域面积	湖田面积	湖域面积	湖田面积
1608	374	1539	172	0	410

表2　1589年潘季驯、常居敬清查的南旺三湖水柜、湖田面积

单位：顷

南旺湖（西湖）		蜀山湖		马踏湖	
总面积：2700		总面积：1890		总面积：410	
湖域面积	湖田面积	湖域面积	湖田面积	湖域面积	湖田面积
2422	278	1875	15	410	0

从表1和表2的对比可知，从1572年到1589年南旺水柜的总面积及用于蓄水济运的湖域面积均相应扩大。其中西湖水域增加814顷，蜀山湖水柜增

① 潘季驯：《河防一览》，《景印文渊阁四库全书》第576册，第508（上）~509页（上）。

② 万恭：《治水筌蹄》，“闸河水柜”条，卷下，第9页，《中国科学技术典籍通汇·技术卷3》，第284页（下）。

加 336 顷，而马踏湖湖域则是从 0 到 410 顷，总增幅达 50%。换句话说，在潘季驯和常居敬的整治下，南旺湖的总面积及水柜容量都远远超过了隆庆时万恭的规划。

因此，与其说这次是整治，不如说是真正开创了马踏湖，南旺三湖也终于定型，在各湖调节水流的闸、坝等相应设施也日臻完善，成为名副其实的“水柜”。为了日后保证水柜水域，潘季驯还为马踏湖创设了 3200 余丈的土堤，有了明确的边界。①

需要注意的是，尽管嘉靖以来河臣对南旺湖的整治，陆续将散布于南旺周边的民间湖泊囊括入水柜，但此时的水柜定型也并不意味着所有民间泊洼都被整合进去。长期以来人们对南旺湖的印象就是嘉靖以后的三湖形象，然而万历末编纂的《汶上县志》绘制有另一幅关于本县的《图考》，提供了当时南旺周边湖泊的全貌（见图 2）：在南旺三湖之外，西边有宋家洼，东边有钓台泊、石楼泊、鱼营泊等。这些民间泊洼与官方水柜境遇不同，其管控权在地方政府手上，蓄水量不受运道限制，耕稼其上也为地方官所允许。

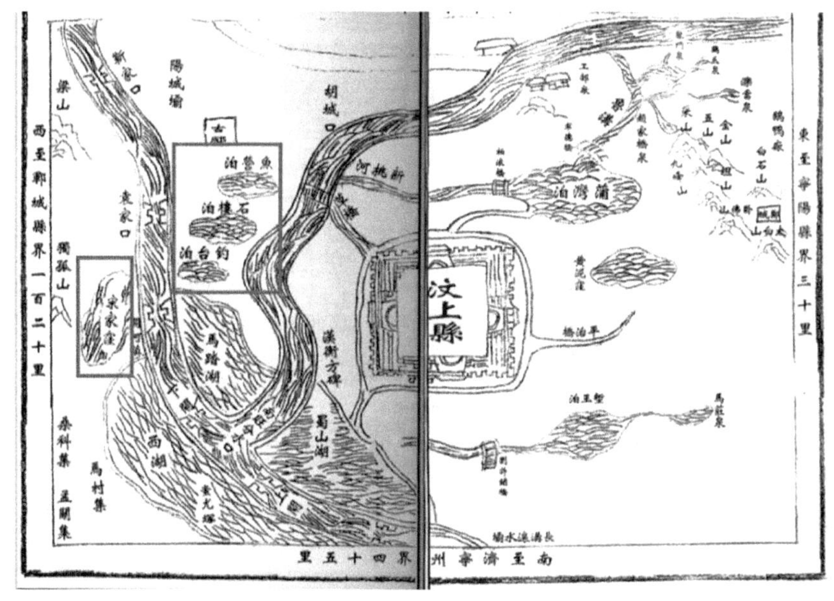

图 2　万历时期汶上县水柜及民间泊洼分布图

（万历《汶上县志》“图考”）

① 潘季驯：《河防一览》卷 11《山东工程》，《景印文渊阁四库全书》，第 576，第 376（下）~1378 页（下）。

总而言之，虽然嘉靖时南旺三湖均被划为水柜，但彼时马踏湖的实体模糊不清，之后柜内湖田又屡遭开禁。直到万历时潘季驯和常居敬的修整，扩大了三湖面积及水域，限制湖田规模及位置，并筑堤以标识，尤其是终于使马踏湖有了确切的湖域，南旺三湖水柜才得以定型。但水柜周边还散落有民间泊洼，归县管理。

（二） 水柜、水壑之分化

南旺湖水柜定型并不意味着之后没有变动，后来在称呼与功能上又有了“水柜”与“水壑”的分化。关于这一点引言已叙，自不赘述。南旺湖有水柜、水壑之分时间较晚，故而我们从运道上始有“水壑”探析起这一矛盾产生的根源。

实际上，“水壑”这一完整的概念始见于隆庆三年（1569）总河翁大立的上言：

> 总理河道都御史翁大立言：“新河之成……夫漕河故资泉水，而东高西下，非有湖为之积潴则涸，故漕河以东皆有水柜；非有湖为之宣泄则溃，故漕河以西皆有水壑。此先臣宋礼之讦画，盖殚悉独道者。今新河实师其意，遇黄流逆奔则以昭阳湖为散衍之区，遇山水东突则以南阳湖为潴蓄之池。”①

奏疏中，翁大立亦将水柜、水壑之设归功于宋礼，湖泊在运道东者是水柜，西边为水壑。这种分化在于运道两旁东高西低的地理环境差异：漕河东边是上流泉源入运所经之地，因此东边之湖泊可蓄泉水，干涸时可趁高地势向低处的运道放水济运，称为“水柜”；西边无泉水可收，地势偏低，湖泊则可作为水势过盛时运道泄洪之所，称为“水壑”。水柜、水壑相互配合，达到调节运道水量的目的。如今开新河是继承宋礼的这一理念——以昭阳湖为水壑，作为黄河水逆流时的散泄之区；以南阳湖为水柜，作为过盛之山泉的蓄纳之所。

然而稍加留意便可发现，此份奏疏不厌其烦强调的主语实为“新河”，这才是出现“水壑”的真实原因。“新河”意指“南阳新河”，是奉“以运避

---

① 《明穆宗实录》卷31，“隆庆三年四月丁丑”条，第809~810页。

黄”的理念修建出来的。正德以后，黄河正流东徙入漕，明王朝备尝以黄资运的危害：伏秋水汛更为暴涨，漕船多覆没危险；黄河含沙量大，又容易淤浅，因而有人提议运河改道以避开黄河。不过，新河之提议因为劳民伤财而为部分官员阻挠，亦因破坏旧运道沿岸之繁荣而为当地居民反对，故而两度开凿，终于在嘉靖四十五年（1566）竣工。建成后的新河，自鱼台县南阳镇至沛县留城，长140余里。新河道挪到了昭阳湖东边，以避黄河。[①] 这也就是翁大立后来所说的“遇黄流逆奔则以昭阳湖为散衍之区”之意：相对地，昭阳湖改为位于黄河与新运道中间的位置，所以当黄河水势浩荡时，昭阳湖还可作为缓冲区，为运道阻挡黄水冲决之势。

“水壑”这一概念并非在修建新河时就有，而是几年后被继任总河翁大立倡导，以反对复运河故道之请。南阳新河建成后，并没有从此成为名正言顺的新运道，而是屡遭否弃。新河下方的旧运道仍与黄河部分交汇，而此时黄河水性不定，时常冲决该段，这使得北边接续的南阳新河也无法顺畅运作。于是每逢黄河溃决，就有复旧运道之议论。翁大立分析，这是因为一方面昭阳湖西边的鱼台县、滕县、沛县等境沮洳成湖，另一方面旧运道附近的城镇谷亭、沽头因此失市场之利，因新河而受损之民“倡浮言以摇国是”。[②] 翁大立在隆庆时建构“水壑”的套路与前述水柜一致：陈述宋礼开创水柜、水壑之历史，表明如今新河所造成的变动并非创新，而只是对前辈工作加以修缮，从而使得这一对环境和居民生活造成极大影响的举动合理化。

“水柜”“水壑”的分化在明末也被治河者用于区分跨运道东西的南旺三湖。崇祯十四年（1641），河道总督张国维在奏疏中描绘南旺湖说：“在西为南旺湖，名曰水壑，主于泄，以备涝也；在东为蜀山、马踏两湖，名曰水柜，主于收，以待匮也。”[③]

水柜、水壑分化的普遍化，反映的是运道周边湖泊调节能力的日益局限。其实，“水柜”的字面意思便是存水之柜，这个水流既可以是运道上过量的洪水，亦可以是上源济运的泉水。水壑之壑意为深沟，其实亦是蓄水之用，却被单列出来，并广而用之，意味着湖泊蓄泄双面能力的衰微，有些湖泊因湖

---

① 蔡泰彬：《明代漕河之整治与管理》，第99~106页。

② 雷礼：《皇明大政纪》卷25，明万历刻本，北京大学出版社，1993年影印本，第1326页。

③ 汪楫：《崇祯长编》，“崇祯十四年八月甲辰”条，转引自傅洪泽《行水金鉴》卷132“运河水”，（台北）文海出版社，1970年影印本，第7册，第1912页。

田垦殖或泥沙淤积，难以承担分洪功能；运道西边的湖泊则因无甚水源可收而无力济运。

要之，南旺三湖因坐落于运道东西位置的不同，在名称及功能上出现了水柜与水壑的分化。这种分化最初是为确保南阳新河的运作而建构的，随着会通河运道周边湖泊调节功能的衰微，明末时变成对运道周边湖泊的普遍认识。

结 语

南旺湖水柜并非明初运道开通之始一蹴而就，亦非自然实体，而是伴随着自然条件与国家政策的变化，因应运河的需要逐渐成形的。根据本文研究，南旺湖水柜形成的历史大致如下：起初会通河有黄河水济运，督河者的理念是主要依赖泉源，管河者记录中的湖泊形态模糊，也无用处。当弘治年间刘大夏修筑太行堤，堵绝黄水北流线路后，泉源一己之力济运愈发难以为继，于是治河者逐渐将目光转向湖泊。此时始有“水柜”之名的只是用以蓄水的南旺西湖，随后在嘉靖十三年（1534），河臣刘天和规划了南旺三湖的形象，并将“水柜”的意涵落实为“蓄洩兼济”。嘉靖二十年（1541），王以旂奉命再次治理漕河，提出“四水柜”的概念，并将南旺湖水柜的范围从西湖扩展到三湖，清理湖田，新创东湖之中的蜀山湖，南旺三湖水柜显现雏形，初步发挥作用。然而水柜内湖田此后屡遭开禁，同时东湖之一的马踏湖也一直徒有其名，这种情况到万历十七年（1589）潘季驯、常居敬的整治才得以遏制并改变：他们扩大了水柜的整体面积，限制了先前已存在的西湖与蜀山湖内湖田数量，同时退田为湖，使得马踏湖终于有了水域，并筑堤以为边界，南旺三湖水柜至此定型。

虽然嘉靖以来的文献宣扬“水柜即湖也”[①]，但水柜从来就不是自然湖泊，从民间泊洼变成官方水柜不只是称呼上的改变，而是需要经过切切实实的规划与修建。起初南旺东湖是诸泊大小通连的状态，经过几次人为的划定湖域，方才确切了在小汶河两岸各分布一湖的形态，并暗中扩大湖域，在此之外依旧有大小不同的民间湖泊散落于周边。而且，水柜形态的稳固以及蓄泄兼济功能的发挥，需要堤岸、闸、坝等人工设施的修建，及彼此间的通力合作。

---

① 杨宏、谢纯：《漕运通志》，《四库全书存目丛书》，史部第275册，第148页。

水柜也并非在形成后就固化下来，水壑从它的功能中分化出来就是反映了这一点。水壑是南阳新河修成后屡有请复故运道之议时，总河为保新道而创造的名词。水壑起初主要指代作为黄河泄洪区的昭阳湖，但随后应用在会通河运道附近的各湖泊，反映了湖泊调节运道水源能力的日益衰微。

综上所述，“水柜”“水壑”并不单是运河管理中的一个专业性概念，还是河道管理者政治运作的结果。它们都是在治河行动遭遇困难时，督河者通过强调或创造这一专业术语并建构其历史以证明其合法性。“水柜”之提倡是用以消除湖田遭遇的各方阻力；“水壑”要应对的是新修的南阳新河屡遭否弃之主张。两者均被追溯为明初开通运河时的设置，即其举动是恢复原样，掩盖其实为首创的事实，以“祖宗之法”的名义主张其合理性，击退反对者的意见。

由此可知，明代运河管理的理念、运道的路线、沿途如何收纳何种补给资源等都是在现实运作中逐渐摸索和改变的，改变和创造贯穿王朝始终。而新专业术语的出现，可能关联深刻的现实背景，是对抗错综复杂的地方势力，以保证漕运顺利供给朝廷的旗号。

“治河即所以保漕”？*

——清代黄河治理的政治意蕴探析

贾国静**

引 言

对于清代的黄河治理，侯仁之指出：“河督之设，虽以治河为名，实以保运为主，而河乃终不得治。”① 孟森亦曾言“元明以来，建都在北，而粮从南来，运道独恃一水。运河绝黄河而北，故治河必先顾运”②，意即清如元明两代治河之主要目的在于保障漕运。即便关于黄河史的专门性研究亦做类似判断。岑仲勉在《黄河变迁史》中谈道：“清人的治河技术，无疑比明人较为考究，较为周密；但从大体上来讲，方略依然墨守着明人的成规——治河必须顾运，并没有什么新的发掘。”③ 国外史学界对这一问题的认识与此相类。20世纪50年代，胡昌度在《清代的黄河管理》一文中强调清代治河的目的在于保障漕运，甚至将清代的黄河管理体系视为漕运的副产品。④ 此后，相关研究在涉及这一问题时大体沿循该观点，比如查尔斯·格里尔的《中国黄河流域的水治理》和兰德尔·道奇的《降服巨龙：中华帝国晚期的儒学专家与黄河》。⑤

---

* 本文原载《历史研究》2018 年第 5 期。

** 贾国静，山东大学历史文化学院副教授。

① 侯仁之：《续〈天下郡国利病书〉·山东之部》，哈佛燕京学社，1941，第 33 页。

② 孟森：《清史讲义》，中华书局，2016，第 140 页。

③ 岑仲勉：《黄河变迁史》，中华书局，2004，第 554 页。

④ Ch'ang-Tu Hu, “the Yellow River Administration in the Ch'ing Dynasty,” *The Far Eastern Quarterly*14, Special Number on Chinese History and Society (Aug. 1955), pp. 505 – 513.

⑤ Charles Greer, *Water Management in the Yellow River Basin of China*, Austin and London: University of Texas Press, 1979. Randall A、Dodgen, *Controlling the Dragon: Confucian Engineers and the Yellow River in Late Imperial China*, Honolulu: University of Hawai'I Press, 2001.

上述研究大体均认为清人继承明制，“治河即所以保漕”。原因大致有四：第一，囿于传统政治史研究范式，认为封建帝王的施政目的在于满足统治阶级的直接需求；第二，局限于“清承明制”这一传统逻辑认识，将问题笼而统之，认为只要政治中心在北、经济中心在南这一格局不变，保障漕运即为治河的重要使命；第三，由于研究旨趣所在，未将治河这一具体论题放在特定的时代背景中进行考察与比较，对中国传统之治水政治以及清代治河之特点未作深究；第四，的确有治河意在保漕的相关史料记载，如首任河督杨方兴言，“元明以迄我朝，东南漕运由清口至董口二百余里，必藉黄为转输，是治河即所以治漕”；[①] 再如《清仁宗实录》中载“是此时，治河即所以治漕，不可稍有稽缓”，“治河即以通漕，其事本一贯也”。[②]

诚然，近年学界对于传统政治史研究已作反思并取得了相当成就，但在一些具体论题上仍未真正实现突破也是不争的事实，对清代治河的探讨就是一个明证。本来，在有着几千年农业文明传统的国度，黄河治理与国家政治之间的关系密切而悠久。也就是说，作为一个奠基于黄河流域的农业大国，黄河治理乃安邦定国的应有之义，无须由具体的事务引起。早在上古时期，大禹因治水而得天下的传说就是很好的证明。春秋战国时期，诸侯争霸，各诸侯国在重视发展水利事业以增强国力的同时，以水为兵亦成为常态，黄河往往变成诸侯争夺的重要战略资源；宋金时期，多个政权对峙更迭，基于地缘政治的考虑，最高统治者极为重视治河，除试图以黄河为屏障外，也有以水为兵这一考虑。[③] 到了元明清时期，由于国家政治中心北迁打破了原有格局，以内河水运为先赋予了黄河治理更丰富的政治意涵，保障漕运畅通成为其中的必有之义；若细加考察与比较还可发现，清代对黄河治理的认知及实践与明代也有了明显不同。遗憾的是，长期以来，或为“治河即所以保漕”

---

① 赵尔巽等撰《清史河渠志》，沈云龙主编《中国水利要籍丛编》，（台北）文海出版社，1969，第2集，第18册，第2页。

② 《清仁宗实录》卷146，嘉庆十年（1805）闰六月壬辰、八月癸卯，中华书局，1986，第2册，第1003、1041页。

③ Ling Zhang, *The River, the Plain, and the State: An Environmental Drama in Northern Song China (1048 – 1128)*, Cambridge: Cambridge University Press, 2016. 水利史学者徐海亮认为，“严格地讲，灌溉还不是中国传统水利的首要任务。传统水利的首要任务是防洪治河，这是关系民族存亡的问题，也是先民在华北平原发展农业经济的前提”，并引用小仓正平、增渊龙夫、天野元之助等人的讨论予以进一步说明（《地理环境与中国古代传统水利》，《中国水利水电科学研究院学报》2004年第2期）。

这一观点所笼统解释，或因研究旨趣所在而遭忽视。①

本文不揣浅陋，拟在反思“治河即所以保漕”这一传统观点的同时，将清代的黄河治理放在特定的时代背景中进行考察，不仅厘析具体实践，更重视探究实践背后的深层考量，以揭示治河在保障漕运之外更为丰富的政治意涵。不当之处，请方家指正。

一 元明清三代治河力度之比较

作为一个古老的农业大国，中国历朝历代均非常重视黄河治理，相较之下，元明清时期的重视程度明显加大。由于这一时期国家政治经济格局的改变，如何便捷有效地沟通已南移至长江流域的经济中心与北迁的京畿政治中心，成为亟须解决但颇为棘手的问题。据冀朝鼎考察：“在对皇帝的各个奏折中，曾反复被提到过的关于基本经济区与政治基地相距过远的现象，导致了统治者当局很明显的担忧。”② 众所周知，最终的解决办法为开凿疏通了联系

---

① 20世纪50年代，美国学者魏特夫以大型水利灌溉工程为基础构建起极具争议的东方专制主义理论，但遗憾的是，中国史学界在批判其中存在问题的同时，并未对治水与政治的关系给予充分关注，仅有研究指出黄河治理与王朝兴衰之间存有密切关系。近年，随着地方史、社会史研究风头日盛，这一问题逐渐被“水利社会”研究所取代，曾经的一代大政被长期置于边缘的地位。正如行龙所指出的：自中华人民共和国成立以来，大陆学界的“水利史研究依然没有脱出以水利工程和技术为主的‘治水’框架，姚汉源先生期望的那样一种将水利作为社会发展的一部分，从政治、经济、社会等多角度探讨水利及其互动关系的研究局面仍然没有显现”（参见魏特夫《东方专制主义——对于极权力量的比较研究》，徐式谷等译，中国社会科学出版社，1989；行龙：《从“治水社会”到“水利社会”》，《读书》2005年第8期）。近十余年，中外学界对黄河史问题的关注有所升温，研究视角亦呈现多样化态势。在国内史学界，已有学者致力于宋代黄河管理、清代黄河管理、清代黄河图以及晚清黄河水灾与黄泛区的人口迁徙等问题研究。代表性论文有李华瑞、郭志安《北宋黄河河防中的官员奖惩机制》，《河北大学学报》2007年第1期；董龙凯《1855～1874年黄河漫流与山东人口迁移》，《文史哲》1998年第3期；李靖莉《清末黄河三角洲的黄河灾害与灾后救助》，《东岳论丛》2015年第3期；席会东《台北故宫藏雍正〈豫东黄河全图〉研究》，《中国历史地理论丛》2011年第3期；贾国静《清代河政体制演变论略》，《清史研究》2011年第3期。西方史学界也有几部专著，如Randall A. Dodgen, *Controlling the Dragon: Confucian Engineers and the Yellow River in Late Imperial China*; David A. Pietz, the *Yellow River: The Problem of Water in Modern China*, Massachusetts: Harvard University Press, 2015; Micah S. Muscolino, *The Ecology of War in China: Henan Province, the Yellow River, and Beyond, 1938 – 1950*, Cambridge: Cambridge University Press, 2015; Ling Zhang, *The River, the Plain, and the State: An Environmental Drama in Northern Song China, 1048 – 1128*.

② 冀朝鼎：《中国历史上的基本经济区与水利事业的发展》，朱诗鳌译，中国社会科学出版社，1981，第41页。

南北的大运河，通过内陆水运将南方的物资运往京畿。而明清两朝又因推行海禁政策，“对于这条运河的重视和倚赖，远超过元代”，“整个的南北运输都倚赖这条运河了”。① 对于这一局面，明代王在晋曾言：

> 国家奠鼎幽燕，京都百亿万口抱空腹以待饱于江淮灌输之粟，一日不得则饥，三日不得则不知其所为命。是东南者，天下之廒仓，而东南之灌输，西北所寄命焉者。主人拥堂奥而居，而仓囷乃越江逾湖，以希口食于间关千里外，而国家之紧关命脉，全在转运。②

不难想见，保障大运河漕运畅通成为关系封建政权稳定与发展的大事。在影响漕运的诸多因素中，黄河的问题最为突出，因为“运河是南北方向，中间又须叉过黄河，所以和黄河的关系更大”。③ 对于因黄河夺淮与黄运交汇形成的黄淮运水系的复杂性，清初学者顾祖禹总结如下：

> 河自北而来，河之身比淮为高，故易以遏淮；淮自西而来，淮之势比清江浦又高《河渠考》泗州淮身视清江浦高一丈有余，自高趋下，势常陡激，是也，故易以啮运。然而，河不外饱，则淮不中溃，惟并流而北，其势盛，力且足以刷河；淮却流而南，其势杀，河且乘之以溃运矣。病淮并至于病运者，莫如河；利河即所以利运者，莫如淮。④

至于这一复杂状况究竟会给大运河造成怎样的危害，晚清一位西人认为：“大运河的危险地段就在黄河流域。它很快就要在这里消失。它的河床很容易被泥沙填满。沟渠会被折断，航路会被阻断。整个大运河会因此而被彻底抛弃。”⑤ 此言并非危言耸听。考诸史实，在黄运交汇处——清江浦附近河段，

---

① 史念海：《明人对于运河的重视》，《史念海全集》第1卷，人民出版社，2013，第471、472页。

② 王在晋：《通漕类编·序》，明万历刻本，第1册，第1～2页。

③ 史念海：《元代运河和黄河的关系》，《史念海全集》第1卷，第444页。

④ 顾祖禹：《读史方舆纪要稿本》卷127《川渎四·淮水》，上海古籍出版社，1993，第879～880页。为形容黄淮运三者之密切关系，他还引用淮人的说法，即“谓黄河为北河，淮河为南河，亦曰外河，而漕河为里河”（《读史方舆纪要稿本》卷126《川渎三·大河下》，第847页）。

⑤ D. 盖达：《运河帝国》，《汉学研究》（上海）1894年第4期，转引自〔美〕黄仁宇《明代的漕运》，张皓、张升译，新星出版社，2005，第7页。

大运河为黄水倒灌进而造成河床淤垫的情况屡见不鲜，更不用说所遭受的黄河频繁决溢之影响。如此一来，元以后随着国家政治经济格局发生变化，治河实践具有了新的意涵，保障漕运畅通成为重要使命。但是面对同样的形势，元明清三代对黄河治理的重视程度以及具体的举措力度存有明显差异。

元朝曾以工部尚书贾鲁为总治河防使，专责河务，这是我国历史上由朝廷设置的职务最高的河官。① 然而由于元朝力行海运，又国祚短促，并未开展多少行之有效的治河实践。延及明代，由于“河之为国家利害大矣。夫安流顺轨，则漕挽驶裕，奔溃壅溢，则数省繹骚，国家上都燕蓟，全籍（藉）东南之赋，故常资河之济运，又防其冲阻”②，不仅高度重视，还加大了管控力度。《大明会典》记载如下：

> 永乐九年，遣尚书治河，自后，间遣侍郎，或都御史，成化、弘治间，始称总督河道。正德四年，始定设都御史提督，驻济宁，凡漕、河事，悉听区处。嘉靖二十年，以都御史加工部职衔，提督河南、山东、直隶三省河患。隆庆四年，加提督军务。万历五年，改总理河漕，兼提督军务。③

《明会要》中也有类似记载：

> 嘉靖四十四年，朱衡以右副都御史总理河漕，议开新河，与河道都御史潘季驯议不合。未几，季驯以忧去，诏衡兼理其事。万历五年，命吴桂芳为工部尚书兼理河漕，而裁总河都御史官。十六年，复起季驯右副都御史，总督河道。自桂芳后，河漕皆总理，至是复设专官。④

---

① 纪昀等：《历代职官表》，上海古籍出版社，1989，第1120页。清代所设河道总督如加兵部尚书、太子太保等衔，则与元代河官品级相当，不过仅限于个别出色的河督，且时间集中在清前期。

② 刘隅：《治河通考》“后序”，明嘉靖十二年（1533）顾氏刻本，《续修四库全书》，上海古籍出版社，第847册，第90页。

③ 申时行等修，赵用贤等纂《大明会典》卷209，明万历内府刻本，《续修四库全书》，第792册，第475页。

④ 龙文彬：《明会要》卷34，光绪十三年（1887）永怀堂刻本，《续修四库全书》，第793册，第285页。

而治河名臣潘季驯自己也有记述：

> 治河之官自永乐以至弘治百五十余年，原无河道都御史之设，故有以漕运兼理河渠，如景泰之王竑者，有以总兵兼河道，如天顺之徐恭者。成化七年，因漕河浅甚，粮运稽阻，特令刑部侍郎王恕出，总其事，八年事竣，改升，自后不复建设。凡遇河患事连各省重大者，辄命大臣督同各省巡抚官治之，事竣还京，此祖宗成法也。至正德十一年，始专设总理河道驻扎济宁。[①]

综合以上三条史料不难看出，明代的管控力度明显加大，相关官员品级较高，后期还提督军务；但亦可见此时河漕事务纠葛混杂，在很长一段时间之内，河务由负责漕务的官员兼办，尽管自正德年间设有专官，但是“河、漕二臣因治河议相左，导致二度合并”，后又因“一人无法总理二务，遂复分设各理本职”。进一步讲，明代治河之目的在于保障漕运畅通，为此设置的堪称“庞大的治河组织，规模属初具，尚未臻制度化”。[②]

至清代，无论是重视程度还是具体的管控力度均远超前代，正所谓“河工，国之大政”。[③] 清入关之初，袭明制，设置总河，综理黄运两河事务，但亦有革新，其中最为明显之处为：总河成为常设职官，自此至清末一以贯之，专责河务，并且品级较高，为二品大员，若加兵部尚书、授太子太保等衔，则为从一品。康熙亲政之后，不仅将“三藩及河务、漕运”三件大事写于宫中柱上以夙夜轸念[④]，还推出一系列改革措施。

首先，调整河督及其下河官的选拔标准，由原来看重操守改为注重治水技能与实践经验。为慎重起见，康熙亲自考选河督，最终选定安徽巡抚靳辅，将其简拔为河道总督，全权负责修守黄运两河以及维持沿河地区的社会秩序，并给以便宜行事之权。[⑤] 此举拉开了清代大规模治河实践与相关制度建设的序幕，

---

① 潘季驯：《河防一览》卷13《条陈治安疏》，乾隆四十五年（1780）校本，文渊阁《四库全书》，（台北）台湾商务印书馆，1986，第576册，第461页。

② 蔡泰彬：《明代漕河之政治与管理》，（台北）台湾商务印书馆，1992，第313、465页。

③ 傅泽洪辑《行水金鉴》卷172《河南管河道治河档案》，商务印书馆，1936，第2515页。

④ 《清圣祖实录》卷154，康熙三十一年（1692）二月辛巳，中华书局，1985，第2册，第701页。

⑤ 傅泽洪辑《行水金鉴》卷47《靳文襄治河全书》，第683～684页。

在清代黄河史上具有坐标意义。此后，采纳靳辅的建议，将河督驻地从山东济宁迁到了江苏北部的黄运交汇处——清江浦①，这是自明代设置总河以来的重大变化，也从一个侧面说明对黄河治理的管控力度大为提升。不仅如此，康熙还力排众议，先后拨付300多万两河帑银，支持靳辅兴举的大规模治河工程。

其次，矫治河工宿弊，裁撤南北河道各分司改归道管理。如康熙“十五年，裁南旺分司，归济宁道管理，又裁夏镇分司，所有滕、峄二县各闸归东兖道管理，沛县各闸归淮徐道管理”②。对此举措，康熙颇为满意，八年后还对众大臣提及此事：“将南北河道各分司部官裁去极好，他们知得什么河道，不过每日打围罢了。”③

再次，划分河段，设置道、汛等专门负责河务的基层管理机构。如康熙“十七年，山东、河南二省特设管河道员，一应督修挑筑办料诸务”；汛如丰汛、铜汛、郭汛等，各汛设武职把总或千总一人负责河务，有的加外委效用1～4人。还在某些沿河州县行政区划内设置县丞、主簿等专门负责辖区河务的官员，如康熙二十二年（1683），“设江南省睢宁县、安东县管河县丞各一人”。④

复次，设置河兵驻扎河堤，改河夫佥派为雇募，以加强日常修守。如“康熙十七年议准，江南省凤淮徐扬四府，裁去浅留等夫，设兵五千八百六十名”；“三十八年，江南省裁徐属州县额设岁夫六千九百五十名，改设河兵三千三十名”。⑤

最后，调整细化岁抢修经费管理、考成保固、物料贮购、苇柳种植等相关规定，制定报水制度。所谓报水制度，即鉴于“河源出于昆仑”，“上流水长，则陕西、河南、江南之水俱长”这一问题，“令川陕总督、甘肃巡抚，倘遇大水之年，黄河水涨，即着星速报知总河，预为修防，始得保全也”。⑥ 据《续行水金鉴》记载：“宁夏报水自此始。”⑦

在推出上述举措之余，康熙还于南巡途中多次亲临河干，指授方略。对于康熙南巡之目的，学界多认为在于“治理黄河，虽然也兼有‘省方察吏’、

① 《清会典事例》卷901《工部40》，光绪二十五年石印本，中华书局，1991，第10册，第403页。

② 《清会典事例》卷901《工部40》第10册，第403页。

③ 傅泽洪辑《行水金鉴》卷49《靳文襄公治河书》，第715页。

④ 《清会典事例》卷901《工部40》第10册，第405页。

⑤ 《清会典事例》卷903《工部42》第10册，第423页。

⑥ 《圣祖仁皇帝圣训》卷34，雍正九年（1731）奉敕编，文渊阁《四库全书》第411册，第550页。

⑦ 黎世序等纂修《续行水金鉴》卷4，商务印书馆，1940，第91页。

了解民情以及笼络争取南方知识分子的目的，然而这都属于次要的”。[①] 近年，有学者提出首次南巡“原为东巡”，但还指出东巡之后即“南下视察河工”。[②] 明显可见，康熙一步步将黄河治理问题引向了深入。

雍正承此态势，一面着力整顿自康熙后期日渐显露的河工弊政，一面推行改革，加强制度建设。其中最重要的是雍正七年（1719）将江苏段与河南、山东段河道分隶，“授总河为总督江南河道，提督军务，授副总河为总督河南、山东河道，提督军务，分管南北两河”。[③] 通过这一举措，将河南、山东段黄河真正纳入了中央直接统辖，管河机构中的上层建制基本定型。此外，雍正还完善河工赔修与料物贮购制度，规范河工钱粮管理，调整河标营制与堡夫驻工制度等。如雍正二年（1724）申令：“嗣后给发钱粮，交与谙练河务之人修筑，如修筑不坚致有冲决者，委官督令赔修。不能赔修者，题参革职，别委贤员，给发钱粮修筑。将所用钱粮，勒限一年赔完，准其开复，逾限不完，交刑部治罪，仍著落家属赔完”[④]；三年（1725），允准河督齐苏勒所呈的苇柳栽种方案，大力推行苇柳种植；七年（1729），“将江南河工钱粮，照旧复设管理河库道一员，以司收支出纳”。至乾隆年间，继续加强管控，其中管河机构中的上层建制延续前朝未做调整与变更，但在河以下的厅、汛、堡等基层机构的建置上有所举措，并针对以往规章制度在实际运作过程中暴露的问题予以规整。如额定河员人数，乾隆元年（1736）“议定两河效力文员，南河一百五十员，东河六十员，停止武职投效”；为加强河工钱粮管理，规定河银“自乾隆二年始，悉归道库，一切收支解放兵响修船之费，俱由河库道经管，随时报明查核”[⑤]；等等。

综观元、明、清三朝治黄史可以看到，同样面临黄运交汇漕运易受阻遏这一难题，清代的重视程度与管控力度远在元、明两朝之上，正如清末山东

---

① 商鸿逵：《康熙南巡与治理黄河》，《北京大学学报》1981 年第 4 期。

② 常建华：《新纪元：康熙帝首次南巡起因泰山巡狩说》，《文史哲》2010 年第 2 期。

③ 《清会典事例》卷 901《工部 40》第 10 册，第 406 页。“时称北河即指河南、山东，对江南言之也”，实际上指的是东河；此时所置北河于乾隆十四年（1749）裁撤，“以直隶总督兼管总河事”（黎世序等纂修《续行水金鉴》卷 8“编者按”，第 181 页）。另据嘉庆《大清会典》记载：“北河，工之最巨者为永定”，“北河”改由地方政府负责，因其治理难度远小于黄河（《钦定大清会典》卷 47《工部 3》，嘉庆二十三年奉敕撰，中国第一历史档案馆编《大清五朝会典》，线装书局，2006，第 557 页）。

④ 《清会典事例》卷 917《工部 56》第 10 册，第 554 页。

⑤ 黎世序等纂修：《续行水金鉴》卷 6《硃批谕旨》，第 147 ~ 149 页；卷 8《硃批谕旨》，第 188 页；卷 11《河渠纪闻》，第 245 页；卷 10《高斌传稿》，第 226 页。

巡抚周馥在一番考察与比较后所指出的，“未有千里设防，员弁兵夫鳞次栉比，如国朝经营之密者也”。① 由此，以下问题也就引人深思：清前期何以如此高度重视黄河治理？又当如何理解康熙开创的相关体制建设以及大举治河工程的局面？以往“清承明制”“治河即所以保漕”的观点基于政治中心在北、经济中心在南这一宏观格局，未具体分析比较明清治河之实际情况，因此，不能对此做出全面合理的解释。对于为何派专人治理黄河，康熙曾言及：“江堤与黄河堤不同，黄河之流无定，时有移徙，故特放河员看守堤岸。江水从不移徙，止交与地方官看守。”② 其中并未提及漕务，而是强调黄河因性情特殊需特别对待。此外，综观康雍乾时期尤其是康熙朝的官方文献，也鲜有类似说法，而是屡屡出现“修河事务关系甚属紧要”“河道关系最为重要”等表述。因此，有必要做进一步考察，从清初面临的复杂形势谈起。

二　建构政权合法性：清前期治河的宏观战略考量

清人主北京后面临局面之复杂，远非以往的改朝换代所能比。单就明清易代而言，目前五种解释模式，无论哪种都未否认清入关时，明政权已几近灭亡这一事实。③ 借用孟森之言，“清侥天幸”④；亦如李伯重所论，“不可能发生的事情发生了”⑤。这一事实与相关认知暗含着另一层意思，即尽管清入关取明而代之，但是否有能力建立起强有力的统治尚是个未知数。一般而言，王朝建立之初显示自身具有统治优势的最重要的任务，就是“正统观”的选择与确认，不妥善地解决这个问题，新王朝建立的合法性就会受到质疑。⑥ 对

① 周馥：《河防杂著四种·黄河工段文武兵夫记略序》，《周悫慎公全集》，1922 年孟春秋浦周氏校刻，第 34 册，第 1 页。

② 中国第一历史档案馆编《康熙起居注》，康熙五十四年三月二十二日戊午，中华书局，1984，第 2158 页。

③ 目前学界有关明清易代的五种解释模式为：民族革命、王朝更替、阶级革命、近代化，以及人与自然之间的互动关系。参见刘志刚《时代感与包容度：明清易代的五种解释模式》，《清华大学学报》2010 年第 2 期。

④ 孟森：《清史讲义》，第 105 页。

⑤ 李伯重：《不可能发生的事件？——全球史视野中的明朝灭亡》，《历史教学》2017 年第 3 期。

⑥ 所谓“正统观”，至少包含三个要素：空间（“大一统”的原始义），时间（五德终始的循环论）和种族（内外族群之别），但是这三个要素在实际运行中只能当作一种“理想型”的模式加以观察，新朝的一些士人往往会把其中的某个要素与前代进行比较，以勾勒出自身朝代的过人之处，即杨联陞所说的“朝代间的比赛”。参见杨念群《何处是“江南”？——清朝正统观的确立与士林精神世界的变异》，三联书店，2010，第 236～237 页。

于以异族身份入主大统的清政权来说更是如此，这一点清帝深悉。《皇清开国方略·序》中有言："大清兴于东海，与中国无涉，虽曾受明之官号耶，究不过羁縻名系而已，非如亭长寺僧之本其臣子也"；"定鼎京师，缅维峻命不易，创业尤艰，况当改革之初，更属变通之会"。[①]

考诸史实，以往朝代建构自身合法性多从历史的延续性以及对前朝弊政的修正等方面着手，亦有通过良好的政绩、良性运作的组织结构和一段时间的稳定来获得的，但有效地操纵国家象征符号仍是政府在大众心理、情感层面进行努力的重要手段。[②] 由于形势错综复杂，清帝在此问题上颇费心力。顺治在位期间曾命人翻译明《洪武宝训》，颁行天下，自认继明统治，与天下共遵明之祖训[③]，甚至打着代明讨"贼"的旗号剿杀农民起义军。但是由于"夷夏大防"的观念深植于传统文化之中，这些做法还远远不够，更何况"一统"大业并未真正完成，"三藩"实为隐患。康熙亲政后，针对政局未稳之局面，煞费苦心，多方考求。他"亲制"的《日讲四书解义序》中讲到，"历代贤哲之君，创业守成，莫不尊崇表章，讲明斯道"，故欲达"唐、虞三代文明之盛"，须将治统与道统合一，以儒家学说为治国之具。[④] 还曾撰写《泰山山脉自长白山来》（习称《泰山龙脉论》）一文，通过论证泰山龙脉发源于长白山来倡导满汉一家民族和谐。[⑤] 在此背景之下，治河亦被纳入其中。

大禹因治水而得天下的传说预示了黄河治理对于政治统治所具有的重要意义，这一点康熙非常清楚，他第二次南巡的重点即为谒拜大禹陵。他还在途中时，就命人修筑在明代已被毁弃的郯城禹王台，"以御流入骆马湖之水，令归沭河"，以利治河；到达浙江后，亲自前往已经毁坏的大禹陵庙致祭，"率扈从诸臣行三跪九叩礼"，"以展企慕之忱"，"敕有司修葺"，"以志崇报之意"；并作《禹陵颂》，序文曰：

---

① 阿桂、梁国治等奉敕撰《皇清开国方略·序》，乾隆三十八年奉敕撰，文渊阁《四库全书》第341册，第1页。

② 马敏：《政治象征/符号的文化功能浅析》，《华南师范大学学报》（社会科学版）2007年第4期。

③ 参见孟森《清史讲义》，第111页。

④ 中国第一历史档案馆编《康熙起居注》，康熙十六年十二月初八日庚戌，第339~340页。

⑤ 蒋铁生、吕继祥：《康熙〈泰山山脉自长白山来〉一文的历史学解读》，《社会科学战线》2008年第6期。

> 缅维大禹，接二帝之心传，开三代之治运，昏垫既平，教稼明伦，由是而起。其有功于后世不浅，岂特当时利赖哉！朕自御宇以来，轸怀饥溺，留意河防，讲求疏浚，渐见底绩，周行山泽，益仰前辉。[①]

明显可见，与甲子年首次南巡致祭泰山、致祭孔子所具有的政治象征意义一样[②]，康熙祭拜禹王陵行大礼并讲述治河治绩的意图在于宣扬对道统与治统的继承。

除祭拜禹王陵，封典河神与探寻河源等举措亦有此意。顺治二年（1645），“封黄河神为显佑通济金龙四大王之神”，“命总河臣致祭”。[③] 康熙在第一次南巡途中派人祭祀，后又加封为“显佑通济昭灵效顺金龙四大王”。[④] 雍正八年（1730），黄河“澄清六省之遥，阅历七旬之久，稽诸史册，更属罕闻”，雍正认为此为河神所赐，谕令在江南、河南等建有河神庙宇之处“虔恭展祀”，并命人于“河源相近之处”，“择地建庙，设立神像，春秋致祭”，封号为“开津广济佑国庇民昭应河源之神”。[⑤] 清入关之初即将河神祭祀纳入国家正祀并不断强化的做法，既有治理水患之需要，还有利用河神信仰这一象征符号克服阶级与民族差异、培育共同体意识的考虑。[⑥] 历史上，由政府主导的真正探寻河源的活动，元代进行过一次，清代则有三次，分别在康熙四十三年（1704）、康熙五十六年（1717）、乾隆四十六年（1781）。康熙两次派人探寻河源，为大规模勘测全国山川地理的重要组成部分，其中不仅有借此巩固疆域强化统治的意味，还蕴有清帝重新定义中国以获得统治合法

① 《清圣祖实录》卷139，康熙二十八年二月己酉至癸丑，第2册，第519～522页。

② 常建华认为“首次‘南巡’最大的意义在于政治上的象征性，致祭了泰山象征着天命所归，颂清功业，接续了中国历史的大一统之治统；致祭孔子则表明接续了儒家的道统，同时也表明了治统所归”（《新纪元：康熙帝首次南巡起因泰山巡狩说》，《文史哲》2010年第2期）。

③ 《清世祖实录》卷22，顺治二年十二月甲辰，中华书局，1985，第196页。

④ 《清圣祖实录》卷117，康熙二十三年十月辛亥，第2册，第222页；《清圣祖实录》卷203，康熙四十年正月癸丑，第3册，第70页。

⑤ 《清世宗实录》卷93，雍正八年四月丁未，中华书局，1985，第2册，第245页；《清世宗实录》卷95，雍正八年六月壬寅，第2册，第272页。

⑥ 此处综合参考了李留文《河神黄大王：明清时期社会变迁与国家正祀的呼应》，《民俗研究》2005年第3期；Randall Dodgen, “Hydraulic Religion: ‘Great King’ Cults in the Ming and Qing,” *Modern Asia Studies* 33 (1999): 815 - 833. 这些研究虽然考察时段多为明清时期，但亦注意到明清之不同。如明中后期逐渐将河神信仰纳入国家正祀，明大体为自然神，而清则为人格神，清代的河神庙数量远多于明代等。

性这一政治诉求。[①] 多年后，乾隆派人探寻河源起于一次大规模决口，因此"告祭河神"，探求黄河"真源"。[②] 事后他不仅命人修撰《河源纪略》一书，还留《黄河源图》一幅于书案，时常御览，并钤印"五福五代堂古稀天子宝""八征耄念之宝""太上皇帝之宝"三枚御玺。[③] 考诸史实，一般发生较大规模决口，清帝会在口门堵筑之后奖掖河官，有时还派人到河神庙告祭，而此次后续颇多，耐人寻味。对于此举，《清朝通志》有载，并言"大河灵迹，至圣代而始论定"[④]，"圣代"一说当颇合乾隆心意，而这又与其为图长治久安重视建构政权合法性，以及"治统原于道统"这一认知密切相关。

良好的治绩不仅能够为实现统治提供物质层面的保障，还可以展示清廷的施政能力，进而为获取政权合法性增加砝码。康熙亲政初写下的"三藩及河务、漕运"意味着在他心目中，河务与三藩、漕运一样，是关系政权稳定与发展的首要问题。这可谓清入主中原以来治河思路抑或治河理念的重大调整。仅从这三项事务的内在关联来看，"河务"于"漕运"的重要性已毋庸赘言，于"三藩"关系虽属间接但亦密切。因为铲除"三藩"必须保障漕粮供应以及运输的正常进行，以确保战略物资供应，正如研究者所言："在现代战争出现之前，可以毫不夸张地说，粮食就是军队的生命，而充足的粮食储备，就是其最重要的武器。"[⑤] 由此亦不难理解，尽管黄泛区百姓困苦不堪，康熙这位以儒家"仁政"治天下的封建君主仍不肯蠲免漕项，而是一再强调漕粮"供应进剿兵丁"，关系重大；漕粮乃"军国所需，岂易骤言蠲免?"[⑥] 再者，由于在8个有漕省份中4个处于黄泛区，欲保障战争所需也必须重视

---

① 参见韩肇庆《康熙〈皇舆全览图〉与西方对中国历史疆域认知的成见》，《清华大学学报》2015年第6期。论及重新定义中国，该文还参考了赵冈的文章，即 Gang Zhao, "Reinventing China: Imperial Qing Ideology and the Rise of Modern Chinese National Identity in the Early Twenty Century," *Modern China* 32 (2006): 3–30. 此外，明代宗泐所作《望河源》一诗中有这样两句值得回味："汉使穷河源，要领殊未得。遂令西戎子，千古笑中国。"有学者在解读该诗时认为：古代"对于黄河源的探寻，基于一种沿波探源，认祖追宗这一文化诉求"（赖振寅：《读宗泐〈望河源并序〉》，《文史知识》2006年第2期）。

② 纪昀等纂《河源纪略》卷首《上谕》，乾隆四十七年奉敕撰，文渊阁《四库全书》，第579册，第1页。

③ 参见孙果清《黄河探源与〈黄河源图〉》，《地图》2011年第4期。该文配有《黄河源图》，图中清晰地显示了三枚印章。

④ 黎世序等纂修《续行水金鉴》卷1《皇朝通志》，第10页。

⑤ 冀朝鼎：《中国历史上的基本经济区与水利事业的发展》，第11页。

⑥ 中国第一历史档案馆编《康熙起居注》，康熙二十年七月十六日丁卯，第727页；康熙二十八年正月二十五日癸巳，第1830页。

“河务”，更何况此时“黄河两岸二千数百里，非一望汪洋，即沮洳苇渚”，整个黄、淮、运水系也近于崩溃，“淮溃于东，黄决于北，运涸于中，而半壁淮南与云梯海口，且沧桑互易”。[①]

但另一方面，也不能否认清廷治河还有着民生关怀，这与将“永不加赋”定为“家法”，即便出现财政困境采用捐纳的方式进行应对也不予更改类似，有修正前朝弊政进行“朝代间比赛”进而彰显统治合法性这一深层考虑。康熙屡屡讲道：“河防之事，甚属紧要，关系民生之休戚，田庐之存没”[②]，“河道屡年冲决，地方被灾，民生困苦，深轸朕怀”。一次亲历河干后，他对靳辅强调，“必使此方百姓尽安畎亩之日，方是河工告成之时”。几年之后，当亲眼看到了“所经宿迁诸处，民生风景较前次南巡稍加富庶”时，康熙又颇感欣慰地说：“民为邦本，足民即以富国。”[③] 在清帝看来，治河救民对于稳固统治具有重要意义。考诸史实，康熙治河的确取得了良好的成效。据民国时期吴君勉研究，“靳辅以后迄于乾隆中，六十年间”黄河“无大变患，称为极盛”[④]。此后岑仲勉的研究也显示，靳辅治河后的几十年“算是清代河务办理最善而黄河又比较安静的时候”。[⑤] 这在当时颇得朝臣赞誉。

康熙六十年（1721），诸王臣奏曰：

> 皇上参天赞地，迈帝超王，手定平成，致海晏河清之盛，身兼创守备文谟武烈之全。六十年治河之方略，力挽化工，古未有也。[⑥]

川陕总督年羹尧在密奏河工弊政时亦言：

> 自古帝王神禹而外，未有能亲治此事者。我皇上不惮勤劳，费尽经

① 靳辅：《治河奏绩书》卷4，浙江鲍士恭家藏本，文渊阁《四库全书》第579册，第733、711页。

② 《清圣祖实录》卷191，康熙三十七年十二月甲寅，第2册，第1027页。

③ 中国第一历史档案馆编《康熙起居注》，康熙二十三年十一月十三日甲午，第1252页；康熙二十八年正月二十五日癸巳，第1829～1830页。

④ 吴君勉：《古今治河图说》，水利委员会1942年印行，沈云龙主编《中国水利要籍丛编》第3集，第22册，第74页。

⑤ 岑仲勉：《黄河变迁史》，第559页。

⑥ 《清圣祖实录》卷291，康熙六十年三月乙丑，第3册，第829～830页。

营，乃成一代之河防大政。①

这自然是臣下对帝王的阿谀溢美之词，但从一个侧面亦可反映当时朝臣对于治河的认知也不仅局限于保障漕运畅通。

综上可以说明，黄河治理为清帝获取政权合法性的重要环节，为清代立国不可逾越的重大问题，所谓"海晏河清"乃国家大治的象征，黄河安则天下安。以往"治河即所以保漕"的观点未对清前期重视治河的特定背景进行深入剖析，也鲜少关注这一特定背景下清帝所做的与治河实践密切相关的其他一些努力。即便到了清中期，在政权合法性焦虑已逐渐退去，清帝重视治河亦不单是为了保漕，另有深厚的政治文化意涵，这又与康熙开创的重视治河之局面密切相连。

三　恪守祖宗"家法"：清中期竭力"事河"的政治文化意涵

清中期，黄河淤垫严重，溃决频繁，整个黄淮运水系再度陷入困境。以入海口淤滩情况为例，据乾隆初年大学士陈仕倌奏报："今自关外至二木楼海口且二百八十余里。夫以七百余年之久，淤滩不过百二十里，靳辅至今仅七十余年，而淤滩乃至二百八十余里。"② 后来，由于漕运大受影响，嘉庆派人前往密查③，结果显示，"黄河淤阻，实因河底日渐增高，清水势不敌黄"。④道光初年，形势进一步恶化，原有蓄清刷黄、借黄济运之法难以实施，以致"运河旱阻者，几数十里"。⑤ 面对这一局面，清帝决定从加强管控、增加投入等方面入手应对。

加强管控方面的具体措施为：拓展机构建置、完善制度条文、增加在河官员人数。管河机构上层建置主要体现在探索设置副总河：嘉庆十一年

① 年羹尧：《奏请以张鹏翮暂总河务以陈鹏年副之以防秋汛之险事》，康熙六十年六月二十五日，硃批奏折，中国第一历史档案馆藏，04-01-30-0336-002。

② 黎世序等纂修《续行水金鉴》卷13《皇清奏议》，第310页。

③ 颜检：《奏报奉旨委员密查漕船在黄河受堵真实情形事》，嘉庆九年十月十四日，硃批奏折，04-01-35-0198-019。

④《奏为遵旨访查黄河淤阻实在情形事》，嘉庆九年，硃批奏折，04-01-05-0269-030。

⑤ 贺长龄等编《清经世文编》卷48《筹漕运变通全局疏》，中华书局，1992，第14~17页。

(1806)，以“南河事巨工繁，责任綦重”，设置南河副总河[1]，十五年(1810)裁撤；嘉庆十九年（1814），设东河副总河，翌年裁撤；道光六年(1826)，又设南河副总河，九年（1829）裁撤。此举反反复复，似显无常，但恰恰说明清廷在应对治河困境时的踌躇心情与不懈努力。不仅如此，清廷还增置河以下的机构，如乾隆五十三年（1788）于“山东省曹、单二县临河大堤，添建兵堡房五十座”；再如嘉庆十六年（1811），鉴于“江南淮扬海道分巡三府州，管理十厅河务，不能兼顾，添设淮海道一缺，驻扎中河，专管桃北、中河、山安、海防及新设两厅河务”。[2] 另以厅级机构的数量增长为例。本来康熙初年，东河4厅、南河6厅，共10厅；至道光时，东河增至15厅、南河增至22厅，总数达37厅。机构增设，管河人员数量随之增加，甚至“文武数百员，河兵万数千，皆数倍其旧”。[3] 同时，清廷还因应时势，调整完善相关规章条文。如乾隆三十九年（1774），针对赔修制度在治河实践中暴露的问题，制定了漫工分赔例，将总河以下文武各官及沿河地方督抚正印官员全部纳入分赔范围。[4] 再如回避原籍制度，清前期任命河官时也采用这一办法，但至乾隆三十二年（1767），鉴于河务问题不仅技术含量较高，且需保持人事与政策的连续性才能取得实际成效，将其修订为：“嗣后，凡河工同知以下各员，有官本省而距家在二百里以外者，俱准其毋庸回避。”[5]

加大财政投入为这一时期应对河务困境的另一重要举措。对于清前中期岁抢修经费逐渐增加之趋势，魏源做过梳理：康熙年间，全河不过数十万金；至乾隆时，岁修、抢修、另案三者相加，两河尚不过200万两，但已经“数倍于国初”；嘉庆时期，河费“又大倍于乾隆”，所增之费可以300万两计之；道光时的河费“浮于嘉庆，远在宗禄、名粮、民欠之上”，增为每年六七百万两。魏源曾言清中期“竭天下之财赋以事河”。[6] 对于此时河工经费，嘉庆中期的一份上谕中提到：“伊在任前后六七年，止用银一千余万，此数年来竟用过三四千万，实在可怕！”[7] 绝对数字攀升若此，在清廷财政支出中所占比重

---

① 中国第一历史档案馆编《嘉庆朝上谕档》，嘉庆十一年六月十四日，广西师范大学出版社，2008，第477页。

② 《清会典事例》卷902《工部42》第10册，第425页；《工部41》第10册，第418页。

③ 魏源：《筹河篇》，《魏源集》，中华书局，1983，第367页。

④ 黎世序等纂修《续行水金鉴》卷17《南河成案》，第385页。

⑤ 《清会典事例》卷902《工部41》第10册，第414页。

⑥ 魏源：《筹河篇》，《魏源集》，第365~366、365页。

⑦ 中国第一历史档案馆编《嘉庆朝上谕档》，嘉庆十五年十一月二十三日，第552页。

亦令人惊诧。据时人金安清估算：“嘉、道年河患最盛，而水衡之钱亦最糜。东、南、北三河岁用七八百万，居度支十分之二”，其中“南河年需四五百万，东河二百数十万，北河数十万”。[①] 另据周馥估计：“通计上自荥泽，下至安东，两总河所辖文武员弁三百余员，河兵七八千名，挑夫三千余名，不下一省岁支之数。而两河额领岁抢修银八百数十万两，另案工程每年二三百万两，合之廉俸兵饷，每岁不下一千二三百万两。国家盛时，丰年全征只四千万两，乃河工几耗三分之一。”[②] 虽然“十分之二”与“三分之一”之间有不小的差距，但后者所言河工经费应该更为全面，囊括了岁修、抢修、另案大工以及廉俸兵饷等项。

除上述举措外，清廷还非常注重加强治河实践。嘉庆曾派内阁大学士戴均元前往南河与两江总督铁保、南河总督徐端一同办理河务，其中采取的一项重要措施为“照前人成规”疏浚黄河尾闾。对于此法，三人奏陈如下：

> 现拟照前人成规，在清口以下河身内先设浚船，拨兵实力疏导，如果行之有效，再增船只兵夫，递至下游疏浚，并俟经费稍裕，照臣徐端前奏，在云梯关下接筑遥堤，量为收窄，使河流不致散漫停淤，以收束水攻沙之益，仍力筹蓄清敌黄，以期渐复旧制。[③]

考诸治河实践，三人所言“前人成规”当指靳辅大举河工时提出的“疏下流”，即“清江浦以下之河身不挑，堤岸不筑，不用铁扫箒等器设法加浚河身，并浚海口，则黄淮无归，黄运两河并高家堰一带之各岸堤，处处皆可冲漫”。[④] 此前明代虽然开创了“束水攻沙”“蓄清刷黄”等办法，但并未处理云梯关外黄河尾闾的出水问题，而是将重点放在了以上河段的堤岸修筑等方面，即治河名臣潘季驯所言：“海无可浚之理，惟有导河以归之海，然河非可以人力导，惟有缮治堤防，俾无旁溢，则水由地中，沙随水去也。”[⑤]

---

① 《金穴》，欧阳兆熊、金安清：《水窗春呓》，中华书局，1984，第 34 页。

② 周馥：《河防杂著四种·黄河工段文武兵夫纪略序》，《周悫慎公全集》第 34 册，第 2 页。

③ 黎世序等纂修《续行水金鉴》卷 34《南河成案续编》，第 716 页。

④ 傅泽洪辑《行水金鉴》卷 48《靳文襄公经理八疏摘钞》，第 702 页。

⑤ 傅泽洪辑《行水金鉴》卷 51《靳文襄公治河书》，第 736 页。

然而，尽管清廷延续前朝重视河务之惯性，继续加强管控，加大投入，甚至在治河实践中直言恢复“旧制”，但已无法取得一如此前的治河成效，反而使得河务管理机构成为“金穴”①，官员士卒各色人等竞相跻身其中：“投效人员，藉词办工，纷纷前往”，而“该督等不加选择，任意收录，以致人数众多，漫无限制”，南河定额本为60人，实际远远超出这个数目，在120人左右。② 另有大量由河官自行招募的幕友——“河工独曰库储”。③冗员充斥其中势必造成机构膨胀、人浮于事等弊病，进而降低行政管理的实际效能，甚至还催生了河务这一场域自上而下的普遍性腐败。据时人昭梿考察：

> 乾隆中，自和相秉政后，河防日见疏懈。其任河帅者，皆出其私门，先以巨万纳其帑库，然后许之任视事，故皆利水患充斥，借以侵蚀国帑，而朝中诸贵要，无不视河帅为外府，至竭天下府库之力，尚不足充其用。如嘉庆戊辰、己巳间，开浚海口，改易河道，靡费帑金至八百万；而庚午、辛未，高家堰、李家楼诸决口，其患尤倍于昔，良可嗟叹。④

另据包世臣记述：嘉庆初年的丰工工程，“工员欲请帑百廿万”，河督吴嗣爵“议减其半”，后吴氏与幕僚郭大昌商议，大昌认为“再半之足矣”，“河督有难色”。大昌解释道：“以十五万办工，十五万与众员工共之，尚以为少乎？”而“河督怫然”，大昌“自此遂决意不复与南河事”。⑤由此不难计算，清廷所拨河帑实际用于河工之比例，大体如冯桂芬所言：“两河岁修五百万，实用不过十之一二耳，其余皆河督以至兵夫，瓜剖而豆分之。”⑥

面对河工弊政日趋严重之局面，清帝煞费苦心予以矫治，但收效甚微。

① 《金穴》，欧阳兆熊、金安清：《水窗春呓》，第34页。

② 《清仁宗实录》卷255，嘉庆十七年三月己亥，第4册，第451页。

③ 《清史列传》卷59《许振祎》，王钟翰点校，中华书局，1987，第4675页。

④ 昭梿：《啸亭杂录》，中华书局，1980，第214~215页。

⑤ 包世臣：《中衢一勺》卷2，艺海珠尘本，《丛书集成初编》，（长沙）商务印书馆，1939，第2532册，第26页。

⑥ 盛康辑《皇朝经世文续编》卷20《汰冗员议》，光绪二十三年刻本，第2115页。

乾隆三十九年（1774），针对官署中的幕僚贪腐问题，乾隆发布上谕，“外省幕友有无违例之处，令各督抚于每年年终，汇奏一次”。然而这年年底，南河总督与东河总督几乎异口同声地奏称：“分河工各属幕友并无违例事”“臣署及河工各员幕友并无违例事”。[①] 几年之后，又命两河查察河工歪风，结果所奏类似：“河工人员并无坐省家人事”“河工人员并无换帖相宴事”“河员并无承办宴席及收受门包事”“河道衙署各官并未立有管门家人收受押席等弊事”[②]，将河务粉饰得一片清廉。嘉庆时，曾派人前往调查，然而结果显示，南河“无敝窦”![③] 河工弊窦众人皆知，只是身处官场，明哲保身，谁也不愿或者不敢触碰这一毒瘤，即便河务这一场域的核心人物河督亦是如此。河督吴璥离任路过扬州时，曾跟朋友阿克当阿谈及“河工弊窦多端”，而“在任从无一字”上奏。[④] 在回天乏术的情形下，嘉庆深感“河工敝坏已极”。[⑤] 道光继位后，甚至尝试调整河督选任标准，由重视实践经验改为选用没有任何河工经历者担任河督，对林则徐与吴邦庆的任命即基于这一考虑。[⑥] 屡试无果后，他慨叹：“吏治河工，原无二致。”[⑦]

在清帝竭力矫治河工弊政以及“赏虽重而罚亦严”的环境下，出现了“人皆以河工为畏途”的问题[⑧]，不能不对治河实践产生一定影响。如前所述，鉴于南河治理难度较大，嘉庆曾命戴均元、铁保、徐端三人一同办理河务，可是，三人考察后却呈上奏疏，要求“简派熟习河务大臣一员，来工商

---

① 吴嗣爵：《奏为乾隆三十九年份河工各属幕友并无违例事》，乾隆三十九年十二月十五日，硃批奏折，04－01－01－0328－048，中国第一历史档案馆藏；姚立德：《奏为乾隆三十九年份臣署及河工各员幕友并无违例事》，乾隆三十九年十二月十六日，硃批奏折，04－01－01－0328－045。

② 萨载：《奏为河工人员并无抚贴宴会事》，乾隆四十六年十一月十八日，录副奏折，03－0171－005.2；萨载：《奏为河员并无承办宴席及收受门包事》，乾隆四十六年十一月三十日，录副奏折，03－0171－039；韩鏴：《奏为河员并无换帖宴会事》，乾隆四十六年十二月十二日，录副奏折，03－0171－079；韩鏴：《奏为河员并无坐省家人事》，乾隆四十六年十二月十三日，录副奏折，03－0171－0080；何裕城：《奏为汇奏河道衙署各官并未立有管门家人收受押席等弊事》，乾隆四十七年十二月十三日，录副奏折，03－0354－063；何裕城：《奏为汇奏河道各员并无宴会等弊事》，乾隆四十七年十二月十三日，录副奏折，03－0354－064。

③ 《清仁宗实录》卷238，嘉庆十六年正月丙辰，第4册，第211页。

④ 中国第一历史档案馆编《嘉庆朝上谕档》，嘉庆十五年十一月二十二日，第549～550页。

⑤ 《清仁宗实录》卷236，嘉庆十五年十一月甲子，第4册，第183页。

⑥ 吴邦庆：《奏为补授东河总督谢恩并自陈不谙河务事》，道光十二年三月初四日，录副奏折，03－2621－058。

⑦ 《清宣宗实录》卷32，道光二年闰三月庚辰，中华书局，1986，第1册，第568页。

⑧ 《河工最重》，欧阳兆熊、金安清：《水窗春呓》，第73～74页。

办”，令嘉庆大为震怒。[①] 朝廷文武官员中熟谙河务者非三人莫属，他们自己也非常清楚，然而仍然作此提议，应是由于通过调查，对治河之困难以及河工弊政之严重情况颇感忧虑，即便合三人之力亦难取得实际成效，而按照河工律例，如果治理不善，他们将遭受数额不菲的赔修乃至革职等严厉处罚。无论如何，这都从一个侧面说明，在河务这一场域，问题已非常严重。

对于当朝之河务，嘉庆曾在上谕中讲道：

> 就现在政治而论，惟南河工程最为重大。海口大工，甫经兴办，宝应缺口，尚未堵合，而近日洪湖漫溢，高堰山盱两厅复又掣塌，三坝及隄工多至四千余丈。工用浩繁，兼于运道有碍，经理又复不易。因思数年来河湖漫溢频仍，堵筑工程，岁无休息，而所办迄无成功。朕旰夕焦劳，刻深廑念。[②]

其中第一句“就现在政治而论，惟南河工程最为重大”表明，这一时期河务工程在国家事务中处于非常重要的位置，其程度甚至不亚于清前期；但亦明显可见，治河成效平平且已经成为清廷的沉重负担。那么，应该如何理解这一充满矛盾的复杂问题？仅从保障漕运的角度恐怕解释不通。

论及河务，嘉庆还曾讲道：“予小子敬承大业，恪守成规，尝恭读皇考圣制文云：河工关系民命，未深知而谬定之庸碌者，惟遵旨而谬行之，其害可胜言哉？煌煌圣训，实子子孙孙所应遵守。”[③] 此一番话，等于将重视河务视作必须恪守的祖宗“家法”。这是实事求是的表达，还是在标榜什么？为探明究竟，需往前追述雍乾两位皇帝对待河务的态度。雍正七年（1729），“《圣祖仁皇帝治河方略》编纂告成”，雍正发布上谕将其“奉为法则”。[④] 此后乾隆亦直追其祖康熙皇帝，比如六度南巡，并强调“南巡之事，莫大于河工”。[⑤] 尽管今人对其动机表示怀疑，指其不过做些表面文章，但这恰恰说明

---

① 铁保：《奏请简派熟悉河务大臣来工商办河工等事》，嘉庆十一年十月十八日，录副奏折，03－2073－105。

② 《清仁宗实录》卷235，嘉庆十五年十月己酉，第4册，第172页。

③ 《河南衡家楼新建河神庙碑》，左慧元编《黄河金石录》，黄河水利出版社，1999，第300页。

④ 《清世宗实录》卷86，雍正七年九月乙酉，第2册，第152页。

⑤ 《清高宗实录》卷1201，乾隆四十九年三月己酉，中华书局，1986，第16册，第62页。

了乾隆对治河这一“家法”的尊崇。[①] 对于清帝高度重视治河之做法，周馥在晚年总结自己的治河实践时讲道：“皇上忧漕艘不达，而又难于更制，以坏先朝之成法，是不得不趣塞决河竭藏以济用。”[②] 从几位帝王以及封疆大吏的言行不难看出，康熙定下的重视河务与漕运的做法成为后世子孙奉行不二的“家法”。这一守成思想还可进一步从能否更制的讨论中窥知。

面对治河困境，清廷中屡有更改之议。乾隆十八年（1753），吏部尚书孙嘉淦提出将山东大清河开为减河，以缓解南河问题；[③] 乾隆四十六年（1781），具有深厚家学渊源及丰富治河经验的大学士嵇璜主张趁决口之机“令黄河仍归山东故道”[④]，但这些提议均遭否决，其中一个重要理由为“黄流归海之处，不惟本朝百数十年未经更改，即前代亦不轻议及此，其事原属重大”。[⑤] 及至晚清，虽然“求强”“求富”成为时代主题，河工、漕运等传统事务也在实际中淡出国家事务的中心位置，但是对于可否更制这一问题，清廷态度非常谨慎。咸丰十年（1850），迫于军费孔亟，欲裁撤南河机构，但也是经御前大臣、军机大臣会同工部共同筹议，才最后做出决断。[⑥]

与河务密切相关的漕运亦有类似经历。道光六年（1826），迫于形势，试行漕粮海运，但在取得成功后道光突然改变主意，最重要原因应在于“道光帝乃一典型的守成之主，他心目中的理想是恢复康乾盛世，恪守祖宗法典”。[⑦] 咸丰五年（1855）铜瓦厢改道后，清廷内部围绕新旧河道问题展开了长达30余年的争论，其中涉及是否废弃河运的问题。据曾国藩分析，“部臣所以不肯

---

① 萧一山认为：乾隆“六度南巡之事业，乃其自述也，亦不过如斯！康熙南巡，为治黄河，而乾隆南服无事，徒以数千百万之库帑，反复于海宁石塘之兴筑，于益何有？乾隆时，黄河漫口于豫、苏凡二十次，未闻弘历曾亲至其地，相度形势。乃幸苏杭，观海潮，铺陈辉张，循旧踵新，是知其意不在此，而在彼也”（《清代通史》第2册，中华书局，1985，第72页）。申丙亦认为：“乾隆迭次南巡，亦大半以视河为名，河臣章奏，亦以硃笔批画，一袭康熙成法，然详细研察其所指画，率皆浮掠光影，略无精到之见解，与实在之办法。逮其成则居功，及其败不认过。其南巡时，对于河工，亦有许多上谕，详细按之，则皆掠美市恩之事，较之康熙相去远矣”（申丙：《黄河通考》，台北：中华丛书编审委员会，1960，第103页）。

② 周馥：《河防杂著四种·黄河工段文武兵夫纪略序》，《周愨慎公全集》第34册，第1页。

③ 沈兆霖：《呈录孙嘉淦请开减河入大清河奏疏》，咸丰十年闰三月初四日，录副奏折，03-4503-21。

④ 述及此事，《河渠纪闻》的编者即嘉庆年间治河名臣康基田还作按语云，“按山东故道，即东汉王景所治引河入千乘之道也。时青龙岗漫水，滔滔东下，不得已为因势利导之策也”（《河渠纪闻》卷28，《四库未收书辑刊》第1辑，北京出版社，2000，第29册，第735页）。

⑤ 黎世序等纂修《续行水金鉴》卷34《南河成案续编》，第725页。

⑥ 《清文宗实录》卷322，咸丰十年六月庚辰，中华书局，1986，第5册，第774~775页。

⑦ 倪玉平：《清代漕粮海运与社会变迁》，上海书店出版社，2005，第66~67页。

竟废河运者，亦因成法不可轻改”。[①] 李鸿章亦曾在给朋友的信中提到，“部议河运仍不可废，采买更不准行，大都敷衍目前，不谋久远”。[②] 诚然，争论背后存有非常复杂的利益纷争[③]，部臣未必表达了真实想法，但即便是个幌子，也可以说明在他们心中行河运乃为“成法”。

综上可见，康熙定下的治河基调被后世奉为祖宗“家法”，不可更改，即便清中期黄淮运水系问题重重，漕运严重受阻，清廷的所作所为也主要体现为一种继承与恪守。思想上延续“成规”，实践中恢复“旧制”，治河在保障漕运之外另有深层次的考量。

结　语

清代的黄河治理具有丰富且深厚的政治意涵，彰显着该时期的政治文化特征，保障漕运畅通仅为其中的一个方面。清前期，为建构政权合法性，清帝双管齐下，将治河纳入其中，此可谓“智慧”之举。在治河实践中，他们殚精竭虑，深度把控，又从一个侧面体现了加强皇权实现“帝王之治”这一政治文化特征。康熙在治河过程中，从治河基调的确立、河督的选拔到治河工程的兴举，乃至物料的使用，均深度参与，几乎成为河工事务的直接操控者，即便在治河名臣靳辅时也是如此，另一名臣张鹏翮则几乎唯皇命是从。康熙曾叮嘱他：“尔于河工，不可任意从事，但守成规，遵奉朕训而行。”[④] 甚至河工是否适用埽坝这样具体而微的事情，亦亲自指授。[⑤] 张鹏翮本人也曾表示，“微臣自惭学识浅陋，前此治河工程，皆荷皇上指示”。[⑥] 康熙这种将河务纳入国家战略性事务的做法也被奉为祖宗“家法”，不可逾越。清中期以降，尽管河难治官难当，河务这一场域弊病迭现，甚至成为封建官僚制度中的坏疽，清帝仍延续制度建设与调整之惯性，拓展机构建置，增加河帑投入，竭力“事河”，与此不无关系。或者说，随着时间的推移，重视治河成了传统。

---

① 李瀚章编《曾文正公全集·奏稿》卷30《筹办河运事宜折》，光绪二年季夏传忠书局校刻，第31册，第17页。

② 李鸿章：《复冯景亭宫允》，顾廷龙、戴逸主编《李鸿章全集·信函二》，安徽教育出版社，2008，第30册，第608页。

③ 参见贾国静《黄河铜瓦厢改道后的新旧河道之争》，《史学月刊》2009年第12期。

④ 《清圣祖实录》卷245，康熙五十年二月戊辰，第3册，第431页。

⑤ 《圣祖仁皇帝圣训》卷34，文渊阁《四库全书》第411册，第541页。

⑥ 傅泽洪辑《行水金鉴》卷55《河防志》，第799页。

总之，如果将元、明以前的黄河治理纳入公共水利工程这一范畴[①]，那么元、明两朝的黄河治理则因肩负着"保漕"这一使命而具有了几分国家政治工程的意味。至清前期，由于中央政府的深度把控，治理黄河完全成为建构政权合法性稳固统治以图长治久安的重要环节；至清中期，则成为延续与维持朝局的"家法"。也就是说，清廷强力干预下的黄河已不再单纯为自然之河，而因承载着重要的政治使命成为一条政治之河，清代治河的政治意义远在其经济意义与社会意义之上。

---

① 冀朝鼎的研究显示，唐宋以前，黄河治理主要服务于基本经济区的发展，至于此后的情况仅点到，"在明、清两代治理黄河大堤的工程，都是由官僚阶层中特别指定的高级官吏主持的"。综合参见冀朝鼎的《中国历史上的基本经济区与水利事业的发展》一书。另外，该书英文书名 *Key Economic Areas in Chinese History as Revealed in the Development of Public Works for Water-control*，还有另外一种译法为《从公共水利工程的发展看中国历史上的关键经济区》（参见包茂宏《中国环境史研究：伊懋可教授访谈》，《中国历史地理论丛》2004 年第 1 期），这种译法似更合著者之意。

清代漕粮入京监督机制*

——以大通桥监督为对象的历史考察

郑民德**

清代的北京城，是整个专制王朝的政治中心与心脏，这里既有最高的统治者皇帝，也有大量的官员、军队、商人、普通民众，是全国最重要的城市，同时也是著名的政治、经济、文化中心。为维持京城的稳定，全国有漕八省的漕粮需通过京杭大运河输往北京，漕船一路过闸、过坝，沿途经历重重风浪与阻隔，历尽千辛万苦方能抵达通州，然后少量入通州大运仓，多数以小船或车辆转运入北京仓，其中大通桥监督是核查漕粮入京的最后通道，是清代仓场衙门的重要组成部分，具有抽查漕、白二粮，督催车户，兼收随粮板木的功能，是漕运系统中重要的一环，其历史沿革充分体现了清代漕运与区域社会之间的关系，也体现了统治者对漕运的重视与统治策略。目前关于北京运河史、漕运史的研究，或关注北京城市空间布局与漕运变迁之间的关系①，或从宏观角度论述北京漕运仓储的沿革、管理与功能②，而对于漕运中的管理者，尤其是大通桥监督等中低层管理者尚未进行专门的探讨，在国家建设大运河文化带，北京推进“长城、运河、西山”三个文化带建设的今天，对北京漕运史的进一步深入研究，有助于挖掘区域历史文化资源，积淀城市历史底蕴，促进社会的和谐与全面发展。

---

* 本文原载《北京社会科学》2018 年第 10 期。

** 郑民德，聊城大学运河学研究院副教授。

① 陈喜波、邓辉：《明清北京通州古城研究》，《中国历史地理论丛》2017 年第 1 期。本文认为通州是明清运河北端漕运枢纽城市，通州城的发展演变与漕运有着密切关系，其城市职能随运河漕运发展而日渐扩充与完善。

② 高寿仙：《明代京通二仓述略》，《中国史研究》2003 年第 1 期；钟行明：《明代京通仓的管理运作》，《中国名城》2011 年第 4 期；梁科：《明代京通仓储制度研究》，硕士学位论文，北京大学，2005；李永萍：《清代京仓、通仓研究浅见》，硕士学位论文，首都师范大学，2012。

一 清代大通桥监督的设置与沿革

大通桥是位于北京东便门外大通河上的一座桥梁，最早建于明朝正统三年（1438），明清两朝的多数时间里，江南、河南、山东等省漕粮输往通州后，因前往北京的水路狭窄，漕船不能继续前行，多改换小船或陆运至大通桥，在此卸载漕粮，然后分输京城各仓。其中位于大通桥附近，核查漕粮入京最后一道关口的衙门称大通桥监督。监督一般由中央派遣，多由户部主事担任，受户部与仓场总督的领导与辖制，是漕运系统中重要的官员，起着保障漕粮质量、监督车户输粮、防范收粮经纪作弊的功能。大通桥监督最早设于明代，“嘉靖七年通惠河成，京粮由石坝历四闸达大通桥，陆挽上诸仓，其事总于通州坐粮厅，委官于各闸抽掣，验其米色之干湿、数之多少，并舟车之勤惰，有无偷窃等弊。后以委官多系州县佐贰、卫经历等官，职散不足以弹压军民、消弭弊窦。嘉靖三十五年采言官议，于大通桥创公署，专设监督”[①]。《左司笔记》亦载因漕粮至大通桥需陆运，分委多官，弊端重重，于是“专设监督去兹弊也，核掣擎之盈缩，稽舟车之勤惰，察偷窃之有无”[②]，同时建有号房一百间，用以起粮掣斛，检查漕粮质量。入清后，继承明代漕运与仓场制度，亦设总督、坐粮厅、大通桥监督、仓监督等官员，其中大通桥监督为“清户部仓场衙门所属大通桥之主官。掌理石坝运到漕、白二粮抽验斛面之事，督催车户分运京仓，兼收随粮松板”[③]。与明代相比，清代大通桥监督的铨选、考核更加系统，职能更加明确、清晰，作用发挥更趋完善，在国家漕运中的地位也更加重要。与整个宏观的漕运系统相比，大通桥监督及其属员既从属于这个系统，与其他漕运、仓储部门发生着密切的关系，存在着权力上的交流与合作，同时也有着利益的斗争与博弈，这种矛盾在清中后期尤为明显，是当时国家漕运制度陷入危机与困境的直接反映，深刻凸显了国家政策与社会变迁之间的密切关系。

大通桥监督的设置与大通河、大通桥密不可分，是国家漕运地标性建筑的代名词。元明清三代北京至通州运河为通惠河，该河开凿于元世祖忽必烈

① （明）周之翰：《通粮厅志》卷12《备考志》，明万历刻本。

② （清）吴璟：《左司笔记》卷19《廨署》，清钞本。

③ 郑天挺等：《中国历史大辞典》，上海辞书出版社，2010，第41页。

时期，由著名水利学家郭守敬负责，“导昌平县白浮村神山泉过双塔、榆河，引一亩、玉泉诸水入城，汇于积水潭，复东折而南入旧河，每十里置一闸，以时蓄泄”①。后因水源的匮乏、北京城市格局的变化、社会因素②的影响，在明清多数时间里，江南漕粮只能抵通州张家湾，不能直达北京城，明永乐、成化、嘉靖年间曾短暂疏浚通州至大通桥河道③，但很快复淤，耗费大量人力、物力、财力而不能终其功。大通河为通惠河的别称，具体指通州至大通桥的部分，而不包括北京城区内的河道，据《畿辅安澜志》载“此河元时本名通惠，上起西山，下达通州。自明改建都城，围积水潭于苑内，上游河道不复浚治，谨于大通桥起，迄于通州石坝止，故又有大通之名”④，《畿辅通志》亦称“大通河，旧名通惠河，水自玉河出，绕都城东南，经大通桥流至高丽庄，入白河”⑤。大通桥为大通河上的水工设施，建于明正统初年，有“漕运畅通”“漕河通达”之意，桥梁为石质建筑，有闸板建构。因大通河水源难以保障，加之河道经常淤塞，所以水源丰裕时有小船自通州至此，多数时间只能陆运，然后将漕粮搬运至京仓。明清两朝，“大通桥去通州四十里，高通州五丈，置十闸方可行舟”⑥，《帝京景物略》也言：“出崇文门三里，曰大通桥。运河数千里，闸七十二，抵桥下闸，不复通矣”⑦，可见通州至大通桥之间的航道地势高下悬殊，只能通过设闸以调节水位，即便如此，明清多数时间里漕船也不能在这段河道中畅通无阻。大通桥监督作为由户部派出的漕粮质量监督机构，驻扎于大通桥附近，监督漕粮保量、保质入京，只有检验合格的漕粮，才能进入京仓，成为国家的储备粮与维持京城稳定的物质基础。因此，大通桥监督的职责异常繁杂，其功能发挥的强弱直接影响到专制社会的稳定。

---

① （明）杨宏、谢纯：《漕运通志》，方志出版社，2006，第236页。

② 明代通惠河淤塞，“成化十二年始命平江伯陈锐疏通之，漕舟曾至大通桥下，后车户射利，捏说阻坏之”。参见明袁黄《皇都水利》之《大通河考》。

③ 普遍观点认为大通河专指大通桥至通州河道，但不同河段称谓有所差异，据《潞城考古录》载，通惠河：“盖此河在西直门外，今仍称高粱河，入都城大内则称玉河，流出东便门外大通桥下，或称大通河，由五闸迤逦而下至通州，则称通惠河，土人呼曰里河，本一河而随地异名。”参见王灿炽《燕都古籍考》，京华出版社，1995，第325页。

④ （清）王履泰：《畿辅安澜志·大通河》卷1《原委》，清光绪五年（1899）广雅书局刻武英殿聚珍版丛书本。

⑤ （清）郭棻：《康熙畿辅通志》卷4《山川》，清康熙二十二年（1683）刻本。

⑥ （清）郑光祖：《一斑录》，中国书店，1990，第6页。

⑦ （明）刘侗：《帝京景物略》，北京古籍出版社，1980，第80页。

清代仓场有诸多管仓官员，有着复杂的管理程序与章程。京通仓场的最高管理者为仓场总督，“户部右侍郎满洲、汉人各一人，掌总稽岁漕之入以均廪禄、以储军饷，凡南北漕艘，京通仓庾悉隶焉”①。仓场总督设于顺治元年（1644），当时清廷刚占领北京，迫切需要江南漕粮供给京城与满足军事战争的开支，初为汉人担任，后置满人一名予以牵制，后屡有裁撤与更改，康熙朝时正式确立满汉各一人担任总督。② 除此之外，仓场总督下辖有坐粮厅司官、大通桥监督、北京与通州各仓监督等，其中大通桥监督“满洲、汉人各一人……初差户部汉人司官一人，康熙二年改设满洲、汉人监督各一人，寻省。四十七年以通州大通桥会清河相隔甚远，事难兼办，仍设满洲、汉人监督各一人管理”③。与明代相比，清代仓场的双轨制与统治者的民族色彩是密不可分的，他们需要掌握仓储大权，维持国家统治的稳定性，因此不得不使用熟悉仓场规范、精于业务的汉族官员，同时又设满侍郎、满监督予以牵制，以达到以满制汉的目的。

大通桥监督最早设于顺治初期，因其关系到漕粮能否顺利入京，所以其任命、诠选、考核有着严格的程序，并且随着漕政、仓政的变化而调整。乾隆元年（1736）议准“大通桥及京通各仓满汉监督向系任满之时行各部院报送引见补授，未免有需时日，恐致贻误仓务。嗣后预行内阁拣选满汉官各三人，宗人府、理藩院、国子监、太常寺、太仆寺、鸿胪寺满官各一人，光禄寺满汉官各一人，中书科汉官一人送部引见候旨，记名注册，遇有员缺掣签补授”④，同时又规定“大通桥监督员缺，令仓场总督于各仓监督内拣选引见调补”⑤。可见大通桥监督一职有两种选拔方式，分别为候补满汉官掣签补授与京通十三仓监督中调补，其负责部门为吏部与仓场总督，而且满官的比例要高于汉官。在任职年限中，清朝初年大通桥监督满汉二人“差期二年”⑥，目的是防范其把持漕务、徇私舞弊，但由于任职较短又难以及时处理政务，后改为“三年期满”⑦。同时对任职者也有限制与规范，“西仓、中仓监督由

① （清）永瑢：《历代职官表》，中华书局，1985，第190页。

② （清）嵇璜等：《清朝通典》卷24《职官》，清光绪二十二年（1896）浙江书局刊本。

③ （清）永瑢：《历代职官表》，中华书局，1985，第191页。

④ （清）托津：《钦定大清会典事例》卷184《户部》、卷104《吏部》，清刊本。

⑤ （清）托津：《钦定大清会典事例》卷184《户部》、卷104《吏部》，清刊本。

⑥ （清）席裕福：《皇朝政典类纂》，（台北）文海出版社，1982，第1778页。

⑦ （清）允裪：《钦定大清会典》卷7《吏部》、卷21《礼部》，清文渊阁四库全书本。

仓场侍郎于各监督内任一年以上者调补，大通桥监督由仓场侍郎于各监督内任一年以上者拣选引见调补”①。之所以如此，是因为大通桥监督、通州大运中西仓事务繁忙，对官员的能力要求更高，需要选拔更有才能及有经验者担任。大通桥监督有着严格的考核制度，“差满将任内经管事宜造册，仓场总督具题，送部考核”，考核合格者才能升迁。② 据《漕运则例纂》载“大通桥监督系专管转运京仓粮米之员，如一年内照数运仓，准其加一级，如有不完，交部议处”③，通过相应的奖惩制度以鼓励监督忠于职守，按时完成漕粮入京任务。

大通桥监督设置于清初，对于清代漕运的正常运转、京通仓粮的储备、各种弊端的防范起到了巨大的作用，保障了国家的供给与社会的稳定。虽然只是漕运系统中的中低层官员，但大通桥监督地位却异常重要，所以受到了清廷的重视，其选拔、考核都有着严格的规章制度。清朝后期，随着运道淤塞、漕粮改折、战乱频兴，特别是黄河铜瓦厢决口后，冲决山东运道，加上轮船、铁路的兴起与商品粮市场的繁荣，导致传统漕运一蹶不振，河东河道总督于光绪二十八年（1902）裁撤、漕运总督于光绪三十一年（1905）裁撤，京通仓场也于宣统元年（1909）划归新设的民政部管辖④，至此大通桥监督等相关漕政、仓政机构也随着内河漕运的终止而全部废除，而这也预示着旧时代的终结与新时代的开启。

二　大通桥监督的管理与职能

明清两朝定都北京，因北方地区农业、经济发展落后，所以京城供需完全依赖江南漕粮、商业物资，作为沟通南北的交通要道，京杭大运河成了“国之命脉”，漕粮成了“天储玉粒”。清人傅维麟曾言：“漕为国家命脉所关，三月不至则君相忧，六月不至则都人啼，一岁不至则国有不可言者”⑤，可见漕粮对于都城这一“首善之区”的重要性。作为监督漕粮入京的最后屏障，大通桥监督及其属下的经纪、车户负责漕粮的检验、运输，只有达到

---

① （清）允祹：《钦定大清会典》卷7《吏部》、卷21《礼部》，清文渊阁四库全书本。

② （清）杨锡绂：《漕运则例纂》卷29《仓场职掌》、卷19《仓场职掌》，清乾隆刻本。

③ （清）杨锡绂：《漕运则例纂》卷29《仓场职掌》、卷19《仓场职掌》，清乾隆刻本。

④ 《大清宣统政纪》卷9《宣统元年闰二月辛巳朔》，中华书局，1987年影印本。

⑤ （清）傅维麟：《明书》，上海商务印书馆，1936，第1290页。

“干、圆、洁、净”的标准，才能进入京仓，服务于皇室、官员、驻军及平衡京城粮价、赈济灾荒。所以通过对大通桥监督管理与职能的研究，可以探讨清代漕粮入京的具体程序、参与人员、弊端整顿等，进而实现对整个漕运系统宏观的认识与了解。

首先，大通桥监督最主要的功能就是检验通州石坝运到漕粮，抽验斛面，核查漕粮是否合格，确保质量与数量。雍正元年（1723）八月，仓场侍郎法敏称因运河水浅，漕船延期抵通，为防漕船南返冻阻，命大通桥监督“将堆贮米石勒限尽数入仓……又亲诣石、土二坝，督令坐粮厅严饬运役每日尽力起运”，以确保漕粮按时入仓，漕船顺利回空。[①] 雍正四年（1726）因漕粮装卸时多有泼洒，“责令坐粮厅及大通桥监督设法扫收存贮，俟漕运完竣之日，通计扫收数目，仓场据实奏闻，由太平仓验收，与该仓成色米一律待粜”[②]。道光六年（1826）因运京漕米多有霉变，难以食用，命负责之人予以赔偿，赔补之米入仓时“著该仓场侍郎督饬坐粮厅、大通桥监督及仓监督认真验收”，以重仓储。[③] 清末运道不畅，经常河海兼运，大通桥监督对于海运漕粮同样具有监督之责。咸丰二年（1852）仓场侍郎奏称：“大通桥监督于海运漕粮到通时分班赴坝照料查催，以杜弊端……大通桥满汉监督二员专司输运，历年漕粮由通运桥经抽查御史同该监督等掣量斛面，遇有短缺著落各经纪赔补，一面督率车户人等将应进各仓粮石分投转运……今年河海并运……应请委派大通桥满汉监督中留一员在桥抽掣，分一员在坝轮流照料，并沿闸一带往返稽查。”[④] 大通桥监督具有重大责任，既要到通州石坝接收漕粮，同时还需在大通桥抽验质量，事务非常繁杂。漕粮入京仓之前，“大通桥监督将运进仓内米数预期行文入仓监督早开仓门，务要本日照数收完，如有至晚收纳不及者，该监督亲身察点，登簿贮仓，次日抽掣，违者交该部议处”[⑤]。可见大通桥监督与各仓监督之间有着密切的关系，相互之间既有合作，又需承担各自责任。

---

① （清）鄂尔泰：《朱批谕旨》卷51，清乾隆三年（1738）武英殿刻本。

② （清）福趾：《户部漕运全书》卷55《收受粮米》、卷51《京通各差》、卷86《通漕禁令》、卷56《收受粮米》，清光绪刻本。

③ 《清宣宗实录》卷99《道光六年六月庚申条》、卷223《道光十二年冬十月丙辰条》，中华书局，2008年影印本。

④ （清）佚名：《海运续案》卷2，清钞本。

⑤ （清）朱轼：《大清律集解附例》卷7《户律》，清雍正内府刻本。

其次，大通桥监督有管理收粮经纪，督催运粮车户的职责。收粮经纪又称军粮经纪，是大通桥监督属下专门负责收兑漕粮的人员，尽管他们不属于正式的漕运管理者，但却有着检查漕粮质量，决定漕粮能否入仓的大权，而车户属于雇募人员，主要将大通桥漕粮输往京城各仓中。据《篷窗随录》载，“以布袋盛米麦黍豆于船，船约百袋，袋各一石，无篷窗而以篙徐进者为剥载，坐粮之运役曰经纪，曰车户者司之。盖潞河水浅，舟多不能齐达坝下，故别以船剥载，坝有石有土，石坝在北门外，通州判兼掌之……运十三京仓之漕抵石坝，由大光楼下背负而入通惠，肩踵相接，日数万人。通惠每闸有船，亦经纪司之，过闸负运者谓之水脚，并隶使者所辖，至大通桥以上则监督之职矣”[①]。漕运总督铁保亦言：“向例通州石坝设立经纪一百名，接运八省漕粮，从外河雇备装载船只运赴大通桥交卸，除题定应领公费及旗丁交米一石例给个儿钱二十二文外，不肖经纪仍挑拣米色，较量斛口，有后手钱等名目，旗丁受累无穷。”[②] 这些收粮经纪位轻而权重，往往利用收粮之便苛取钱财，从中牟利，运粮旗丁备受其害。而车户数额在清代经历了较大的变化，“军粮车户三十二名，水脚十有三名。旧设军粮车户二十八名，白粮车户十三名，水脚二名。雍正十年裁白粮车户、水脚，增军粮车户四名”[③]，这些车户“运米进禄米、南新、旧太、海运、北新、富新、兴平等仓，每石给脚价四分九毫”[④]。虽然有一定的收入，但车户地位较低，往往受到京仓胥吏的压榨，“大通桥设车户，运米石出一钱，津贴京仓散役之费，后车户工值裁减，而津贴如故，私逋日多”[⑤]，为增加收入，这些车户就利用运粮之机盗窃粮米，或者掺和使假，从中舞弊，导致漕粮质量问题不断出现。乾隆五十年（1785）对车户进行改革，实行官车运输，共置车辆二百辆，牲口八百，每车编号，开报车户姓名备查，选择勤慎车户八人为头役，率领运粮，脚费银两由大通桥监督管理，按月查核。不过官车运粮制度到嘉庆朝发生了变化，“嘉庆间因官车无存，改雇长车，每年准车户承买官豆二万石，俾资津贴”[⑥]，这种制度延续至咸丰三年（1853）因京仓存豆不足而停止，同治朝仍复其旧，“准承买

① （清）沈兆沄：《篷窗随录》卷13，清咸丰刻本。

② （清）铁保：《惟清斋全集》卷1，清道光二年（1822）刊本。

③ （清）托津：《钦定大清会典事例》卷184《户部》、卷104《吏部》，清刊本。

④ （清）托津：《钦定大清会典事例》卷184《户部》、卷104《吏部》，清刊本。

⑤ （清）蔡新：《缉斋文集》卷6《记》，清乾隆刻本。

⑥ （清）托津：《钦定大清会典事例》卷184《户部》、卷104《吏部》，清刊本。

黑豆千石，俟奉天例运黑豆抵通时照数拨给”①，继续通过这样的方式以减少官府的开支，利用民力运送漕粮。清末随着传统漕运的废止，漕运、仓储官员相继裁撤，经纪、车户也失去了他们赖以生存的职业，或转向其他行业，或沦为无业者，彻底告别了大运河。

最后，管理、疏浚通州至北京部分河道、经理夫役银钱及兼收随粮松板也属大通桥监督负责事务。通州至大通桥河道因水源匮乏，经常淤塞难行，河道需不断疏浚，道光十二年（1832）仓场侍郎贵庆查勘护城河，请求挑浚办理，宣宗回复称：“前以朝阳门以南至东便门河道，系大通桥承管，每年例应挑挖，上游既挑，下游恐不能通畅，降旨交仓场侍郎察看。兹据勘明各处城河均未兴工，此处亦无庸大加挑浚，请仍照年例办理，著照所请，准领岁挑银六百两，责成大通桥监督督率车户，雇募妥人，尽心办理，务使挑挖足供一年之用。”② 大通桥监督还对本部门官银有管理之责，乾隆二十五年（1760）命“大通桥管理一应支销官银人役，因系公银，公用多有浮费，奏交大通桥监督自行经理”③，嘉庆十五年（1810）又令“坐粮厅经管通济库钱粮出入，大通桥监督办理运务，经手脚价，署内俱设有库座，收贮帑银，新旧更替向不办理交代，嘉庆十五年奏准嗣后新旧更替时照例委员公同查验，依限出结，造册咨部”，从而使库银的管理、使用更趋正规化。京通仓储每年需要大量松板、芦席用以铺垫仓廒，防止漕粮受潮霉变，大通桥监督需检核漕船携带松板质量，以备仓储使用。清初，京城设京粮厅、通州设通粮厅以收漕粮，“顺治十五年题准楞木、松板向解京粮厅收纳，今京粮厅既裁，改归大通桥监督交纳”④，正式确立大通桥监督收纳松板之责。漕船携带松板的数目要与该船装载漕米数成一定比例，“今制每漕粮二石征席一领；二千石征楞木一根，松板九片，每船带大竹一根，中竹三根，皆随运输纳于大通桥”⑤。《漕运则例纂》亦载：“席片、松板原供铺厫打囤之用，其席片例交各仓监督，按进仓米数核收；松板例交大通桥监督，按正兑米数核收，统俟粮运告竣，

① （清）托津：《钦定大清会典事例》卷184《户部》、卷104《吏部》，清刊本。

② 《清宣宗实录》卷99《道光六年六月庚申条》、卷223《道光十二年冬十月丙辰条》，中华书局，2008年影印本。

③ （清）福趾：《户部漕运全书》卷55《收受粮米》、卷51《京通各差》、卷86《通漕禁令》、卷56《收受粮米》，清光绪刻本。

④ 《钦定大清会典则例》卷41《户部漕运一》，清文渊阁四库全书本。

⑤ （清）永镕：《历代职官表》，中华书局，1985，第197页。

分析完欠数目造册具题，送部查核。”[①] 大通桥监督对辖区河道的整修、银两的管理、松板的兼收，是其验粮功能的延伸、扩展，通过这些职能的发挥，对于保障河道畅通、漕粮运输便利、仓储稳定起到了重要作用。

清代大通桥监督具有重要的职能，无论是验看漕粮、督催夫役，还是修防河道、管理库银与收纳松板，都属于漕运、仓储系统的组成部分，其功能能否正常发挥，直接影响到漕运系统的正常运转。在其设置的200余年间，其功能随着国家漕运政策的调整而日趋完善，相关作用的发挥也往往与具体的漕运、仓储实际相符合。作为中低层官员，大通桥监督负责的事务却相当繁杂，其既要与仓场总督、坐粮厅监督、仓监督发生着密切的联系，存在着行政管理上的上下级关系，有大量的交流与合作，同时还需管理属下的军粮经纪、车户人等，防范舞弊行为的产生，属国家漕运管理系统中承上启下的中间阶层。

三　京通漕运弊端与整顿

漕运是一项复杂的系统，其包含了大量的人群，上至户部、漕运总督、仓场总督，下至十余万运军与水手，不计其数的纳粮漕户、车户、扛户、花户、歇家、经纪等，都属于漕运系统的组成部分。作为国家漕运的终点，通州至北京的输粮任务非常繁重，有大量的官员、劳役人员集中于此，漕运时节各省漕船汇聚通州，帆樯林立，装卸漕粮、运输漕粮、进仓与晾晒都需要相应的劳动者，而由于管理者数量有限，所以其间难免发生诸如盗窃漕粮、掺假使水、多收斛面、苛取银两的弊端，这些行为严重危害了京通仓储的丰盈，大通桥监督具有防范弊端产生、整顿违法行为的权力，而其自身也会因利益驱使，陷入腐败或违法之中，成为被惩治的对象。

在输粮的过程中，军粮经纪浮收、短量，车户、船户盗窃与掺假是最常见的弊端。按照定例，“经纪运米到大通桥交与车户转运进仓，每十万石定掣欠二百石，车户每十万石定掣欠二百五十石”[②]，即便进行抽查，但车户、船户却往往通过中途盗窃、掺假使水的方式蒙混过关，从中牟利。面对这些弊

---

① （清）杨锡绂：《漕运则例纂》卷29《仓场职掌》、卷19《仓场职掌》，清乾隆刻本。

② （清）佚名：《海运续案》卷2，清钞本。

端，统治者除命坐粮厅、大通桥监督“实力防范”外[①]，还定有相应律法予以规范，“大通桥设立经纪、剥船，转运京仓粮米，仓场及坐粮厅各差妥役沿闸稽查，如剥船回空搜查无米藏匿者，其掣欠仍责经纪赔补，若船底搜出有米藏匿，即将掣欠之米令船户、代役照数摊赔，枷责革役，其失察之经纪一并责惩”，通过区分责任，分别惩处的方式以警戒其他管理者与运粮人员。[②]乾隆元年（1736）因漕粮由通州运京多由雇夫扛运，途中产生种种不法行为，“奏准坐粮厅及大通桥监督协同地方官不时稽查，并取号头不敢容留匪类甘结存案，如有不法等事，号头徇隐不报以及纵令远飏者，并坐以罪”[③]。道光五年（1825）“漕粮由通运京例准折耗二升，该经纪等竟将此米卖与旗丁，势必掣欠折耗更多，责令坐粮厅、抽查御史及大通桥监督认真稽查，如有私卖耗米及折耗掣欠逾额过多，即照盗卖漕粮例治罪，如有徇隐，即行参奏”[④]。同治三年（1864）三月，“漕粮由津起剥，已有掺杂等弊，抵通交纳及运仓之日，沿途层层剥削，入仓之后，又复舞弊亏缺，上年通州中西两仓竟亏至二万数千石之多”，于是命“仓场侍郎督同坐粮厅、大通桥监督于今年漕粮抵津运通时认真查验，务令一律干洁，知查有潮湿、掺杂、亏短等弊，即著严参惩办”[⑤]。大通桥监督及相关官员对经纪、车户的稽查与惩治，对于防范漕运弊端起到了一定的作用，但至清代中后期，随着吏治的废弛与官员的整体腐化，这种整顿只能属治标不治本，不可能从根本上消除专制政权肌体上的各种弊病，而漕运走向没落也是历史的必然。

大通桥监督自身的违法、违规行为也会受到朝廷的惩治。作为管理京通漕粮检验的官员，大通桥监督责任重大，在行使职权时难免有所偏颇，进而导致漕运弊端的出现。如各省漕船抵通州，“运局迟延，将坐粮厅、大通桥监督查明分别议处，如实系运员借病展限以致迟延者，令仓场侍郎查明一并参处”[⑥]，通过对失职官员的惩处以督促其忠于职守，能够有效处理漕政事务。

① （清）佚名：《海运续案》卷2，清钞本。

② （清）朱轼：《大清律集解附例》卷7《户律》，清雍正内府刻本。

③ （清）福趾：《户部漕运全书》卷55《收受粮米》、卷51《京通各差》、卷86《通漕禁令》、卷56《收受粮米》，清光绪刻本。

④ （清）福趾：《户部漕运全书》卷55《收受粮米》、卷51《京通各差》、卷86《通漕禁令》、卷56《收受粮米》，清光绪刻本。

⑤ 《清穆宗实录》卷97《同治三年三月甲寅条》、卷233《同治七年五月丁亥条》，中华书局，1987年影印本。

⑥ （清）托津：《钦定大清会典事例》卷184《户部》、卷104《吏部》，清刊本。

嘉庆十四年（1809）因北新仓漕米霉变朽坏，加之新到仓时就已潮湿，除将满仓场侍郎达庆降三级调用、汉仓场侍郎蒋予蒲降二级调用外，“其大通桥监督福森住、何兰馥著照议降一级留任”[①]。嘉庆二十年（1815）刑部议准“大通桥监督于运进内仓米石存贮号房，致有微变，内仓监督于运仓米石验收迟延，均属怠玩，大通桥监督及内仓监督俱交部议处，其微变米石责令车户赔补”，相关责任者都受到了降级或赔补的惩罚。[②] 咸丰十年（1860）四月，因漕粮抵通，急需运粮车辆，命大通桥监督与各仓监督多备车辆，以便迅速运粮，但结果是“乃大通桥于例雇大车之外并未加增，七仓协济之车仍属无机，该监督等犹复借词推诿，实属不知缓急，所有七仓监督著查取职名交部议处，以示惩儆。大通桥监督钟霖、署盐督景祥业经摘取项带，交部议处”[③]。同治七年（1868）五月，“以转运迟延，大通桥监督恩奎等分别严议议处”[④]。作为漕运系统的重要一员，大通桥监督所负责的事务关系“天庾正供”与“神仓充裕”，一举一动会受到户部及最高统治者的关注与重视，所以其职能发挥一旦出现失误或偏差，便往往会遭到弹劾与举报，受到统治者的斥责与惩罚。

清代漕运与京通仓弊端主要爆发于乾隆后，清初因国家吏治相对清明，所以各种舞弊行为相对较少。清中后期，随着法久废弛，各种贪污腐败的行为层出不穷，无论是征漕、兑漕、输漕，还是运粮、入仓，都充斥着不法者的相互勾结与贪赃枉法。在这种局势下，大通桥监督压力增大，需要警惕各种不法行为的发生，保障漕粮顺利入京，同时部分官员受社会环境的影响与贪腐者的拉拢，自身也陷入违法状态，利用掌握的权力获取利益，成为国家律法惩治的对象。

结　语

清代大通桥监督的设置沿革与国家漕运政策的历史变迁密不可分，当国

---

① 《清仁宗实录》卷208《嘉庆十四年三月己巳条》，中华书局，1986年影印本。

② （清）福趾：《户部漕运全书》卷55《收受粮米》、卷51《京通各差》、卷86《通漕禁令》、卷56《收受粮米》，清光绪刻本。

③ 《清文宗实录》卷316《咸丰十年四月丁丑条》，中华书局，1986年影印本。

④ 《清穆宗实录》卷97《同治三年三月甲寅条》、卷233《同治七年五月丁亥条》，中华书局，1987年影印本。

家政策调整时，其职能也会随之调整。作为漕粮进入京仓的最后检验者，大通桥监督负责的事务非常繁杂，其职能的发挥往往会受到当时政治环境、社会环境的影响。作为京城漕运系统的中间阶层，大通桥监督既要按照户部、仓场侍郎的要求履行职责，处理好相关的漕运事务，同时还需要管理好属下的经纪、车户、船户等人员，起着承上启下的作用。在处理漕务的过程中，大通桥监督与坐粮厅、仓监督存在着业务上的交流与合作，而在受到惩戒的时候也往往是一种一荣俱荣、一损俱损的关系，这种情况虽然在某些方面可以起到整顿漕运弊端的作用，但却使官员之间的勾连、协同作弊的负面影响不断出现，进而导致很多腐败现象难以有效处理，产生了巨大的恶果。

在中国古代社会，漕运作为维持国家政权正常运转与社会稳定的基础，起着调节政治、经济、军事平衡的功能，对社会的各方面都产生着重大的影响。为保障漕粮顺利入京，中央政府设置了大量的漕运、仓储、河道官员，这些官员之间既有交流、合作，也有利益上的博弈与斗争，他们共同构成了复杂的漕运系统。在王朝初期，统治者励精图治，能够正确处理漕运问题，所以各种矛盾尚不至于激化，漕运系统也能高效、稳定地运转。但当统治者懈怠、漕运政策出现偏差、官员普遍腐败、社会秩序陷入混乱之时，漕运弊端也就会渐入膏肓，成为无法治愈的痼疾。因此清末漕运的废止是多重因素导致的，在其中虽然黄河北徙、运道中断、漕粮改折、铁路与海运兴起加剧了传统漕运的衰落，但根本原因是古代社会落后的经济模式已难以满足市场和民众的需求，与当时世界经济发展的趋势背道而驰，其衰落是历史的必然。所以通过对大通桥监督等漕运群体进行研究，不但可以使我们了解清代社会的历史变迁规律，而且对于研究北京的运河文化、漕运文化也有着重要的意义与价值。

《江海全图》与道光朝海运航路研究[*]

王　耀[**]

《江海全图》现藏于美国国会图书馆，李孝聪先生曾就该图绘制内容、绘制技法、文字注记、图幅年代等进行阐述，指出："从注记内容分析，此图专为指导沿海行船，躲避暗礁、河口拦门沙之用"，并将该图表现年代定为"19世纪中叶"①。"数位方舆"网站的注记中则将年代定为嘉庆十七年至道光二十三年（1812～1843）。②

笔者查阅该图及相关材料发现，其绘制内容和绘制背景均与道光朝海运有关。目前研究中并未注意到这一背景，因此对于该图的解读还停留在图幅描述层面。本文将在解读《江海全图》绘制内容基础上，分析道光六年（1826）漕粮海运及清中期黄豆海运等绘制背景，并比对相同绘制主题的陶澍《海运图》，最终图绘道光年间存在的运送漕粮、黄豆的三条海上航路，以期展示《江海全图》的史料价值并对清中期海运研究有所补益。

一　《江海全图》及其中海运航路

《江海全图》由恒慕义（A. W. Hummel）在1934年购入美国国会图书馆，全图纸本彩绘，未注比例，长卷裱装，84厘米×134厘米。

全图采用中国传统舆图形象画法绘制，图幅方位是以东为上，图幅中陆地在下、海洋在上。地图右边起绘自宁波、镇海、定海一带，沿海北上绘制上海、常熟、松江、崇明等长江入海口一带，再往北注重表现黄河入海口及南北密布的沙洲，至山东半岛则详细标注沿海岛礁、河口等，再北至渤海湾

---

* 本文原载《故宫博物院院刊》2018年第5期。

** 王耀，中国社会科学院民族研究所助理研究员。

① 李孝聪：《美国国会图书馆藏中文古地图叙录》，文物出版社，2004，第169页。

② 参见网址，http://digitalatlas.asdc.sinica.edu.tw/map_detail.jsp? id = A103000136，2016年12月19日。

及辽东半岛则同样以标注沿海岛礁、河口为主。

这幅地图详于画海、略于画地。在陆地上主要示意性标注沿海府州建置，并选择性地绘制了洪泽湖及黄河、运河交汇的清口地区河工状况；使用墙形符号并标注“山海关”来表示长城。沿海区域为绘制重点。可以直观地看到海洋及岛礁、沙洲等大致占据整幅地图的一半，这符合《江海全图》之名称及李孝聪做出的该图用于沿海航行的判断。

关于《江海全图》所绘制的海运航路，在《江海全图》图名左侧有“水道里数”文字注记，现将其内容誊录于下：

> 上海至吴淞口五十里，吴淞口至崇明新开河（崇明头二条士河即新开河）一百十里，又七十里至十滧，又一百八十里至佘山，又一千五六百里至鹰游门，之直东又六百余里至石岛，又一百四十里至成山，又五六百里至庙岛，又九百余里至天津八口，湾曲甚多，一百八十里至府城东关。自成山至铁山七百余里，又五百余里至牛庄。自成山至深洋河九百余里。总共计之，自上海至关东不[①]约在四千里之内外，自上海至宁波约五六百里。

从文字注记可知，这主要是记录了一条从上海至天津的海运航路，同时记录了成山至牛庄、成山至深洋河的航路。虽然图中并未使用线条等绘制航路，但是根据两个不太明显的线索，大致能够看到航路所经之地。

线索之一，图中好像不经意间绘制的帆船。笔者发现这些帆船并不是为了点缀图幅而随意绘制，结合“水道里数”来看，帆船正好位于从上海至天津航路的节点上。图中最右边的小帆船正好位于崇明“十滧”至“佘山”的航路上；从右边数第二、第三条帆船及山东半岛南边的帆船，则位于佘山至成山的航路上；图幅最左边三条帆船，则是航行在成山→庙岛→天津的航路上。因此，几条小帆船恰恰与文字注记相对应，图绘出整条航路。

线索之二，是帆船沿途注记的水深数据。标注“水深八九托”。托是方言，双手展开为一托，是古人测量水深时的用语。测量水深是为了躲避沿途礁石浅滩，避免触礁或搁浅。[②] 又有记载“水托者，以铅为坠，用绳系之，探

① 结合上下文内容，“不”当为“大”，为图中注记错误。

② 参见章巽《〈古航海图考释〉序》，载《章巽文集》，海洋出版社，1986，第130页。

水取则也。每五尺为一托”[①]。关于“托”的记载，两者并不矛盾。以清代1尺等于量地尺34.5厘米计算，一托（五尺）等于1.725米，与成人两手展开距离相若。航线上的地名，由下往上依次为上海、吴淞口、崇明、十滧口、佘山，这是从上海至佘山的航路。航路沿途所经各地使用蓝色框注标注了水深数据，依次为（吴淞口）“此处水深八托”、（崇明新开河）“水深五托”、（十滧口）“水深七八托”、“佘山至崇明水俱五六托”，这些水深数据亦正好标注于航路之上，应该是航船途经测量得来。自“佘山”往北依次标注“水深八九托”“水深六七托”“水深八九托”“水深十九托”“大沙此处南北四十余里，水深十二托”，这些数据标注之处与帆船航路一致。

因此，结合文字注记“水道里数”以及地图中帆船位置、水深数据标注位置，大致可还原一条由上海至天津的海运航路。那么要问：地图中表现的这条海上航路是什么年代的？作何用途？为什么要绘制这幅海图？

这里先从图幅表现年代入手。根据图幅中绘制内容来看，地图中黄河并未改道山东入海而是依旧夺淮入海，基本可以断定为咸丰五年（1855）铜瓦厢决口、黄河改道之前。[②] 此外，地图中标注“仪征”，说明年代当在雍正元年（1723）“仪真”因避讳胤禛名讳而改称“仪征”之后。这符合李孝聪做出的清中期的判断。而“数位方舆”则根据定海县尚未升为定海直隶厅、宁海县尚未改置金州厅以及川沙厅的出现等行政建置信息，将图幅表现年代进一步缩短为嘉庆十七年至道光二十三年（1812～1843）。关于图幅表现年代的判断有助于我们进一步判定该图的绘制内容。

二　道光六年漕粮海运与《江海全图》的绘制背景

史载：“海运始于元代，至明永乐间，会通河成，乃罢之。”[③] 清初，沿袭明制，重漕运，经康熙、雍正、乾隆及历代河臣通力筹划，大运河承担着财赋与漕粮的转运重任。然而，有清一代，黄河、运河交汇的清口地区河患

---

① （清）陶澍：《敬陈海运图说折子》，载《陶文毅公全集》卷8“奏疏”，第18a页，收录于《续修四库全书》“集部·别集类”，道光二十年两淮淮北士民刻本影印，上海古籍出版社，2002，第577页。

② 参见《清史稿》志101《河渠一·黄河》，“（咸丰）五年六月，（黄河）决兰阳铜瓦厢，夺流由长垣、东明至张秋，穿运注大清河入海，正河断流”，中华书局，1976，第3741页。

③ 《清史稿》志97《食货三·漕运》，第3593页。

频出，治河靡费无算。黄河善徙、多沙、易决且势强，运河多为人工河渠，水流孱弱，因此清口一隅，常发生黄河倒灌、淤塞运道之事，运道梗阻致妨碍漕粮北运。

漕运窒碍难行之时，清廷亦有海运之议。“自嘉庆之季，黄河屡决，致运河淤垫日甚，而历年借黄济运，议者亦知非计，于是有筹及海运者。”[①] 嘉庆年间，“洪泽湖泄水过多，运河浅涸，令江、浙大吏兼筹海运”。然两江总督勒保等会奏不可行者十二事，“海运既兴，河运仍不能废，徒增海运之费。且大洋中沙礁丛杂，险阻难行，天庾正供，非可尝试于不测之地。旗丁不谙海道，船户又皆散漫无稽，设有延误，关系匪细”。嘉庆皇帝以为是，“自是终仁宗之世，无敢言海运者”[②]。

道光四年（1824），“南河黄水骤涨，高堰漫口，自高邮、宝应至清江浦，河道浅阻，输挽维艰”[③]。协办大学士、户部尚书英和建言：“河道既阻，重运中停，河漕不能兼顾，惟有暂停河运以治河，雇募海船以利运”，道光皇帝最终采纳漕粮海运北上之议，“上乃命设海运总局于上海，并设局天津”。道光“六年正月，各州县剥运之米，以次抵上海受兑，分批开行。计海运水程四千余里，逾旬而至”[④]。另据道光朝河臣麟庆记载：“道光四年，高堰失事，湖水泄枯”，“六年，将苏松常镇太四府一州之粮改由海运”[⑤]。

由上可知，道光六年（1826）曾将江南漕粮海运，路线即为由上海至天津。这次海运是迫于运道梗阻的不得已之举。道光七年（1827），“蒋攸铦请新漕仍行海运。上以近年河湖渐臻顺轨，军船可以畅行，不许”。可见，之后仍旧墨守重漕运之成规。至道光二十六年（1836），诏复行海运；道光二十七年（1837），“议准苏、松、太二府一州漕白粮米，自明岁始，改由海运”；道光三十年（1850），“复令苏、松、太二府一州白粮正耗米，援照成案，由海运津”[⑥]。因此，结合上节《江海全图》表现年代为嘉庆十七年至道光二十三年（1812～1843）的判断，在此期间仅有道光六年这一次海运。这是判定

① 《清史稿》志102《河渠二・运河》，第3786页。

② 参见《清史稿》志97《食货三・漕运》，第3593页。

③ 《清史稿》志97《食货三・漕运》，第3593页。

④ 《清史稿》志97《食货三・漕运》，第3594、3595页。

⑤ 麟庆：《黄运河口古今图说》之“道光七年河口图说”，中国国家图书馆藏道光二十年刻本，图说廿二。

⑥ 《清史稿》志97《食货三・漕运》，第3596～3597页。

《江海全图》表现道光六年漕粮海运的重要依据。

这一判断从该图略于画陆地却翔实地绘制黄河、运河交汇的清口地区，亦可见一斑。正是因为清口地区黄河倒灌、运道梗阻，才会改漕运为海运。

图幅以东为上，图幅中黄河过“徐州”“安东”东流入海，图幅左边“杨庄”“桃源”“宿迁”一线的运道为中河，而“清河”“淮安”“宝应”“高邮”一线为里运河。里运河多借洪泽湖之水行运，洪泽湖水自引河东流，注入黄河。道光四年十一月，“大风，（黄河）决高堰十三堡”，因此洪泽湖水枯涸，不足以济运，造成黄河水倒灌入运道。对此，侍讲学士潘锡恩言：“蓄清敌黄，相传成法。大汛将至，则急堵御黄坝，使黄水全力东流”①；道光五年两江总督琦善奏言：“自御黄坝堵闭，运河淤垫不复增高。”② 可见，此次高堰失事后，采取了堵闭御黄坝的措施。这正与黄河南岸堵住里运河的黄色长条“御黄坝”相一致。

“御黄坝”始建于乾隆五十年（1785）③，至嘉庆九年（1804）筑新御黄坝，“每年以时拆筑，黄水过大，亦有时堵闭”④。如图1左边所示，该图绘制的是嘉庆十三年（1808）清口状况，在黄河、运河交汇处标注有“御黄坝”。道光六年，改行海运，趁机整治清口运道，创制灌塘法行运，“于新御黄坝外筑东、西纤堤，就钳口坝处建草闸一座以为运口”⑤。如图1右边所示，该图中出现了“钳口坝”“草闸”，且“御黄坝”业已缩入运道之中，并非直对黄河，反映的正是道光六年清口地区整治后的状况。⑥ 结合这两幅地图及史料记载可知，御黄坝直对黄河是在嘉庆九年至道光六年（1804～1826），也就是在这一时期内，遇到黄河水大，或行堵闭御黄坝之策。因此，《江海全图》中“御黄坝”堵住运口，当在嘉庆九年至道光六年。再综合上文道光六年停漕运、行海运之史实，图中长长的不成比例的御黄坝，显然是在强调运道梗阻的现实，这恰恰是行海运、绘制《江海全图》的前因。这也更加肯定了《江海全图》绘制内容正是道光六年漕粮海运之事。

---

① 《清史稿》志101《河渠一·黄河》，第3736～3737页。

② 《清史稿》志102《河渠二·运河》，第3786页。

③ 《黄运河口古今图说》之“乾隆五十年河口图说”，图说十八，“五十年，清口竟为黄流所夺……于惠济祠后福神庵前建筑，名御黄坝，如遇黄水过大，将口门收窄”。

④ 《黄运河口古今图说》之“嘉庆十三年河口图说”，图说廿。

⑤ 《黄运河口古今图说》之“道光七年河口图说”，图说廿二。

⑥ 《四省运河水利泉源河道总图》，纸本彩绘，未注比例，长卷27cm×845cm。具体研究参见王耀《水道画卷：清代京杭大运河舆图研究》，中国社会科学出版社，2016，第49～53页。

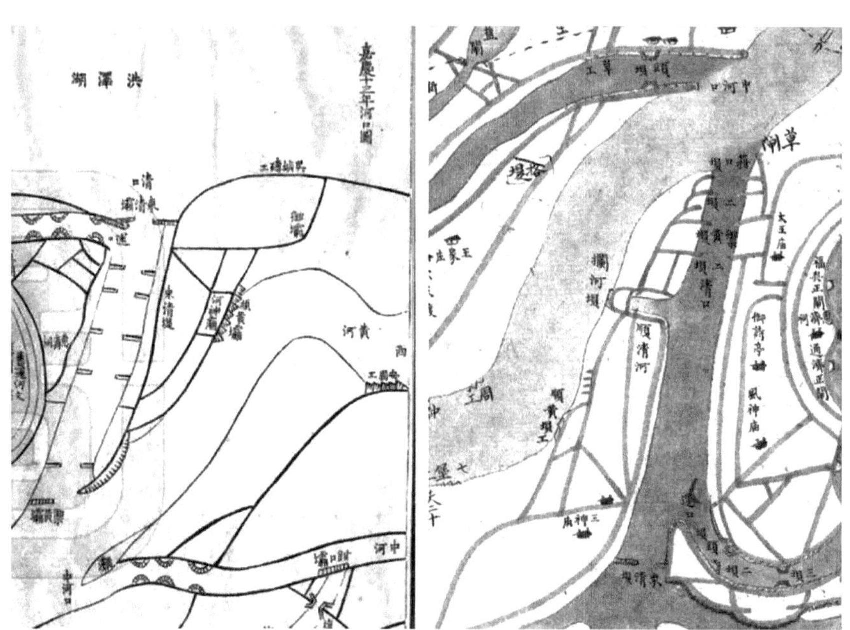

图 1　嘉庆十三年河口图[①]（左）与道光六年河口图[②]（右）

三　陶澍《海运图》与《江海全图》之比较

道光五年（1825），陶澍负责筹划漕粮海运。[③] 次年，呈上《敬陈海运图说折子》，“苏、松、常、镇、太五府州额漕，因运河阻滞，改由上海沙船运赴天津，现已办有成局，依次开行”[④]，具陈海运航路并绘图。所绘海图“道光六年二月二十一日奉到”，“硃批：所奏均悉，图留览。钦此”[⑤]。该图应藏于清宫之中。近代以来，原清内阁大库、内务府造办处的清宫藏图，现主要藏于中国第一历史档案馆、台北故宫博物院等机构，然而笔者查阅相关图录

① 《黄运河口古今图说》之“嘉庆十三年河口图”，图说十九。

② 美国国会图书馆藏《四省运河水利泉源河道总图》，图像见网址，http://digitalatlas.asdc.sinica.edu.tw/map_detail.jsp? id = A103000087，2016 年 12 月 20 日。

③ 《清史稿》志 97《食货三·漕运》，“于是宣宗采英和、陶澍、贺长龄诸臣议复海运，遴员集粟，由上海雇商转船漕京师，民咸称便”，第 3565 页。

④ 陶澍：《敬陈海运图说折子》，载《陶文毅公全集》卷 8“奏疏”，第 15a 页，收录于《续修四库全书》“集部·别集类”，第 575 页。

⑤ 陶澍：《敬陈海运图说折子》，载《陶文毅公全集》卷 8“奏疏”，第 20a 页，收录于《续修四库全书》“集部·别集类”，第 578 页。

后，并未找到陶澍上奏附图。不过在《陶文毅公全集》中附有刻本《海运图》（见图 2）一幅，详绘道光六年漕粮海运航路。

《海运图》与《江海全图》虽然绘制主题相同，但又有极大差异。辨析两者异同将有助于更好地认识《江海全图》的绘制目的及史料价值。以下分述之。

其一，方位。如图 2 所示，《海运图》绘制的是长江入海口的上海、崇明区域，以西为上，陆地在上、海洋在下。而《江海全图》则以东为上，陆地在下、海洋在上。两种绘制方式体现着对陆地和海洋各有侧重。

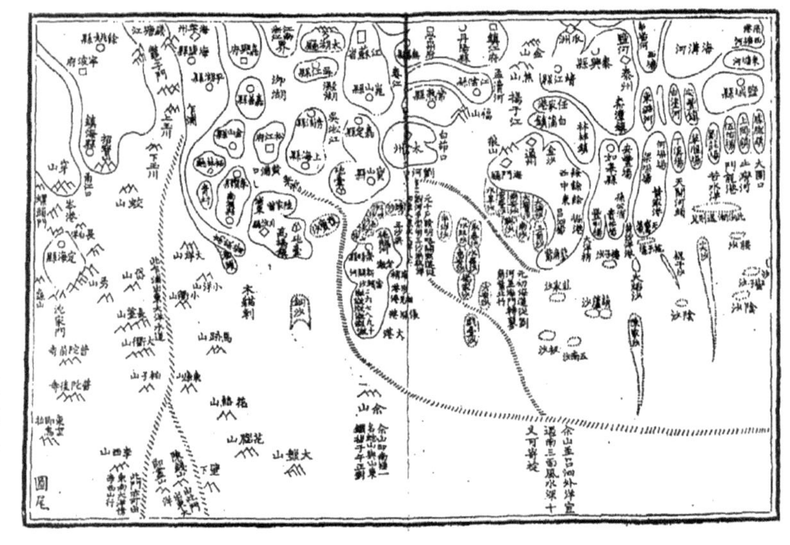

图 2　陶澍《海运图》（长江入海口）①

其二，水深数据。《江海全图》中记录了上海、吴淞口至佘山的航路水深。《海运图》中并未标注这段航程水深数据，直到佘山以北才标注“佘山至吕泗外洋宜遇南三面风，水深十丈，可寄椗”。在标绘的整条航路上基本并未说明水深数据，在佘山往北则书写“大沙东有沙头山，如舟行太东，见此山则在北必见高丽诸山，又须偏西方对成山”。可见，《海运图》偏重于在航路上标注地名、针盘指示方向、风向等，而《江海全图》则重在标绘水深，避免触礁或搁浅，更利于航行。

其三，细部特征。因为刻本单色地图的限制，《海运图》图幅表现力较

① 《海运图》，载《陶文毅公全集》卷 8“奏疏”，收录于《续修四库全书》“集部 · 别集类”，第 579 页。

差，两图在岛礁绘制等方面存在绘制差异。如图 3 所示，以图中长城为例，《江海全图》绘制的长城更加立体、形象，但仅标注“山海关”，《海运图》则使用简单线条表现，标注了“山海关”“古北口”“喜峰口”三处关隘。

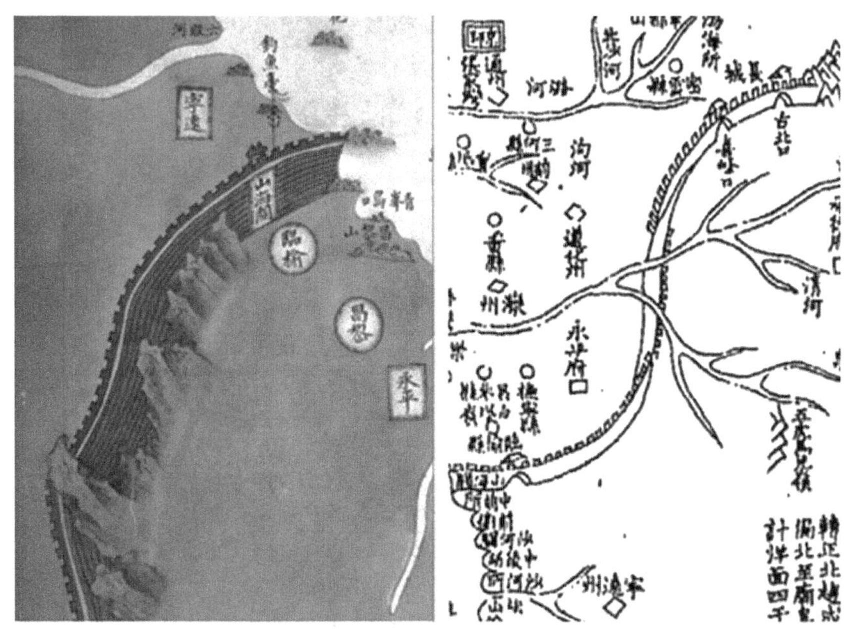

图 3　《江海全图》之长城（左）、《海运图》之长城（右）

其四，绘制区域。《江海全图》所绘范围北至“奉天”“广宁”“义州”一线，南至“普陀后寺”“普陀前寺”“定海”“宁波”一线，东边跨海绘至“高丽国”。《海运图》的北、南、东的绘制区域，与之基本一致，两者的主要区别在于西边。《海运图》基本上只标注沿海州县，稍深入内陆则不绘；而《江海全图》则在内陆部分，增绘了洪泽湖、宝应湖、高邮湖及高堰等五坝、运河的中河段、里运河段及御黄坝以及太湖和山东内陆的一些州县名称。经比对发现，《江海全图》中出现的地名讹误基本出现在其增绘区域内，如“扬州”写成“杨州”、“宝坻”写成“宝抵”、“临清”写成“临青”，并将“京师”错写为“京都”（京都不在增绘区域）。由此来看，《江海全图》绘制者文化水平不高，但非常熟谙航海，该图可能是由熟悉海道航行的上海一带的商帮绘制的。[①]

① 参见范金民《清代前期上海的航业船商》，《安徽史学》2011 年第 2 期。

其五，航路标绘。《江海全图》未标明航路，仅能借助帆船与水深数据的位置大致还原。前文已述《江海全图》中大致有三条航路：上海至天津、成山至牛庄、成山至深洋河。而《海运图》中，使用连续断点直接绘制出海运航路。除上海至天津航路外，由南至北还有从钱塘江口乍浦出发往东的“此乍浦出东大洋水道”、由“刘河口”出发往东北的航路、由刘河口出发往北过“廖角嘴”的航路及从安东县附近出发至山东半岛南部“南胶河”的航路。

《江海全图》与《海运图》不同的表现方式有其内在原因。如方位上，陆地在下、海洋在上的表现方式，一般被解读为看图者从陆地看海洋，有陆地本位之意，重视陆地防御的海防图如明代彩绘《万里海防图说》[①] 如此绘制；而海洋在下、陆地在上的表现方式，则多认为是看图者从海洋看陆地，便于用图人沿海航行、避免触礁搁浅等，有些重视稽海盗、利航行的海图如雍正八年（1730）《海国闻见录》中刻本图“沿海全图”[②] 及由其衍生出的彩绘图《海洋疆界形势图》[③] 等，即如此表现。

如水深方面，《海运图》之底本为上呈皇帝御览之图，详细描述地名、航向、风向等，似更便于皇帝图文对照；而《江海全图》直接标注航路上的水深，应更利于航行。

就航路标绘而言，《江海全图》中主要标注上海至天津航路，另标绘成山至辽东半岛的两条海道。《海运图》除标注上海至天津航路外，其他航路皆为元、明旧道。如安东县附近出发至“南胶河”之航路，即为明代海运航道，陶澍奏称：“明则由胶莱内河转搬登州，实为劳费”。由“刘河口”出发的两条航路，“查元、明入海之道，或由浏河转廖角沙或由灌河口至鹰游门，今俱壅塞”[④]。可见，《海运图》中绘制的元、明旧海道，有古为今用之意，为说

① 《万里海防图说》现藏于美国国会图书馆，彩绘本一册，锦缎套封，30cm × 20cm，该图大致表现的是嘉靖年间明朝海防形势，极有可能是清前期摹绘本。具体研究参见《美国国会图书馆藏中文古地图叙录》，第 164 页；该图图像见网址，http://digitalatlas. asdc. sinica. edu. tw/map_detail. jsp? id = A103000121，2016 年 12 月 21 日。

② 参见孙靖国《开眼看世界的先驱：陈伦炯及其〈沿海全图〉》，载《地图》2012 年第 4 期。图像见陈伦炯《海国闻见录》，乾隆五十八年刻本，中国南海诸群岛文献汇编之三，（台北）台湾学生书局，1984，第 165 ~ 198 页。

③ 《海洋疆界形势图》现藏于美国国会图书馆，纸本彩绘，长卷 32cm × 894cm，该图以《海国闻见录》附图为祖本改绘而成，大致反映乾隆后期的沿海状况。具体研究参见王耀《清代〈海国闻见录〉系列海图图系初探》，《社会科学战线》2017 年第 4 期。

④ 参见陶澍《敬陈海运图说折子》，载《陶文毅公全集》卷 8 “奏疏”，第 15a、15b 页，收录于《续修四库全书》“集部 · 别集类”，第 575 页。

明海道航路变迁。

综合分析上述差异可知，《江海全图》与《海运图》虽然同为表现道光六年漕粮海运之事，虽然两者有相同主题，但差异明显，基本可以认定这是两幅各自独立表现道光六年漕粮海运的地图。

四　道光朝海运航路

关于历代海运研究，前人成果较多。与本文最为相关者为章巽研究元明海运航路的文章[①]及丁一研究清代海运航路的文章[②]，因为陶澍选定上海至天津的航路时，曾借鉴元明故道，且最终选定的航路与元代至元三十年（1293）后航路相仿，丁一在研究中指出“道光陶澍海运海道同时受到过‘元至元三十年后海道’以及‘尽山至成山道’的影响”[③]。本文参阅了章巽与丁一的研究，偏重于利用新发现的《江海全图》，结合《海运图》，更为详尽地复原和校正上海至天津的航路，并且《江海全图》中增绘的成山至辽东半岛的两条航路，《海运图》中未绘且前人未着笔墨，但却也是道光朝乃至清中期一直沿用的重要海运航路。

首先看上海至天津的这条航路，通过章巽研究和陶澍《海运图》注记来分析，《海运图》中上海至天津的漕运航路即为元代至元三十年后所用的黑水洋道：从崇明州出发一直往东，避开苏北沙洲，直接进入黑水大洋，借助夏季黑潮暖流北航，经山东半岛东部成山，进入渤海湾至天津。[④]

陶澍在《敬陈海运图说折子》中将航路分为六段，分述各段沿途地名、航程、风向、岛礁、方位等，最后总结：“以上海运水程，自吴淞口出十滧东向大洋，至佘山北向铁槎山，历成山西转之罘岛稍北，抵天津，总计水程四千余里。”《海运图》中注记了这条航路：“海运水程系从上海至宝山出吴淞口，由崇明十滧出外洋，正东遇佘山向北偏东行，过大沙转正北趋成山，又

---

① 元代海运航路研究见《元“海运”航路考》（载《章巽文集》，海洋出版社，1986，第73～85页）与《〈大元海运记〉之“漕运水程”及“记标指浅”》（载《章巽文集》，第86～94页）；明代海运航路研究见《论〈海道经〉》（载《章巽文集》，第95～106页）。

② 丁一：《耶鲁藏清代航海图北洋部分考释及其航线研究》，《历史地理》第二十五辑，第431～455页。

③ 《耶鲁藏清代航海图北洋部分考释及其航线研究》，第449页。

④ 参见《元“海运”航路考》，第79页。沿海洋流及黑潮暖流状况见图幅“中国海中的海流（夏季）”（《元“海运”航路考》，第81页）。

转西偏北至庙岛达天津，共计洋面四千余里。”陶澍绘图及记载可与《江海全图》中航路[①]相对照。

将《江海全图》原图向右旋转90度后标绘，方位为上北下南，航路是将文字记载、帆船位置、水深数据位置相结合绘制出来的。其中上海至天津的漕粮海运航路，与陶澍《海运图》标绘之航路一致，也与章巽复原的元代至元三十年（1293）后海运航路基本一致。[②]

再论成山至牛庄、成山至洋河[③]的两条航路，这两条航路在陶澍《海运图》中虽未标绘，但在陶澍奏折中有线索。漕粮海运，商船满载北上，如空船南返，则不免劳费。陶澍注意到该问题，因此奏议商船在天津卸载漕粮后，可赴奉天装载豆类南下。道光六年商船海运共分两批次，第一批到达天津后，陶澍上奏建议天津官员“总令沙船卸米前往奉天买豆，迅速回南，以便赶办二运”[④]。陶澍奏折虽未明言买豆航路等，但提示存在自奉天贩卖豆类往江南的海运航路。

康熙年间东北地区的豆类产物以黑豆为主，至乾隆年间，随着土地开发以及江南地区认识到黄豆具有固氮肥田的功用，因此导致黄豆及豆饼大量南运，直接促进了黄豆在奉天地区的大规模扩种。[⑤] 黄豆贸易的繁荣，从乾隆三十八年（1773）在奉天开征黄豆豆饼税银可见一斑。[⑥] 而处于贸易另一端的上海，自乾隆末年刘河河道淤塞后，胶东和关东豆船纷纷改泊上海，豆业字号多数迁往上海。至嘉庆年间，上海迅速取代太仓成为江南乃至全国最大的豆饼市场。[⑦] 其繁盛状况，据参与道光六年漕粮海运的英和记载：“闻上海沙船有三千余号，大船可载三千石，小船可载千五百石，多系通州、海门土著

① 《江海全图》文字注记“水道里数”中虽然提及航路经过“鹰游门”，但是结合图中水深数据位置及帆船位置推断，实际航行中并未至黄河入海口北边的鹰游门。并且，结合陶澍《海运图》中绘制的航路及章巽复原的元代至元三十年后海运航路来看，这条航路并未经过鹰游门。因此在图8中并未完全根据“水道里数”进行复原，航路是综合各方面记载和研究而得出的。

② 参见《元“海运”航路考》之图幅“元朝‘海运’的主要航路图”，第80页。

③ 《江海全图》文字注记“水道里数”中为“深洋河”，但是图幅中并没有相应标注。经查对帆船及水深数据标绘位置，有一条从成山往北的航路，到达地点为“洋河”；陶澍《海运图》中标注“小洋河”；《中国历史地图集》（清时期）（中国地图出版社，1996，第10～11页）中标注“大洋河”。因此，推测文字注记之“深洋河”即指靠近鸭绿江口的“洋河”。

④ 参见陶澍《请收买沙船余米附片》，载《陶文毅公全集》卷8“奏疏”，第26a页，收录于《续修四库全书》“集部·别集类”，第581页。

⑤ 参见李令福《清代东北粮食作物的地域分布》，载《中国历史地理论丛》1998年第4期。

⑥ 参见许檀《清代前期的山海关与东北沿海港口》，载《中国经济史研究》2001年第4期。

⑦ 参见范金民《清代前期上海的航业船商》，《安徽史学》2011年第2期。

富民所造，立有会馆、保载牙行。”[①]

乾隆、嘉庆、道光年间，众多商船参与到上海至关东的黄豆海运中。如陶澍所言，自康熙朝开海禁以后，“商船往还关东、天津等处，习以为常”。另载：“自康熙廿四年开海禁，关东豆麦每年至上海者千余万石，而布、茶各南货至山东、直隶、关东者亦由沙船载而北行。”[②] 相关事例颇多，比如乾隆十四年苏州府常熟县船户陶寿及客商蔡立三等一船17人“在江南装载生姜到天津卫发卖”，然后“转往关东大庄河口”购买黄豆返回。[③] 乾隆三十九年（1774）太仓州崇明县商人“持钱三千吊自本县发船，十月初一日到关东海州地换买黄豆”，该船装载黄豆200石十月十四日返航。嘉庆十二年（1807）十月苏州府镇洋县商船前往关东金州贸易，装载黄豆360石、秫米10石以及海参400斤于十一月初七日返航。[④] 道光三年（1803）九月，“又有一船，已达牛庄销货，又置办豆饼、羊皮、水梨等物，回过成山角，遭飓风倒拖太平篮”[⑤]。

因为贸易繁荣，至嘉庆年间，在辽东半岛的锦州、牛庄、盖州、岫岩、复州、金州等处海口设置税关。《江海全图》中由成山出发的两条航路，分抵牛庄及岫岩的洋河。

据嘉庆初年的税收资料，辽东半岛各海口中以锦州和牛庄征税最多。[⑥] 牛庄为辽河入海口，其经济腹地沿辽河流域可以辐射至整个东北地区。据中国第一历史档案馆藏关税档案记载，嘉庆三年，“牛庄设没沟营、耿隆屯二海口，出入沙、鸟、卫船七百二十八只，征税银二万一千八百九十九两五钱八分八厘”[⑦]。其中沙船是指江南海船，“江南海船，名曰沙船，以其船底平阔，

① 英和：《筹漕运变通全局疏》，载《清经世文编》卷48“户政二三”，中华书局，1992，第1163页。

② 齐学裘：《见闻续笔》卷2“海运南漕议”，收录于《续修四库全书》第1181册，上海古籍出版社，2002，第405页。

③ 《历代宝案》第二集，卷31，台湾大学影印本（第五册），第2589、2601页。转引自《清代前期的山海关与东北沿海港口》，第69页。

④ 参见〔日〕松浦章《李朝漂着中国帆船の问情别单について》（上、下），载《关西大学东方学术研究所纪要》，1984，第17辑；1985，第18辑。转引自许檀《清代前中期东北的沿海贸易与营口的兴起》，《福建师范大学学报》（哲学社会科学版）2004年第1期。

⑤ 郑光祖：《一斑录·杂述一》“漂泊异域”条，中国书店，1990年影印本，第17页。

⑥ 《清代前期的山海关与东北沿海港口》，第70页。

⑦ 转引自《清代前期的山海关与东北沿海港口》，第61页。

沙面可行可泊，稍搁无碍”[①]。可见，江南商船来此之多。而洋河位于辽东半岛以东，属岫岩管辖，标注“洋河”处有“红旗沟”。红旗沟海口是乾隆三十三年（1768）增设的征税口岸，江南商人亦常来此购置黄豆。[②]

由此推测，《江海全图》中所绘成山至牛庄及成山至洋河的两条航路，实际上是上海至牛庄和上海至洋河的海运航路，成山仅是中转站。这两条航路将黄豆、豆饼的产地（关东）与消费地（江南地区）连接起来。《江海全图》中这两条航路的绘制背景正是基于清中期的海运贸易，这也更加印证了该图极有可能是上海一带的商船或商帮绘制的推断。

总之，《江海全图》中隐约可见的三条海运航路，由上海至天津的航路应与道光六年漕粮海运有关，其开通畅行与运河航道梗阻、漕粮北运受阻，而民间海运贸易畅行可资利用有关。另外两条由上海至牛庄、上海至洋河的航路，则与清中期关东与上海间的黄豆、豆饼海运贸易密切相关。

---

① 谢占壬：《古今海运异宜》，收录于贺长龄《清经世文编》卷48，漕运下。关于沙船航行、载运量、尺寸等可参见邓亦兵《清代前期沿海运输业的兴盛》，《中国社会经济史研究》1996年第3期。

② 参见《清代前期的山海关与东北沿海港口》，第69页。

民初“南粮北运”中的政府参与及其局限[*]

——以漕运局的设废为分析中心

彭南生　李庆宇[**]

北京地区有着数百年的建都史，但受地理环境、人口等因素的限制，其粮食却长期需要靠外地尤其是江南盛产米粮地区的供给。史料称：“元明都燕以来，京边仰食江南，而漕运尤重”[①]；清代仍以北京为都，“俸糈所出，民食所资，每年需米四百万石，少亦三百七八十万石，岁漕东南之粮以济之，漕运偶愆，京畿民食即生恐慌”[②]。可见，元明清时期北京地区需靠江南粮米接济，漕运在当时对保障京师民食至关重要。对此学界已多有探讨，无须赘述。但清末漕运逐渐停止后北京地区的粮食如何供应，学界尚缺乏足够的研究。樊如森的《清末至民国时期京、津的粮食供应》[③] 一文作为目前可见的这方面的主要研究成果，为我们提供了非常有益的借鉴。但文中在正确揭示这一历史时期京、津的粮食供应“发生了由以国家控制为主到以市场调节为主的重大变革”的同时，认为“清末特别是进入民国时期以后，京、津的粮食供应由国家控制全部转变为依靠市场调节”，未免有些失之于绝对。以民初为例，漕粮停止后，单纯依靠市场调节并不能充分保障北京地区的粮食供给，国家权力因此并未完全退出或放弃对该地区粮食供应的参与。漕运局的设立即是民初政府参与运米进京采取的一项举措，而学界对此尚缺乏关注。本文拟依据相关史料，以漕运局的设立为线索，并以1919～1920年该局复设与裁撤这一案例作为分析重点，尝试对学界已有的研究成果略做补充，并期望能以此深化对相关问题的认识。

---

* 本文原载《安徽史学》2018年第2期。

** 彭南生，历史学博士，华中师范大学中国近代史研究所教授、博士生导师。李庆宇，华中师范大学中国近代史研究所博士生。

① 任源祥：《漕运议》，贺长龄、魏源等编《清经世文编》卷46，中华书局，1992，第1086页。

② 冯柳堂：《中国历代民食政策史》，商务印书馆，1934，第214页。

③ 樊如森：《清末至民国时期京、津的粮食供应》，《中国农史》2003年第2期。

一　民初北京的招商运米与漕运局的设立

清中叶后漕运的日趋衰落，原因是多方面的，但晚清以后，时人主张停止漕运所持理由之一是随着商运的发展、商品粮贸迁的增加，京师等地米粮供应已无须专仰赖于漕运，如郑观应《盛世危言》内《停漕》一文即称："自轮舶畅行以后，商米北来源源不绝，利之所在，人争趋之……少米之患在今时可以无虑。"① 张之洞也有类似的看法，1901 年他力主停漕的奏疏直接促成了清政府停漕改折令的颁布。但此停漕令刚一颁布，京师粮商就乘机抬价，清廷于是改变计划，令江浙两省每年筹运食粮 100 万石接济京师，其中江苏 60 万石，浙江 40 万石，其余部分改征银两。② 这一办法直到民国成立后才被废止，1912 年财政部在给国务院的咨文中称："本部所管南漕，每年由江浙两省运漕米一百万石，现在国体已更，当然废止"，并称"京师为都会重地，人口繁多，仓储已将告罄，市面米价日增，若不先为设法维持，深恐来源缺少，自损民食。拟请通电产米各省都督，晓谕准京外各米商自由运米到京，以济民食"③。但由于北京地区户口繁多，需米量大，加之当时粮食市场发育并不健全，单纯依靠商人自行运米到京难以保障京中米粮供给。在这种情况下，政府也并未完全退出对该地区粮食供应的参与，其最初采取的办法是招商运米。

招商运米办法在清代已出现，据记载，早在道光年间，因畿辅粮价上涨，影响民食，政府方面即有招募米商贩运米粮的举措。④ 李鸿章、袁世凯任直隶总督期间也均曾招商购运南米运至北京等地。⑤ 进入民国后继续沿用了这一做法。1912 年 3 月，顺天府尹因"京师粮贵食艰"呈请招商分赴直隶、河南、山西三省产粮地方购运米谷，得到了批准。⑥ 政府打算废止漕粮

---

① 郑观应：《停漕》，夏东元编《郑观应集》上册，上海人民出版社，1982，第 568 页。

② 李文治、江太新：《清代漕运》，中华书局，1995，第 472、478 ~ 479 页。

③ 《江苏交涉使发布国务院废止漕运准由京外众米商自由运米到京告示》，1912 年 7 月 27 日，天津市档案馆等编《天津商会档案汇编（1912 ~ 1928）》第 2 分册，天津人民出版社，1992，第 1648 页。

④ 李文治、江太新：《清代漕运》，第 97 页。

⑤ 《酌购南米平粜折》，1904 年 3 月 31 日，载骆宝善、刘路生主编《袁世凯全集》卷 12，河南大学出版社，2012，第 69 页。

⑥ 《顺天府府尹呈招商采购粮米运京平价出售请将税捐援案蠲免以利商民文》，《临时公报》1912 年 4 月 22 日，第 161 页。

也让时人看到了商机，该年5、6月间杨士骢、汪瑞闿等以“京师仓场旧制专仰给于南漕，民国新建，漕运行将改折，来源既少，缺食堪虞”，拟集资300万元，创建通济运米公司运米到京[①]，后因北京“仓米告乏”，财政部会同顺天府商定招商运米办法后即与该公司订立合同，由其代购白米40万石，运送仓储。[②]

在招商运米中，米粮的采购运输以商人为主体，但政府仍在其中扮演了重要角色，作为组织者，由其发给商人印照，授予商人运米的权利，并在税厘、运费等方面给予商人一定的减免和优惠。这显示了招商运米与普通商运性质的不同，也说明了民初北京地区的粮食供应仍有政府的参与而非完全依靠市场调节。以招商办法运米可以为政府节省大量的人力、物力和财力，这是其优点所在。但商人参与其中系以营利为目的，在其认为难以获利或利润不高的情况下，其参与运米的积极性并不高。另外，作为在米粮欠缺情况下所采取的一种应急举措，招商运米的具体办法并不固定，也欠周密完善，参与其中的运商与官方甚至因此产生纠纷，影响运米成效，如前文提到的通济公司即未能按合同规定期限将米运竣，且与交通部门“屡次轇轕”[③]。这些也体现了招商运米办法的缺陷。

1914年5、6月间，因北京地区米粮缺乏，顺天府尹沈金鉴呈请政事堂，请求准许招商投标运米50万石，以资接济，并拟有招商运米章程。经农商、内务、财政、交通四部会核后将章程修正，作为招商运米办法，其中详细规定了此次招商运米的宗旨、米数、运商义务与权利、期限、运途等，并得到了大总统的批准。[④] 8月，顺天府尹会同财政部等将得标商人和备补商人名单公布。[⑤] 但北京政府其后又将招商运米计划搁置，而提出设立漕运局转运米粮。

① 《工商部咨复财政部京师创设运米公司应令妥拟章程呈部核准注册文》，《政府公报》第49号，1912年6月18日，“公文”，第7页。

② 《审计处致财政部请查明本处开列通济运米公司前后领款一览表内各节暨第三批内短少情由迅速见复以凭核办函（附表）》，《政府公报》第520号，1913年10月15日，“公文”，第10页。

③ 《交通部致财政部通济公司运米轇轕请饬声叙理由函》，《政府公报》第451号，1913年8月7日，“公文”，第15页。

④ 《农商、内务、财政、交通四部会同拟具招商运米办法给大总统的呈及大总统的批》，1914年7月1日，江苏省商业厅等编《中华民国商业档案资料汇编（1912～1928）》上册，中国商业出版社，1991，第339～343页。

⑤ 《顺天府通告》，《政府公报》第833号，1914年8月30日，“通告”，第37～38页。

1914 年 11 月，北京政府财政、内务两部会同呈请设立漕运局转运米粮，以平济京师民食。呈文分析了设立漕运局的必要性，指出自由贸易下粮食转运的弊端："自改革以来，转输粜兑，纯听自由贸易，性质惟在投机，或运费稍重，或时值较低，获息不足以偿，则虽深知民方艰食迫不及待，亦且顾而之他。"而"都会商埠繁盛地方，自官吏、军伍、商廛、工肆，以至转移执事，皆属不耕而食之民，周转稍滞，匮乏立见"，因而纯粹依靠自由贸易难以保障京师粮食的正常供应。呈文还指出此前招商运米中存在的问题："北京首都，漕运既停，仓储尽罢，虽经迭次核准商家承运米石藉为接济，而应者殊鲜，且有业已投标而闻风裹足者。市价于以踊贵，民食恒虑不敷。"呈文最后提出设置漕运局的主张，并对其办法、宗旨等做了设定：

> 设总局于上海，此外各大商埠及产米最盛市场次第设立分局，随时随地就岁事收获之丰歉，察民间盖藏之多寡，而一准于民食需用之缓急，缓则收籴，急则发粜，权衡于有余不足之间，调剂以挹彼注兹之术。其宗旨在平市价、济民食，补商力所未逮而不与争利。

财政部等设置漕运局的呈请得到了批准，11 月 5 日，大总统批令准如所拟，先行试办。① 政府方面并任命了总、会办等负责相关事宜。该局正式成立后即着手米粮的转运，并结合实际条件，确立以"官督商运"作为转运米粮的主要手段，将此前招商投标运米 50 万石归并该局办理。② 在转运米粮所涉及的税厘方面，规定除关税照常完纳外，沿途局卡减收米厘十分之三，第一批所运 10 万石还获准全免厘捐。③

总起来看，漕运局之设是北京政府对自由贸易下的纯粹商运以及政府此前组织的招商运米均不满意的情况下推出的一项新举措，这一官方机构的设立本身即表明了政府参与米粮运京力度的强化。

当然，北京政府设此机构以"漕运局"为名也是有现实考量的。这一方

① 《平济京师民食之进行》，《申报》1914 年 11 月 13 日，第 6 版。

② 《内务、财政部呈京兆招商运米拟请归并漕运局办理以期统一文并批令》，《政府公报》第 990 号，1915 年 2 月 9 日，"呈"，第 21 ~ 22 页。后由于投标米商退办等原因，此 50 万石中的 40 万石被漕运局通告取消。

③ 《财政部呈为漕运局运米酌拟变通成案分别完免税厘乞鉴文并批令》，《政府公报》第 945 号，1914 年 12 月 30 日，"呈"，第 42 页。

面应是受传统漕运体制下漕粮为官粮观念的影响，以此彰显其官方色彩；另一方面也是出于减少运米阻力的考虑。晚清时期，各省在米粮缺乏时，往往采取禁止本省米粮出境的措施以自保。1902 年中英所订《续议通商行船条约》第十四款内也规定中方在某处“有饥荒之虞”等事故时，除漕米、军米外，可禁止米谷出境。[①] 这一条约中的规定时常被各地方政府所援引，作为禁止本地米谷外运的依据。[②] 清末各省实行米禁非常普遍，如在 1910 年长沙发生抢米风潮前后，据当时报载“各省纷纷禁米出境”[③]。进入民国后同样如此，以米粮主产区的江苏省为例，该省在 1912 年颁布《江苏限制运米出省章程》[④]，对本省米粮外运作了一些限制，1913 年年初因上海米价腾贵又规定米粮“除本省境内仍照常流通外，应即一律暂禁出省”[⑤]。在 1914 年北京方面为运米而招商投标期间，该省还曾“严申米禁”[⑥]，前引财政、内务两部呈请设立漕运局文内所指出的招商投标中有商人“业已投标而闻风裹足”即或与此有关。但由于以上提到的中英条约中有漕米、军米不在米谷禁运之列的规定，因此，以“漕米”的名义显然有利于规避各禁米地方对由该地转运米粮的阻力，这也应是北京政府决定设立漕运局的一个重要原因。然而尽管如此，北京政府设置漕运局的举措仍引起了一些实行米禁政策省份的疑虑与掣肘，如设置漕运局消息传出后，时任江苏巡按使的齐耀琳即曾提出质疑意见三条，请求北京政府当局加以“注意”[⑦]。在漕运局正式运行后，江苏省“时以民食不敷为言，屡加遏粜”，经漕运局方面“屡次详禀财政部反复商榷，始准限数采运，且须凭部照验放，限制綦严”[⑧]。以漕运为名尚且如此，采用其他名义运米的难度亦可想而知。

从相关史料来看，北京政府此次设立的漕运局实现了转运米粮的预期目

---

① 王铁崖编《中外旧约章汇编》第 2 册，生活・读书・新知三联书店，1959，第 109 页。

② 《温州饥民以海运不能购米》，《申报》1906 年 6 月 26 日，第 3 版；《湘省接济各省军米之要电》，《申报》1912 年 5 月 7 日，第 6 版。

③ 《米禁危言》，《国风报》第 1 年第 12 号，宣统二年五月十五日，饶怀民、藤谷浩悦编《长沙抢米风潮资料汇编》，岳麓书社，2001，第 270 页。

④ 《通令各县知事等订定江苏限制运米出省章程》，《江苏省公报》第 87 期，1912 年 12 月 28 日，“本省法令”，第 4～7 页。

⑤ 《暂禁运米出省》，《申报》1913 年 2 月 9 日，第 10 版。

⑥ 《专电》，《申报》1914 年 8 月 3 日，第 3 版。

⑦ 《恤商中之漕运与布税》，《申报》1914 年 12 月 15 日，第 6 版。

⑧ 《漕运局总办施肇曾等申明漕运总局成立经过文》，1916 年 3 月，天津市档案馆等编《天津商会档案汇编（1912～1928）》第 2 分册，第 1675 页。

的，至1915年5月，该局已将所购之米“分批起运，源源来京”①，直至1916年6月始行停办。北京政府在这之后曾两次对此次设立的漕运局进行评价，称其“已著成效”“颇著成效”②。由此可见，漕运局的设立发挥了一定作用，并得到了北京政府的认可。

二 1919年江苏省“重申米禁”与北京政府“规复漕运”

在漕运局停办的5个月之后，北京政府即酝酿复设漕运局。1916年11月财政总长陈锦涛、内务总长孙洪伊会呈大总统，以“京畿一带粮价踊贵，小民生计维艰，且值冬防在迩，尤应先事筹备”为由，请求复设漕运局，呈文并附有修正后的漕运局章程十四条，得到了批准。③ 但此次漕运局复设后未及运行，因京中米粮紧缺状况得到了缓解，次年1月又由内、财两部提交国务会议议决将漕运局裁撤，并认为“现在交通便利，京中粮糈不致有缺乏之虞”④。但政府当局对京中粮食的供给能力显然过于乐观，两年之后便不得不重新考虑复设漕运局以保障北京等地米粮供给。

北京政府之所以在1919年再次复设漕运局，一方面是因为当时北京地区米粮缺乏。在此之前的1917年，京畿地区曾受水灾，“秋禾歉收”，次年又因“火车不足用”致使“各项粮石不能畅运来京，而大米一项尤为大宗”⑤，影响了米粮的供应。到了1919年，“京畿一带，自春徂夏，雨泽稀少，所有麦田俱已歉收”，加之南米来源减少，粮价日渐提高⑥，因而急需运粮接济。另一方面，也与该年江苏省的严申米禁政策及发生在浦口的扣米事件有直接关系。

江苏省自1913年禁米出境后，米禁一直未弛。1918年10月，省议会开

① 《交通部、内务部、税务处呈会订取缔京师米麦外运出境暂行条款缮单请训示文并批令》，《政府公报》第1080号，1915年5月11日，“呈”，第16~17页。

② 《志恢复漕运局之呈文》，天津《大公报》1916年11月19日，第1张；《漕运南米之决行》，1919年6月24日，第7版。

③ 《内务总长孙洪伊、财政总长陈锦涛会呈大总统复设漕运局转运米粮以平市价而济民食拟具章程请鉴核文（附章程）》，《政府公报》第314号，1916年11月18日，“公文”，第19~20页。

④ 《漕运局之存废问题》，《申报》1917年3月9日，第6版。

⑤ 《京师总商会呈交通部据米商声请疏通运粮路政以维民食文》，《交通月刊》第18期，1918年6月1日，“公牍”，第2~3页。

⑥ 《粮价日渐提高》，《顺天时报》1919年6月26日，第7版。

会，有议员提议重申米禁，经大会讨论通过，由省长齐耀琳训令各属查照办理。[①] 随后不久，日本因国内发生米荒，提出从江苏运米济荒，遭到了苏省当局的拒绝，但北京政府却同意了日方运米之请，财政部与日本驻华公使订立采米合同，准许日商由中国通商口岸运米。[②] 此事在江苏省引起很大反响，各界对苏米弛禁问题意见不一，尤以反对弛禁出口者为众。齐耀琳为此召集省议会开临时会决定此事，1919 年 3 月 4 日，省议会临时会开会，议决“重申米禁”，省长齐耀琳随后予以公布。[③]

但重申米禁后，米商私运米粮出省并没能禁绝，尤其是省署得到消息称，作为当时南北交通要道的津浦铁路“私运出口者甚多”“偷运之米皆系各转运公司朦混”，齐耀琳为此除令津浦路货捐局严查外，还委派专员前往下关、浦口稽查，并规定各转运公司所囤之米自 13 日起，除军米外，非经专员查验明确不得起运。[④] 23 日，又于浦口设立江苏禁米出口查验处，专司查验事宜。苏省采取的这些措施使得各转运公司运至浦口上栈积存之米 8000 余吨被扣留，其中多为拟运赴天津之米。这不仅直接妨碍了米商营业、损害了其利益，而且对京津地区米粮供应产生很大影响。在扣米事件发生后，米商纷纷要求验放，直隶省长曹锐在米商的请求下电咨江苏军民两长，提出将所扣之米“速予放行，以便接济京津民食”[⑤]。京师警察总监吴炳湘也以“京师向恃南米接济”，“都中各商号所购米石五十余车，均扣存不能转运”而致电江苏省长，请求疏通。北京政府国务院、交通部等亦有电致齐耀琳，希望予以通融。[⑥] 但江苏省当局态度颇为强硬，对于以上各方提出的放行被扣之米的要求一一予以回绝。后又由省长齐耀琳和督军李纯会议，决定将被扣之米按二成提出充公，其余由禁米出口查验处验明石数，勒令各米商在苏省境内运销。[⑦]

江苏省在浦口扣米事件中的强硬态度，表明了其禁米外运的坚定决心，

---

① 《江苏实业厅训令第二千一百二十八号（重申米禁）》，《江苏省公报》第 1766 期，1918 年 11 月 17 日，“训令”，第 5 页。

② 《中日采米合同全文》，天津《大公报》1919 年 3 月 2 日，第 2 张。

③ 《江苏省长公署令第四十一号》，《江苏省公报》第 1883 期，1919 年 3 月 20 日，“令”，第 4 ~ 7 页。

④ 《苏米私运案发后之严查》，《申报》1919 年 3 月 16 日，第 7 版。

⑤ 《米商求请维持》，天津《大公报》1919 年 4 月 13 日，第 2 张。

⑥ 《关于苏省米禁之要电》，《申报》1919 年 4 月 17 日，第 7 版；《国务院请解除苏米禁令电》，《申报》1919 年 4 月 23 日，第 7 版。

⑦ 《浦口扣米充公之结果》，《申报》1919 年 4 月 19 日，第 7 版。

对于食米一向仰赖于江苏等省接济的京津地区来说，这一严厉米禁政策的直接后果是导致本地苏米输入量的大为减少。且在江苏重申米禁后，安徽省亦援照苏省办法禁米出境，这些都加剧了京津市场上米粮的紧缺。北京政府方面不得不筹谋应对的办法。由于漕米、军米按条约规定不在禁例，以漕米名义转运米粮便被提上了议事日程。4月下旬，国务会议议定按照漕米办法，由京师总商会查明需米石数，指定商号、运数及采米地点，呈请内务、财政两部发给护照前往江苏等省采运，后又规定天津所需米粮亦一律办理。5月3日，国务院将需米数目及具体办法电告苏浙皖三省。[①] 虽然做出这一决定，北京政府当局对其能否顺利施行仍颇为疑虑，担心“此项办法不无窒碍”[②]。为了避免日后可能出现的“疑阻”，国务会议此后又对运米办法进行了复议，最终做出复设漕运局转运米粮的决定。6月初，内务总长钱能训、财政总长龚心湛、农商总长田文烈会同呈请设立漕运局，呈文云：

> 窃维有清时代，颁禄馈军，端资漕运，即京津民食亦多恃以接济。自南漕改折而后，转输兑粜，纯任商民自由，在丰岁贸迁有无，供求尚足相剂，一遇来源梗塞，或值水旱偏灾，民食即有缺乏之虞。上年因车运停滞，京津存粮已形不足，近以苏皖两省复申米禁，人心未免恐慌，米价因之日昂，自非亟筹接济，不足以资维持。卷查民国三年财政部曾请设立漕运局，转运粮食，平价便民，会同内务部呈奉前大总统批准试办，颇著成效。兹经往复商酌，拟仍查照成案，设立漕运局，采运南米接济京津民食，藉补商力之未逮。

呈文还推荐京师警察厅总监吴炳湘兼充漕运局总办，并附有所拟漕运局暂行章程八条，如下：

> 一、漕运局为接济京津民食而设，以采运米粮平价便民为宗旨；二、漕运局附设于京师警察厅，以警察总监兼充总办，其余办事各员由该总监就厅内人员遴派兼充，以节经费；三、漕运局采运米粮，统以内

① 《江苏财政厅训令第一千四百四十九号（令知采办米粮接济京津民食作为漕米一案）》，《江苏省公报》第1951期，1919年5月28日，“训令”，第1～4页。

② 《本省要闻·设立漕运之要闻》，天津《大公报》1919年6月21日，第3张。

务、财政两部会印护照为凭；四、漕运局由陆路转运米粮，经过沿途关局，除照纳厘金外，各关查验种类、石数与护照所载相符，即予放行。其由轮船装运米粮，须呈经财政部转咨税务处先行饬知海关，以凭验放，并由起运海关将装运之米粮种类及石数详晰登入册记；五、米粮沿途转运，除遇特别变故外，应由押运员负其责；六、漕运局采运米粮，除派员采运外，并得体察情形招商承办，其章程另订之；七、漕运局办事细则由该总办拟订，分报内务、财政、农商三部查核；八、本章程自公布之日施行。①

复设漕运局的呈请再次得到了批准，6 月 13 日大总统令派吴炳湘兼充漕运局总办，吴炳湘于 18 日就任，办公处所附设于京师警察厅内。由于此次复设漕运局按官方说法系“沿民国三年旧制”，因此也被时人称作“规复漕运”。

通过以上史实不难看出，此次“规复漕运”实际上是北京政府在江苏省等厉行米禁政策、严禁米粮出省的情况下，试图借不在禁例的“漕米”名义，以达到顺利转运米粮、保障京津地区米粮供应的目的。因而漕运局的复设只是为了达到这一目的采用的权宜之计，政府方面的计划仍是在漕运的名义下采用招商运米的办法。25 日，漕运局总办吴炳湘在致与运米有关的江苏等省军民长官的电文中即称：“按漕运原则，原以派员采运为正办，而值兹国库空虚，筹拨巨资，一时匪易，目前救济似舍招商承运，别无良策。”② 在这之后漕运局又制订了招商承运章程十二条③，对具体办法做了规定。

然而北京政府复设漕运局的举措招致了作为此次漕运局拟采购米粮主要地区的江苏省官民的不满与反对。此时正值粮米青黄不接之际，江苏本省米粮本不充裕，加之入夏以后，梅雨连旬，该省所属苏州、常州、无锡、青浦等地先后被灾，低洼田禾多被淹没④，民食更加紧张。此外，米商私运、偷运出省仍屡禁不绝，这些因素导致了该省米价持续增高。下表系依据《申报》

① 《内务总长钱能训、财政总长龚心湛、农商总长田文烈呈大总统会拟设立漕运局并拟暂行章程请训示文（附章程）》，《政府公报》第 1213 号，1919 年 6 月 21 日，“呈”，第 4～5 页。

② 《吴总办整顿漕运之通电》，天津《大公报》1919 年 6 月 27 日，第 2 张。

③ 《漕运局招运章程》，天津《大公报》1919 年 7 月 8 日，第 3 张。

④ 《苏常锡淫雨成灾》，《顺天时报》1919 年 7 月 17 日，第 4 版；《苏浙水灾汇志》，《顺天时报》1919 年 7 月 19 日，第 4 版。

中所载的上海米市几种主要米类的价格制成，反映了这一时段米价增长的趋势。

表 1　1919 年 5～7 月沪市主要米类各时段平均价格

单位：元/石

	机白粳、机白破平均价格	河下白粳平均价格	船货白粳、船货白破平均价格
5 月 1～10 日	6.371	5.570	6.173
5 月 11～20 日	6.345	5.545	6.273
5 月 21～31 日	6.732	5.877	6.383
6 月 1～5 日	7.050	6.150	6.843
6 月 11～20 日	7.350	6.304	6.867
6 月 21～30 日	7.635	6.563	7.237
7 月 1～10 日	7.810	6.713	7.611
7 月 11～20 日	8.030	6.708	7.700
7 月 21～31 日	8.477	7.039	7.827

资料来源：据 1919 年 5 月 2 日至 8 月 1 日《申报》内《商务·米市》栏中各类米价数据（其中 6 月 6～10 日之米价无报道）计算并制成。

由表 1 中可以看出，5 月后，平均米价总体而言呈不断增高之势，这除了受以上提到的诸因素影响之外，漕运局的复设也对米价的增长产生了一定作用。规复漕运的消息传出后，一些米商纷纷囤积居奇，致使市场上出售的米粮进一步减少，供求关系更行紧张，米价继而增长。① 在这种情况下，苏省各界自然对漕运局的复设极为不满，纷纷表示反对。6 月 22 日旅京苏人童世亨通电反对规复漕运。② 南京各公团因米价腾贵，推代表请求督军李纯、省长齐耀琳缓行规复漕运，维持民食，得李、齐应允“即电政府商改办法”③。上海商业公团联合会也通电认为规复漕运“不但病国病民，更引起奸徒囤积居奇，民食堪虞”，请求政府“万勿规复”④。

① 《规复漕运与沪米价之关系》，《申报》1919 年 6 月 25 日，第 10 版；《米价增长之原因》，《申报》1919 年 7 月 2 日，第 11 版。

② 《季通反对规复苏省漕运电》，《申报》1919 年 6 月 25 日，第 6 版。

③ 《南京快信》，《申报》1919 年 6 月 27 日，第 7 版。

④ 《商团反对规复漕运》，《民国日报》1919 年 6 月 30 日，第 10 版。

江苏省省长齐耀琳于27日致电财政部及漕运局，指出“设立漕运局一案既经奉令照准，自应遵办，惟体察苏省现时米市情形，有应注意者数端”，分别为：“（一）采运数目应查照前案，暂以二十万石为限；（二）无论派员采运或招商承运，苏省但认定由内、财两部所发护照为册凭；（三）承运人员采运米数以及运路地应请先期通知；（四）倘米价腾涨，沪价已过八元，应随时截止。”可以看出，齐氏试图通过以上四条对漕运局采运米粮的手续与数额进行限制。此外，齐耀琳还质疑漕运局的招商办法不符漕米性质而有违中英条约，认为“既名为漕运局，复有招商承运情事，曾经外人指摘，现竟宣言招商承运，外人益将有所藉口”①。在提出意见后，齐耀琳又致电苏省各关监督，再次重申米禁。② 7月2日，齐耀琳又发出“冬电”，分令江苏省财政厅、各道尹、县知事及各关监督，声明“在办法未经本省认可以前，漕运局原订章程暂时不能发生效力”③，这实际上等于否认了漕运局原定的运米办法。

此时苏省各界反对规复漕运局的呼声更为强烈。苏州因有米业商人囤积居奇，米价连日增长，吴县籍省议员孔昭晋等于7月3日公电省署，认为规复漕运尚非其时，要求省署“切电中央，暂缓举行，以维禁令，而保民食”④。镇江籍省议员刘长春等也以“本省民食堪虞”，反对漕运局的设立。⑤ 4日，上海总商会与县商会公电北京政府，指出沪上存米无多，最高米价已涨至八元有奇，漕运局复设后“人心愈觉恐慌”，因而请求“无论何种要需，苏米万勿弛禁”。5日，两商会又公呈督军李纯、省长齐耀琳，同样要求勿弛米禁。⑥ 9日，江苏省教育会、上海县商会、上海县教育会、环球中国学生会、华侨联合会等九团体联合致电北京大总统、国务院及江苏督军、省长，请求“从速明令取消漕运”⑦。

虽然复设漕运局招致了江苏各界的反对，但北京政府并不为所动，仍坚持原议。国务院在致李、齐的电文中表示规复漕运局是为了接济京津民食，

① 《齐省长反对漕运要电》，《民国日报》1919年7月2日，第3版。
② 《齐省长重申米禁》，《申报》1919年7月2日，第11版。
③ 《齐耀琳反对漕运又一电》，《申报》1919年7月4日，第8版。
④ 《地方通信·苏州·电请缓行漕运》，《申报》1919年7月5日，第7版。
⑤ 《地方通信·镇江·电争漕运》，《申报》1919年7月14日，第7版。
⑥ 《两商会电请勿弛米禁》，《申报》1919年7月5日，第11版；《两商会再请勿弛米禁》，《申报》1919年7月7日，第10版。
⑦ 《各团体电请维持民食》，《申报》1919年7月10日，第10版。

“所请缓行规复之处碍难照准”①。对于齐耀琳所提意见，财政部、漕运局也未予采纳，后又招米商邹镜泉、曲廷献分往苏浙两省，拟先行采运大米6000石，由漕运局发给护照，并声称将按照招商承运章程所定办法办理。齐耀琳对此“大不满意”，于7日再电各关监督，重申“在办法未经解决、本署未经饬知照办以前，无论何省米商来苏采运大米，均应查照本署冬电办理”②。此举使邹镜泉在沪所采购白米两千石虽经打包，但未能得以放行，只得暂存洋栈。

江苏省的强硬举措使得漕运局方面不得不与其就运米问题进行磋商。漕运局总办吴炳湘致函齐耀琳，对齐之前所提的四条意见进行了回应，称其中的第二、三两项“与本局计画正同，自应照办”，但对采运米粮数额进行限制的第一、四两项，则认为“不无略有疑难之点”，仍不肯采纳。至于齐所质疑的招商承运有违条约而可能引起外人指摘，吴氏也解释称：“所谓招商承运者，不过查明现需米数，由总商会指定殷实各米商承认，运到之后由漕运局划定价格，分批各商号分销，以免设立分局之靡费，而采购、运输各事仍由本局主持办理，并非假诸商人之手，与普通商运办法截然不同。”③ 但吴炳湘的复函并未能让齐氏满意，齐氏在复函中强调所提四项意见中“第一、第四两条实系特别通融，万无变更余地”，仍坚持原议。④ 由于齐耀琳态度坚决，吴氏又于10日致电苏督李纯，请其疏通，因李纯为天津人，吴氏在电文中还不忘对其晓以关怀桑梓之义，希望李纯从中“鼎力维持”。而李纯并无明确答复，仅允“尽力协助”⑤。该电文后经军署转达齐耀琳，齐仍以有碍本省民食为由予以拒绝。⑥

由于米价持续增高，加之灾情影响逐渐显现，苏省各界反对米粮外运的呼声在此期间一直未断。吴江旅沪同乡会因“各市乡来函报告内地被灾甚重”，特将灾情分电省长、道尹等，请求“转呈中央，将漕运收回成命”⑦。苏政商榷会也致电北京政府“乞将苏省漕运即行罢议”⑧。一些团体如中华工

---

① 《南京快信》，《申报》1919年7月6日，第8版。

② 《齐耀琳反对漕运第三电》，《申报》1919年7月10日，第7版。

③ 《吴炳湘与齐耀琳函论漕运》，天津《大公报》1919年7月20日，第2张。

④ 《齐耀琳复吴炳湘办漕函》，《申报》1919年7月17日，第7版。

⑤ 《关于漕运之往来电文》，天津《大公报》1919年7月24日，第1张。

⑥ 《齐耀琳再复吴炳湘拒漕电》，《申报》1919年7月27日，第7版。

⑦ 《吴江旅沪同乡会开干事会》，《申报》1919年7月15日，第11版。

⑧ 《漕运问题之电文》，《申报》1919年7月22日，第7版。

业协会、上海闸北商业公会、吴县28市乡公益事务所等此时除继续反对漕运局外，还要求停止在苏采运军米。[①]

对于各界的请求，苏省军民长官先后表态，除省长齐耀琳外，苏督李纯、淞沪护军使卢永祥在给各团体的复电中也均表示赞成维持民食。[②] 17日，齐耀琳以沪市米价已涨至八元、各界函电要求军米、漕米一律截止为由，致电国务院、财政部、漕运局，提出除京津方面第一批已发护照赴苏采运之米2500石照章验放外，“此后请饬暂行停止在苏购运，以符原案”[③]。21日，齐耀琳再电北京政府，除了要求停止漕运外，并请停止在苏购运军米。[④] 在此期间，江苏省议会议长钱崇固也致电北京政府，以江苏各属被灾，米价腾贵，请求“体察江苏实情，毅然以明令废止漕运，并暂停采运军米”[⑤]。此外，众议院苏籍议员葛梦朴等还就漕运局复设事向北京政府提出质问。[⑥]

尽管江苏各界一再反对，但北京政府与漕运局方面并未放弃由江苏省采运米粮的打算。事实上，江苏各界反对漕运局的根本出发点和目的是反对米粮外运、维持本省民食，而北京政府当局显然不愿正视这一点。面对江苏省的反对，加之买照米商因无法顺利运米而回京与财政部交涉，财政部遂拟修改运米办法，但仅是打算将招商承运改为派员自行采办、归商转运[⑦]，这自然无法得到江苏省方面的认可。漕运局总办吴炳湘还将漕运局招商承运章程寄给苏督李纯，试图说明招商运米“与普通商运迥异”，并再次请李纯从中疏通，李纯当即复函拒绝[⑧]。

在此期间除江苏拒绝漕运局运米外，安徽省也因受水灾而反对运米。[⑨] 漕运局也曾试图由其他省份采运，10月间吴炳湘曾致电江西督军陈光远、省长

---

① 《中华工业协会请维民食电》，《申报》1919年7月12日，第10版；《闸北绅商请维民食电》，《申报》1919年7月15日，第11版；《地方通信·苏州·纷电请求顾全民食》，《申报》1919年7月19日，第7版。

② 《苏督复各团体请维民食电》，《申报》1919年7月20日，第10版；《卢护军使关心民食》，《申报》1919年7月21日，第10版。

③ 《齐耀琳又请停止漕运电》，《申报》1919年7月19日，第7版。

④ 《苏省停运军米漕米又一电》，《申报》1919年8月13日，第7版。

⑤ 《钱崇固请废漕运停军米通电》，《申报》1919年7月16日，第6版。

⑥ 《议员葛梦朴等质问政府设置漕运局有无必要并是否计算精确南北兼顾书》，《众议院公报》第2期第5册，1919，“质问书十”，第98~101页。

⑦ 《南京快信》，《申报》1919年7月16日，第8版。

⑧ 《李纯与吴炳湘商办漕运函》，《申报》1919年8月1日，第7版。

⑨ 《专电》，《申报》1919年7月30日，第6版。

戚杨，以“苏皖等省无米运输，京中食米缺乏异常”，而请求准其由赣购米20万石[①]，但同样无果而终。到了11月中旬，因新米已经上市，沪市米价跌至8元以下，吴炳湘再次致电江苏军民两长，请求在苏省采购漕米，并同意一切采购手续及数目均按齐耀琳所提四条意见办理。但李、齐以各团体反对为由，认为“体察现在情形，暂难恢复漕运”[②]。至该年年底，漕运局据驻沪采办员报告沪市米价已进一步跌落，“最高价格不过七元一二角之谱，普通米价则均在七元以下”，而“调查京师米价之昂贵，则几为历年所未有”，因而咨呈财政部请其“转商苏省，设法疏通，准照前议采运苏米二十万担”[③]。对此，齐耀琳以民食攸关，未便通融，仍行拒绝，并在咨复财政部的文中称“一经恢复漕运，米价必继涨增高，酌察现在情形，非俟米价跌至五元以内不能准运出境”[④]。

在江苏省等的抵制下，漕运局始终无法正常运行，1920年5月，吴炳湘以该局“成立数月，有名无实，竟同虚设”，而请将该局裁撤，但北京政府未予同意，并由国务院电商各省“仍予接济，以维京师民食”[⑤]。6月间，漕运局又请在苏采米，但再次遭到江苏省方面的拒绝。[⑥] 漕运局最终在该年7月26日裁撤。

结　语

民初时期北京地区的粮食供应并非完全依靠市场调节，而仍有政府的参与，招商运米及漕运局的设立即是民初政府参与运米进京所采取的举措。当然，不可否认的是，政府在这一参与中的作用是非常有限的。就漕运局而言，除了第一次设立曾发挥一定作用，得到政府方面认可外，此后的复设并未能产生实际效果，其原因除了当时各地粮食普遍不充裕，加之受灾情等的影响，产粮地方反对漕运局的采运计划外，也与以下两个因素有关。

---

① 《赣官商运动开米禁之内幕》，《申报》1919年11月4日，第7版。

② 《吴炳湘又电请漕运》，《申报》1919年11月26日，第7版。

③ 《漕运局又请运苏米二十万》，《申报》1919年12月30日，第7版。

④ 《齐省长再拒采运漕米》，《申报》1920年1月9日，第10版。

⑤ 《漕运局又议裁撤》，《晨报》1920年5月29日，第3版；《京华短简》，《申报》1920年6月8日，第7版。

⑥ 《南京快信》，《申报》1920年6月26日，第7版。

一是中央权威的衰落。民初时期，政局混乱，各省拥有较强的独立性，中央权威衰落，名义上作为中央政府的北京政府实际上处于一种弱政府的地位，缺乏对各省的有效控制和确保所做决策贯彻执行的能力。漕运局由设立、复设到裁撤的过程中均可反映出这一点。北京政府设立漕运局这一机构本身即有借“漕运”名义减少运米阻力的考虑，因而可视为其处于弱政府状态下为达到运米目的而使用的一种权宜手段。1919 年复设漕运局更是北京政府在江苏省等严禁米粮出省的情况下，不得已而采用的一种策略。且此次复设漕运局最终在江苏省等的抵制下无法运行，被迫裁撤。这些均是北京政府中央权威衰落的体现。

二是政府公信力的缺失。就 1919 年复设漕运局而言，其目的按官方说法为“接济京津民食”，但当时的社会舆论却有北京政府此举是为运米赴日、安福系以此筹党费等说法。如由革命党人创办的《星期评论》就曾称复设漕运局“其实既不是军米缺乏，又不是接济京津民食，乃是接济日本粮食”①。全国学生联合会也称“漕运恢复，闻安福部将售南米五十万石于日本藉充党费”②。考虑到当时正值五四运动大的历史背景下以及以上刊物与团体所具有的政治立场或价值偏向，我们难以确定此说法的真实与否，但其无疑加剧了时人对复设漕运局的疑虑和反对。如前文提到的江苏省教育会等团体在反对漕运局的通电中即称：“日来哗传奸人方以规复漕运并购办军米为名，暗中贩米前往日本博取赢余，以供安福部之党费，众怒所积，必至横决。”③ 甚至在亟须米粮接济的北京地区，一些团体（主要是五四运动期间成立的爱国组织或进步团体）也以此反对漕运局。如 8 月初北京中等以上学校学生联合会上书大总统徐世昌，以十事相陈请，其一即为“取缔漕运局”，所持理由之一为“报纸纷纷转载谓此中黑幕，原为漕米赴日，为安福部抽党费”④。北京各界联合会在 8 月中旬向国务院提出的请愿书中也以此为由要求“将漕运局即予撤销”⑤。可见，尽管当时京津地区米粮紧缺是客观事实，但北京政府所设立并宣称以接济京津两地民食为目的的漕运局，仍不能获得足够的信任与支持，反而遭到了民众的猜疑与反对，这反映了北京政府公信力的缺失。

---

① 《评论·规复漕运与粮食骚乱》，《星期评论》1919 年 7 月 13 日，第 1 版。

② 《全国学生联合会消息》，《申报》1919 年 7 月 17 日，第 10 版。

③ 《各团体电请维持民食》，《申报》1919 年 7 月 10 日，第 10 版。

④ 《北京学生上徐世昌书》，《民国日报》1919 年 8 月 8 日，第 3 版。

⑤ 《北京各界联合会二次请愿》，《申报》1919 年 8 月 21 日，第 7 版。

总起来看，漕运局的设立作为北京政府采取的运米进京的一项举措，说明了民初时期国家权力并未完全退出或放弃对北京地区粮食供应的参与。而该局由设立、复设到裁撤的过程及其实际效果又反映出政府在这一参与中的乏力与局限。

从“各修各境”到“通力合作”*

——20世纪20～30年代山东黄河旧运河以西河段民埝治权统一问题刍议

张 岩**

黄河的河堤分为两种，即“堤”（也可称作“官堤”）与“埝”（也可称作“民埝”或“生产堤”）。按《河上语图解》的解释，“大曰堤，小曰埝；官修官守曰堤，民修民守曰埝”①。“大”与“小”既体现了堤与埝的外貌分别，也反映出二者的强固差距。所谓“官修官守”与“民修民守”指的是堤与埝最初的修筑和管理形式。就民埝而言，其修守的历史经历了如下阶段：最初系民间修筑（即民修）并由民间管理（即民守），后管理方式改为官守（中间或经历官民共守），最终民埝被废除。当下民埝历史正处民埝被废除的阶段，而本文所讨论的时段处于民埝从“民守”向“官守”过渡的时期。

学界有关黄河民埝的历史研究较为鲜见。以笔者目力所及，较为重要的研究成果有二：贾国静的博士学位论文有一章节讨论了1855年黄河改道以后东坝头以下民埝修筑的过程，以及官堤建成以后，清政府在民埝官方化、废除问题上的举措与困境②；彭慕兰的《腹地的构建》一书涉及20世纪20～30年代的民埝问题，主要讨论了山东省河务局设立“上游（即山东旧运河以西河段）民埝专款保管委员会”失败的原因——隐瞒地亩，这是民埝治权统一过程的重要一环，但作者未能进一步讨论“隐地”问题的解决以及专款保管委员会失败的其他原因。③ 基于此，本文力图还原政府介入民埝管理即山东黄河旧运河以西河段民埝治权统一问题的来龙去脉，并在此历史脉络中进一步检讨河务局此举最初失败、最终勉强成功的原因，冀以为国家与社会、人与

* 本文原载《中国历史地理论丛》2018年第3期。

** 张岩，南开大学历史学院讲师，主要研究方向为民国史与环境史。

① 蒋则光著，陈汝珍、刘秉镛补图《河上语图解》，黄河水利委员会，1934，第25页。

② 贾国静：《黄河铜瓦厢决口改道与晚清政局》，博士学位论文，中国人民大学，2008。

③ 彭慕兰：《腹地的构建：华北内地的国家、社会和经济（1853～1937）》，马俊亚译，社会科学文献出版社，2005，第265～298页。

自然等议题的研究以及当下民埝废除问题提供一个案例参考。

一　山东黄河旧运河以西河段堤防形势与民埝修守的特点

在20世纪20～30年代，山东黄河河段分作上、中、下三游，旧运河以西河段即为当时山东黄河的上游河段。① 在黄河全河堤防当中，山东旧运河以西河段两岸大堤最明显的特征是其堤距尤为宽阔，大致不下三四十里甚至七八十里之远。② 很多村庄以及农田分布在大堤以内，依靠近水修筑的民埝圈护。这些由民埝圈护的农田被称为“河套圈护地”或“民埝圈护地”。该河段两岸濮县③、范县、郓城、寿张、阳谷五县的圈护地总计约有10743顷（这一数字并非实际清丈数字）。民埝同时也是大堤的屏障。山东旧运河以西河段两岸大堤除了其南岸朱口至董庄、黄花寺至十里堡两段约60里直接滨临河流外，其他的部分都是以民埝作为“第一防线”。④

民埝系由“民修”，其防守方式最初也是依靠“民守”。1913年河南黄河河务局改组以后，该省境内黄河埝堤工程就完全由河务局办理⑤，河北省北岸民埝自1917年起改为官民共守，南岸民埝自1923年起改为官守⑥。而山东省政府因财政紧绌问题，直至1938年黄河改道都没能将民埝收归官守。因此，山东旧运河以西河段民埝的修守仍然是“借五县河套亩捐修守五县护地民埝”⑦。不过出于民埝对大堤的防护作用，政府也会“酌给津贴”或以其他形式予以补助或接济。⑧ 民埝虽然存在以县为单位的行政边界，但往往一县民埝

① 以1928年的标准，山东上游民埝起止地点为：北岸自濮县董庄至寿张县黄花寺，长145里；南岸自河北省耿密城至寿张县花庄东影塘，长148.4里。见《山东黄河三游官堤民埝起止地点里数说略》，《山东河务特刊》1928年第1期，工程，第9～11页。

② 王炳燂：《治黄刍议》，出版地不详，1922，第4～5页。

③ 该县黄河以南地区于1931年设鄄城县。

④ 《呈省政府呈请派员会同职局委员勘丈民埝地亩并送章程由》，1930年12月16日，《山东河务特刊》1931年第3期，公牍，第35～36页；王炳燂：《治黄刍议》，第4页；《山东河务局委任令》，1931年1月22日，《山东河务特刊》1931年第3期，命令，第63～65页。

⑤ 《豫河三志》，开明印刷局，1932，第十一卷，附录，第13页。

⑥ 黄河水利委员会编《民国黄河大事记》，黄河水利出版社，2004，第16页。

⑦ 《呈省政府为呈报会议上游民埝修守章程经过情形由》，1929年12月5日，《山东河务特刊》1930年第2期，公牍，第14～15页。

⑧ 王炳燂：《治黄刍议》，第9页。

发生意外，同时会波及多个县境尤其是其下游县境的河套圈护地，因此其他与之有着利害关系的县份也要共同摊工、摊料，这也就是所谓的“下游各地有帮助修守（上游险工）之义务”的“以下帮上”之说。[①] 然而一旦涉及分摊，便容易互相攀扯，出现纠纷，进而耽误工程进展，甚至会酿成危险影响大堤。

山东黄河旧运河以西河段民埝的管理系由当地士绅（或称“绅董”）主导和控制的，这些实际管理民埝的士绅被称作“埝绅”，其最重要的职能是负责征收工程费用，即从民埝圈护地征收工程所需亩捐。民埝的修守机构称为“埝工局”，其最早出现的时间难以考察，但可以确定在 1927 年就已存在。[②] 下文将会就具体案例对此进行详细描述。

二　廖桥民埝修守引发的各县纠葛与民埝治权初步统一的失败

廖桥是山东黄河旧运河以西河段北岸民埝的一处险工所在地，1930 年河务局的一份公牍将之称作山东旧运河以西河段民埝“最险”之处。[③] 廖桥位于范县境内，寿张、阳谷两县居其下游，设若该处决口，三县可能都会受到影响，因此该工系由三县共同修守。然而，三县受廖桥决口影响的程度并不一样，摊工摊料的份额也就不尽相同，正是因为摊派份额的问题，三县“互生意见”，进而延误了修守与抢险。1922 年 7 月的决口便是因此而发生。所幸的是此次决口并不十分严重，口门很快就被堵合了。[④]

以上三县间的纠纷，表面上看似是寿张、阳谷两县与范县绅董间的私人争执[⑤]，但可看得出，这些绅董背后所代表的是各地方群体的利益。而政府要介入三县间的争端不免有一定难度，正如森田明所讲，在民埝圈护下的村落

① 林修竹纂《历代治黄史》第六卷，山东河务局，1926，第 5 页。

② 《呈省政府为送修改民埝章程请饬各县征收埝捐由》，1928 年 8 月 31 日，《山东河务特刊》1928 年第 1 期，公牍，第 18～19 页。

③ 《呈省政府呈报廖桥王庄以下民埝漫溢情形由》，1930 年 8 月 25 日，《山东河务特刊》1931 年第 3 期，公牍，第 1 页。

④ 王炳燸：《治黄刍议》，出版地不详，1922，第 9 页；林修竹纂《历代治黄史》第六卷，第 5～6 页。

⑤ 《呈省政府呈报廖桥王庄以下民埝漫溢情形由》，1930 年 8 月 25 日，《山东河务特刊》1931 年第 3 期，公牍，第 1 页。

具有“非常自主而有显著的反政府特征”。[①] 县知事（国民政府时期改称“县长”）虽对民埝管理负有“监督”职责，却并不能实际左右民埝的管理事务，因为这些士绅也并不是完全听命于政府的“代理人”。1925年，时任山东督办的张宗昌以寿张县知事杨寿松“玩视河工”致廖桥民埝“几乎出险”为由，将其撤职查办，并称若廖桥出险，“杨寿松须负完全责任，并按军法惩治”，以此警示其他沿河各县知事。[②] 事实上，通过惩治县知事并不能有效解决民埝管理的问题。

据杜赞奇研究，在20世纪上半期，国家政权试图向乡村扩张，并重新确认政府与村庄的“中介人”，尤其到国民政府时期，区政府职员以及村庄领袖被确认为新的“中介人”，以此弱化传统中介人的地位。[③] 这一时期，国家政权也试图加大力度介入对民埝管理事务，并重新确认新的民埝管理者，但仍然有来自传统的地方势力的阻挠。从范、寿、阳三县情况来看，整个北洋府时期，基层社会的政权架构并没有多少变动[④]；到国民政府初期，基层政权架构有所改变，但传统的社会结构还在发挥作用，出面对抗民埝摊款的还是当地的里长（后改称“乡镇长”）等地方势力，这些人也就是杜赞奇所称的“保护型的经纪”，他们所代表和维护的正是圈护地居民至少是土地业主的利益。[⑤]

山东省政府并不希望将民埝改为“官守”，即使河套圈护地与其他地亩一样也缴纳了与河工相关的税款，如所谓的“六六附捐”[⑥]。出于民埝与大堤的唇齿关系，省政府在民埝仍归民守的前提下，力图透过制定规章的形式，规

---

① 〔日〕森田明：《清代水利社会史研究》，郑樑生译，（台北）“国立”编译馆，1996，第334页。

② 《张宗昌已由津返济》，《申报》1925年07月23日，第6页。

③ 〔美〕杜赞奇：《文化、权力与国家：1900～1942年的华北农村》，王福明译，江苏人民出版社，1996。

④ 玄述贵、朱纪轩：《对民国台前（原属寿张、阳谷等县）基层政权及基层社会组织考察》，台前县政协文史委编《台前文史资料》第2辑，1993，第78页。

⑤ 〔美〕杜赞奇：《文化、权力与国家：1900～1942年的华北农村》，王福明译，江苏人民出版社，1996。

⑥ 1926年山东省政府为修筑李升屯、黄花寺工程设立河工附捐，额度为地丁银一两加征四角四分，后因“工程浩大，用款紧急”，于1927年改为特捐六角六分，即所谓“六六河工附捐”。参见山东省政府呈行政院（字第158号），1929年10月1日（到），中国第二历史档案馆藏，档号：2（1）－3765，“冀属黄河南岸刘庄决口鲁省请款修堵”。附捐数字见林钦辰《山东田赋研究》（1933年12月版），收入萧铮主编《民国二十年代中国大陆土地问题资料》，成文出版社有限公司、（美国）中文数据中心印行，1977，第6870、6873页。

范民埝修守办法，以此达成旧运河以西河段民埝治权的统一，进而保障大堤的安全。1926 年，山东旧运河以西河段李升屯、黄花寺民埝堵口以后，时任山东省河务局局长的林修竹召集该河段五县埝绅，商议修改定章，由“民埝圈护地每亩征收附捐二角，解交河务局，按工程之平险、用款之多寡，妥为支配”。对这种“按河套地亩征收附捐”的“通力合作”的办法，各埝绅还是持“观望”态度，直到林修竹卸任都未能施行。[①] 1927 年 11 月，时任山东河务局局长的王炳燇再次召集该河段两岸埝长开会，商议修改民埝修守办法。[②] 1928 年《山东河务特刊》登载了其修改的民埝修守章程，即《山东河务局修正上游南北两岸民埝民修民守章程》。该章程大概是根据 1923 年的旧章程修订而来，具体实施时间不详。从该份章程可以看出，“埝工局”由“各该县知事负责督理，指定险工地点设立”，每局“选择埝长一人、埝董一人或二人”，“呈由河务局审定加委”，并且埝长、埝董需要接受河务局的考成，如不合格，随时将被撤销。虽然这种方式可以保证埝长、埝董成为政府的有效代理人，但另一方面，这些埝长、埝董也可能不被地方社会所认可。至于民埝经费，该章程规定，仍然按照旧章从河套圈护地“按工分配加捐应用”，各处工程的用款数目则由河务局按工情估定。国民党执掌山东政权以后，延续了这一做法，并重新预估了各工用款与支配地亩附捐（见表 1）。

以廖桥工程为例，1928 年河务局预估的工款为七万元，范县、寿张、阳谷按圈护地亩数，各需承担约 48409、19364、2905 元，合每亩摊捐约 0.19 元。[③] 但是，寿张、阳谷两县实际并没有支付该款。[④]

---

① 《呈省政府呈请派员会同职局委员勘丈民埝地亩并送章程由》，1930 年 12 月 16 日，《山东河务特刊》1931 年第 3 期，公牍，第 36 页；《咨民政厅为河套附捐暨民埝专款保委会成立情形由》，1931 年 4 月 29 日，《山东河务特刊》1932 年第 4 期，公牍，第 40 页；《呈省政府为送修改民埝章程请饬各县征收埝捐由》，1928 年 8 月 31 日，《山东河务特刊》1928 年第 1 期，公牍，第 18～19 页。

② 《呈省政府为送修改民埝章程请饬各县征收埝捐由》，1928 年 8 月 31 日，《山东河务特刊》1928 年第 1 期，公牍，第 18～19 页。

③ 《山东河务局修正上游南北两岸民埝民修民守章程》，《山东河务特刊》1928 年第 1 期，法规，第 5～11 页。该章程最后提到“本简章（注：大概是“监修委员简章”）自十二年三月一日施行”，由此猜测旧章可能是从 1923 年施行。

④ 据廖桥埝工局埝长称，1927、1928 年两年，寿张、范县应摊款项为两万四千余元，分文未交。见《呈省政府为报寿张县里长杨其琮等破坏廖工堵口合作议案请饬县强制执行由》，1930 年 11 月 11 日，《山东河务特刊》1931 年第 3 期，公牍，第 22～23 页。

表 1　山东黄河旧运河以西河段各民埝工程实分各县地亩

单位：顷

工程		濮县	范县	寿张	阳谷	郓城	总计
北岸	柳园（濮县）	2000	—	—	—	—	2000
	廖桥（范县）	—	2500	1000	115	—	3615
	北岸总计	2000	2500	1000	115	—	5615
南岸	李升屯（濮县）	2286.5	—	—	—	1100	3386.5
	李楼（郓城）	—	214	—	—	1170.5	1384.5
	高堂（寿张）	—	—	205	52	100	357
	南岸总计	2286.5	214	205	52	2370.5	5128

1929 年袁家普就任山东省财政厅厅长以后，即着手整理山东省财政，鉴于“河工原有六六附捐再加二角埝捐，负担未免过重”，袁家普于是呈请省政府“将六六附捐摊入地丁，每两征银四元”，其他的民埝附捐也同时被豁免。这样一来，民埝修守经费就不能再向地方摊派。为此，袁家普又与河务局核议，“仍在所收河工附捐项下拨出大洋二万元作为民埝补助经费”。① 该两万元补助费分给了廖桥工程六千元。② 当然，这种由“省库拨款补助”的办法不过是“一时救急之计”，并不能长久施行。③ 河务局还是希望由河套圈护地摊款自行修守。1929 年大汛期间，山东河务局职员李润生奉命赴寿张、阳谷两县守堤。到达寿张以后，李润生便会同寿张县县长宋宪章将埝长白景文等人召集起来开会，对之“晓以缓急利害”，白景文等人最终答应“勉摊”廖桥民埝工款，每亩摊款一角。虽然此时民埝附捐已被豁除，但河务局认为 1928 年度的摊款还在“核准豁免之先”，仍然可以摊派。同时，经李润生、阳谷县县长与阳谷县埝董商量，后者也愿意接受寿张的办法每亩摊款一角。④ 然而，该款并没有顺当地征得，抗拒缴交的还是白景文等人。⑤ 从中我们可以隐约地看出，在

① 《咨民政厅为河套附捐暨民埝专款保委会成立情形由》，1931 年 4 月 29 日，《山东河务特刊》1932 年第 4 期，公牍，第 40 页。

② 《山东省政府训令》，1930 年 12 月 12 日，《山东河务特刊》1931 年第 3 期，命令，第 4～5 页。

③ 《咨民政厅为河套附捐暨民埝专款保委会成立情形由》，1931 年 4 月 29 日，《山东河务特刊》1932 年第 4 期，公牍，第 40 页。

④ 《呈省政府为会核寿阳两县每亩应摊廖工洋一角请准予照办由》，1929 年 9 月 19 日，《山东河务特刊》1930 年第 2 期，公牍，第 11～12 页。

⑤ 《呈省政府为呈报会议上游民埝修守章程经过情形由》，1929 年 12 月 5 日，《山东河务特刊》1930 年第 2 期，公牍，第 14～15 页。

白景文背后还有一群更强的反对势力，而白景文也没有绝对的权威。

1929 年 11 月，时任河务局局长的赵会鹏又召集该河段民埝会议，商议恢复林修竹时期提出的由该河段五县共同修守的办法（即所谓“通力合作”的办法）。[①] 从其改订的上游民埝修守章程来看，修守事宜仍由各埝工局办理，与 1928 年的修守章程相比，新章程更希望埝长、埝董不只是政府的代理人，而且也能够为地方所信任。其中规定埝长“由当地有关系之区、里长公推熟习河工、公正廉洁者二人，呈请县政府转呈河务局择一委任之”；埝董则“由有关系县份之区、里长公推素孚民望者数人（例如廖桥埝工局准由有关系之寿张、阳谷两县区、里长公推）呈请县政府转呈河务局择优委任”；并且只有“成绩优良，民众悦服者得连任之”。对于民埝修守经费一项，该章程规定还是由民埝圈护地“按亩摊任”，由县政府征收、保管，同时提出要彻查民埝圈护地亩数。[②] 具体征收数目为每亩二角，“每年分上下忙”征收。[③] 在此以前，民埝圈护地的亩数仅为“约略大数”，从未进行过“清查丈量”，也就不免存在“隐匿漏报”及“以多报少”情形，成为各县民众纠纷的“口实”，因此河务局清丈的目的也是希望消除各县合作的障碍。然而，若要“切实清查”，必须“逐亩清丈”，这却是一件耗时费款的难事。[④]

然而，寿张、阳谷两县代表白景文、里长张东甲（均为埝绅）等三数人却坚决不认可该“通力合作”的修守办法，其理由为政府既然已经豁免民埝附捐，就不应该再去加征，且寿、阳两县与范县“龃龉意见甚深”，“不肯再出钱协助范县之廖桥工款”，所以该两县坚持“各修各境”。如表 1 所示，寿、阳两县境内并没有多少险工，若可以“各修各境”，该两县也不需要负担多少工款。虽然新章程已获多数通过，河务局还是担心白景文等“回县播弄民众”，引发更多麻烦。[⑤] 白景文等人的反对也使得廖桥埝工局（亦称廖高罗埝

① 《山东河务局训令》，1930 年 2 月，《山东河务特刊》1930 年第 2 期，命令，第 24 ~ 25 页。

② 《山东河务局改订上游两岸民埝修守章程》，《山东河务特刊》1930 年第 2 期，法规，第 31 ~ 33 页。

③ 《呈省府呈复核议廖桥民埝情形由》，1930 年 11 月 29 日，《山东河务特刊》1931 年第 3 期，公牍，第 28 ~ 30 页。

④ 《山东河务局委任令》，1931 年 1 月 22 日，《山东河务特刊》1931 年第 3 期，命令，第 63 ~ 65 页；《代电财厅长为民埝地亩勘丈困难可否照报灾册亩数查报请示遵由》，1931 年 2 月 6 日，《山东河务特刊》1931 年第 3 期，公牍，第 116 页。

⑤ 《呈省政府为呈报会议上游民埝修守章程经过情形由》，1929 年 12 月 5 日，《山东河务特刊》1930 年第 2 期，公牍，第 14 ~ 15 页。

工局）埝长仲肇礼辞职，该埝工局一时陷入停办状态。①

三　1930年廖桥堵口过程中范、寿、阳三县的冲突及合作

廖桥埝工局的停办一定程度上引发了1930年的决口。据河务局上游北岸第一分段段长报告，由于埝工局的停办，修守无人，廖桥工程因此“埽坝残缺，不足以御盛涨”，在抢险过程中，该处又没能事先备下相关料物，加之当时“大溜冲激，人力难施”，最终于8月6日发生决口。② 决口初期，口门不过二十丈左右，分溜约占全河水量的三成，至9月初已经刷宽到了二百三十丈，分溜已达七成。溃水从口门朝东北方向流去，宽达三十余里，经范县、寿张、阳谷等县至东阿县的陶城埠，又归入正河，途中淹没范、寿、阳三县民埝圈护地约三千余顷，甚至危及北岸的大堤，使出现“险工”——若大堤决口，将可能危及平汉、津浦铁路乃至平津地区。③ 按照民修民守的原则，廖桥民埝的抢险、堵口工程应由地方自行办理，但此时埝工局已经停办，也就无人承担此事。若参考1925～1926年李升屯、黄花寺民埝堵口的前例，政府方面尤其是山东河务局也应当负责。然而当时的军事、政治形势使得政府的参与变得困难。据《申报》的一则报道称，决口的时候正当“晋军退却、交通阻隔、电报断绝”之际，等决口的消息传到济南已经是8月14日，此时济南还处在混乱当中，直到9月，省政府才迁回济南，一切还没就绪又传出省政府“改组”的消息，以致当局也无心河务。而山东河务局一方面限于经费，“束手无策”；另一方面，廖桥所处黄河北岸当时还在晋军势力范围之内，“事权不属”，而晋军方面的河务局也无心关注河工。另外，黄河两岸又处军事范围内，不时互相炮击，开展工程也存在一定危险。在这种境况之下，河务局

① 《呈省政府呈报廖桥王庄以下民埝漫溢情形由》，1930年8月25日，《山东河务特刊》1931年第3期，公牍，第1～2页。需要补充说明的是，仲肇礼并不是传统意义上的乡绅，而是接受过新式教育的知识分子，他曾毕业于山东省法政学校，后又于劝学所任职。见范县地方史志编纂委员会编《范县志》，河南人民出版社，1993，第535页。

② 《呈省政府呈报廖桥王庄以下民埝漫溢情形由》，1930年8月25日，《山东河务特刊》1931年第3期，公牍，第1～2页。

③ 《呈省府呈复廖桥决口情形由》，1930年9月25日，《山东河务特刊》1931年第3期，公牍，第7～8页；《黄河北岸决口》，《申报》1930年9月9日，第5页；《鲁黄河上游廖桥决口》，《申报》1930年9月12日，第8页。

只能依靠地方先行抢堵。[1] 要组织起地方人力、财力，就需先化解范、寿、阳三县间的纠葛，使之服从民埝修守章程。

河务局将这次决口的责任完全归咎于白景文等人，称正因为他们“偏执己见，反对民埝修守章程”才酿成此祸，责怪他们“以三数人之私见，殃及一万余顷田庐财产，其咎固无可辞”。由此，河务局请求省政府“严令范、寿、阳三县县长招集白景文等尽力调解，务令化除意见，切实遵照民修民守章程，积极征收埝捐，购办料物，选举埝长，通力合作，以图补救”。[2] 实际上，在河务局视野中白景文等人的“私见”，却也是寿张、阳谷两县河套土地所有者的“公意”（或“民意”），虽然也不排除白景文等人绑架“民意”维护“私见”。因此，要化解他们的“意见”并不那么容易。

遵照省政府的命令，范、寿、阳三县县长召集各县埝绅举行了五次会议，最后于10月10日的第五次会议上就廖桥民埝的“旧欠新工”达成如下决议：一方面由寿张、阳谷两县归还范县1927年与1928年河工欠款6600元，旧欠自此“作结”；另一方面由三县埝董组织廖工堵口委员联合会，“新工”由三县“按亩摊办”。三县刚刚选定埝长（还是仲肇礼）、埝董，正要着手办理堵口等项工作的时候，寿张县里长杨其琮、张冠甲、马贵山带领该县十几位里长“混行捣乱”，将上述决议推翻。可见即使化除了埝长白景文等人的意见，还是会有其他的反对者。为此，白景文感到“心中不平”，“负气还家”。河务局则将这些里长的反对意见视作“少数人之私见”，并请求省政府借助行政力量严令三县“强制执行”以上决议，如果这些里长“再敢出头干预”，便让寿张县长“严行惩办，以儆凶顽”。[3] 另据派往廖桥督饬办理堵口的职员报告，在堵口委员会筹划期间，各县的办公人员同样是“意见分歧”，加之“民力凋敝”，即使“有议决之办法”，但因为“事权不一”，也不能够实际执行。[4] 该

---

① 《鲁黄河上游廖桥决口》，《申报》1930年09月12日，第8页。

② 《呈省政府呈报廖桥王庄以下民埝漫溢情形由》，1930年8月25日，《山东河务特刊》1931年第3期，公牍，第1~2页。对于埝捐数，河务局建议“先将议定每地一亩摊交十七年廖款一角赶即交齐送交廖桥埝工局，暂资救济，然后再照民埝修守章程征收本年河工二角亩捐”。见《呈省政府请饬寿阳两县召集埝绅对于廖工通力合作由》，1930年9月16日，《山东河务特刊》1931年第3期，公牍，第5~6页。

③ 《呈省政府为报寿张县里长杨其琮等破坏廖工堵口合作议案请饬县强制执行由》，1930年11月11日，《山东河务特刊》1931年第3期，公牍，第22~24页；《山东河务局训令》，1930年10月27日，《山东河务特刊》1931年第3期，命令，第30~31页。

④ 《呈省政府请严令范寿阳三县仍照民众原议通力筹堵廖口由》，1930年11月18日，《山东河务特刊》1931年第3期，公牍，第24~26页。

报告所谓各县的“办公人员”应为各县埝董，相比之下，里长在乡村社会的角色——尤其是在赋税征收方面——更重要一些；至于“民力凋敝”状况，确是一个客观情形，地方民众也希望政府可以资助堵口工程。寿张县里长张东甲等二十二人就曾联名上书政府，诉说当地因受水灾与战争影响无力负担堵口的情形，列举政府拨款堵筑民埝决口的前例，并强调廖桥民埝与大堤的唇齿关系，以此请求政府可以援例拨款兴堵廖桥决口；阳谷县埝长杨广学，范、寿、阳三县灾民代表徐丕钦（埝长）也曾向政府呈送过相似的请求。[①]对此，河务局却坚持该次廖桥堵口“完全系属民工”，且“工程亦不甚大”，应该由地方筹款兴堵，同时河务局也会派职员前去勘估，若“需款过巨，民力实有不逮”，会请省府“酌量补助”。[②] 河务局或许也是希望透过这次机会统一事权，让民埝的管理与维护规范化、自主化，进而为大堤的安全增添一份保障，河务局也减少一份负担。

第五次决议案被推翻以后，寿张县县长王兰九便将黄河北岸十六里里长、庄长等人召集起来进行劝导。王兰九自称，在向他们“晓以利害”以后，“众皆感动，急欲迅完廖工，以弭水患”；由于白景文“办事不力”，“当场另举李希先为廖桥民埝埝长”；相关工作仍遵照第五次会议决议，对于“旧欠”，先由寿阳两县筹交六百元给范县，剩余六千元待成立工程处再行返还。[③] 至于如何说服各里长同意摊派，并没有相关细节的记录，而对于新推举的埝长李希先的身份，从其他材料可以获知，其为当地士绅，及后担任日军维持会的会长[④]，足见他在地方社会是有一定的影响力。11 月 25 日，范、寿、阳三县县长，各埝长、埝董等人会集于范县政府，商讨廖桥堵口委员会成立事宜，即召开“第六次廖工堵口会议”。从会议记录来看，寿张县到会人员中，便有里长代表杨奇琮（应该就是上述闹事的里长杨其琮），可见其已与寿张县埝长、县长达成妥协。此次会议预计堵口费用“至少须得十万余元”，并商定先

① 《山东省政府训令》，1930 年 11 月 24 日，《山东河务特刊》1931 年第 3 期，命令，第 2～4 页；《山东省政府训令》，1930 年 12 月 12 日，《山东河务特刊》1931 年第 3 期，命令，第 4～5 页。

② 《呈省府呈复核议廖桥民埝情形由》，1930 年 11 月 29 日，《山东河务特刊》1931 年第 3 期，公牍，第 28～30 页。

③ 《呈省政府呈复廖工已饬范寿阳三县长督饬进行由》，1930 年 11 月 29 日，《山东河务特刊》1931 年第 3 期，公牍，第 26～28 页；《山东河务局训令》，1930 年 10 月 29 日，命令，第 33～34 页。

④ 台前县地方史志编纂委员会编《台前县志》，中州古籍出版社，2001，第 280 页。

由河套圈护地每亩摊派一角六分，同时向河务局请求补助，如果还不足够，就“再行分摊”。三县民埝圈护地亩计365000亩，可征收58400元。会议中还提到了归还旧欠的问题，决议由寿张县县长在廖工开工十日内负责还清。[①]这里并没有说清该欠款究竟是从县财政拨付，还是由民埝圈护地征收以后经寿张县县长交给范县，如果是前者，或许就是寿张县县长说服杨其琮等人的一个条件。

此时中原大战已经结束，黄河汛期也已度过，堵口正当其时。河务局派出工程科员刘星堂赶赴廖桥勘估工程费用。据其报告，此时口门的宽度还是二百三十余丈，不过干河已经向南移动，与口门相距四百余丈，并且口门前冲出来已不下二百丈，所以从口门流出的是“倒溜水”（亦称回溜水），约占全河的十分之二。就此状况，刘氏估计堵筑口门的工料费需十一万九千余元。[②] 这与第六次廖工堵口会议的估计相差无多，所以应该需要省政府补助或者“再行分摊”。山东省赈务委员会决议补助廖工“以工代赈洋”一万元，但该款最后有无拨发难以考证。[③] 另外，河务局还是担心三县河套民众“未能蠲除成见，互相推诿，延不兴工”，于是又派出郑际泰“前往认真督催”。[④]

堵口工作于12月12日开始。在整个二百三十丈宽的工程中，土工占到了二百多丈，水工占三十丈。土工由附近的灾民“情愿按亩出夫”先行开展，不久便告完成；接着是水工，由河务局上游总段段长指挥，其下属各员兵等参与施工，于12月28日完成进占并告合龙。原本计划一个月的工程，不出二十天就已完成。各县长、埝长也因为工作得力受到了嘉奖。工程实际用费比以上预算有所节省，具体数目暂时还没有找到可以参考的资料，不过其来

---

① 《呈省政府呈复廖工已饬范寿阳三县长督饬进行由》，1930年11月29日，《山东河务特刊》1931年第3期，公牍，第26～28页。

② 《呈省政府呈送廖桥民埝口门估单草图由》，1930年12月10日，《山东河务特刊》1931年第3期，公牍，第33～34页。

③ 《函山东省赈务会为廖桥灾民代表呈请补助由》，1930年12月16日，《山东河务特刊》1931年第3期，公牍，第86～87页；《函赈务会请将补助费拨交丁局长由》，1930年12月27日，《山东河务特刊》1931年第3期，公牍，第87～88页；《函赈务会请发廖工堵口以工代赈洋一万元由》，1931年1月10日，《山东河务特刊》1931年第3期，公牍，第88页；《电廖桥堵口委员会复仰即转告范县王县长派员来省领以工代赈一万元由》，1930年12月23日，《山东河务特刊》1931年第3期，公牍，第114页。

④ 《山东河务局委任令》，1930年12月4日，《山东河务特刊》1931年第3期，命令，第62页。

源应主要是三县民埝圈护地的摊派。[①]

四 “南归南，北归北”：民埝治权的局部统一

廖桥决口也引起了中央政府的关注。中央政府负责办理黄河水利事项的建设委员会从报章获悉廖桥决口的消息后，随即致电山东省政府转饬河务局详细报告受灾的情形并尽快兴工筹堵。河务局在随后的汇报中指出，造成此次决口的主因是范、寿、阳三县间的纠葛即事权不能统一的问题。为了“惩前毖后”，山东省政府饬令河务局“酌量地方情形，筹设民埝经费保管委员会”，各县征收的河套亩捐交由该会保管，由河务局“权衡工程之轻重缓急，无分畛域，妥为支配”，即再次回到上述林修竹提出的办法，以“求事权之统一，谋财力之集中”。[②] 河务局随之拟订了《山东黄河上游民埝专款保管委员会简章》，并呈请山东省政府政务会议通过。[③]

简章规定民埝专款由五县民埝圈护地征收，每亩征收二角，总计可以收入21万余元；民埝专款的用途分三种，其中五分之二用作“春厢”，五分之二用作“大汛抢险工料费”，五分之一用作“备防”与该会经费；民埝专款分两季征收，春季征收的部分“预备防汛抢险”，秋季征收的部分“预备次年春厢工费”；该委员会由河务局局长、河务局计核科科长、上游总段长以及五县县长、埝长充任。[④] 1931年1月26日，上游民埝专款保管委员会在河务局上游总段驻地寿张十里堡成立，上游总段长陈文谟、埝长仪鸿钧与李希先三

---

① 《电饬廖工先修土工文日兴工仰即克日前往监督并电复由》，1930年12月13日，《山东河务特刊》1931年第3期，公牍，第112页；《呈省府呈报廖工先修土工并派员前往监督由》，1930年12月13日，《山东河务特刊》1931年第3期，公牍，第34～35页；《呈省政府呈报廖桥口门进占日期由》，1930年12月29日，《山东河务特刊》1931年第3期，公牍，第40页；《呈省政府呈报廖工合龙日期并请将出力人员计大工一次由》，1930年12月31日，《山东河务特刊》1931年第3期，公牍，第42～43页。

② 《山东省政府训令》，1930年10月17日，《山东河务特刊》1931年第3期，命令，第1～2页；《呈省府呈复廖桥决口情形由》，1930年9月25日，《山东河务特刊》1931年第3期，公牍，第7～8页；《呈省政府遵送筹设上游民埝专款保管委员会简章祈鉴核由》，1930年11月11日，《山东河务特刊》1931年第3期，公牍，第21～22页。

③ 《山东省政府训令》，1930年12月22日，《山东河务特刊》1931年第3期，命令，第6页。

④ 《山东黄河上游民埝专款保管委员会简章》，《山东河务特刊》1931年第3期，法规，第1～3页。

人被选为常务委员，并于2月1日上任。[①] 三位常委中间，陈文谟为河务局系统的官员，透过他便可以使民埝经费的管理植入河务局的管控；李希先、仪鸿钧两人为当地士绅，前者为寿张人，后者为濮县人、清代庠生，在当地具有很高声望[②]，透过他们似乎能够更有效推行该章程，但他们的影响力也只局限在小范围之内，并不能涵盖整个上游五县。值得注意的是，廖桥埝工局这次并没有出席专款保管委员会的成立会议，由此表明其对此章程持反对态度，该局同时请求“缓征二角亩捐”，但遭到河务局的驳斥，河务局甚至“呈请省政府严令范县、寿张、阳谷三县县长督饬该埝长等切实遵照办理”。[③]

2月28日，山东省河务局训令上游各县县长遵照民埝专款保管委员会简章“设柜征收”民埝专款的春季款项。[④] 尽管河务局自认为该项设立民埝专款保管委员会的办法“必能收通力合作、意见消融之效”，但其实还是顾虑各县的区、里长以及“重要地方首事人”对该章程“有不甚明瞭之处”，言外之意即担心这些基层首事的阻挠，因此又致函专款保管委员会，请其向他们印送章程，“以示公开”。[⑤] 由于河套地亩的清丈工作迟迟未能完成，各县大多也就没有开始着手征收。春厢工作已经迫在眉睫。专款保管委员会于3月20日致电河务局，请其转请省政府饬令各县县长在清丈工作未完成前先参照原报亩数征收。[⑥] 然而，河务局这种“一厢情愿”的举措到底还是受到了地方的反对。

带头反对的是郓城县王庄村——该村位于黄河南岸，靠近李楼民埝——的王瑞祥。王为郓城县的埝长、里长，在民众中享有一定威望，抗战期间曾被中共任命为乡长。[⑦] 可以说是他是一个具有反抗性的人物。此次，王瑞祥是以“郓、范、寿、阳四县民众代表”的名义请求撤销该专款保管委员会，其理

---

① 《呈省政府为报上游民埝专款保委会成立日期请发关防由》，1931年1月29日，《山东河务特刊》1931年第3期，公牍，第45~46页；《呈省政府为报上游民埝专款保管委员会成立由》，1931年2月19日，《山东河务特刊》1931年第3期，公牍，第59~60页。

② 《仪鸿钧德行碑》，周方林主编《鄄城文史资料》第12辑，“鄄城史萃”，2005，第69~71页。

③ 《呈省政府为报上游民埝专款保管委员会成立由》，1931年2月19日，《山东河务特刊》1931年第3期，公牍，第59~60页；《函上游民埝专款保管委员会为廖桥埝工局请缓埝捐由》，1931年2月27日，《山东河务特刊》1931年第3期，公牍，第90~91页。

④ 《山东河务局训令》，1931年2月18日，《山东河务特刊》1931年第3期，命令，第41~42页。

⑤ 《函上游民埝专款保管委员会请将各项章则印送各县区里长以示公开由》，1931年3月2日，《山东河务特刊》1931年第3期，公牍，第91页。

⑥ 《呈省政府呈请令饬濮范寿阳郓鄄六县县长》，1931年3月24日，《山东河务特刊》1931年第3期，公牍，第64~65页。

⑦ 王瑞迎：《农会长为保护群众英勇就义村长被敌人送刑场处决九死一生》，郓城县政协文史委编《郓城文史资料》第3辑，1988，第70页。

由为设立该会只能“徒耗经费，与埝工有损无益”，并且“该会仅唱统一事权高调，不顾民意”。他所谓的“民意”具体为“照旧各修各境，免加附捐二角；或改成官堤，或豁免河滩”。省政府随后派出参议靳文溪前去各县调查。经过调查，该参议认为，保委会“既经省会议决，本不应再行取消”，不过考虑到“地方民隐”可以“曲予变通”，即在保留该会的前提下，不再由埝长、段长担任会务，而是“由各县县长，财政、建设局长等负责办理，河务局派员一人在各县监督工作，不准支薪”。如此或许解决了王瑞祥提出的“徒耗经费”的问题，也就可以收到河务局所称“两得其平而免争议”的效果。但是“徒耗经费”这一点并不是王瑞祥要求撤销专款保管委员会的主要理由，所谓“不顾民意”的问题事实上还没有解决。在河务局看来，王瑞祥背后不可告人的想法是该委员会的设立“使各埝长、埝董无从中饱，不能任意支销”，因此才“剧烈反对”。[①] 河务局的这种推测虽然说不无道理，但也不能否定王瑞祥的要求也是符合民意的，并非“偏执己见”[②]。这一时期，范、寿、阳三县的民众代表刘光裕等人亦呈请政府将柳园、廖桥两埝工局改归官修官守，所陈理由无非也是为了减轻民众的负担，比如提到“埝捐按亩征收已超过正赋数倍”，且“国家定章河滩之民蠲免国课”，而柳园、廖桥灾区却不能享受此待遇等。[③] 河务局的意见当然还是“仍照民埝修守章程办理”。[④]

靳文溪的意见经省政府政务会议议决通过之后，省政府即饬令河务局“督饬濮、鄄、范、郓、寿、阳六县县长遵照改组”。接着，河务局命令六县县长“会商招集会议地点”，并“限于九月二十日以前改组成立”。但各县对此还是持“互相观望”的态度，迟迟没有动作。河务局只好单方面建议在濮县、鄄城选一处设立保委会。之所以提议濮、鄄两县，大概是与该两县无人

① 《山东省政府训令》，1931 年 9 月 4 日，《山东河务特刊》1932 年第 4 期，命令，第 7～9 页；《山东河务局训令》，1931 年 9 月 10 日，《山东河务特刊》1932 年第 4 期，命令，第 35～36 页；《咨民政厅为河套附捐暨民埝专款保委会成立情形由》，1931 年 4 月 29 日，《山东河务特刊》1932 年第 4 期，公牍，第 39～41 页；《秘书处报告本府参议靳文溪呈为奉查郓范寿阳四县民众代表等呈请撤销上游民埝专款保管委员会一案拟请仍将该会存留由各县长财政建设局长等负责办理河务局派员监督以免争议请核示应如何办理请公决案》，1931 年 9 月 1 日，《山东省政府委员会政务会议精案续编》，1932 年，建设，第 94 页。

② 《咨民政厅为河套附捐暨民埝专款保委会成立情形由》，1931 年 4 月 29 日，《山东河务特刊》1932 年第 4 期，公牍，第 39～41 页。

③ 《山东省政府训令》，1931 年 10 月 6 日，《山东河务特刊》1932 年第 4 期，命令，第 9～11 页。

④ 《呈省政府为复柳园廖桥埝工改为官守官修一案由》，1931 年 10 月 7 日，《山东河务特刊》1932 年第 4 期，公牍，第 29～30 页。

反对该保委会有关。10月10日，山东省政府指令河务局称保委会“以设在濮县为宜”。22日，河务局将六县县长，财政局、建设局局长召集到濮县举行改组会议。濮县、范县以及鄄城三县县长在该次会议上被推举为常务委员。而代表地方的埝长却被边缘化了，加之担任常委的各县长又在河务局指挥之下，管委会自然就成了完全受控于河务局的机构。改组以后的管委会于12月1日在濮县正式办公。① 新修订的管委会简章去掉了每亩征收埝捐二角的规定，这也就意味着征收的额度还是有调整的余地；管委会委员列表中增加了各县财政局、建设局局长，并保留了各县县长、埝长。②

既然该章程没能符合“民意”，即使强制推行，也难以取得实际效果。1932年1月23日，上游民埝专款保管委员会电请河务局令各县暂时按照1931年的成例“每亩随上忙征收埝捐一角”。此时各埝预估工程款还没有经过河务局复估确定，之所以急于在上忙征收，在保委会看来，“若不随忙带征，则各县鉴于往事，必更观望”。③ 该年实际征收状况暂无资料可考。不过据1933年2月9日河务局反映，其制定的各项民埝章则实际难以执行，地方并不认同各县统一修守尤其是南北两岸统一修守的办法，并引发了多起纠纷案件。④ 1933年春季埝捐征收期间，前述寿张县被免去埝长职务的白景文出面组设了“河北埝工委员会”，自行征收埝捐。白景文以委员长名义“决议每亩征洋一角，令各花户赴会完纳”，寿张县县长庄守忠甚至“为之张贴布告”。⑤ 大概县长也认为各修各境要比统一事权来得实际。该年寿张县境黄花寺又因凌汛漫决（2月9日），淹及三十余村，如果不解决民埝修守纠纷，问题会变得更为严重。⑥ 河务局最后认为，如果将民埝“收归官办”，政府并没有此方面“财

① 《呈省政府转报改组民埝专款保委会并成立日期由》，1931年12月18日，《山东河务特刊》1933年第5期，公牍，第6～7页；《山东省政府指令》，1931年10月10日，《山东河务特刊》1932年第4期，命令，第18～19页。

② 《山东黄河上游民埝专款保管委员会简章》，《山东河务特刊》1933年第5期，法规，第5～6页；《山东河务河（注：应为“局”）训令》，1932年5月11日，《山东河务特刊》1933年第5期，命令，第31～32页。

③ 《呈省政府请饬濮鄄等六县随上忙征收一角埝捐由》，1932年2月29日，《山东河务特刊》1933年第5期，公牍，第17～18页；《山东河务局训令》，1932年2月15日，《山东河务特刊》1933年第5期，命令，第30页。

④ 《呈省政府为拟具解决上游民埝纠纷意见请鉴核由》，1933年2月9日，《山东河务特刊》1934年第6期，公牍，第2～4页。

⑤ 《山东河务局指令》，1933年3月23日，《山东河务特刊》1934年第6期，命令，第40～41页。

⑥ 《黄河上游黄花寺民埝漫决》，《申报》1933年3月2日，第11版。

力”，而要“照章办理，命令又不能实行”，如此僵持下去，一有溃决势必会对大堤构成威胁，因此还不如“曲从民意，略示变通，将各项章程酌量修正，准令南归南、北归北”，即南、北两岸民埝圈护地所征埝捐分别归南、北岸各自支配，若“再有不肖绅董违章把持”，就对之进行“严惩”。① 这里所谓的“民意”，应该是北岸的意见。随后，河务局便将各项章则进行了修改，并呈请省府政府会议议决通过，值得注意的是，随上游民埝“形势工情”的变化，民埝修守章程已将上游民埝埝工局调整为康屯（鄄城）、李楼、高义庄（寿张）以及柳园、廖桥（或称“廖罗”）五处。②

虽然修改后的统一修守办法有了南、北岸之分，但两岸内部各县因隐瞒地亩等问题还是难免存在纠纷，尤其是在南岸鄄城、寿张、郓城三县间。早在1926年林修竹推动各县合作修守时纠纷就已浮现，互控多年仍未解决。③ 一边是郓城控告鄄城、寿张两县埝绅隐瞒地亩，并以此反对统一修守；一边是鄄城控告郓、寿两县，寿张控告郓城县不按规章纳捐。比如郓城民埝圈护地“民众代表”（或称“灾民代表”）刘幹灼、夏兆勤（实为李楼埝长）等，乡镇长（即以前的里长）李荫阶等就曾向省政府呈诉过鄄、寿两县隐地的状况，据李荫阶称，“鄄城县实有地亩八千余顷”，但其所报地亩却只有2286.5顷，隐瞒超过三分之二；鄄城县康屯埝工局局长仪鸿钧反过来也呈控过郓、寿两县欠缴1933年度春厢费用。④ 1933年凌汛期间，寿张县黄河南岸的黄花寺民埝“漫决”⑤，为堵合口门，按照章程应该由郓城县李楼埝工局拨付高义埝工局5900元，该款系该年度“经保委会议决支配春厢之款”。然而，郓城

---

① 《呈省政府为拟具解决上游民埝纠纷意见请鉴核由》，1933年2月9日，《山东河务特刊》1934年第6期，公牍，第2~4页。

② 《山东河务局训令》，1933年5月4日，《山东河务特刊》1934年第6期，命令，第27~28页。各项新章程见《山东黄河上游民埝专款保管委员会简章》，《山东河务特刊》1934年第6期，法规，第14~16页；《山东黄河上游两岸民埝修守章程》，《山东河务特刊》1934年第6期，法规，第16~19页；《山东黄河上游两岸埝工局组织简章》，《山东河务特刊》1934年第6期，法规，第19~20页。

③ 参见《呈省政府呈请派员会同职局委员勘丈民埝地亩并送章程由》，1930年12月16日，《山东河务特刊》1931年第3期，公牍，第35~37页；《呈省政府为奉令核复鄄寿隐地郓寿欠款一案由》，1934年3月20日，《山东河务特刊》1935年第7期，公牍，第4~6页。

④ 《会呈省政府为复郓城滩内民众代表刘幹灼等呈为鄄寿隐地一案》，1934年3月9日，《山东河务特刊》1935年第7期，公牍，第6~8页；《呈省政府为奉令核复鄄寿隐地郓寿欠款一案由》，1934年3月20日，《山东河务特刊》1935年第7期，公牍，第4~6页。

⑤ 《黄河上游黄花寺民埝漫决》，《申报》1933年3月2日，第11版。

民众却以寿张隐瞒地亩为由，拒不拨付。[①]

面对“隐地”问题，如前所述，1929年河务局局长赵会鹏推行五县“通力合作”办法时曾提出要清丈民埝圈护地地亩，但最后还是因为难度、成本过大未能施行，因此也就未能息止争端。“南北分治”以后，此案又再次摆上案桌，欲行统一，就不得不考虑清丈的办法。河务局先经该三县县长查复获知：鄄城设治较晚，无案可稽；寿张“因修堤占压及埝外抛弃，并积水淹没”，一时也难以查清“实在亩数”。又鉴于之前清丈的难度，河务局提出两个解决纠纷的方案：一是维持现状，即在未清丈前，按原报亩数征捐；二是彻底清丈，即请拨款项，设立专局，逐亩清查。[②] 省政府最后决定按照“维持现状”的办法征捐。[③] 但是河务局认为这种办法对解决各县纠纷无补，而如果通过增加鄄、寿两县地亩来消除郓城的意见，势必又会引起后两县的反对，因为郓城自身也难免不会存在隐地的问题。在河务局看来，此事只能透过协商，让各县“各加若干亩”，尽量“息事宁人”。河务局或许清楚，即便耗上巨大成本彻底清丈，也不能保证各县自愿纳捐；而各县埝绅可能也明白，如果河务局采取彻底清丈的办法，必将暴露所有隐地，增加赋税支出，因此也不会希望河务局采取该法。通过内部方式解决争端就是双方最期待的结果。就在河务局、财政厅正派委员到各地协商问题期间，鄄城与郓城两县埝长主动向省府、河务局呈称，两县间的纠纷，即鄄城隐地与郓城欠款问题，经范县、寿张两县民众代表，濮县埝长调和，已经自行解决，达成的方案如下：郓城拨付鄄城康屯埝工局埝款两千元，对于隐地问题，鄄、郓分别加出1213.5顷、29.5顷。既然问题已经内部解决，两县埝长便请求河务局就此销案。这自然也是河务局乐见的结果，不过出于程序上的考虑，河务局还是以“案情复杂，未便擅专”为由，先饬所派委员“查照参考”。该委员奉命到各县以后，即会同县长召集各埝长、埝董、区乡镇长等开会磋商，最后议决各县均增加一定地亩（见表2），自

---

① 《山东省政府训令》，1934年9月18日，《山东河务特刊》1935年第7期，命令，第22～24页。

② 《会呈省政府为复郓城滩内民众代表刘幹灼等呈为鄄寿隐地一案》，1934年3月9日，《山东河务特刊》1935年第7期，公牍，第6～8页；《呈省政府为奉令核复鄄寿隐地郓寿欠款一案由》，1934年3月20日，《山东河务特刊》1935年第7期，公牍，第4～6页。

③ 《山东河务局训令》，1934年4月12日，《山东河务特刊》1935年第7期，命令，第39～40页。

此各县“雪释冰消”，多年的纠纷也就“暂告结束”。① 至于上述郓城欠拨寿张高义埝工局埝款的问题，河务局认为无论其“责郓照拨”与否都会引生问题，因此还是希望地方内部处理，即由两县县长出面“各加劝导，会同设法妥为解决”。②

表 2　山东黄河旧运河以西河段南岸各县民埝圈护地增加地亩

单位：顷

地亩	鄄城	寿张	郓城
原征地亩	2286. 5	205	2370. 5
加出地亩	1217. 4821	97. 83655	74. 54117
总计	3503. 9821	302. 83655	2445. 42117

结　语

“通力合作”正是一种斯科特（James C. Scott）所谓的国家在政策制定过程中的“简单化”也是“理想化”的做法，即在民埝修守制度的设计过程中，河务局将地方社会内部的利益纠纷简单化了，忽视了地方社会的“运作逻辑”与地方农民（河套居民）的“生存逻辑”。③ 如果把山东黄河旧运河以西“河段”的民埝视作两条“线段”，构成线段的每个点均对应一个“扇面”——该点所圈护或者说决口后可能波及的区域。基于自然环境特征，在同一个扇面以内，土地的所有者出于共同利益会结成一个联盟，保护该点的安全。相对以“线段”或者“河段”为中心，这种以“点”为中心缔结水利联盟的办法是最公平的，因为每个点的工情与险情不同，其所对应的圈护地需要付出的修守成本也就有所差异。

---

① 《会呈省政府为复郓控鄄寿隐地一案已经各县委等召集会议和平了结请鉴核由》，1934 年 11 月 9 日，《山东河务特刊》1935 年第 7 期，公牍，第 33 ~ 35 页；《会呈省政府为郓欠康款刘夏违章支捐两岸已和解可否准予销案请核示由》，1934 年 11 月 9 日，《山东河务特刊》1935 年第 7 期，公牍，第 36 ~ 37 页；《山东河务局训令》，1934 年 12 月 1 日，《山东河务特刊》1935 年第 7 期，命令，第 65 页。

② 《呈省政府为核复郓城欠拨高义埝款一案由》，1934 年 9 月 20 日，《山东河务特刊》1935 年第 7 期，公牍，第 26 ~ 27 页。

③ 〔美〕詹姆斯 · C. 斯科特：《国家的视角：那些试图改善人类状况的项目是如何失败的》，王晓毅译，社会科学文献出版社，2011。

在20世纪20～30年代，山东黄河旧运河以西河段民埝存在五处险要“点”（险工），理论上也会存在五个水利联盟。联盟内部结构是以赋税征收单位也就是“县”为基本单位（利益单位）的，险工修守的经费是按工程需款分摊到县的。然而，各县之间尤其在该河段北岸范、寿、阳三县，出于私利甚至是私人意见，容易相互攀扯，出现纠纷，以致联盟内部无法合作。为打破各县之间的“私见”，河务局推出以“河段”为中心的六县（包括鄄城）“通力合作”的办法，各县“按亩摊捐”，统一支配。这却不被地方各县所认同。其后，河务局又退而改为以“线段”为中心的合作办法，即南北两岸各守各修。这种办法获得了北岸地区的认同，但在南岸，各县间的“私见”与北岸不尽相同，前者主要系因“隐瞒地亩”而引发“意见”，这种“私见”是不能透过“通力合作”的办法解除的。

从这一案例我们也可以看到，以河务局为代表的国家行政力量在介入地方社会事务时表现出的软弱无力。这种“软弱”既是当时国家政权本身的特性——这并不意味着治水需要依赖集权，也与其在处理民埝事务上存在的“软肋”有关，即政府此时并无能力对民埝圈护地彻底清丈，再者，向民埝圈护地征收“附捐”也有违民生原则，况且此前山东省已经废除过民埝附捐，而政府亦不愿将民埝收归官守——视作“公共工程”，加之民埝又与大堤存在唇齿关系，河务局最后不得不做出妥协，满足地方的要求。至于南岸“隐地”问题，与其让政府介入，还不如以民间纠纷解决方式处理来得有效。最后两岸分治方案的达成，是地方与政府、地方各县之间互相博弈与妥协的结果。

三　运河文学与民俗文化

运河文化的历史品格及其文学书写*

刘　勇　陶梦真**

随着2014年中国京杭大运河（以下简称大运河）成功入选世界文化遗产名录，运河沿线的不同城市都开始重视对运河资源的开掘和利用，针对运河文化的研究也日益繁盛。目前对运河的研究呈现出以分段研究为特色的态势，尤其注重运河文化的经济价值和现实意义，围绕京津冀协同发展与运河北段文化遗产开发的相关研究更是层出不穷。这种研究状况是必要的，是重要的，也是符合实际情况的。但我们同时也应该注意到，大运河是一条完整的河，是一条历史的河，是一条文化的河，也是一条文学的河，从历史、文化、文学等多重维度对大运河给予总体的观照或许是更重要的。如果缺乏对大运河的整体把握，我们的分段研究就会出现明显的局限；如果只关注大运河的经济和现实意义，我们的运河研究就缺乏深厚的历史和文化底蕴。文学书写是塑造文化品格的鲜活力量，对运河文学书写的研究，将直接关系到我们对美好梦想和未来的建构。

一　大运河是一条完整的河

京杭大运河共包括七个河段，自北向南依次是通惠河、北运河、南运河、鲁运河、中运河、里运河、江南运河。每一段都有各自的特点和风貌，每一段都有各自的价值和意义，但七段加起来才是大运河，七段合为一体才构成大运河的根本价值。不同河段有不同的自然和人文景观，比如山东境内的鲁运河河道严重淤积，水深不足，部分地区不能通航，即使通航，也是季节性航道，有丰水期和枯水期之分；而江南运河浙江段沟通了太湖水系和钱塘江

---

* 本文原载《北京联合大学学报》（人文社会科学版）2018年第1期。

** 刘勇，北京师范大学文学院教授，博士生导师，教育部“长江学者”特聘教授。陶梦真，博士生，北京师范大学文学院助教，鲁迅研究中心办公室副主任。

水系，通航能力极强，是国家南水北调、北煤南运的黄金水道；即便是在北运河这一个河段，流经北京、河北和天津的状况也各不相同。在长期的流动中，大运河不同河段致力于本流域的发展，所强调的重点必然有所区分，因此，大运河申报世界文化遗产（以下简称申遗）最困难的就是整体上形成合力。没有整体，大运河难道分段申遗吗？显然不行。京杭大运河的根本价值就在于它是一条完整的河，在于它的整体意义。

（一）整体是一种战略，是服务于中国当下建设的重要战略

不少专家曾经指出，各地对大运河的保护状况参差不齐，使得“大运河”作为一个整体来申报世界文化遗产的难度大大增加。京杭大运河贯穿那么多城市，各个城市经济发展的程度都不一样。经济实力的差异导致不同城市对于大运河的重视程度不同，管理方式不同，保护状况也不同，这些情况大大增加了申遗工作的难度。一旦大运河的某个点保护不力，无法通过评定世界文化遗产的考查程序，势必影响到整体申报结果。在这种情况下，“整体”就成为事关京杭大运河未来发展的重要战略。正如世界自然保护联盟主席所说，运河沿岸的 18 座城市连起来应该是一个命运共同体和利益共同体，一条龙只有半个身子是永远活不起来的。大运河申报的系列遗产分别选取了各个河段的典型河道段落和重要遗产点，共包括中国大运河河道遗产 27 段，以及运河水工遗存、运河附属遗存、运河相关遗产共计 58 处。这些遗产根据地理分布情况，分别位于 31 个遗产区内。国家采取“片段申遗，整体保护”的策略，在各个机关、科研机构展开了多项课题研究和工程项目，对大运河进行调查、保护和管理规划，最终在 2014 年 6 月 22 日申遗成功。其实，不光是大运河申遗，大运河再辉煌的实现同样需要沿河各城市形成合力。大运河的水是流动的，杭州的水可以一直流到北京，大运河的文化同样是互通的，只有沿线城市形成合力才能再造运河文化的辉煌。大运河是一条完整的河，保护运河水要形成一个整体，重振运河文明同样需要形成一个整体。

（二）整体是一种智慧，是流淌在中华民族血脉中的深层智慧

隋唐以前，在黄河流域遭遇数次战乱破坏，长江流域得到充分开发之后，中国慢慢形成了一种很特殊的局面，即经济中心位于南方，而政治中心位于北方，如何将经济文化中心与政治军事中心连为一个整体就成了统治者首先需要思考的问题。由于地势原因，中国天然的江河大多数是自西向东流动的，

无法为南北方的联系提供自然的通道，因此，对于历朝历代来说，开辟并维持一条横穿南北的水路运输干线都是非常重要的，只有这样才能维持南北方的联系，将南方的赋税和各种物资运往京城，同时形成对整个国家的军事防护。在古代，大运河被称为“帝国的生命线”①，它的开凿也是源于这种整体意识，将富庶的东南沿海、江浙地区和广阔的中原地区连接成一个经济文化整体，让生命力流淌到中国大地的每一个角落。从这条“生命线”向外辐射，带动整个中华民族综合实力的不断提升。可见，整体的智慧是联系，是统筹，是在宏观调控下实现全面、协调的发展和繁荣。这种联系、统筹的综合性思维植根于中国几千年的传统文化之中，并在长期的历史发展中得到了诸多应用和实践。《孟子·滕文公上》：“今滕，绝长补短，将五十里也，犹可以为善国。”中国幅员辽阔，自南向北跨度如此之大，自然环境、地理条件各不相同，各有长短，“绝长补短”就是整体智慧的一种表现。大运河是整体，“南水北调”是整体，京津冀协同发展也是整体。整体的智慧建立在洞悉局部、充分利用局部的基础之上。

（三）整体是一种人文，是凝聚起运河沿线协同发展的精神助力

以大运河北段为例，京津冀三地有着共同的运河文化环境，在大运河的长期滋养下，三地逐步形成了对自然、社会和人的基本的相对一致的观点与信念。京津冀地区的人们拥有同根同源的燕赵文化，因此享受的是相同的文化环境，感悟的是相同的文化理念，这是京津冀协同发展的极大优势，应该充分加以利用。文化理念的一致带来的最大益处在于凝聚人心。凝聚人心，是京津冀协同发展的根本，无论是产业发展还是企业联合，如果难以凝聚人心，协同机制和国家法规只能是被动地启用，而无法真正磨合。只有让京津冀地区的人们“心往一处想，劲往一处使”，才能在根本上促进京津冀协同发展，才能在经济、合作、生态等各方面的协同发展过程中，变被动为主动。目前，京津冀三地针对共同拥有的运河文化资源进行了详细的规划设计，充分发掘和利用大运河京津冀段沿线民俗风情、文化遗产，打造京津冀运河文化休闲观光带，促进大运河及其周边资源的可持续发展。未来，京津冀三地可协同整合运河两岸的自然风光、民俗文化、人文历史等资源，将运河打造

① 余敏辉、魏雷：《关于隋唐大运河安徽段研究中的几个问题》，载刘飞跃、王建刚主编《文化传承与创新发展》，合肥工业大学出版社，2014，第416页。

成名副其实的京津冀“水上通道”。

二 大运河是一条历史的河

大运河自公元前486年开凿，至公元1293年实现全线通航，前后共持续了1779年。相比于世界上其他知名的运河，苏伊士运河1859年动工，1869年通航，历时不过10年；即便作为资本主义国家利益战场的巴拿马运河自1881年开始动工，1914年完工，直到1920年正式通航，历时也不足40年。大运河作为世界上最长的运河，它的开掘及修整，前后共持续了近2000年，更不用说通航至今又流淌了近1000年。然而大多数中国人只是通过历史课本了解大运河，即便是生活在运河沿岸的民众也只觉得大运河不过是一条天天可见的人工河流，很少了解到大运河所承载的历史之重。

（一）成也运河，败也运河

根据黄仁宇《明代的漕运》进行的研究，自宋朝以来，大多数重要的政治事件和军事行动都发生在大运河沿线地区。这种情况到了明代更为明显。在明代重新开凿运河之前，洪武帝曾派出考察队沿着未来水道路线进行考察，而燕王朱棣南下夺取帝位走的正是这条路线。在攻占了德州、济宁和东昌这几座城市之后，燕王奠定了军事胜利的基础，而这些城市恰恰都是大运河沿线的重要城市。在起兵夺取帝位的最后一个阶段，燕王大胆包抄，经过淮安，出其不意攻占扬州，从而夺取了南北大运河干线上的最后两座堡垒，这也意味着南京建文帝的完全失败。到了近代，大运河仍然是影响战争成败的重要因素之一。中日甲午战争期间，由于清政府放弃对大运河的治理，淮河以北运河的航运功能基本丧失。加上黄海海战清政府战败，日本控制了制海权，海上运输受阻，而当时又尚未开发铁路、公路运输，交通状况极为落后，这给军火运输带来了极大的困难。据记载，战时天津急需军火，清政府致电广东要求军火支援，广东不敢通过轮船运送，只能通过陆路运输，军火从广东启程，翻山越岭，足足经过了142天才到达天津。142天，接近五个月的时间，即便是从1894年8月1日黄海海战算起，到12月，日军早就打到辽东半岛了！

（二）兴也运河，衰也运河

当年的大运河码头，在船舶停靠的岁月里，形成了一座座城市。当运河不再通航，曾经的辉煌被时间冲刷得只剩下回忆了。“千帆竞发为漕粮”曾经是京杭大运河上一道令人震撼的风景线。明清两朝，漕政通乎七省，淮安更是成为全国的漕运指挥中心、河道指挥中心、漕粮运输中心和税收征集中心。淮安在鼎盛时期与扬州、苏州、杭州并称运河线上的“四大都市”。从“夹岸数十里，街市栉比”“淮郡三城内外，烟火数十万家”“壮丽东南第一州”等文字记载中，可见淮安当年的繁盛。但以“运河之都”带来的繁荣地位也为其埋下了衰败的种子。据史料记载，自明中叶黄河夺淮入海后，淮河以北的漕运因黄河日益频繁的决口，以及河床逐步淤高而变得越来越困难。道光四年（1824）冬，高家堰大堤溃决，高邮至清江浦一段运河，水势微弱，河运漕粮已不可能，清廷不得不于道光六年（1826）将漕粮改行海运。雇商海运后，河运所占比重急剧下降，大运河北段的航运价值基本丧失。与此同时，伴随着近代交通运输工具的兴起，淮安水陆交通枢纽的地位也迅速丧失，曾经千帆竞发的场景几乎在一夜之间就平静下去。这当中的变化不仅体现了运输渠道的转换，更加反映了税收制度的变化，这是中国经济发展的必然结果。自古以来经济发展就是影响上层建筑的决定性因素，税收制度的变化深刻影响了大运河沿线城市的兴衰。

无论是在军事方面还是在经济方面，大运河在历史发展中都发挥着至关重要的作用，时至今日，中国经济腾飞，综合国力增强，开始在古老文明传统中寻找自己的血脉，大运河更是其中必不可少的一环。运河申遗让人们意识到，大运河是难得的人类两千年来的文化与大自然相互融合的真实完整的证明，一层层历史积淀形成的智慧和成就使我们至今受益。重整大运河，重要的不是复原，而是探寻如何为它注入更多的现代活力。浙江在原来浙东运河的基础上，进一步疏浚开凿杭甬运河，把大运河直接延伸至宁波出海，使浙江以北的大量集装箱通过运河集中到宁波港，使低廉方便的运河运输和宁波深水港的优势得到更有效的发挥。自古以来，大运河的开凿和兴衰都取决于时代的需求，无论朝代更替、历史兴亡，大运河总是积蓄着力量，顺时代而流。在新的历史境遇下，大运河同样能够肩负起新的历史使命，带来沿线城市的再度辉煌，带来国家综合实力的进一步提升。

三　大运河是一条文化的河

大运河承载的不仅仅是自然风光、航运交通，更重要的是历史文化。在流淌的千年间，大运河见证了沿岸的沧桑巨变，吸纳了各地不同特色的民俗人情，融通了燕赵文化、齐鲁文化、中原文化、江南文化，包括园林文化、戏曲文化、工艺文化、饮食文化等不同的形态，可以说，大运河的波涛里泛着沿线城市各自独特的文化符号，也滋养了沿岸人民共同的乡愁记忆。恢复大运河的旅游通航，在创造经济价值的同时，更重要的是将运河文化传承下去。大运河文化带是一个“富矿”，深入挖掘其内涵，将为我们搭建各种文化深度交融的桥梁。

（一）流淌的运河水滋养了一方文化

运河所经之处，必有与运河相关的故事和风俗，大运河就像一条金丝线，串联起一颗颗璀璨的地方文化明珠。运河起点的扬州哺育了宝应、高邮、邵伯、湾头、瓜洲等多个历史名镇，更有李白的“烟花三月下扬州”，杜牧的“二十四桥明月夜，玉人何处教吹箫”“十年一觉扬州梦，赢得青楼薄幸名”等，无数文人墨客为这个与运河同龄的运河城谱写篇章；大运河的终点北京更是与运河息息相关，且不说当年那大运河上从南漂来的稻米、丝绸、茶叶如何丰富了京城百姓的生活，就是建设紫禁城的金砖、楠木也都是从大运河上运到京城的。老辈人有句俗话：北京城是漂来的，我们现代人更愿意说北京城是一首流动的民族史诗。天津杨柳青古镇就坐落在京杭大运河边。在400多年前的明代，南方的纸张、水彩，沿京杭大运河传到了这里，杨柳青年画因之而兴。杨柳青木版年画玉成号第六代传人霍庆顺，从小吃运河水长大。在他看来，正是门前这条流淌了千百年的大运河，让杨柳青年画有了包罗万象的艺术风格，产生了经久不衰的艺术魅力，更不必说大运河将南方的纸张、燃料等原材料运到天津，才有了杨柳青木版年画的兴起。运河沿岸的各个城市都有自己独特的历史文化，各具特色的传统艺术和民间风俗活动离不开大运河的滋养，它们是大运河沿岸城市的文化遗产，也是弘扬中华民族传统文化的重要内容。

（二）流动的运河魂融会了八方文化

京杭大运河串联起各具特色的地方文化，同时又在流动中推进不同地方文化的交流和融合。文化交融并不是一句空话，更多体现在细节。大运河沿岸，不同地域人们的生活习惯互相影响。如北京人爱吃糯米做的炸糕、切糕、江米条、元宵等黏糯的食品，但北方其实并不产糯米。这种饮食习惯的形成

正是因为大运河的流通，使糯米能够从南方运送到北京。据说天安门广场东侧的东交民巷，就是过去堆放糯米的地方，所以原名叫江米巷。还有北京人爱喝茶，到了夏天，走在北京的胡同街巷，无论走到哪只要花上几分钱就可以喝到一碗清凉的大碗茶。而直到 1956 年公私合营的时候北京还有 300 多家大小茶庄，这些茶庄的茶叶都是来自南方的江苏、浙江、安徽、福建等省，这些经销的大宗茶叶都是靠大运河运来的。除了在物质生活习惯上互相影响，沿岸地区还形成了共同的行业习惯和风俗习惯，如农民下地干活叫“下湖”；河边群众忌说与“翻”“死”“沉”等谐音的字和相关的事；船民的婚丧嫁娶、生产劳作、宗教信仰等也都有着约定俗成的规矩与讲究。另外，大运河也直接成为不同文化形态融会贯通的桥梁。我们所熟悉的京剧就是沿着大运河北上而形成的。众所周知，京剧的前身是徽剧，乾隆年间四大徽班融合了徽剧、汉调、昆曲、秦腔的部分剧目、曲调和表演方法，最终形成了京剧。实际上，当年徽班进京的出发地就是扬州，清朝乾隆皇帝曾经六次下江南，每次都是乘船沿大运河南下，并在大运河与长江的交汇点——扬州落脚，因此扬州就成为各路戏班会聚的地方。四大徽班正是从扬州出发沿着大运河北上，一路表演，融合了不同地方戏曲的风格。

近年来，国家高度重视中华民族优秀传统文化，提出“要让收藏在禁宫里的文物、陈列在广阔大地上的遗产、书写在古籍里的文字都活起来”。中共十九大报告重提“加强文物保护利用和文化遗产保护传承”，“推动中华优秀传统文化创造性转化、创新性发展”，足见国家对于加强文化建设，提升文化自信的重视。京杭大运河是中国几千年传统滋养出的一条文化的河，同时，在几千年的发展中它又反哺、养育了沿线城市和整个中华大地。在新的时代背景下，大运河申遗成功必然带来运河文化的深化和升华，运河文化将成为中国的一张新名片，为当下建设注入崭新的活力和强大的凝聚力。

四　大运河是一条文学的河

运河文学是由运河文化孕育而生的，同时它也参与了运河文化的建构。如果从广义上说，凡是以运河为题材的文学作品均归于运河文学，那么运河文学古已有之。白居易的《隋堤柳——悯亡国也》：“二百年来汴河路，沙草和烟朝复暮。后王何以鉴前王，请看隋堤亡国树。”其中“隋堤”即为隋朝大运河的河堤，“汴河”即为隋运河沟通汴州到淮安一段。明清小说中，《水浒传》《金瓶梅》《红楼梦》都写到了运河沿岸城市的风光，“三言二拍”更是直接取材于大运河。而真正明确提出“运河文学”的概念则是在 1982 年，伦海发表《刘绍棠的“运河文学”》一文。论文从选材和语言表达等方面分析了刘绍棠小说的运河特色，认为“刘绍棠的‘乡土文学’是地地道道的‘运河文学’”①。刘绍棠之后，随着大运河申遗成功，出现了“运河文学”创作的小繁荣。长篇小说或纪实文学如雨后春笋，令人目不暇接。如周祥的《运河滩上儿女情》（1994）、张宝玺的《大河惊梦》（1997）、重阳的《运河伊人》（1999）、王梓夫的《漕运码头》（2003）、蔡桂林的《千古大运河》（2007）、陶长坤《静静的大运河》（2008）、蒋海珠的《运河女》（2010）、刘凤起的《永远的大运河》（2016），等等。这些文学作品在书写运河沿岸的风土人情、历史变迁方面有着共同的倾向，形成了运河文学特有的时代风貌。

（一）运河文学的风情书写

最早，“运河文学”概念的提出是与“乡土文学”结合在一起的，“乡土”本身就是运河文学的一张名片。且看《蒲柳人家》中被何满子想象成“鸟笼”“蝈蝈篓儿”的院子：四面是柳枝篱笆，篱笆上爬满了豆角秧，豆角秧里还夹杂着喇叭花藤萝，像密封的四堵墙。墙里是一棵又一棵的杏树、桃树、山楂树、花红果子树，墙外是杨、柳、榆、槐、桑、枣、杜梨树，就好像给这四堵墙镶上两道铁框，打上两道紧箍。奶奶连巴掌大的地块也不空着，院子里还搭了几铺黄瓜架；而且不但占地，还要占天，累累连连的南瓜秧爬上了三间泥棚茅舍的屋顶，石磙子大的南瓜，横七竖八地躺在屋顶上，再长个儿，就该把屋顶压塌了。② 这样一幅运河农家图不像是作家写出来的，倒像是画家画出来的，其构图的完整，色彩的繁盛，为我们展现了运河沿线一派生机盎然的丰收气象，这是刘绍棠笔下运河人家的农耕本色，生动自然，又饱含着人文气息。

大运河是人工开凿的，是一条天然的人文之河。其实，河流与文化的相伴而生是毋庸置疑的，我们常说长江、黄河是中华文明的摇篮，相对来说，大运河更是中华民族智慧的结晶，长江、黄河自然流淌，从满足人们的生存需求开始，逐渐孕育了中华民族古老的文化，而运河文化在源头上就是人类

① 伦海：《刘绍棠的“运河文学”》，《赣南师范学院学报》1982 年第 3 期。

② 刘绍棠：《蒲柳人家》，载《刘绍棠小说选》，四川文艺出版社，1985，第 74 页。

赋予的，在漫长历史的流淌中，水与人、情与景，在交流中不断融汇，在融汇中不断贯通，所以运河文学对自然景致的描绘总脱不去人文色彩：仲夏时节的北运河，碧水涨满了两岸，却又波平如镜。碧桃在一棵老龙腰河柳下坐下来，水面上映出她和头戴野花柳圈的沉香的投影，像是在她那丰满的胸怀上，开放着一簇鲜艳的花朵。[①]“老龙腰河柳”是刘绍棠小说中常见的一个意象，在《芳草满天涯》《瓜棚柳巷》《绿杨堤》《田野落霞》等篇目中多次出现，仿佛大运河边上的一棵柳树都充满了灵性，更不必说运河水养育的女人和孩子。运河水与运河人相伴而生，形成了运河风情的独特韵味。

（二）运河文学的历史书写

在漫长的历史发展中，京杭大运河处于不断变化的状态，不同河段开凿、修建的顺序有先有后，在流淌的过程中有丰水期，也有断流期，而长江、黄河在不同的历史时期虽然也有一定的变化，但相比于大运河却显得十分缓慢，甚至可以说是微不足道的。所以说，运河在流淌的过程中受时代因素的影响比较大，相对应地，运河文学对时代变化的感知就更加敏感，运河的文学书写就带有更为强烈的时代性和历史沧桑之感，围绕着不同时期的重大历史事件有不同的主题。

运河在初成阶段表现出更为强烈的经济和社会效益，本来一统江山的隋朝在运河贯通后亡国，引发唐代诗人对开河与亡国的关系进行多角度的思考，产生了耀眼的运河诗词，特别是白居易的《隋堤柳——悯亡国也》成为运河诗词的经典之作。到了繁盛时期，大运河既以最壮观的河道、码头、仓库等物质形态影响人们的日常生活，又以新风新俗、新思想新观念等非物质形态影响着人们的精神世界，诞生了《水浒传》《金瓶梅》等经典运河小说。进入现代以来，随着 1842 年英军封锁运河、1853 年太平天国阻断运河、1911 年津浦铁路建成代替运河，大运河逐渐走向没落，运河文学也逐渐成为书写时代兴替的历史场域。《北运河上》是 1938 年由汉口大众出版社出版的“抗战动员丛刊”中的一种，作品以运河城市聊城为背景，讲述的是如何将“土匪”这种民间力量引导到抗日的道路上来。《运河的桨声》以运河岸上的山楂村为背景，反映了在农业合作化运动中，当地党支部如何依靠群众积极分子与反革命分子和反动富农进行斗争并取得胜利。这些作品带有明显的时代烙

① 刘绍棠：《芳草满天涯》，载《刘绍棠小说选》，四川文艺出版社，1985，第 14 ~ 15 页。

印，是符合特定时代需求的及时之作。也有不少作品借古说今，《漕运码头》以时世巨变的道光一朝为背景，对影响封建帝国甚深的漕运历史及流弊进行了详细考察，充分展示了大清王朝由盛向衰之际，从王室到中枢，从官场到民间的种种忧患及挣扎。《运河风云》以运河城市济宁为背景，写了明朝永乐年间疏浚大运河济宁段的历史场面。这些作品当然属于运河文学的范畴，既塑造了运河滩上的众生相，又演绎了沿线城市的时代巨变，当然属于运河文学的范畴。但大运河在这些作品中更像是一个不动声色的历史见证人，展现一时一地之景，缺乏应有的深度和历史感。

（三）运河文学的文化反思

尽管独具特色的风情书写和展现时代风气的历史书写在一定程度上塑造并反映了运河文化的历史品格，但就实际创作状况来看，现当代运河文学并未诞生艺术成就极高的作品，主要原因在于运河特色的表面化。运河作家大多生活在通州、临清、聊城等大运河沿线城市，大运河是他们童年记忆和故乡情结的寄托。他们的运河书写首先出于对家乡的热爱和熟悉。也许是他们太着意于表现运河特色了，反而没有将运河风情与现实生活联系起来，或者说当前运河文学的根没有扎在现实生活中，也就缺乏对运河文化的深刻反映。正如刘绍棠所说的，“我不主张云游四方，泛泛而交，因而不离热土，眷恋乡亲，在自己的生身之地打深井，无非是不愿舍近求远”①。这样的乡恋情结使得作家在写作的时候充满了热情与爱恋，却缺乏一种外来视角的观照与反思，所以他们写人情，却没有深入到人性解读的层面，写历史，却没有进入历史沉思的深度。运河文学尽管为我们绘制出一幅幅独特的运河风情画，却难以在更深的层次上运行。

除了描绘运河流域的自然风光和风俗人情，运河文学还应该尽可能多地揭示出深刻的历史内容和社会意义。茅盾早在1936年就曾说过：“关于乡土文学，我以为单有了特殊的风俗人情的描写，只不过像看一幅异域的图画，虽然引起我们的讶异，然而给我们的，却是好奇心的餍足。因此在特殊的风土人情而外，应当还有普遍性的我们的共同的对于命运的挣扎。”② 沈从文写

---

① 刘绍棠：《乡土文学与民族风格》，载孟繁华汇编《当代作家谈创作》，中央广播电视大学出版社，1984，第41页。

② 茅盾：《关于乡土文学》，载《茅盾全集》第21卷，人民文学出版社，1991，第89页。

湘西世界、萧红写呼兰河城、20世纪20年代侨居北京和上海的乡土小说家写自己的故乡，都是因为有了一种审视的姿态，才有了更加厚重的深度。运河文学缺少的正是这种远距离审视、深层次挖掘的角度。“在一村一地打深井”是理解生活的重要途径，只有在“打深井”的同时增强开放意识和当代意识，运河文学才能摆脱封闭和僵化，拥有更为强大、鲜活的生命力。

大运河是一条完整的河，从起点到终点，各段的风采熔铸了整体的辉煌；大运河是一条历史的河，从古代到当下，厚重的底蕴鼓荡着时代的强音；大运河是一条文化的河，滋养了一方水土的鲜活与深沉，推动了八方文明的交流与融合；大运河是一条文学的河，激活了民族的韵味与哲思，蓬勃着人性的自然与活力。在新的时代背景下，大运河成了区域发展和国家建设瞩目的焦点，运河文化面临着转型的重大使命，尊重大运河的整体性、历史感、文化魂和文学梦，真正实现经济与社会、文学与文化的互动共生，大运河必定能够在中国特色社会主义的新时代谱写出更加华美的篇章！

从传说到传奇*

——《古岳渎经》与唐代运河淮泗段的地域文化考论

滕汉洋**

文学创作尤其是小说创作，往往与地域文化有着密切的联系。地域文化所滋生的传说、信仰和民俗，不仅可以成为小说故事素材的直接来源，而且决定着小说的文化品格，从而使小说本身也带有极强的时代专属性的地域文化特征。唐代小说家李公佐的《古岳渎经》就是这样一部作品。作为李公佐现存的四篇传奇作品之一，与其《南柯太守传》《谢小娥传》《庐江冯媪传》等作品相比，《古岳渎经》篇幅较为短小，情节结构颇为简单，其所述的无支祁故事基本上也并未跳出六朝志怪搜奇记逸的传统模式。客观来讲，这篇小说既不属于第一流的唐传奇作品，也很难称得上是李公佐的代表作。但自20世纪30年代，鲁迅提出《西游记》中的孙悟空形象直接来源于《古岳渎经》中的无支祁形象后①，《古岳渎经》一度引起学界浓厚的研究兴趣。研究者或是沿着鲁迅的思路，考察无支祁形象对孙悟空形象产生影响的具体发生过程；或是由唐代往上追溯，为无支祁形象寻找本土的或是舶来的渊源。而对于其中所述无支祁形象生成的唐代具体文化环境，却几乎无人涉及。实际上，《古岳渎经》及其塑造的无支祁形象，本身即具有强烈的地域文化印记，与唐代运河淮泗段的民间传说有千丝万缕的联系。基于此，本文拟将视角回归到唐

---

* 本文原载《民俗研究》2018年第1期。

** 滕汉洋，文学博士，江苏海洋大学文学院副教授、硕士生导师，主要研究隋唐五代文学、运河学。

① 鲁迅先是于《中国小说史略》论无支祁云：“明吴承恩演《西游记》，又移其神变奋迅之状于孙悟空。”后又于《中国小说的历史的变迁》中进一步申明：“我以为《西游记》中的孙悟空正类无支祁。但北大教授胡适之先生则以为是由印度传来的；俄国人钢和泰教授也曾说印度也有这样的故事。可由我看去：1. 作《西游记》的人并未看过佛经；2. 中国所译的印度经论中，没有和这相类的话；3. 作者——吴承恩——熟于唐人小说，《西游记》中受唐人小说的影响的地方很不少。所以我还以为孙悟空是袭取无支祁的。”《鲁迅全集》第九卷，人民文学出版社，2005，第89、327页。

代，通过对无支祁传说生成的唐代文化环境的考察，分析《古岳渎经》与唐代运河淮泗段地域文化之关系，以还原李公佐此篇小说的创作过程及其具体的文化背景。

一　无支祁传说与《古岳渎经》的故事来源

《古岳渎经》的核心内容是记述李公佐对于淮涡水神无支祁从听说到转述再到获得古籍印证的过程。据小说记载，李公佐于德宗贞元丁丑岁（贞元十三年，797）泛潇湘苍梧，偶遇征南从事杨衡，二人“征异话奇”，杨衡遂讲述了代宗永泰年间楚州刺史李汤捕获猿状水怪的故事：

> 永泰中，李汤任楚州刺史，时有渔人，夜钓于龟山之下。其钓因物所制，不复出。渔者健水，疾沉于下五十丈。见大铁锁，盘绕山足，寻不知极，遂告汤。汤命渔人及能水者数十，获其锁。力莫能制，加以牛五十余头，锁乃振动，稍稍就岸。时无风涛，惊浪翻涌，观者大骇。锁之末见一兽，状有如猿，白首长臂，雪牙金爪，闯然上岸。高五丈许，蹲踞之状若猿猴。但两目不能开，兀若昏昧。目鼻水流如泉，涎沫腥秽，人不可近。久乃引颈伸欠，双目忽开，光彩若电。顾视人马，欲发狂怒。观者奔走，兽亦徐徐引锁拽牛入水去，竟不复出。时楚多知名士，与汤相顾愕慄，不知其由。尔时乃渔者知锁所，其兽竟不复见。①

李公佐对于这一故事念念不忘，在元和八年（813）冬于常州饯送给事中孟简至朱方（今江苏丹阳）的宴席上转述了杨衡所讲的故事。次年春，公佐访古东吴，从太守元锡泛洞庭、登包山，偶然于石穴间得《古岳渎经》第八卷，由书中的记载方知李汤所捕获的水怪乃是大禹治水时所囚禁的淮涡水神无支祁。

由于《古岳渎经》事涉神怪，历来多认为是对前朝志怪相关故事原型稍加演绎的基础上撰写而成的。如明人胡应麟认为这篇小说“盖即六朝人踵《山海经》体而赝作者，或唐文士滑稽玩世之文。……以其说颇诡异，故后世或喜道之”②。袁珂先生则进一步指出：“《古岳渎经》所写的神话故事虽是虚

① 李时人编校《全唐五代小说》第一册，陕西人民出版社，1998，第646～647页。

② 胡应麟：《少室山房笔丛》卷32“丁部·四部正伪下”，中华书局，1958，第415页。

构，但无支祁这个神话人物（动物）形象的塑造，却仍旧有他的本源。本源维何？那就是古神话中的夔，以及后来神话传说中的山魈。《山海经》中所记的夔，原是东海流波山的一头牛形的一足怪兽，演变到后来，便成为韦昭注《国语·鲁语》所说的‘夔一足，越人谓之山魈，人面猴身能言’的山魈了。无支祁‘形如猿猴’‘力逾九象’，正是从夔到山魈结合牛力猴形于一身的自然发展演变。”① 以上两家的观点确能予人启发。在《山海经》尤其是六朝志怪中确有很多类似的故事母题。《山海经》向被称为“古今语怪之祖”，其中又多涉及鲧禹治水的相关故事和传说。至于所涉的奇珍异兽，更是所在多有。如《山海经》中“其状如猿”② 的朱厌，即与《古岳渎经》中的无支祁同属猴形怪物。当然，《山海经》的主旨不在于记载神怪，其中所涉神怪的形象也十分简单，尚与志怪小说有较大差别。但在六朝志怪中，与无支祁故事类似的水怪故事则开始大量出现。如刘敬叔《异苑》卷二记：“晋康帝建元中，有渔父垂钓，得一金锁。引锁尽，见金牛。急挽出牛，断，犹得锁长二尺。”③ 刘义庆《幽明录》记：“巴丘县自金冈以上二十里，名黄金潭，莫测高深。……古有钓于此潭，获一金锁，引之，遂满一船。有金牛出，声貌莽壮。钓人被骇，牛因奋勇，跃而还潭，锁乃将尽，钓人以刀斫得数尺。”④ 郭季产《集异记》亦载：“兖州人船行，忽见水上有浮锁，牵取得数许丈，乃得一白牛，与常牛无异而形甚光鲜可爱。知是神物，乃放之。牛于是入水，锁亦随去。”⑤ 上述三则故事虽然水中神怪皆为牛形，故事地点亦不同，但以渔人垂钓作为引子和怪物身负铁锁等情节，皆与《古岳渎经》所述无支祁故事十分相似。由此观之，在《古岳渎经》之前，相关故事的叙事模式已基本定型。另外，即使是猿形怪物在唐前也并不罕见。除了前文提及的《山海经》中的朱厌，《搜神记》卷十二中所记的马化、《博物志》卷三中所记录的蜀山猴玃，亦属此类。即使是在唐代传奇中，此类猿猴的神怪形象也为数不少，如无名氏《补江总白猿传》中的白猿，牛僧孺《玄怪录·刁俊朝》中的汉江水猿，薛用弱《集异记·汪凤》中的被囚神猴，等等。总而言之，说《古岳渎经》受到前朝志怪的影响，与其中诸多水怪故事的叙事模式一脉相承，当没

① 袁珂：《中国神话史》，上海文艺出版社，1988，第227页。

② 《山海经》卷2《西山经》，袁珂：《山海经校注》，上海古籍出社，1980，第36页。

③ 王根林等校点《汉魏六朝笔记小说大观》，上海古籍出版社，1989，第602页。

④ 王根林等校点《汉魏六朝笔记小说大观》，上海古籍出版社，1989，第693页。

⑤ 鲁迅编《古小说钩沉》，《鲁迅全集》第八卷，人民文学出版社，1973，第507页。

有什么疑问。

但有一点需要注意的是，虽然唐前类似主题的故事并不算少，而且很可能成为李公佐创作小说时借鉴的资源，但之前此类故事中的神怪，记载既简略，形象亦较为模糊。虽然无支祁形象可能融入了前代传奇怪物的影子，但在李公佐创作《古岳渎经》之前，尚未出现无支祁这一明确的淮涡水神形象。从目前所留存的文献来看，这一传说直到中晚唐时期才开始出现并广为传播。

首先，李公佐对于无支祁故事的敷衍俨然是历史记述的口吻。按照小说中的记载，最早讲述该故事的是李公佐的友人杨衡，杨衡所述故事中的时间（代宗永泰年间）、地点（楚州龟山）、所涉人物（楚州刺史李汤）都十分明确。另外，《古岳渎经》中涉及多个唐代人物，如李汤、杨衡、孟简、马植、元锡等，也都是实有其人。这与唐前类似故事中背景的模糊判然有别。杨衡乃吴兴人，并非楚州人，可以想见，其所述的故事可能是道听途说所得，应是以唐时楚州的水怪传说为基础的。这一故事发生在代宗永泰年间，在中晚唐时已经广为流传，成为文人聚会时的谈资之一。

其次，此篇小说收在《太平广记》卷467，题名《李汤》，文末注云："出《戎幕闲谈》。"[①]《戎幕闲谈》乃唐代李德裕口述、韦询记录的笔记小说集，原书已经散佚不存。若《太平广记》所记不误，则关于楚州刺史李汤捕获水怪无支祁的故事在中晚唐时期流传颇广，李德裕、韦询等人与杨衡一样，也曾是这一故事的听众和传播者。

再次，与李公佐大约同时的李肇在其《国史补》中也曾记载了无支祁一事。《国史补》卷上记：

> 楚州有渔人，忽于淮中钓得古铁锁，挽之不绝，以告官。刺史李阳大集人力引之。锁穷，有青猕猴跃出水，复没而逝。后有验《山海经》云："水兽好为害，禹锁于军山之下，其名曰无支奇。"[②]

其中所谓的"李阳"，应即《古岳渎经》的楚州刺史"李汤"；"军山"乃"龟山"之别称，此地在汉及南北朝时期为军事要冲，故名。李肇的记载除了文字比较简略外，大体情节与《古岳渎经》无异，但没有理由证明其是

---

① 《太平广记》卷467，中华书局，1961，第3846页。

② 《唐五代笔记小说大观》，丁如明等点校，上海古籍出版社，2000，第168页。

檃栝《古岳渎经》所得。李肇《国史补序》录其记事原则云：“言报应、叙鬼神、征梦卜、近帷箔，悉去之；纪事实、探物理、辨疑惑、示劝诫、采风俗、助笑谈，则书之”[①]，虽然其所记的无支祁一事荒诞不经，严格来讲也属于“叙鬼神”的范畴，但李肇仍予以记录，至少说明无支祁传说在当时是真实存在的。李肇所记与《古岳渎经》一样，其故事来源都应是唐时楚州的民间传说。

需要说明的是，上引李肇文末称无支祁在《山海经》中已有记载，似无支祁传说自古就有，非始于唐人。按《山海经》自汉代刘歆校刊成书定为十八卷，晋代郭璞注此书作《山海经传》定为二十三卷，后世流传遂有十八卷和二十三卷的两个系统。据袁珂先生研究，这两个版本系统虽然卷数不同，但仅是后来卷帙的分合所致，而原书内容却并无变化。[②] 唐时流传的《山海经》内容应与今本相同，而今本《山海经》中并无无支祁的相关记载。袁珂先生认为《山海经》中的夔乃是无支祁的本源，但毕竟差别非常明显。退一步讲，设若《山海经》中曾记有无支祁这一明确的淮涡水神形象，何以竟在唐前无任何记录呢？这一点也颇让人费解。因此，李肇所记当为失考。至于李公佐小说中编排出的《古岳渎经》也显然应是杜撰之书，因此是书历来不见著录和流传，而且李公佐称其“入灵洞，探仙书，石穴间得古《岳渎经》第八卷”[③]，更属荒诞不经的小说家言。由于有关大禹治水的传说在《山海经》中确实是与诸多神话传说联系在一起的，李肇、李公佐等人或是想当然地以为无支祁出自《山海经》的记载，或是认为出自与《山海经》具有相似性质的《岳渎经》，一则可能是唐时无支祁的传说即有不同的版本，一则可能是故意比附经典，用以增强故事的真实性和感染力。

综上可见，如果没有唐代楚州地区的淮涡水神传说作为其来源的素材，李公佐《古岳渎经》用严肃如同史书的文字记述这一故事，并将这一故事的传播者与听众一一罗列出来，似乎显得颇为多余。李公佐现存的其他几篇小说虽也多涉荒诞不经之事，但其中所涉人物、地点和情事皆言之凿凿是在唐代。因此，虽然水怪传说在上古神话和六朝志怪中已颇为常见，但《古岳渎

---

① 《唐五代笔记小说大观》，丁如明等点校，上海古籍出版社，2000，第158页。

② 袁珂：《〈山海经〉写作的时地及篇目考》，载氏著《神话论文集》，上海古籍出版社，1982，第20~25页。

③ 李时人编《全唐五代小说》第一册，陕西人民出版社，1998，第647页。

经》故事直接的来源乃是唐代楚州地区的水怪传说，无支祁是在唐代淮泗地区民间传说的淮涡水神的基础上塑造的，是唐代具体的社会文化氛围中产生的神怪形象。自此之后，关于淮涡水神无支祁的传说才广为流布。后世所言无支祁一事皆从《古岳渎经》导出，中唐时期是无支祁传说的历史起点。

二　运河淮泗段的地域文化与无支祁传说的生成

淮涡水神无支祁传说产生的地点在楚州龟山。唐时楚州有“淮水东南第一州”[①]的美誉。隋唐运河中的通济渠汴河段自泗州临淮县（今江苏省盱眙县北）入淮，东北经淮阴县（今江苏省淮安市淮阴区）至山阳县（今江苏省淮安市楚州区）末口，再由淮水入邗沟以达扬州。其中自临淮至末口一段楚州境内的运河取道淮河。楚州作为沟通汴河、淮水和邗沟的运河枢纽，这一特殊的地理位置使其具有江海通津、淮楚巨防的重要地位。小说中锁无支祁的龟山即在泗州、楚州交界处的汴河入淮口附近，孤峰峙立，礫主中流。处于淮河下游的楚州龟山作为唐代淮楚运河的重要区域，其特殊的地理位置，可能正是无支祁这一民间传说生成的重要地域文化背景。

在中西方洪水神话中，有一个共同的特点是：水往往给人类带来巨大灾害。这一具有原型意义的神话，反映了人类对于水的恐惧这一具有普遍性的共同心理结构。在中国文化中，水一方面被认为是万物之本，另一方面也有艰难险阻的文化意蕴，如《易经》中寓意险阻的“坎”卦即指水。因此，对水的自然力的崇拜或恐惧，可以说是水神、水怪信仰滋生的文化动因，中国古代的岳渎信仰就与此相关。淮河作为中国最重要的河流之一，与黄河、长江、济水并称“四渎”，自古就是水神崇拜的重要对象，并上升到国家祭祀的高度。《礼记·王制》云：“天子祭天下名山大川，五岳视三公，四渎视诸侯。”[②]秦汉时期，五岳四渎的祭祀制度逐渐形成，但当时四渎与前代一样，仅是位比诸侯。唐代是中国古代四渎崇拜进一步强化的重要时期，四渎开始被相继加封。玄宗天宝六载（747），封河渎为灵源公，济渎为清源公，江渎为广源公，淮渎为长源公。[③]且在国家祭祀中，“四渎”祭祠属于中祀，居

---

① 白居易：《赠楚州郭使君》，《全唐诗》（增订本）卷448，中华书局，1999，第5061页。

② 孔颖达：《礼记正义》，北京大学出版社，1999，第385页。

③ 《旧唐书》卷9《玄宗纪下》，中华书局，1975，第221页。

唐代国家的祭祀的第二位，地位十分重要。自古以来，岳渎祭祀客观上寄寓了人们祈求风调雨顺、四时平安的内在动机。唐人对此也不例外，如玄宗开元九年（721）“敕诸州水旱时，其有五岳四渎，宜令所司差使致祭”①；代宗永泰二年（766），“春夏累月亢旱，诏大臣裴冕等十余人分祭川渎以祈雨”②；甚至在元和九年（814）淮西吴元济叛乱时，宪宗也曾遣人致祭淮渎。③

唐代对于四渎的国家祭祀客观上引领并强化了唐人的水神崇拜之风，水患频繁的地区，水神信仰也更容易滋生并得到强化。祭祀水神的风气在唐代盛行一时，水网密布的吴楚地区尤其明显。吴楚之地本就有重神好祀的传统。皇甫冉《杂言迎神词》序云：“吴楚之俗与巴渝同风，日见歌舞祀者。”④ 这些信仰极端化之后，甚至发展成为国家所禁止的淫祠。《旧唐书·狄仁杰传》记其任江南巡抚使时，“吴、楚之俗多淫祠，仁杰奏毁一千七百所”⑤。楚州在春秋战国时期属于吴、楚之地，且龟山所在的楚州、泗州等地，处于水网密布的淮河中下游，流经这一地区的河流有泗水、沂水、汴水、涡水、淮水等，淮水是这一地区最重要的河流。历史上，淮河虽然对沿岸的社会经济发展起到很大的促进作用，但由于其河道宽阔，水流湍急，淮河流域又时常发生水患。以唐代而言，据《新唐书·五行志》的相关记载，贞观三年（629）、大历元年（766）、贞元八年（792）、元和九年（814）、大和七年（833）、大中十二年（858）、咸通元年（860）七年，淮河中下游地区皆有大型洪涝灾害发生，其中大和七年的淮河流域水患遍及“扬、楚、舒、庐、寿、滁、和、宣等州”⑥，波及范围甚广。而这些水患很多都与淮河泛滥有关，淮河下游发生水患的概率更大。如贞元八年六月，“淮水溢，平地七尺，没泗州城”。⑦ 贞元十三年（797）七月，“淮水溢于亳州”⑧。元和十三年（818）六月，“淮水溢”⑨。因此，楚州地区本身所具有的重神好祀的传统与地处淮河下

① 《册府元龟》卷144，中华书局，1989，第226页。
② 《旧唐书》卷24《礼仪志》，中华书局，1975，第916页。
③ 元稹：《祭淮渎文》，《元稹集》卷60，中华书局，1982，第625页。
④ 《全唐诗》（增订本）卷249，中华书局，1999，第2791页。
⑤ 《旧唐书》卷89《狄仁杰传》，中华书局，1975，第2887页。
⑥ 《新唐书》卷36《五行志》，中华书局，1975，第934页。
⑦ 《新唐书》卷36《五行志》，中华书局，1975，第932页。
⑧ 《新唐书》卷36《五行志》，中华书局，1975，第932页。
⑨ 《新唐书》卷36《五行志》，中华书局，1975，第933页。

游水患频繁的地理环境，可以说为淮涡水神无支祁传说的滋生提供了文化土壤。

另外，更为重要的一点是，楚州作为运河枢纽的特殊地理环境也强化了此地水神水怪信仰，因为取道淮河的淮楚运河时常对国家漕运和来往商旅构成威胁。唐都关中，十分倚重沟通东南和两京地区的运河漕运之补给。在长达千余里的通济渠、邗沟水道中，取道淮河的淮楚段运河历来是最为难行的河段之一。此段运河长百余里，河面宽阔，浪大风急，加上淮河自此弯曲转向，流向东北，导致流速湍急，航行多有风险。对于此地之地形，明人潘季驯形象地概括："淮挟汝、颍、肥、濠等出七十二溪之水至泗州下流，龟山横截河中，故至泗则涌，譬咽喉间汤饮骤下，吞吐不及，一时咽塞，其势然也。"① 为避开长淮之险，唐朝廷多次疏治。太极元年（712），唐睿宗为了改善这一状况，命魏景清开直河，引淮水至黄土冈，试图避开水流湍急的淮河运段，直通邗沟。② 但这条河道并未发挥应有的作用。开元十二年（724），汴州刺史齐澣"以淮至徐城（按：徐城县唐时属泗州，今江苏盱眙县西北）险急，凿渠十八里，入青水"③。开元二十七年（739），再任汴州刺史的齐澣为彻底解决汴河与淮河交汇处水流湍急威胁漕运的问题，对其上游再加疏浚。《旧唐书·齐澣传》记：

> 淮、汴水运路，自虹县至临淮一百五十里，水流迅急，旧用牛曳竹索上下，流急难制。浣乃奏自虹县下开河三十余里，入于清河，百余里出清水，又开河至淮阴县北岸入淮，免淮流湍险之害。久之，新河水复迅急，又多僵石，漕运难涩，行旅弊之。④

从以上所记可以看出，齐澣的治理并未改变淮流湍险之害的根本问题，中晚唐人对此段运河之难行也多有提及。如白居易《渡淮》诗云："淮水东南阔，无风渡亦难。"⑤ 李绅《入淮至盱眙》亦云："山凝翠黛孤峰迥，淮起银花五两高。天外绮霞迷海鹤，日边红树艳仙桃。岸惊目眩同奔马，浦溢心疑

① 引自朱鹤龄《禹贡长笺》卷11，文渊阁四库全书影印本，第67册，上海古籍出版社，1987，第186页。

② 《新唐书》卷38《地理志》，中华书局，1975，第991页。

③ 《新唐书》卷128《齐澣传》，中华书局，1975，第4469页。

④ 《旧唐书》卷190中《齐澣传》，中华书局，1975，第5083页。

⑤ 《全唐诗》（增订本）卷447，中华书局，1999，第5041页。

睹抃鳌。寄谢云帆疾飞鸟，莫夸回雁卷轻毛。”[①] 水急浪高，简直让人心惊目眩。因此，终唐一代，运河淮楚段号称难行。这一情况在北宋前期依然存在，在宋神宗时蒋之奇开龟山运河避开长淮之险之前，淮河运段还导致运输船只“岁失百七十艘”。[②] 淮楚运河这一特殊的水情，应是无支祁传说的滋生和强化十分重要的直接动因。刘驾《反贾客乐》云：“无言贾客乐，贾客多无墓。行舟触风浪，尽入鱼腹去。”[③] 正因为商旅行役之人运河来往常常有“行舟触风浪”的巨大风险，水神祭祀也更为他们所重。李肇《国史补》卷下曰：“凡东南郡邑无不通水，故天下货利，舟楫居多。……暴风之信，有抛车云。舟人必祭婆官而事僧伽”[④]，所言“舟人必祭婆官而事僧伽”云云，可见唐代运河行旅之人对水神祭祀的热衷。无支祁传说之所以滋生和流布于淮河龟山及其附近地区，当与此有直接关联。

因此，楚州所在的淮泗地区好神重祀的地域文化及运河淮河段特殊的险峻水情，应是催生淮涡水神无支祁传说的文化土壤，无支祁可以说是唐代淮渎信仰与地域文化交互影响的产物。《古岳渎经》中记无支祁战败被锁后，“徙淮阴之龟山之足下，俾淮水永安流注海也。庚辰之后，皆图此形者，免淮涛风雨之难”[⑤] 云云，也正道出了唐人对淮水险峻的恐惧和舟行平安的祈盼，而这一切也都成为无支祁传说滋生并由于运河地位的提升逐步强化和广为传播的重要原因。宋人苏辙云：“清淮浊汴争强雄，龟山下闷支祁宫。高秋水来无远近，荡灭洲渚乘城墉。千艘衔尾谁复惜，万人雨泣哀将穷。……越商胡贾岂知道，脱身献宝酬元功。”[⑥] 越商胡贾之所以纷纷以财物供奉无支祁，显然与《古岳渎经》中所谓的祈求“免淮涛风雨之难”同一目的。可见，直到宋代，无支祁信仰也是与淮河段运河行旅的艰难相关。综上可知，唐代楚、泗地区无支祁传说的滋生与流布，与淮河中下游的自然地理和运河交通具有天然的联系。

三　李公佐的个人经历与《古岳渎经》的创作

《古岳渎经》的故事题材应是来源于唐代淮泗地区的民间传说，已如前

---

① 《全唐诗》（增订本）卷480，中华书局，1999，第5505页。

② 《宋史》卷96《河渠志》，中华书局，1977，第2382页。

③ 《全唐诗》（增订本）卷585，中华书局，1999，第6831页。

④ 《唐五代笔记小说大观》，上海古籍出版社，2000，第198～199页。

⑤ 李时人编《全唐五代小说》，陕西人民出版社，1998，第648页。

⑥ 《苏辙集》卷3，中华书局，1990，第60页。

述。那么李公佐为何会将这一民间传说写入小说呢？这与其特殊的生活经历有关。

李公佐本人史书无传，但其现存的几篇传奇小说中，对自己的经历却多有提及。其《庐江冯媪传》记："元和六年夏五月，江淮从事李公佐使至京。"[①] 又其《谢小娥传》云："元和八年春，余罢江西从事，扁舟东下，淹泊建业。"[②] 可知李公佐曾长期在江淮地区任职，对这一地区的相关情况应较为熟悉。此外，沟通两京和东南地区的运河水道既是重要的漕运通道，同时也是唐人来往行旅的首选路线，公佐之来往两京和东南也时常取道运河。如其《南柯太守传》云："公佐贞元十八年秋八月，自吴之洛，暂泊淮浦，偶觌淳于生棼，询访遗迹，翻覆再三，事皆摭实，辄编录成传，以资好事。"[③]《谢小娥传》云："其年夏月，余始归长安，途经泗滨"。[④] 所谓"自吴之洛，暂泊淮浦""始归长安，途经泗滨"云云，可见其多次来往洛阳、长安地区都是取道运河的，而且都经过运河淮河段的楚州、泗州地区。《南柯太守传》即直接来源于运河水道上了解的"吴楚游侠之士"淳于棼的故事，《庐江冯媪传》故事也是基于"元和四年，淮楚大歉"这一历史背景。因此，正因为李公佐长期在江淮一带任职，又时常取道运河来往两京和东南地区，所以其现存的四篇小说皆与江淮地区相关，甚或其故事发生的舞台就设定为这一地区。《古岳渎经》取材于淮泗地区的传说，也当与其相关。

至于无支祁的故事为李公佐所发现并成为其小说创作之资，可能还有更直接的诱发因素。前文已经言及，李公佐元和六年（811）时任江淮从事。据日本学者内山知也考证，李公佐所谓的江淮从事一职当是仕于淮南节度使李吉甫之幕府。[⑤] 李吉甫是中唐名相，同时也是著名的历史地理学家，曾撰有《元和郡县图志》《十道图》《删水经》《古今地名》等历史地理专著。这些著作目前仅有《元和郡县图志》流传下来，他皆散佚不存。在《元和郡县图志》中，李吉甫对各地之山川形势尤其是水道地理等记载颇为详尽。而从其散佚的《十道图》《删水经》《古今地名》等书的题名来看，想必也应多涉及此类问题。李吉甫不仅在著述上专注这些问题，在行政实践中也对治河治水

---

① 李时人编《全唐五代小说》，陕西人民出版社，1998，第646页。

② 李时人编《全唐五代小说》，陕西人民出版社，1998，第649页。

③ 李时人编《全唐五代小说》，陕西人民出版社，1998，第643页。

④ 李时人编《全唐五代小说》，陕西人民出版社，1998，第651页。

⑤〔日〕内山知也：《隋唐小说研究》，复旦大学出版社，2010，第238页。

颇为究心。《旧唐书·李吉甫传》记：

> 吉甫性聪敏，详练物务，自员外郎出官，留滞江淮十五余年，备详闾里疾苦。……其年（按：指元和三年）九月，拜检校兵部尚书，兼中书侍郎、平章事，充淮南节度使……又于高邮县筑堤为塘，溉田数千顷，人受其惠。①

《新唐书·李吉甫传》亦云："为淮南节度使。……居三岁，奏蠲逋租数百万，筑富人、固本二塘，溉田且万顷。漕渠庳下不能居水，乃筑堤阏以防不足，泄有余，名曰平津堰。"② 李吉甫元和三年（808）九月至元和六年春正月任淮南节度使，其所筑的富人、固本二塘及平津堰皆在唐代运河的重要河段邗沟附近。邗沟作为人工运河，以沿途的大小湖泊作为水源，枯水季节受水不足，水浅无以载舟，往往影响国家漕运。如玄宗时裴耀卿所言："每州所送租及庸调等，本州正二月上道，至扬州入斗门，即逢水浅，已有阻碍，须留一月已上。至四月已后，始渡淮入汴。"③ 李吉甫之前，淮南节度使杜亚等人曾积极治理，但效果甚微。《新唐书·食货志》云："初，扬州疏太子港、陈登塘，凡三十四陂，以益漕河，辄复堙塞。淮南节度使杜亚乃浚渠蜀冈，疏句城湖、爱敬陂，起堤贯城，以通大舟。河益庳，水下走淮，夏则舟不得前。"④ 可见杜亚的治理并改变邗沟枯水季节影响漕运的问题。而李吉甫筑富人、固本二塘及平津堰以"防不足、泄有余"，既可保证邗沟漕运通畅，又可用于农田灌溉，功用颇大。李公佐在李吉甫这样一位热心水利的官员手下任职，很难不受幕主的影响而留心运河流域之事。其关注运河流域之民间信仰与传说，并将其采摭为传奇小说的素材，当与此不无关系。

据《古岳渎经》，李公佐在元和八年（813）冬于常州饯送给事中孟简至朱方的宴席上曾转述杨衡所讲的无支祁故事。元和八年（813），孟简时任常州刺史，后征拜给事中。孟简此前任职地点的常州即在江南运河线上，而且孟简本人也是一位热心水利事业的官员。《旧唐书·孟简传》记：

① 《旧唐书》卷148《李吉甫传》，中华书局，1975，第2993～2994页。

② 《新唐书》卷146《李吉甫传》，中华书局，1975，第4740页。

③ 《旧唐书》卷49《食货志》，中华书局，1975，第2114页。

④ 《新唐书》卷53《食货志》，中华书局，1975，第1370页。

出为常州刺史。……简始到郡，开古孟渎，长四十一里，灌溉沃壤四千余顷，为廉使举其课绩，是有就加之命。是岁，征拜为给事中。①

古孟渎原为江南运河常州段的入江水道，当江南运河水浅难行之时，漕船常由此入江，绕过丹阳运河至京口北上邗沟。孟简因古孟渎开渠，“引江水南注通漕”②，目的与李吉甫修筑富人、固本二塘及平津堰相似，都是为了解决运路水浅影响国家漕运的问题，他还因为这一政绩而由常州刺史擢为给事中。作为一个热心水利且因治水得到升迁的官员，李公佐在饯送其入朝任职的宴会上转述无支祁这一与治水相关的故事，也可以说是迎合了孟简本人的兴趣。其创作《古岳渎经》既将与孟简聚谈一事记录在内，说明友人之间共同的兴趣也当是其创作小说的诱发因素之一。

唐代传奇小说的故事，往往来源于朋友聚会时的谈资，这在白行简《李娃传》、元稹《莺莺传》、陈鸿《长恨歌传》、沈既济《任氏传》等传奇作品里的作者自述中都有明确交代。唐代运河作为重要的交通路线，人员来往频繁。友人聚散往来之际常“征异话奇”，以各自道听途说的故事作为聚会时的谈资，其所谈论的故事很多即与运河沿线的奇闻逸事相关，此类故事借由运河交通又往往能获得巨大的传播效应，这是唐代传奇小说生成的重要方式和文化背景。李公佐的多篇小说即具有这样的历史文化背景。公佐长期任职江淮，且屡次取道运河来往东南和两京地区，其经历中又与治水之人多有交集，正是这些特殊的经历使得与运河交通和治水相关的楚州无支祁故事引起了他的兴趣，并将无支祁的传说附会上古大禹治水的神话传说，最终创造出神奇的水怪传奇。这一故事在唐代之后又因运河交通获得更大的传播效应，并最终与楚州地区僧伽降服水母的传说叠加，甚至对嗣后的孙悟空形象产生了一定影响。传奇小说将民间传说取为素材，反过来促进了民间传说的流布，进而产生更大的文化效应。正因如此，《古岳渎经》这篇并不算杰出的唐人传奇才具有了重要的文学史乃至文化史价值。

① 《旧唐书》卷163《孟简传》，中华书局，1975，第4257～4258页。

② 《新唐书》卷41《地理志》“常州武进县”，中华书局，1975，第1058页。

“三言二拍”中的明代故事与京杭大运河*

苗 菁**

作为明代最重要，也最具代表性的短篇白话小说集，“三言二拍”已经家喻户晓，研究“三言二拍”的论著及各种成果也前后相继，浩如烟海，但人们还没有很好地注意到它与京杭大运河的关系。如果认真地研读一下“三言二拍”，就会发现，它和在明代仍然发挥着极其重要作用的京杭大运河有着十分密切的关系。这种关系可以概括为：京杭大运河与“三言二拍”中的大半明代故事都有关联，它在建构“三言二拍”中的明代故事时，发挥着至关重要的文学作用。

一 “三言二拍”中的明代故事大半与运河有关

众所周知，“三言二拍”中的故事，并不都写的是明代。① 但是，凡属写的是明代故事②，却大半与京杭大运河有关。换句话说，“三言二拍”中所出现的明代故事，在其人物活动的空间上、故事发展的过程中，往往会出现京杭大运河的身影。京杭大运河是冯梦龙、凌濛初改写、创作明代故事时一个不可或缺的元素。对这一问题，可用统计方法说明之。

冯梦龙的“三言”共写了 120 篇故事。其中《喻世明言》40 篇故事中，明确交代写的是明代故事的有 5 篇。这 5 篇故事中，涉及京杭大运河的有 3 篇，它们是《蒋兴哥重会珍珠衫》《李秀卿义结黄贞女》《沈小霞相会出师

* 本文原载《明清小说研究》2018 年第 1 期。

** 苗菁，文学硕士，聊城大学文学院教授，研究方向为词曲、音乐文学及运河文化（文学）研究。

① 从“三言二拍”对其所写故事的背景交代中，我们可知，很多故事讲的是前朝事情。这其中，以宋代故事数量为多。

② 是否写的是明朝故事，本文的统计以“三言二拍”中的交代为准。在“三言二拍”中，所写的如是明代故事，作者都会用“国初”“国朝”这样的字眼进行交代。凡“三言二拍”书中没有明确提示的，即使被后世研究者们考证出某篇是写的明朝故事，本文也不将之统计为明朝故事。

表》。《警世通言》40篇故事中，明确交代写明代故事的有12篇。其中涉及京杭大运河的有11篇，它们是《吕大郎还金完骨肉》《苏知县罗衫再合》《金令史美婢酬秀童》《钝秀才一朝交泰》《宋小官团圆破毡笠》《玉堂春落难逢夫》《唐解元一笑姻缘》《赵春儿重旺曹家庄》《杜十娘怒沉百宝箱》《王娇鸾百年长恨》《况太守断死孩儿》。《醒世恒言》40篇故事中，明确交代写的是明代故事的有14篇。其中和京杭大运河有关的故事有6篇，它们是《钱秀才错占凤凰俦》《刘小官雌雄兄弟》《施润泽滩阙遇友》《张廷秀逃生救父》《徐老仆义愤成家》《蔡瑞虹忍辱报仇》。

从以上统计可看出，冯梦龙“三言”120篇故事中，写明代故事的有31篇，占故事总数的1/4。其中与京杭大运河有关的故事有20篇，占明代故事总数的近4/5。

凌濛初的“二拍”共写了80篇故事①。其中《初刻拍案惊奇》40篇故事中，明确写的是明代故事的有18篇。这中间，涉及京杭大运河的故事有6篇，它们是《乌将军一饭必酬　陈大郎三人重会》《陶家翁大雨留宾　蒋震卿片言得妇》《酒谋对于郊肆恶　鬼对案杨化借尸》《张溜儿熟布迷魂局　陆蕙娘立决到头缘》《丹客半黍九还　富翁千金一笑》《闻人生野战翠浮庵　静观尼昼锦黄沙巷》。《二刻拍案惊奇》40篇故事中，明确写的是明代故事的有20篇。其中写到京杭大运河的故事有8篇，它们是《进香客莽看金刚经　出狱僧巧完法会分》《李将军错认舅　刘氏女诡从夫》《韩侍郎婢作夫人　顾提控椽居郎署》《许蔡院感梦擒僧　王氏子因风获盗》《懵教官爱女不受报　穷庠生助师得令终》《叠居奇程客得助　三救厄海神显灵》《两错认莫大姐私奔　再成交杨二郎正本》《神偷寄兴一枝梅　侠盗惯行三昧戏》。

从以上统计可看出，凌濛初“二拍”80篇故事中，写明代故事的有38篇，约占故事总数的1/2。这说明，与冯梦龙相比，凌濛初更加重视对当代故事的编选与写作。其中与京杭大运河有关的故事有14篇。和冯梦龙的“三言”相比，凌濛初“二拍”中的明代故事涉及京杭大运河的作品数量虽有所下降，但也占到明代故事总数的1/3以上。

---

① 众所周知，凌濛初的“二拍”中，《初刻拍案惊奇》共40卷40篇，《二刻拍案惊奇》也是40卷。但在今天存世的《二刻拍案惊奇》中，卷23的篇目与《初刻拍案惊奇》卷23的篇目重复，卷40的《宋公明闹元宵》则系杂剧，故今天“二拍”实存小说78篇。本文按照习惯，仍然将“二拍”统计为各40篇，共80篇。

将“三言”与“二拍”中的明代故事数量相加，共69篇。其中涉及京杭大运河的故事34篇，已占到“三言二拍”所写明代故事总数的近1/2。可见，京杭大运河在构建“三言二拍”小说故事上的重要性。我们虽然不能说，没有京杭大运河，就没有“三言二拍”中的明代故事，但是至少可以说，没有京杭大运河，“三言二拍”中的明代故事就会有所逊色，或者就不会是现在这个样子。

也就是说，在“三言二拍”所写到的明代故事中，京杭大运河占有突出地位。研读“三言二拍”，人们会发现，冯梦龙与凌濛初两位作者所改写与创作的故事中，人们的出行与活动，大多数情况下借助的是舟船，走的是水路，而很少依靠驴马车乘，走旱路的。在诸多水路中，冯梦龙与凌濛初两位作者尤其喜欢写的是京杭大运河。

正因为京杭大运河在“三言二拍”的明代故事中地位十分突出，因此，我们在这其中，看到了运河作为南北交通通道的重要性及沿岸人们生活的种种情景。

首先，“三言二拍”能让人们了解明代运河沟通南北的重要作用。当时，从政治中心的北京及附近地区南下，或者是从江浙地区北上，人们都离不开运河。《沈小霞相会出师表》中，沈小霞从山西大同将父母及弟弟的灵柩运回故乡绍兴安葬，其路程便是“先奉灵柩到张家湾，觅船装载”。然后入运河一路南下，“到了浙江绍兴府……将丧船停泊码头”。从这则明代故事可知，其时，运河成了沟通南北的极其重要的通道。而靠近或临近运河的人们，无论大事小情，只要涉及出行，一般都会将运河作为他们出行的首要选择。如在《丹客半黍九还，富翁千金一笑》中，那些通过所谓炼金术行骗的人们，主要是在杭州一带招摇撞骗，有时也要到外地行骗。而小说中所写到的到外地行骗，竟然是沿运河北上，去运河沿岸的重要城市——山东临清。而且，到这个地方，他们雇船即行，丝毫也不犯难。再如在《两错认莫大姐私奔，再成交杨二郎正本》中，生活在运河岸边张家湾的郁盛，勾引与其有“姑舅之亲”的莫大姐私奔，也是借助运河，坐船而去。而他们的目的地，则又是张家湾南面的山东临清。

其次，“三言二拍”能让人们感知明代运河沿岸城市与市镇的风貌。从北到南，运河沿岸的城市如北京、临清、济宁、徐州、淮安、扬州、镇江（京口）、常州、苏州、杭州等，在“三言二拍”中都有所提及。尤其是北京、扬州、苏州、杭州，更是出现频率最多的城市。因运河而兴起、繁荣的一些著名市镇，如张家湾（在今北京通州区）、河西务镇（在今天津武清区）、张秋镇（在今山东阳谷县）、开河集（在今山东梁山县）、五坝街（在今江苏仪征市）、盛泽镇（在今江苏苏州市）等，也都出现在“三言二拍”的明代故事中。

再次，“三言二拍”能让人们获知明代人们在运河上出行时的方式。明代，运河上已有时间、停靠地点固定的航船。如《宋小官团圆破毡笠》中，宋敦欲从苏州回昆山，首选的是搭乘从娄门发出的“航船”。有钱有势的人出行，会自己包条大船。这样的船，有的是专门运送客人的，如《蔡瑞虹忍辱报仇》中，蔡武从淮安到湖北任职，雇的就是这种包船——“民座船”；有的则是回程捎带客人的，如《苏知县罗衫再合》中，苏云到浙江兰溪做官，雇的则是“回头的客座”。回程的船，为不放空，需装载大量“客货私货”，为避税，会让官员免费包船，以借其名号。普通人出行，有条件的会单独雇条小船。如《吕大郎还金完骨肉》中，吕玉父子从扬州回无锡，就“唤了一只小船，摇出闸外”。大多数情况下，往往是多人搭乘或大或小的船只。如《张廷秀逃生救父》中，张廷秀从苏州到镇江告状，搭的便是到镇江“公干”的船。

复次，“三言二拍”能让人们了解当时运河上的其他种种景象。如《张廷秀逃生救父》提到的“白粮解户”，《乌将军一饭必酬　陈大郎三人重会》提到的“运粮船”，《钝秀才一朝交泰》提到的“运粮的赵指挥”，等等，反映了运河作为运粮河所发挥的最主要功能。如《宋小官团圆破毡笠》中，刘顺泉“积祖驾一只大船，揽载客货，往各省交卸”。《苏知县罗衫再合》中，徐能“久揽山东王尚书府中一只大客船，装载客人，南来北往，每年纳还船租银两”，等等，反映了运河上各式各样靠船谋生的船户生活。如《闻人生野战翠浮庵　静观尼昼锦黄沙巷》中说：“他有个姑娘在杭州关内黄主事家做孤孀”，《韩侍郎婢作夫人　顾提控椽居郎署》中说：“韩侍郎带领家眷上任，舟过扬州……停舟关下”，则反映了明政府在运河上设置征税关卡——钞关的情况。

最后，“三言二拍”能让人们了解到明代运河的河道延伸及沟通其他水系的作用。众所周知，一般认为，运河南端的终点是杭州。但当时，从杭州到宁波，还延伸出一段入海的运河，即浙东运河。《苏知县罗衫再合》《沈小霞相会出师表》《陶家翁大雨留宾　蒋震卿片言得妇》等故事中，对这段运河都有所反映。如《陶家翁大雨留宾　蒋震卿片言得妇》中，“杭州府馀杭县”的蒋震卿，到绍兴游玩，他走的路线是“过了钱塘江，搭了西兴夜船，一夜到了绍兴府城”。这段路线实际上就是浙东运河。当时，人们从运河可转入其他水系；从其他水系也可转入运河。如从徽州外出，可从新安江东来转道运河；从襄阳外出，可从汉江进入长江，顺流东下，然后从镇江或扬州转入运河。甚至于东北的辽东，西南的四川，南北来往也都需借助运河。这些情况，在“三言二拍”中也都有或明或暗的描写与交代。

二 京杭大运河在建构明代故事时的文学作用

在“三言二拍”中，对于建构明代故事，京杭大运河发挥了至关重要的文学作用。这些文学作用可以归纳为如下几个方面。

首先，京杭大运河是一些明代故事的主要发生地。“三言二拍”中，有一些明代故事是紧紧围绕运河展开的。有的明代故事主要发生在运河水道上。如《苏知县罗衫再合》，将知县苏云悲欢离合的故事，全放在了运河水道上。他到南方赴任，是从张家湾走的运河；临近长江，雇的客船漏水，改换船只，是在运河上；被船户徐能害死，是从运河横渡长江之时；被徽商陶公救起，是在长江与运河交汇的闸口上；其弟苏云南下寻亲，是走的运河；其子长大考取进士，申冤报仇，改名苏泰，从兰溪将苏云灵柩运回涿州安葬，是走的运河；苏泰奉旨还乡，是走的运河；回乡途中，因缘巧合，苏泰迎娶王尚书之女，是在运河岸边的城市——山东临清。有的明代故事虽不发生在运河水道上，但却主要发生在运河岸边。这方面的典型例子是《刘小官雌雄兄弟》。它将店主刘德乐善好施的故事，全都放在了运河岸边的北方市镇——河西务镇。在这里，刘德救助了既贫又老，沿运河返乡的军士方勇父女；在这里，刘德出钱安葬了病死的方勇，并将其女扮男装的女儿收为义子，改名刘方；在这里，在刘方帮助下，刘德救助了因运河暴涨，船覆入水的山东张秋人刘奇，并资助他沿着顺运河南下的陆路返乡安葬父母；在这里，刘德最终将因黄河泛滥，无处投身的刘奇收为义子；在这里，刘奇、刘方奉养刘德，为其送终；在这里，刘奇、刘方开布店，刘方恢复女儿身，与刘奇结为夫妻，家庭兴旺，成为富户。可以说，在“三言二拍”中，不少的明代故事，从故事的开端，到其演变、发展与结束，都是紧紧围绕运河水道与岸边来展开的。换句话说，如果没有运河水道与岸边，就不会有这些明代故事的发生。

其次，京杭大运河是一些明代故事高潮的呈现地。在“三言二拍”中，有一些明代故事，往往将故事的开端，或故事的发生、发展处设置在运河之外，而将故事的高潮处，或精彩处，设置于运河之上。如《杜十娘怒沉百宝箱》，其故事的前端，杜十娘与李甲交往、相爱的曲折，以及赎身并与李甲返乡等种种情节，并不是发生在运河上，等到二人从京城“行至潞河，舍陆从舟”，故事才转到运河上。但从京城到瓜洲这段运河行程，作者只用“一路无话”带过，及至到了瓜洲运河，要“怒沉百宝箱”了，方有浓墨重彩的描写。其一，对“怒沉”之前的情景，作者进行了层层铺垫。因搭乘的是“瓜洲差使船”，所以到了瓜洲，李甲与杜十娘必须换船；因搭船时乘船人多，二人一路“未得畅语”，换包船后，才能畅饮谈笑，杜十娘也才会高歌一曲，并引起孙富的觊觎之心；因“风雪阻渡，舟不得开”，孙富才能接近并说动李甲，要用千金来买杜十娘。其二，对“怒沉百宝箱”，作者更进行了精心、细致的刻画。杜十娘彻底看清了李甲的真面目，决心以死抗争，但在结束生命之前，又想让更多世人知道其悲剧，于是有了“怒沉百宝箱”的谋划。这段文字写得细致而富有层次。地点在运河上，时间在白天，场合在船头，如此才能引起更多人的注意。怒沉时，打开抽屉，先从“约值数百金”，再到“约值数千金”，最后到“莫能定其价多少”，由少及多，逐层打开，每次打开，都会因眩人耳目而引起他人的注意。而他人的注意，先惊动的是李甲、孙富，再惊动的是“两船之人”，最后惊动的是“岸上之人”，效应由近及远，人群自然是越聚越多，最终“观者如堵”。围观者多而好奇，杜十娘有了讲述“怒”的机会。对“怒”的表达，也轻重、详略得当，富有章法。对孙富，先寥寥数语，将其逼退；对李甲，则大段长篇，情义相兼、理节具备。既有真情，也有清醒；既有悔恨，也有怨愤；既有绝望之情，也有决绝之心。不仅是对李甲的倾诉与指责，也是面向众人的控诉与表白。这是让众人做证，“妾不负郎君，郎君自负妾耳”。在大庭广众之下，对原委的交代，冤情的诉说，杜十娘都极有层次，这显示了她的聪慧与才智、谋略与决断。当围观者明了原委，自然站在了同情杜十娘的一边，于是故事达到了高潮：“旁观之人，皆咬牙切齿，争欲拳殴李甲和那孙富。”这段故事可称是“三言二拍”发生在运河上的故事中最为精彩的一幕。

最后，京杭大运河是一些明代故事发展、情节展衍、场景转换的不可缺少的环节。在“三言二拍”中，有一些明代故事，本身就发生在运河岸边，在撰写这些故事时，作者虽不用刻意，但因故事发生在运河岸边，运河与当地人们的生活息息相关，所以故事的发展与情节的展衍，自然就离不开运河。

如《唐解元一笑姻缘》中，虽然整个故事主要发生在无锡的华学士府，但因为涉及苏州与无锡两地，而连接苏州与无锡的最主要交通通道就是运河，所以，运河也就成为故事情节展衍的重要环节。唐伯虎遇秋香，是在苏州阊门外运河的游船上；唐伯虎跟踪秋香，是从苏州到无锡的运河上。在无锡的华学士府，当唐伯虎用计谋娶得秋香后，告知其实情，与其返回苏州，也是走的运河。其后，华学士获知了事情真相，起因也是在运河上。在这个故事中，如果没有运河，故事的完整性就会大打折扣。有的明代故事，故事开端虽不在运河岸边，但随着故事的发展，作者可能会有意识地涉及运河。如《钝秀才一朝交泰》中，主人公马德称是福建延平府将乐县（今三明市将乐县）人，一般说来，他和运河发生关联的概率不大。但在故事中，马德称因屡考不中，“弄得衣衫褴褛，口食不周”，只得“走异路，逃异地，去寻求别样的人们”①。到杭州、湖州投靠亲友，这就来到了运河岸边。因投靠不成，他又从运河坐船转入长江到了南京。在南京仍然投靠无人，最后辗转做了运粮赵指挥的门客，这和运河的关系就变得更为密切。后马德称跟随运粮船顺运河北上北京，途中正好碰到黄河泛滥决口，运粮船在运河中覆没，他获救后，一人千辛万苦，终于走到了北京。在这个故事中，为了故事的曲折性，更为了将空间从福建转换到北京，在故事发展过程中，就有了运河的出现。因此，在《钝秀才一朝交泰》中，作为场景转换的重要衔接点，运河成了整个故事发展中一个不可或缺的环节。

三　明代故事与京杭大运河多发生关系的原因

在“三言二拍”中，为什么有那么多的明代故事涉及京杭大运河？这并不是自然形成的，它和“三言二拍”编纂者改写或撰写故事时的倾向性及创作观念有很大关系。

首先，编纂者改写或撰写故事时，对故事发生地的选择多有倾向性。“三言二拍”中，明代故事的发生地，多设定在今天的北京（或附近）、江苏、浙江三地。其中设定在北京（或附近）的有 11 篇，设定在江苏的有 21 篇，设定在浙江的有 14 篇，涉及三地的共计 46 篇。在 69 篇明代故事中，涉及如上三地的占到总数的 1/2 以上。这些地区，都是运河经过的地方。三地中，“三

① 鲁迅：《呐喊・自序》，《呐喊》，人民文学出版社，1956，第 1 页。

言二拍"又多选择北京、扬州、苏州、杭州四个城市。其中选择北京的有6篇，选择扬州的有3篇，选择苏州的有13篇，选择杭州的有5篇，涉及四个城市的共计27篇。在69篇明代故事中，涉及如上四个城市的也占到总数的2/5。这四个城市，无一例外，都是运河南北沿岸城市，而且是最重要的城市。

明代，因在全国交通与经济中的地位特别突出，所以，京杭大运河已成为沿岸城市与市镇的重要标志。人们在介绍或描写沿岸城市与市镇时，作为其特色或优势，都会将之凸显出来。这种特点，在当时吟咏运河沿岸城市与市镇的诗歌中，就表现得十分明显。单就咏扬州以北城市的诗歌而言，如顾炎武的《天津》诗："内以辅神京，外御溟海际。南北泻两河，吐纳百川细。挽漕日夜来，贡赋无留滞。重臣镇其间，鼎足分宣蓟。"[①] 在强调天津拱卫京师的重要性时，还特别突出了运河漕运的作用。如瞿佑的《沧州城》："只今偃武弓矢橐，但见运河绕郭流滔滔。高桅大柁长短篙，自南晌北连千艘。漕夫叫号挽卒劳，朔风刮面穿征袍。"[②] 彰显的是沧州城外运河上的河水滔滔，及往来船只的络绎不绝。李东阳的《临清二绝》："十里人家两岸分，层楼高栋入青云。官船贾舶纷纷过，击鼓鸣锣处处闻。（其一）拍岸惊流此地回，涛声日夜响春雷。城中烟火千家集，江上帆樯万斛来。（其二）"[③] 凸显的是临清城中运河的婉转，往来不绝的运粮船及各种的官船、商船。钱溥的《夜入淮安》："滔滔河汴逐淮流，雄踞东南第一州。扬子江分吴地断，峄阳山挟楚云浮。入城舟楫潮通浦，近水人家月满楼。欲觅故交寻旧迹，王程有限不堪留。"[④] 更强调了运河贯通几大水系后，对淮安城位置重要性的促成。等等。可见，在明代，歌咏运河沿岸城市的诗歌中，一般都会将作为其标志和特征的运河凸显出来，"三言二拍"中这些写运河沿岸城市与市镇的故事，当然也不会不写到运河的。或者说，在这些涉及运河的明代故事中，描写并突出运河，应该是顺理成章的事情。

其次，编纂者改写或撰写故事时，对所写人物身份的选择也具有倾向性。

---

① （明）顾炎武：《天津》，王蘧常辑注，吴丕绩标校《顾亭林诗集汇注》，上海古籍出版社，1983，第701页。

② （明）瞿佑：《沧州城》，谢肇淛：《北河纪余》卷四，文渊阁《四库全书》本。

③ （明）李东阳：《临清二绝》，周寅宾校点《李东阳集（三）》，岳麓书社，2008，第1345页。

④ （明）钱溥：《夜入淮安》，载（明）薛鋆修，（明）陈艮山纂，荀德麟等点校《正德淮安府志》，方志出版社，2009，第506页。

“三言二拍”的明代故事中，所写的人物基本上是商人与读书人。其中写商人的，“三言”明代故事中有7篇，“二拍”明代故事中有3篇，二者相加，共计10篇。其余59篇写的基本是读书人。在封建时代，士农工商四个职业中，商人与读书人的流动性本来就最强。而“三言二拍”的明代故事中，所写的商人，除了《刘小官雌雄兄弟》中的刘德开旅店，其后刘奇、刘方开布店，是坐商；《钱秀才错占凤凰俦》中的高赞“少年惯走江湖，贩卖粮食，后来家道殷实了，开起两个解库，托着四个伙计掌管，自己只在家中受用”。是先做行商，后转为坐商外，其他8篇明代故事中所写的商人都是行商。封建社会，这种行商，资本可大可小，其小者与走贩没有多大差别。他们赚取利润的最重要方式，就是长途贩运。因此，不断的出行成为他们生活中最重要的组成部分。在这些多数临近运河的城市或市镇中，经商出行，首选自然就是运河。而“三言二拍”明代故事中所写到的读书人，基本上分为出仕与未出仕两大类。出仕者，无论是官还是吏，都要宦游四方，对于那些大多数生活在运河岸边的成为官吏的人们来说，运河为他们的宦游四方提供了很大的便利。未出仕者，无论是秀才，还是监生，也都要走出去求取功名。求取功名，其目的地，或最终的目的地，往往是北京。而到北京，对于这些生活在运河岸边的读书人来说，运河也会成为他们理所当然的选择。此外，因为生活在运河岸边，这些人个人生活的种种组成部分，如公干、回家、游玩、探亲、婚嫁，等等，也都有可能与运河发生关系。正是所写人物身份的这种限定性，也就为“三言二拍”的明代故事中运河的反复出现提供了契机。

最后，编纂者改写或撰写故事时，十分重视故事的合理性。冯梦龙曾提出“事真而理不赝，即事赝而理亦真”[①]的创作命题。他认为，就故事而言，有两种情况，一种是有生活原型的，即故事是曾真实发生过的，另一种是完全虚构的。无论哪种情况，在创作或改写时，都需注意情节、道理的合理性。即所设置的情节，与讲述的道理，都要有生活的基础，都要符合生活的逻辑。这就要在情节或细节的真实性上下功夫。无论冯梦龙，还是凌濛初，其作品大多都注意到了这个问题。尤其是根据他人作品改编时，更是如此。如《蒋兴哥重会珍珠衫》，众所周知，是根据宋懋澄的文言小说《珠

① （明）无碍居士（冯梦龙）：《警世通言叙》，载冯梦龙编、严敦易校注《警世通言》，人民文学出版社，2007，第1页。

衫》改编而成的[①]。从文言的《珠衫》到白话的《重会珍珠衫》，字数由2000字扩展到22000字以上，成为“三言”中篇幅最长的小说之一。与原小说相比，改编后的《重会珍珠衫》，基本情节、结局、主题，都和原小说大体一致，所不同者，主要是情节的丰富与改变。其最大的改变，是将蒋兴哥知晓其妻与人私通的地点，放在了苏州。在《珍珠衫》中说，因为经商，一新安客到了楚地，与去了粤地的楚人（贾姓）妻私通，临别时，楚人妻将珍珠衫赠予了新安客。后新安客到粤地经商，在客栈中遇到楚人，将珍珠衫之事告诉了楚人，楚人急返家中，将其妻休掉。原故事只涉及楚、粤两地，而楚地与粤地具体是指什么地方，也没有交代。改写后的《重会珍珠衫》，则将楚地明确为襄阳，将蒋兴哥知晓其妻与新安人陈大郎私通，并获赠珍珠衫之事，放在了苏州。故事交代，作为珠宝香料商人的蒋兴哥与作为粮食商人的陈大郎，都需要将珠宝或粮食从原产地贩运到销售地，于是两人一从广东、一从襄阳来到苏州，在酒席上相识，成为知己，后闲谈中，陈大郎将其艳遇告知了蒋兴哥，蒋兴哥才急回家休了其妻。据载，苏州是明代全国最大的粮食交易市场与珠宝香料集散地。因此，自然是这两类商人都要前去的地方。这样的改写，使故事的情节更真实，也更合理。改写后，因为关涉苏州，也就很自然会涉及运河。

① （明）宋懋澄：《珠衫》，宋懋澄：《九籥别集》卷之二，《续修四库全书》第1374册，上海古籍出版社，2002，第293页。据中国科学院图书馆藏清初刻本影印。

运河名城临清碧霞元君信仰考略*

周　嘉**

碧霞元君是一位泰山上的女神，亦有信众称之为泰山娘娘、泰山圣母或泰山奶奶。明朝人谢肇淛认为："岱为东方，主发生之地，故祈嗣者必祷于是，而其后乃傅会为碧霞元君之神。故古之祠泰山者为岳也，而今之祠泰山者为元君也。岳不能自有其尊，而令它姓女主，俨然据其上，而奔走四方之人，其倒置亦甚矣。"① 明清以来，碧霞元君在民间的影响逐渐超过东岳大帝，"属于中国信仰最广泛的神之列"②。在道教尊崇的女神中，常有"南有妈祖天妃，北有碧霞元君"之说，足见其地位和影响。学界从历史学、民俗学和社会学的角度出发，对碧霞元君的封号以及信仰的演变等问题进行了卓有成效的探讨。这些研究对我们理解此信仰有着很大帮助，但是，关于"碧霞元君信仰在运河区域"的研究则较少。本文拟对明清至民国时期运河城市临清的碧霞元君信仰进行考述。

一　早期庙祀空间中的碧霞宫

道教认为碧霞元君能够庇佑众生、灵应九州，民间传说她神通广大，具有保佑农耕、商贸、交通、婚姻、健康、生育等职能。供奉她的庙宇肇始于泰山之上，"自京师以南，河淮以北，男妇之进香顶礼无算"③，"晚明每年多

* 本文原载《中国道教》2018 年第 4 期。

** 周嘉，法学博士，聊城大学运河学研究院，山东大学历史文化学院博士后。

① （明）谢肇淛：《五杂俎》卷 4《地部二》，中华书局，1959。

② 〔美〕彭慕兰（Kenneth Pomeranz）：《泰山女神信仰中的权力、性别与多元文化》，载〔美〕韦思谛（Stephen C. Averill）编《中国大众宗教》，陈仲丹译，江苏人民出版社，2006，第 115 ~ 142 页。

③ 容庚：《碧霞元君庙考》，《京报副刊》1925 年第 157 期。

达80万人，少亦有40万人登岱顶礼敬神明”[①]。明代曾设官科征香税，足见其香火之盛。明代中期碧霞元君信仰兴盛之后，各地以其为主神的庙宇大量涌现，在山东范围内主要修建于明代正德、嘉靖和万历年间。[②]

临清境内碧霞宫的创建年代比较早，明代州人方元焕在《重修碧霞宫记》中云：“娘娘庙即碧霞宫，在广积门外，原有旧宇，明正统四年，守御千户所吴刚置地扩之。”[③] 广积门是临清砖城西门，砖城始建于景泰元年（1450），而娘娘庙在正统四年（1439）以前即有旧宇存在，“其在城西最壮又创之远也”[④]。当时，方元焕所见“宫州凡四焉”[⑤]，但其他三处没有说明。据清代所修三部临清志书[⑥]中关于碧霞宫名称与位置的记载，可以推断这三处分别为碧霞宫（泰山行宫）在土城中州大宁寺东边，岱宗驻节（歇马厅）在土城东水门外三里铺东边，碧霞宫在砖城南门永清门以东的南坛附近（见表1）。

表1 临清地方志记载的碧霞元君祠庙举要

序号	庙名	庙址	建筑年代	史料	资料来源
1	娘娘庙（碧霞宫）	砖城广积门外以南	无考，明正统四年以前即已存在	“娘娘庙即碧霞宫，在广积门外，原有旧宇”	（乾隆）《临清州志》卷11《寺观》
2	碧霞宫	中州大宁寺以东	无考，似明代已有	“碧霞宫在大宁寺左”	（康熙）《临清州志》卷2《庙祀》
	泰山行宫（行宫庙）	中州大宁寺以东	无考，似明代已有	“泰山行宫在大宁寺左”	（乾隆）《临清州志》卷11《寺观》
3	岱宗驻节（歇马厅）	土城东水门外	明代	“岱宗驻节俗呼歇马厅在东水门外”；“明嘉靖三十年鸿胪寺序班秦闾建”	（康熙）《临清州志》卷2《庙祀》；（乾隆）《临清州志》卷11《寺观》

① 蔡泰彬：《泰山与太和山的香税征收、管理与运用》，（台湾）《台大文史哲学报》2011年第74期。

② 参见叶涛《碧霞元君信仰与华北乡村社会——明清时期泰山香社考论》，《文史哲》2009年第2期。

③ （清）王俊、李森：《临清州志》卷11《寺观》，乾隆十四年刻本。

④ （清）王俊、李森：《临清州志》卷11《寺观》，乾隆十四年刻本。

⑤ （清）王俊、李森：《临清州志》卷11《寺观》，乾隆十四年刻本。

⑥ 这三部志书分别为康熙十二年《临清州志》、乾隆十四年《临清州志》、乾隆五十年《临清直隶州志》。

续表

序号	庙名	庙址	建筑年代	史料	资料来源
4	碧霞宫	砖城永清门以东南坛附近	无考，似明代已有	“碧霞宫在南坛”	（乾隆）《临清州志》卷11《寺观》
5	碧霞宫（娘娘庙）	卫河以东、西夹道街以西	清代	碧霞宫在“卫河东浒”	（民国）《临清县志》卷7《建置志》

说明：（1）序号2中的两处记载当为同一庙宇。（2）如果按照民国《临清县志》的记载，序号1、2、3的建筑年代均为清代，序号4此时已无记载，序号5为首次出现；如果据方元焕《重修碧霞宫记》并结合清代三部志书的相关描述，序号1～4似乎在明代即已存在，序号3已有明确记载。

关于临清建城史，我们有必要了解其梗概。元代“百司庶府之繁，卫士编民之众”① 均仰给于江南，因而开凿会通河，“起东昌路须城县安山之西南，由寿张西北至东昌，又西北至于临清，以逾于御河”②。临清位于卫河与会通河汇合之处，区位优势逐渐彰显。永乐九年（1411），明成祖朱棣下令疏浚会通河，“自永、宣至正统间，凡数十载……会通安流”③。当地有“先有临清仓，后有临清城”之说，景泰元年（1450）肇建砖城以保障漕运仓储为根本目的，选址在会通河与卫河交汇地带东北方地势高亢之处，恰好将临清仓包裹进来。因水运商贸之便，在砖城之外的中洲与运河两岸，逐渐形成新的居住与商业空间，遂于嘉靖年间又修筑以中洲为中心，横跨会通河与卫河的土城。至此，临清两城相连的空间格局基本定型。④

康熙十二年（1673）所修《临清州志》中有一幅“州城图”，此图虽接近于白描，但仍能看到城的完善规制，城内祠庙甚多，城外庄铺相连（见图1）。不过，上述四处碧霞宫在地图中没有任何反映，而是典型地呈现出官方正统祠、庙、坛的仪式组合。砖城内文庙、岳庙、城隍庙等错杂于官署之间，土城内漳神庙、大王庙、龙王庙等护漕河神庙宇林立运河两岸。官方社会体系的建构，“主要是通过城市神圣空间的再解释、正统神庙和神统的设置以及

① （明）宋濂、王袆：《元史》卷93《志第四十二·食货一》，中华书局，1976，第2364页。

② （明）宋濂、王袆：《元史》卷64《志第十六·河渠一》，中华书局，1976，第1608页。

③ （清）张廷玉：《明史》卷85《河渠志三·运河上》，中华书局，2000，第1388页。

④ 关于历史时期临清的城市空间形态，具体可参阅拙作《运河城市的空间形态与职能扩张——以明清时期的临清为个案》，载张利民主编《城市史研究》（第34辑），社会科学文献出版社，2016，第38～50页。

基层政权和社会规则建设而得以实现的”[①]。神圣性空间的设置以及有时间规律地在这些神圣场所中举办祭祀活动，其目的恰如志书所云：“以神道设教，神道本以济治化之所不及也……将以明民非以愚之也。”[②] 碧霞宫未被标注，可能当时它们只是一般的小神庙，没有纳入官方视野，亦可能“州刹宇甚多，不能备载”[③] 之故。倒是在乾隆年间所修两部州志的“州城图”中，首次标注了广积门外的娘娘庙（见图2），当然是否与乾隆朝碧霞元君皇家致祭的制度化有着某种间接关系[④]，我们亦不得而知。

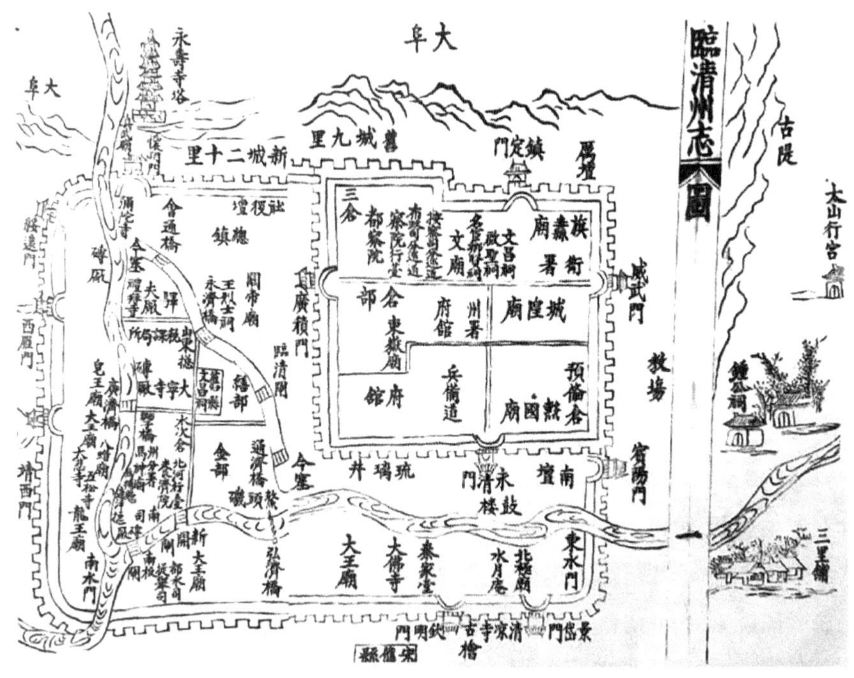

图1　康熙年间临清州城图

① 王铭铭：《逝去的繁荣——一座老城的历史人类学考察》，浙江人民出版社，1999，第179～180页。

② （清）于睿明、胡悉宁：《临清州志》卷2《庙祀》，康熙十二年刻本。

③ （清）于睿明、胡悉宁：《临清州志》卷2《庙祀》，康熙十二年刻本。

④ 关于碧霞元君从民间信仰到国家祭祀的历史进程，具体可参阅周郢《泰山碧霞元君祭：从民间祭祀到国家祭祀——以清代“四月十八日遣祭”为中心》，《民俗研究》2012年第5期。

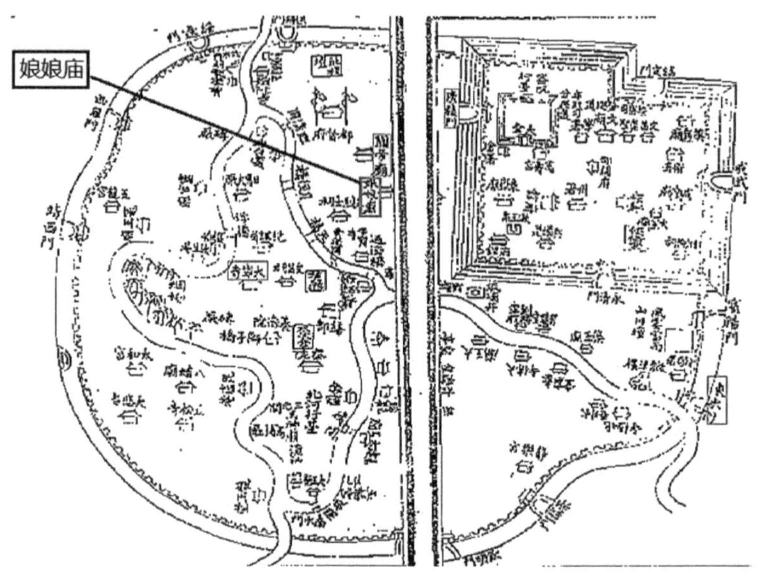

图 2 乾隆年间临清州城图

二 碧霞宫的崇拜及仪式组织

碧霞元君信仰历经明清两代，一直延续到民国时期，只是在民国《临清县志》中没有南坛附近那座碧霞宫的记载了。但是，县志又特别说明了一处在州志中未曾提及的庙宇，即如今的卫河东堤那处碧霞宫。要了解其中的发展脉络，我们还需考察历史时期人们的信仰实践，以便找到更多的线索。

临清民间有一句俗语“先有娘娘庙，后有临清城”，反映了对碧霞元君的崇奉早在官方营建城池之前就已存在，信仰历史较为悠久。此处的娘娘庙即砖城广积门外的那座“旧宇”，方元焕在《重修碧霞宫记》中曾提到，当时守御千户所吴刚“祈于元君而嗣”，因求子灵验故“置地扩之，前为广生殿，有门，有坊”①。守御千户所是明初在临清设立的军防机构，吴刚对碧霞元君的崇拜当属个人行为。同时，徽商亦出资参与此次重修活动，娘娘庙“文檐华边迩色色蚀，黄君大本洎诸歙商慨之，程材鸠佣，垝者缮剥者圬”②。临清在明代中期迅速发展成为一个重要的商业中心，各地商人来此营生渐趋融入

① （清）王俊、李森：《临清州志》卷 11《寺观》，乾隆十四年刻本。

② （清）王俊、李森：《临清州志》卷 11《寺观》，乾隆十四年刻本。

当地社会。“临清徽商人数最多，势力最大，他们不仅在此转贩棉布，开设典当，经营食盐、丝线、竹木、茶叶等各种行业”①，而且成为碧霞元君的重要信众。之后，娘娘庙又经再扩，“嘉靖十九年，道士刘守祥募众附建三清阁于后，曰玉虚真境，下为真武行祠”②。

在官员、商人、道士以及信徒的共同努力下，娘娘庙规模渐宏，“陟降而眺，亮丽浮初制焉”③；香火渐旺，“州士女济济登颂不能罢”④。周边庙市也随之兴盛起来，“昔年，每月朔望，士女为婴儿痘疹祈安，执香帛拜谒，亦有市”⑤。娘娘庙逐渐形成一个祭祀中心，并伴有年度迎神仪式庆典。每年农历四月十八日传为碧霞元君的生日，届时“州人升木像具仪从警跸传呼，而以杂剧导其前，招摇过市，谓之行驾，各街巷结彩设供，竟致新奇，辉煌悦目，谓之迎驾，四方数百里聚会来观，连袂挥汗，充满城邑”⑥。年度庆典带动了全城商贸交易活动，“食货为之腾价”⑦。只是到了乾隆年间似乎繁华不在，出现“今寥寥矣”⑧ 的局面。

中州大宁寺东边的碧霞宫又叫泰山行宫或行宫庙，“为碧霞元君巡行驻驾之所”⑨，民间传之专为她回临清娘家省亲而建造⑩。实地调查所见一通捐资碑详细说明了“行宫”来历：“古者天子巡守则封泰山，然后禅小山而秩祀之，以泰山为五岳之宗也，后世建碧霞元君之宫于其上，远近士女朝山进香不下数百里，闻有灵威，皆为孝男孝女标其奇特，此元君之辅佑下民，不可枚举者也，延及大邑巨镇多建碧霞元君之宫，名曰行宫，亦循朝山进香之义而凛凛从事焉。”⑪ 关于行宫庙创建或重修的具体情况，因无史料记载我们未能获知。不过，据附近老人们讲，他们的祖父辈曾见过行宫庙，“坐北面南，为三进院落”⑫。可见，当时行宫庙的庙制规模也不小。

---

① 王云：《明清时期山东运河区域的徽商》，《安徽史学》2004 年第 3 期。

② （清）王俊、李森：《临清州志》卷 11《寺观》，乾隆十四年刻本。

③ （清）王俊、李森：《临清州志》卷 11《寺观》，乾隆十四年刻本。

④ （清）王俊、李森：《临清州志》卷 11《寺观》，乾隆十四年刻本。

⑤ （清）王俊、李森：《临清州志》卷 11《寺观》，乾隆十四年刻本。

⑥ （清）于睿明、胡悉宁：《临清州志》卷 2《庙祀》，康熙十二年刻本。

⑦ （清）于睿明、胡悉宁：《临清州志》卷 2《庙祀》，康熙十二年刻本。

⑧ （清）王俊、李森：《临清州志》卷 11《寺观》，乾隆十四年刻本。

⑨ （民国）张树梅、王贵笙：《临清县志》卷 7《建置志》，民国 23 年铅印本。

⑩ 关于“临清是泰山奶奶的娘家”传说，将另文具体说明。

⑪ 民国九年（1920）《奶奶庙捐资碑》，碑存临清市魏湾镇东魏村。

⑫ 笔者于 2016 年 9 月 17 日对刘广平、李志发等人的访谈。地点：临清大宁寺前大寺街。

往昔，在临清众多庙会中，行宫庙的规模最大，“在其中社火极多”①。当地有句俗话“穷南坛，富行宫，爱耍花样的碧霞宫，娘娘庙是一窝蜂，慈航院的瞎哼哼”，形象地反映了行宫庙的庙会场面。清朝河道总督完颜麟庆途经临清，恰逢当地正在举办庙会，给他留下了深刻印象，特撰文记述临清社火：“相传四月十八日为碧霞元君圣诞，远近数百里乡民，争来作社火会。百货具聚，百戏具陈，而独脚高跷尤为奇绝。蹬坛走索，舞狮耍熊，无不精妙。且鼓乐喧阗，灯火照耀，男妇宣扬，佛号声闻彻夜。”② 文中所述在其所作社火图中均有表现，惟妙惟肖，饶有趣味（见图3）。行宫庙的香火旺盛与其坐落在大寺街商业区有一定关系，大宁寺“居中洲之中，壮丽界于诸刹，山门内列肆懋迁”③，前为大寺街，众多商铺齐聚于此。

图3　（清）完颜麟庆《鸿雪因缘图记》中的临清社火场景

在明清两代，砖城广积门外的娘娘庙和土城大宁寺东边的行宫庙是两处重要的仪式活动中心。砖城创设在前，土城营造在后。当土城中州地区商业日趋发达后，信众宗教活动的热情也随之从娘娘庙转向行宫庙。到了清末民初，又出现了另一个信仰实践中心，即位于卫河东浒的碧霞宫。歇马厅位于

① （民国）张树梅、王贵笙：《临清县志》卷7《建置志》，民国23年铅印本。

② （清）完颜麟庆：《鸿雪因缘图记》第三集《临清社火》，道光二十七年刻本。

③ （清）王俊、李森：《临清州志》卷11《寺观》，乾隆十四年刻本。

城外东南方向不远之处，也是一个非常重要的实践空间，是人们迎驾碧霞元君的地方。接下来，我们考察民国以来的一些情况，以及人们对这段历史的集体记忆。

三　民国以来的信仰实践与历史记忆

进入民国，娘娘庙和行宫庙逐渐走向衰落，这与清末以来一直延续的“废庙兴学”运动所带来的冲击关系甚大。[①] 晚清名臣张之洞曾认为：“今天下寺观，何止数万，都会百余区，大县数十，小县十余，皆有田产，其物皆由布施而来。若改为学堂，则屋宇田产悉具，此亦权宜而简易之策也。”[②] 民国三年（1914），国民政府颁布《寺庙管理条例》规定：“各寺庙自立学校；仅有建筑属于艺术，为名人之遗迹，为历史上之纪念，与名胜古迹有关的寺庙可由主持负责保存；凡寺庙久经荒废，无僧道主持，其财产由该管地方官详请长官核处之。”[③] 庙祀空间被官方加以改造，娘娘庙“中设初级小学校”[④]，行宫庙成为“第一区区公所”[⑤]。

倒是昔日未被记载的卫河东浒处的碧霞宫，在这一阶段渐趋活跃。民国时期临清的庙会不一而足，“各会之中以西南关之四月会为最大”[⑥]。碧霞宫即位于西南关，会期又分四月会和九月会，“旧历四月中旬，邻封数十县来者甚众，名曰朝山……九月九日又有会亦颇盛”[⑦]。每值会期，“土人升木像扮社火，观者云从，有万人空巷之势”[⑧]。社火在临清，“所有不下百余起，如彩船则结帛为之驾者，饰女装戴彩笠，渔人引之合唱采莲曲，高跷则足蹑，木跷高数尺，腮抹粉墨，歌弋阳腔，若竹马始于汉，羯鼓始于唐，渔家乐始于六朝，其来源尤古，其余龙灯狮、保花鼓、秧歌等名目繁多，不胜指数，

---

① 参见〔荷兰〕施舟人（KristoferSchipper）：《道教在近代中国的变迁》，载施舟人《中国文化基因库》，北京大学出版社，2002，第148～152页。

② （清）张之洞：《劝学篇》，李忠兴评注，中州古籍出版社，1998，第120～121页。

③ 转引自岳永逸《行好：乡土的逻辑与庙会》，浙江大学出版社，2014，第100页。

④ （民国）张树梅、王贵笙：《临清县志》卷7《建置志》，民国23年铅印本。

⑤ （民国）张树梅、王贵笙：《临清县志》卷7《建置志》，民国23年铅印本。

⑥ （民国）张树梅、王贵笙：《临清县志》卷11《礼俗志》，民国23年铅印本。

⑦ （民国）张树梅、王贵笙：《临清县志》卷7《建置志》，民国23年铅印本。

⑧ （民国）张树梅、王贵笙：《临清县志》卷11《礼俗志》，民国23年铅印本。

每值庙会则游行街衢，更番献技，亦临清之特殊情形也”[①]。

碧霞宫里一位80多岁的庙管老人讲道：“解放前，该庙当属临清最大的，占地二十多亩，坐东朝西，前边是戏楼，光戏楼距山门就有三十多米，进入山门是一个院落，有一排大殿，再进入第二个院落，有四大殿。搭庙会的时候，从山门到戏楼，从戏楼到北边的三元阁码头，跟一趟街样儿的过会，里边干吗的也有，像炸马堂的、打烧饼的、耍把戏的都有。”[②] 此处庙会规模之盛与这一带商业的继续繁荣有着密切联系。据庙管老人回忆：“早年曾听老辈讲过，在卫河截弯取直以前，也就是现在新堤往西，里边还有两条繁华的南北大街，一个是曲巷街，一个是锅盖街。东边的四大街是大寺街、考棚街、锅市街和马市街，再加上一个青碗市口，是商业繁华中心。南边车营街是粮行、花行集中的地方，因为经二闸口可以直接通往三元阁码头，方便装卸货物转运。”[③] 这些商业发达的街道恰好环绕在碧霞宫附近，使之“实为全境商业消长所关”[④]。

诗人臧克家在20世纪30年代曾到过临清，并写下散文《四月会》[⑤]，通过他的记述我们能够更加细致地了解昔日场景。正会在四月初一开始，前一天即三月三十为接驾日，男女老幼伴着此起彼伏的阵阵锣鼓声，扭着花涌向进德会[⑥]，接驾的大轿即停在此处。来自各乡镇的各种会亦云集此地，至少有七十样以上，如渔樵会、云龙会、武术会、音乐会、船会、太狮会、杠箱会等。每种会都有鼓乐导引，并打着长竿挑起的大旗小旗，有红色的、白色的、方形的、三角形的不等，旗帜上面写着会名和“接驾”两个大字。所谓“接驾”即到城外的歇马厅迎接碧霞元君回临清，接到后再进行一番游街串巷狂欢，最后返回碧霞宫。歇马厅是一处具有“中转”意义的信仰空间，“外邑香客经此，先建醮发楮马，谓之信香，而州人之朝山者，姻友携酒蔬，互相饯迓于此”[⑦]。旧时临清“俗尚泰山进香，自二月初起至四月中止，回香之日，

---

① （民国）张树梅、王贵笙：《临清县志》卷11《礼俗志》，民国23年铅印本。

② 笔者于2016年10月6日对张双平的访谈。地点：夹道村碧霞宫。

③ 笔者于2016年10月6日对张双平的访谈。地点：夹道村碧霞宫。

④ （民国）张树梅、王贵笙：《临清县志》卷7《建置志》，民国23年铅印本。

⑤ 参见臧克家编《臧克家全集》第五卷《散文》，时代文艺出版社，2002，第100~102页。

⑥ 1934年，国民党蒋介石提倡“新生活运动”，临清县在原“东河底”的广场上建了一个游乐场所，称为“进德会”。

⑦ （清）于睿明、胡悉宁：《临清州志》卷2《庙祀》，康熙十二年刻本。

亲友具酒出迎，自东水关沿河十里，游船车马不绝于道，曰‘接顶’”①，此处“为碧霞元君停驾之所”②。

中华人民共和国成立前，临清境内寺庙多毁于战火。中华人民共和国成立后，群体性宗教活动渐趋沉寂，“文化大革命”期间，许多庙宇被拆除或被征用。因20世纪60年代兴修卫河水利，碧霞宫毁于一旦，所拆砖木用于建造临清电影院。歇马厅在此期间亦被拆得七零八落，建筑材料通过运河运往夹道村用于修盖学校。然而，碧霞元君的盛名并未随着庙宇的拆除而消失，附近的村民还是会经常到老庙址处烧香磕头，因为在他们的心中碧霞元君一直存在。改革开放之后，民众的宗教信仰与活动得以恢复。在1991年国家发布《中共中央、国务院关于进一步做好宗教工作若干问题的通知》时代背景下，碧霞宫和歇马厅进行了重建。

结　语

研究临清的碧霞元君信仰，仍然受到史料不足的较大限制，幸运的是临清四部志书中均有此一信仰的些许记载。通过钩沉方志，并辅以重要人物文集和民间碑刻资料，我们还是能够理清其中的发展脉络。从数百年间临清碧霞元君信仰的变迁中，可以看到民俗信仰活动一直是这座运河城市不可或缺的一部分，即使经过重大的社会动乱或政治革命，这种崇拜活动总是不断地表现出顽强的生命力。正因为如此，社会经济、市政建设以及常民生活等的变化，也就很自然地反映于神祇祭祀的仪式及民俗活动上。对于社会史和人类学的研究者来说，也就有可能经由神祇崇拜和庙宇历史的研究，去理解区域小社会内部人群之间以及人神之间相互关系的变化过程。临清碧霞元君自古及今的信仰历程，让我们看到了这些复杂关系的若干生动侧面。

临清最早的碧霞宫在明正统以前即已存在，因其历史悠久才有可能发展出信仰圈。值得重视的是，从临清碧霞元君崇拜变迁的历史，我们看到信仰中心地所发生的变化，实则隐约呈现出与更大范围的具有“城市”抑或“全国”意义的社会政治变动有着某种关系。元及明开挖疏浚会通河，提高了临清在全国商运格局中的地位，也直接刺激了临清各种行业的兴盛和城市的繁

① （清）王俊、李森：《临清州志》卷11《寺观》，乾隆十四年刻本。

② （民国）张树梅、王贵笙：《临清县志》卷7《建置志》，民国23年铅印本。

荣，对碧霞元君的崇拜在这一时期亦得到强调。随着清代及民国初年土城中州地区的持续繁盛，信仰中心出现两次位移。至于历次战乱和政治变动对信仰的影响，亦当有着一定联系。近20年来，娘娘庙的重建、仪式活动的恢复以及庙会的重新运作，彰显出传统作为一种文化资源的持久生命力。这些情况表明，在我们的研究对象背后，实际上与更大范围的社会、政治和经济变动紧密相连。

四　运河文化遗产保护与利用

大运河（山东段）文化遗产及其活态保护*

徐奇志　王　艳**

京杭大运河在长期的形成、开凿和利用的历史进程中积淀了丰富的文化内涵，是我国一项重要的大型线性文化遗产。大运河（山东段）文化遗产现存丰富，涉及面广，是一个随时代不断发展变化的动态遗产体系，蕴含着众多不同类型、不同层次的文化遗产，不仅存留着大量的物质文化遗产，还流传着许多历史传说和传统技艺，是极其宝贵的文化遗产宝库。京杭大运河于2014年在第38届世界遗产委员会会议上，被正式列入世界文化遗产名录。顺应这一趋势，以前人研究为基础，如何破解当前大运河（山东段）文化遗产保护所面临的重重困境，使大运河（山东段）文化遗产在区域乃至国家的经济社会发展进程中发挥更重要的功用，就成为一个迫切需要加以研究的重要问题。

一　大运河（山东段）文化遗产的基本构成

京杭大运河始建于春秋时期，公元前613年楚国开凿荆汉运河，公元前486年吴王夫差开凿邗沟，这也是京杭大运河河道成型的始端。大运河（山东段）又称鲁运河，处于京杭大运河中段，北接京津冀，南通江浙，流经山东省枣庄、济宁、泰安、聊城、德州5市16个县市区，全长643公里，占京杭运河总长度的三分之一，是文献记载中通航条件最困难、通航时间最长、维修保护工程技术最复杂、最精妙的著名河段。

《大运河遗产保护管理办法》将大运河遗产界定为：“包括隋唐运河、京杭大运河、浙东运河的水工遗存，各类伴生历史遗存、历史街区村镇，以及相关

* 本文原载《理论学刊》2018年第6期。

** 徐奇志，中共山东省委党校图书馆副研究馆员，研究方向为传统文化、文化遗产学。王艳，中共山东省委党校图书馆副研究馆员，研究方向为文化遗产传播、信息分析与预测。

联的环境景观等。”2013 年 7 月通过的《山东省大运河遗产山东段保护管理办法》明确指出，“大运河遗产山东段，是指与京杭大运河（以下简称大运河）相关的水工遗存，各类伴生历史遗存，历史文化名镇、名村，历史文化街区，环境景观，以及近代以来兴建的、具有文化代表性和突出价值的水工设施”。①

大运河（山东段）文化遗产是以山东省境内的运河故道为轴，由运河两岸相关的物质文化遗产和非物质文化遗产为点和面共同构成的线性文化遗产廊道。主要包括三段：会通河、梁济运河、南四湖区段。其中会通河包括元代开凿的临清至张秋的原会通河、安山与微山县西部鲁桥之间的原济州河以及鲁桥至徐州间的泗水。梁济运河曾有济州渠、济州河之称，主要指梁山县至济宁市之间的一段运河。南四湖区段包括上级湖和下级湖，上级湖从梁济运河入湖到二级坝微山船闸的航道，下级湖有东西两支，东支由微山船闸转向东股引河至韩庄运河，西支由微山船闸沿湖西至蔺家坝，下通不牢河。

（一）运河河道本体及密切相关的水工遗产

运河河道本体是运河水利工程最为重要的组成部分，集中代表了运河文化的丰富内涵和发展的历史轨迹，是大运河文化遗产资源的精髓部分，具有不可替代的整体价值和地位。大运河（山东段）沿岸工程遗址相对较多，涵盖了枢纽工程、闸坝、码头及漕运设施。目前河道本体主要指的是济州河、会通河、南四湖的上级湖与下级湖河段。

（1）枢纽工程。现存的较为著名的枢纽工程有四女寺减河枢纽、临清枢纽、汶上南旺分水枢纽、济宁枢纽。最著名的是汶上南旺分水枢纽，从地形选择、水源蓄泄、运黄关系、管理机制方面都可谓是大运河的缩影，被后人誉为“可与都江堰相媲美的治水工程”，现已被列入世界遗产名录。

（2）闸坝。大运河（山东段）闸坝众多，有临清戴湾闸、东昌府区土闸、梁乡闸、永通闸、周家店船闸、阳谷县阿城上闸、阿城下闸、七级下闸、荆门上闸、荆门下闸、陶城埠闸、东平戴村坝、济宁会通桥、金堤闸、台儿庄船闸、任城漕井桥、任城通济闸、微山县仲浅闸、师庄闸、枣林闸、南阳闸、通惠闸等，有些闸体闸坝功能已久废，破损严重，如微山枣林闸；有些闸体尽管基本功能已废但尚可作交通桥梁使用，如阿城下闸、周家店船闸；有些闸式桥依然正常使用，还可兼具交通和水位调解功能如金堤闸；有些闸

① http://www.shandong.gov.cn.

槽基本保存完好，如微山南阳闸。

（3）码头。码头主要集中在德州、聊城和枣庄三地，较为著名的有德州码头、聊城的大小码头、枣庄的台儿庄码头群。

（4）漕运设施。漕运设施作为水利工程必不可少的重要部分。较为著名的临清运河钞关，始建于明宣德四年（1429），宣德十年（1435）毁于民变，正德十五年（1520）重修，清朝多次重修扩建，它是目前全国仅存的一处运河钞关旧址，现为国家级文物保护单位，同时也是成功跻身于世界遗产名录的遗产点。

（二）与运河历史文化相关的运河古镇遗产

运河古镇孕育于斯，成长于斯，反哺于斯，源远流长。运河沿线城镇反映了古今政治、经济、文化的繁荣。

据收集到的110条遗址数据，山东运河沿岸地区人文资源丰厚，现存运河水利工程古遗址46处、古建筑42处、古墓葬11处、其他物质遗址11处。其中国家级重点文物保护单位11处，省、市县文物保护单位61处，其他非文物保护单位38处。

表1 遗址数据统计

运河分段名称	河段名称	有无遗产	现存遗产数量（处）
聊城段（49）	元宝桥至工农桥	有	8
	头闸口至二闸口	有	2
	二闸口至鳌头矶	有	2
	鳌头矶至歇马亭	有	1
	歇马亭至郭庄闸	无	
	郭庄闸至魏湾	有	3
	魏湾至马颊河	有	1
	马颊河至辛闸	有	2
	辛闸至周公河	无	
	周公河至聊城兴华街桥	无	
	聊城兴华街桥至山陕会馆南	有	12
	山陕会馆南至沉沙池	无	
	沉沙池至周店	有	2
	周店至张秋闸堤口	有	16

续表

运河分段名称	河段名称	有无遗产	现存遗产数量（处）
梁济运河段（30）	梁山县到济宁段	无	
	济宁郊区到湖口段	无	
	安山老运河段	有	2
	黄河以南到济宁以北老运河段	有	11
	济宁市区老运河	有	17
	济宁郊区老运河段	无	
南四湖区段（31）	南四湖区京杭运河	有	4
	南阳镇老运河	有	4
	鱼台（谷亭）老运河	无	
	鱼台—南阳段	无	
	微山县老运河	有	10
	韩庄运河段	有	6
	台儿庄老运河	有	7

到目前为止，已经列入《世界遗产名录》的大运河（山东段）河道8段，分别是南运河德州段、会通河临清段（元运河、小运河）、会通河阳谷段、会通河南旺水利枢纽、小汶河、会通河微山段、中运河台儿庄段。入遗遗产点共15处，分别是临清运河钞关、阳谷古闸群（荆门上闸、荆门下闸、阿城上闸、阿城下闸）、东平戴村坝、汶上邢通斗门遗址、汶上徐建口斗门遗址、汶上十里闸、汶上柳林闸、汶上寺前铺闸、南旺分水龙王庙遗址、南旺枢纽、汶上运河砖砌河堤、微山县利建闸。尚未申遗遗产点按河段具体有：①南运河德州段。四女寺水利枢纽、临清舍利塔、祝官屯枢纽。②元运河段。问津桥、月径桥、永济桥、会通闸、通济桥、临清大宁寺。③小运河。戴闸、魏湾闸、临清魏湾钞关、光岳楼、土闸、梁家乡闸、辛闸、小码头、大码头、通济闸、聊城铁塔、闸北古槐、基督教堂、王口古槐、海源阁、李海务闸、周店闸。④会通河阳谷段。七级上闸、七级下闸、刘楼闸、金堤闸、张秋古桥、张秋下闸、张秋上闸、七级镇古街、陈家老宅、海会寺、张秋镇、陶城埠闸、张秋五体十三碑、景阳冈遗址阿城盐运司。⑤会通河南旺水利枢纽。靳口古闸遗址、袁口古闸遗址、开河古闸遗址、开河石碑、安山闸遗址、长沟古闸遗址、运河石碑、佛庙石碑、东大寺、竹竿巷、黄家街教堂、济阳会馆、吕家宅院、潘家大楼、慈孝兼完坊、声远楼、太白楼、长沙古桥遗址、党堌堆

遗址。⑥小汶河段。头闸、二闸、临清歇马亭古岱庙、戴村坝。⑦会通河微山段。清真寺、东西古街、新河神庙、南阳闸、仲浅闸、师庄闸、枣林闸、孟阳闸、微山通惠闸、闸口桥、吕公堂春秋阁、南阳清代钱庄、仲子庙、伏羲庙、圣母池泉群、两城汉墓群、火山汉墓群、两城山汉画像石、朱贵夫妇造像碑、乾隆御碑。⑧中运河台儿庄段。台儿庄清真古寺、清真南寺、台儿庄中和堂药店、太和号及旁边商号、山西会馆、古码头、台儿庄船闸、明崇祯碑。

（三）与运河相关的非物质文化遗产

运河沿岸的非物质文化遗产内容丰富，有国家级、省级、市级、区县级的不同等级，基本上涵盖了非物质文化遗产分类的所有类别。聊城国家级非物质文化遗产有 11 项，分别是：冠县郎庄面塑、临清贡砖、东昌木版年画、东阿阿胶、东阿鱼山梵呗、杂技、东昌雕刻葫芦、临清架鼓、冠县查拳、冠县柳林秧歌、阳谷张秋木版年画等；省级非物质文化遗产 45 项。济宁国家级非物质文化遗产有 20 项，分别是祭孔大典、梁祝传说、鲁西南鼓吹乐、平派鼓吹乐、四平调、麒麟传说、鲁班传说、山东梆子、孟母教子传说、嘉祥石雕、曲阜楷木雕、鲁锦织造技艺、端鼓腔、孔府菜烹饪技艺、孔子诞生传说、闵子骞传说、大庄琉璃瓦制作技艺、二仙膏古法制作技艺、梁山武术、山东落子，还有诸如梁山枣梆、仙鹤舞、八角鼓、微山湖唢呐、打排斧拉粮船、邹城吹糖人、二仙斗、滚磨成亲、匡衡传说、微山渔家虎头服饰、平阳寺火虎、峄山古会、鸡黍之约、软弓京胡、花棍舞、山东清音、小铜唢呐、民间剪纸、郭氏木雕等省级非物质文化遗产 62 项。德州国家级非物质文化遗产有 4 项，分别是德州扒鸡制作技艺、德州黑陶烧制技艺、临邑一勾勾、宁津杂技。还有“跑驴”等省级非遗项目 23 项，市级非物质文化遗产名录 90 项。

大运河（山东段）文化遗产的传承与保护情况总体较好，但其中也有遗憾。目前，大运河（山东段）文化遗产河段保存较好的仅有二闸口至鳌头矶河段、兴华街桥至山陕会馆南河段、沉沙池至周店河段，其余河段即便还具有排洪、灌溉和航运功能，但污染都较为严重，水质很差。大运河（山东段）文化遗产保存状况分为原物保存良好修旧如故、原物破坏严重依稀可见原貌、重新改建难恢复原貌、完全新建原貌不存。原物保存良好修旧如故的运河文化遗产有临清清真寺、鳌头矶、山陕会馆、光岳楼、聊城铁塔、张秋古桥、陈家老宅、仲子庙、伏羲庙等；原物破坏严重依稀可见原貌的运河文化遗产有月径桥、会通闸、土闸、刘楼闸、开河石碑、济州城墙等；重新改建难恢复原貌的运河文化遗产有临清钞关、海会寺、张秋古镇、潘家大楼等；完全新建原貌不存的运河文化遗产有永济桥、头闸、魏湾闸、通济闸、金堤闸、柳林闸等。很多运河段因为漕运功能的丧失，河道淤塞严重，而成为灌溉和排水河道。济宁以北的河段已经断航，德州、聊城境内的很多运河河段干涸，部分船闸、桥梁等水利设施损坏较为严重，虽经修缮，但依然有待进一步改善。

综合来看，有以下几个问题：一是政府高度重视，但与民间参与大运河文化遗产保护的良好愿望没有实现同频共振。现有文化遗产保护体系相对封闭，遗产保护主要依靠政府部门的力量，采用自上而下的行政管理制度，难以激发社会力量的广泛支持与参与。二是入遗遗产点重点保护，未入遗遗产点保护力度不够，缺乏整体性保护规划。临清舍利塔、大宁寺虽然有很高的文物价值，但因尚未入遗，抢救修缮力度不够。三是保护观念的局限，缺少应有的文化视野，对运河文化遗产文化价值认识上存在误区。运河沿岸政府和民众缺乏文化遗产保护意识，有些地方即便认识到文化遗产保护的重要性，可又囿于地方保护主义，仅以遗产点、段范围来进行保护，往往会在自觉与不自觉中破坏。

二　大运河（山东段）文化遗产保护应引入活态保护理念

大运河（山东段）任何单一文化遗产都不能完整地展现运河整体线路的文化价值，只有把整个大运河文化遗产保护视为一项完整的系统工程才会实现继承和弘扬文化遗产的目的。而活态保护就是一项整体性保护的思想，恰好可以为我国运河线性文化遗产保护提供新视角和新路径。

（一）活态保护理念

文化遗产资源“活化”是与传统的静态保护模式相对应的一种新型的遗产保护与利用理念。[①]“活化”一词最先是由台湾学者引入文化遗产保护领域，它强调以利用促进保护，通过给文化遗产注入新的活力，将文化遗产从静止、无活性的状态转变为具有活性的状态，从而让文化遗产“枯木逢春”，

① 苏卉：《文化遗产资源“活化”的动因及策略研究》，《资源开发与市场》2018年第1期。

使其在功能上更加符合现代社会的需求。[①] 而活态保护这一理念是对活化内涵的延伸，兴起于21世纪初，提出背景是联合国教科文组织对“非物质文化遗产”概念的倡导。

1993年，联合国教科文组织执行局第142次会议通过决议，建立了“人类活财富”制度。该制度第一次将人类文化遗产中“活态”传承的部分独立出来，并且突破了国家或民族的界限，认为该财富为全人类所共有。“所谓‘活态’，主要指该遗产不仅具有‘遗产’的属性，是历史与文化的见证，而且仍然具有其原始的使用功能，在现代社会生活中仍在持续发挥作用。”[②] 活态对文化遗产本身而言，最重要的还是找到它与当代社会经济发展黏结起来的契合点。

国家文物局局长单霁翔认为，大运河与一般遗产最典型的区别在于它仍在使用当中，还在继续发挥着它最初的基本功能作用，因此被称为“活态遗产”。[③] 大运河文化遗产的本质是人类的前代遗产因被后代认为具有价值而享用或传承。现存的大运河文化遗产，更是不能摆脱自然环境、社会现实、历史记忆与之的互动，要在互动中不断生发、变异和创新，这也就造就了大运河文化遗产的活态特性。其实，所有文化遗产都适用于“活态保护”，其要旨就是要让文化遗产获得持续生命力，活在人们的日常生活中。[④]

大运河文化遗产原有文化空间因现代社会的发展急剧发生变化，保护、传承、利用与活态保护密不可分，将大运河文化遗产通过保存历史记忆来获得现在乃至未来的社会效应，可以使大运河文化遗产回归活态传承的本质，即超越依附本身并脱离虚空的文化观照在现实中获得新的生命力，恰恰才是活态保护的价值所在。

（二）活态保护与大运河文化遗产的高度契合

大运河文化遗产是物质文化遗产与非物质文化遗产交织、综合的产物，是各种表现形式作用的产物。尽管形态特征各有殊异，价值作用各有所别，但最终目标是高度统一的，是水乳交融的关系，是相互依赖、相互影响的元

---

① 王新荣：《古迹“活化”，让静态文化遗产“枯木逢春”》，《中国艺术报》2012年6月29日。

② 单霁翔：《“活态遗产”：大运河保护创新论》，《中国名城》2008年第2期。

③ 单霁翔：《“活态遗产”：大运河保护创新论》，《中国名城》2008年第2期。

④ 张经武、李晶一：《试论南宁老建筑遗产的人文性活态保护》，《南宁职业技术学院学报》2017年第4期。

素，讨论大运河文化遗产的活态保护不能割裂二者之间的关系，片面地单方面讨论文化遗产保护会削弱其完整性和运河魅力的。大运河物质文化遗产与非物质文化遗产之所以与那些历经沧桑、早已被剥离了实际应用价值的古代遗存不同，是由于大运河文化遗产是功能延续着的“活着的遗产”。活态保护思路正好与大运河文化遗产特征具有高度契合性。

1. 与大运河文化遗产的主题特征高度契合

大运河文化遗产作为历史的活的见证，并不是一成不变的，在不同时期和不同地域其存在形态不尽相同，形成了不同的运河区域文化遗产圈。它是传统与现代的结合，是历史与现实的融合，有着历史与当下的双重属性。我们在进一步挖掘其传统价值中合理的文化基因的同时，还要从时代发展角度进行新的“解码”与诠释。

大运河文化遗产本身就是社会结构的不可或缺的组成部分，它不可能脱离其现实性而存在，更不可能被去语境之后给予新的诠释。从有效性上来说，大运河文化遗产可采用历时/共时研究模式。共时研究是对大运河文化遗产进行当下性研究，将运河发展史上分割出若干个断面，再依托这些断面，探寻出其在整个社会结构中所处的精准位置，进而把握其社会身份地位以及与社会其他构成方面的关系。历时研究则是对大运河文化遗产的生成、发展和变迁进行历史溯源探寻。如果将大运河文化遗产看成一个点，则历时研究是纵向描述其在人类社会中的运动轨迹，呈现方式是线性的；而共时研究则是横向描述这个点在人类社会中与其他点的关系，呈现方式是网状与“面”的综合。活态保护离不开历时/共时研究模式，只有通过点、线、面的全面研究，才能进一步激活大运河文化遗产的旺盛而又持久的生命力。

2. 与大运河文化遗产的空间特征高度契合

大运河兼具文化线路与遗产廊道的特征，是典型的线性文化遗产。[①] 大运河文化遗产与其所在空间的历史文脉、地方传统、民间信仰、相关习俗等方面密切相关，其保护与传承并不限于某个遗产点、遗产段，而是广泛存在于运河沿岸遗产点、段、面。大运河文化遗产在空间分布上的个性特征，是自然因素与人文因素共同作用的结果。运河区域的一部分非物质文化遗产固然可以通过纯粹的非物质形式得以保存；但另一部分从本质上讲却需要通过一定的外在物质形态而“固化”。只要大运河还存在，其蕴含的文化意义就存

① 王吉美、李飞：《国内外线性遗产文献综述》，《东南文化》2016 年第 1 期。

在。作为不可再生、不可复制的资源，对其保护必须坚守活态保护策略。

大运河（山东段）文化遗产空间分布广泛，但依然摆脱不掉会伴随着遗产点的消失而消失的命运，个别或局部段落也会在遗产不受重视、开发性建设、破坏性建设等时候，面临着不可恢复的冲击。对大运河文化遗产传承最可靠和最有效的方式就是保护其载体不被破坏，而活态保护的动力恰恰是文化交流，它叠加了新旧文化记忆。这是对大运河线性文化遗产能够持续进行保护利用的一个很好的条件。只有活态保护才能重新复原其原有的生存环境，才能较好地保证运河遗产及其精神传承。

3. 与大运河文化遗产的资源特征高度契合

大运河文化遗产构成不断发生变化，是一个动态的遗产体系。对大运河（山东段）文化遗产的保护不仅要保护过去的遗产，还要保护正在形成的文化遗产。大运河文化非物质文化遗产与物质文化遗产作为活态保护的对象，二者之间具有内在的稳定性关系，都是以有形的“物质”为载体而实现传承的，脱离了运河区域文化载体的支撑，运河沿岸的物质文化遗产与非物质文化遗产就失去了根源，同样地，非物质文化遗产的某些内容也许会随着生产生活方式的变迁而呈现出活态流变的性质。

活态保护的关键在于物质文化遗产与非物质文化遗产之间的契合度，脱离了物质载体的非物质文化遗产的保护是不能从体系上归为活态保护的范畴的，反之亦然。因此，在活态保护的理念下对大运河（山东段）文化遗产保护才是切实可行的。只有通过现代生产生活和鲜活民间生活的解构与重建，大运河文化遗产承载的活态文化才能够存活与发展。在对大运河（山东段）文化遗产的地域分布状况进行活态保护时，不应仅仅停留在静态的、一成不变的层面上，而必须结合其人文流动、发展的情况进行动态的分析。

三　大运河（山东段）文化遗产活态保护的路径选择

京杭大运河由于时间跨度大，所经区域多，沿岸众多的文化遗产散落凌乱，保护程度不一，给遗产保护工作提出新要求。保护和利用文化遗产都不是最终目的，真正的目的是保存和传承运河文化，让文化遗产活起来成为活的记忆。2013 年 12 月 30 日习近平总书记在主持十八届中央政治局第十二次集体学习时，明确提出“系统梳理传统文化资源，让收藏在禁宫里的文物、陈列在广阔大地上的遗产、书写在古籍里的文字都活起来”①。习近平总书记为如何充分利用文化遗产给出了科学的回答，并指出了新的方向。

近年来，党和国家高度重视运河文化遗产的保护工作。习近平总书记2017年曾两次做出批示、指示，明确指出“要古为今用，深入挖掘以大运河为核心的历史文化资源。保护大运河是运河沿线所有地区的共同责任，北京要积极发挥示范作用”。“大运河是祖先留给我们的宝贵遗产，是流动的文化，要统筹保护好、传承好、利用好。”② 在中共十九报告中，他还指出，“加强文物保护利用和文化遗产保护传承”。③ 刘延东在2018年1月4日大运河北京段遗址考察调研时，强调以中共十九大和习近平总书记关于文化遗产保护的重要批示精神为根本遵循，并指出加快构建大运河文化遗产保护传承体系。④ 刘家义书记2017年6月在中共山东省第十一次代表大会上的报告强调指出：“深入挖掘大运河历史文化资源，统筹保护好、传承好、利用好大运河文化。”⑤ 在党和政府的重视下，大运河文化遗产的保护取得了值得肯定的成绩。

（一）恢复和延续大运河的原始功能：航运

大运河文化遗产活态保护的一个显著特点就是它必须依附于运河本体与原有功能。脱离了运河文化遗产本体与原有功能的保护，对运河区域文化再怎么强调也显得单调乏力。只有继续发挥某些主体功能，或者根据时代变化而为之嫁接上新的使用方式或功用，大运河才能长期保持生命力。如果航运真的停止下来，即使沿河两岸保留下若干历史文化遗存，也会缺乏一条内在串联的主线及文化空间，丰富的文化遗产也不过散落其间而已。因此，仅就活态保护大运河沿岸的物质与非物质文化遗产的需要而言，也当尽最大努力去维护运河的航运功能。⑥

---

① 《习近平总书记系列重要讲话读本》，学习出版社、人民出版社，2014，第101页。

② 兰红光：《立足提高治理能力抓好城市规划建设着眼精彩非凡卓越筹办好北京冬奥会》，《人民日报》2017年2月25日。

③ 习近平：《决胜全面建成小康社会夺取新时代中国特色社会主义伟大胜利——在中国共产党第十九次代表大会上的报告》，人民出版社，2017，第44页。

④ 徐秀丽：《抓好大运河整体保护打造展示中华文明金名片》，《中国文物报》2018年1月5日。

⑤ 刘家义：《紧密团结在以习近平同志为核心的党中央周围　奋力开创经济文化强省建设新局面——在中国共产党山东省第十一次代表大会上的报告》，《大众日报》2017年6月22日。

⑥ 李麦产、王凌宇：《论线性文化遗产的价值及活化保护与利用——以中国大运河为例》，《中华文化论坛》2016年第7期。

其实，真正的保护应该是通过应用而获得保护。就其产生的根源来说，它本来就是因为人类生产、生活需要而产生的。大运河文化遗产原始功能活态保护涉及功能回溯与功能重建两个方面，功能回溯旨在通过大运河文化遗产原址设置小型展览室或专题展览馆等，挖掘和展示其在地方发展过程中所起的正向作用，重新将历史记忆纳入现代生活中来。功能重建旨在通过重建某些大运河文化遗产，使其继续在现代生活中发挥原有功能或新用途，重新让历史复活起来。

制订和启动“活态保护大运河文化遗产伙伴计划”，以大运河（山东段）为切入口，与其他各段形成联合之力，通过抢险修缮延续传统技艺，让大运河全线“活”起来，保护它们的文化记忆，传承它们的文化创造，为运河的古建筑、水利工程遗址在民众的社会和文化生活中找到新用途，以重新焕发其生机。通过活态保护行动使运河文化遗产融入经济社会发展，只有融入经济社会发展，文化遗产保护成果才能更好地惠及民众。这是大运河文化遗产活态保护的良性循环。

（二）打造大运河（山东段）文化遗产廊道：整体规划

正如中国文化遗产研究院刘曙光所言，未来大运河的保护、管理和利用，核心的问题是针对大运河的活态使用、复杂的管理以及广阔的分布范围，做好整体保护和合理利用。[①] 因此，综合保护它们的整体环境和由整体环境创造出来的所有文化结晶，是对大运河文化遗产活态保护整体规划的基础。

要完成这一目标，一是要尽快搭建大运河文化遗产信息库，重点打造大运河（山东段）文化遗产保护合作平台。广泛开展运河文化遗产的普查摸底，准确界定运河文化遗产普查对象和种类，加以认定、分类，建立遗产清单。初期多采用照片、摄影录像、测绘、激光扫描、图纸、口述历史和文字等形式整理和搜集相关信息，建立运河文化遗产数据库。后期再根据遗产状况及特征对其进行分级分层，进而根据文化遗产活态保护目标选择不同的途径。二是设立相应的机构，培养专业人才。改变以前各地独立管理模式，转化为区域整体管理模式。同时，重视运河文化遗产专业机构的发展和人才的培养。山东省在运河文化遗产保护领域中，从事运河文化遗产研究的机构仅有聊城

① 王晓：《大运河（杭州段）整体性保护方法研究——运河遗产廊道建设的视角》，《中国名城》2016 年第 8 期。

大学运河研究院。聊城大学运河研究院成立于2012年，是国内首家以运河及其区域社会为研究对象的机构，下设“运河史”“运河区域社会经济发展”“运河文化”三个研究中心和一个编辑部，为运河（山东段）的研究做了大量的工作。一批专家学者和有识之士也致力于运河文化遗产的理论和学术研究工作。三是科学制定长远保护规划。规划的总要求是条块结合、点面结合，使本地区的运河文化遗产保护形成系统，改变以前重复投入、单一作战模式。正如哈默所说：“一旦保护超越单个建筑物，规划就会发挥作用。”① 四是尽快健全大运河文化遗产保护传承体系。从严格意义上来说，当前还没有一部完整意义上的运河文化遗产保护传承的法律。2012年由文化部出台的《大运河遗产保护管理办法》，首次以法规形式明确了大运河遗产的范围。2013年山东省政府又颁布了《山东省大运河遗产山东段保护管理办法》。这两部法律都是从文物保护角度制定的，并不是运用“活态”思维指导制定的法律法规。但这两部法律的颁布，有力地促进了运河文化遗产的保护。健全大运河文化遗产保护传承体系，将大运河文化遗产的保护和利用纳入法制化轨道，使大运河文化遗产保护的政策措施、财政措施等通过法律得以落实。

（三）分级建设大运河（山东段）文化遗产平台：重点项目库和预备项目库

大运河（山东段）已经列于世界遗产名录的遗产点毕竟有限，还远远不能囊括现存具有传统文化价值的运河文化遗产，还要对运河沿线所经但是未列入世界遗产名录的遗产点进行联合保护。正如国家文物局副局长刘曙光所言：“‘整体保护’应该把那些自身价值非常突出但又未列入世遗清单的运河遗产放在突出的重要位置，把它们在未来进入世遗清单作为新的工作目标。”② 选取已列入世界遗产名录的运河文化遗产列入重点项目库，对现存未被列入的运河文化遗产列入预备库。运河文化遗产本身也是分层次的，重要性和保护措施不能一刀切。从“点、线、面”三个不同空间维度通盘考量，具体分为重点项目库、预备项目库。重点项目库又分为国家级、省级、市县区级重

---

① S. Jeanrenaud, “People-oriented Approaches in Global Conservation: Is the Leopard Changing Its Spots,” The International Institute for Environment and Development and the Institute for Development Studies, UK, 2002, p. 20.

② 《航道断流、土遗脆弱中国大运河保护利用亟待再出发》，http://news.163.com/14/1228/17/AEINC3CE00014JB5.html。

点项目库，预备项目库又分为国家级、省级、市县区级预备项目库。细化项目库的不同层级结构，旨在以多项目、多模式、多方法对单体遗产点、小型遗产区域、大型遗产区域依次递进展开选择性保护。

“活态化”的关键在于复习运河文化，而非单纯的复制。根据历史重要性、建筑或工程上的重要性、自然对文化资源的重要性、文化重要性、经济重要性，选择活态保护的途径也会有所不同。本着因地制宜、就近原则和同类共建原则，对重点项目库的核心遗产进行重点保护，向重点项目库遗产的保护和应用倾斜人力、物力、财力资源，“以点养点”“以点带线”“以点带面”，依靠重点项目库核心遗产带动其他遗产点、段、区的保护，在大运河（山东段）文化遗产集聚区形成整体性文化遗产保护与管理方式。从微观的点到中观的线，再到宏观的面，从物质文化遗产到非物质文化遗产，特别是物质文化遗产和非物质文化遗产共同生成的文化空间的保护，从低层级保护到高层级保护，从预备项目库到重点项目库，是活态保护实践的必要步骤。

（四）激发社会公众参与的主动性：自觉保护意识

因现行体制的局限，无论是自上而下的“施予式保护”还是自下而上的“开发式保护”，地方政府作为文化遗产保护政策的制定者和执行者，在发展经济与遗产保护中往往会倾向于前者，对大运河文化遗产保护的主体漠视与淡化，致使难以挖掘大运河文化遗产所蕴含的历史与文化价值。

作为一种活态传承的文化遗产，大运河文化遗产存在方式要求其保护必须依赖于多方主体。将其重点保护主体可由政府变为政府、市场、社会公众多方主体。随着原住民参与方式将由被动性强制保护向主动性自觉保护转变，借助第三方组织，收集、整理、反馈、协商当地政府、市场、社会的三方保护意见，运河区域公众对地方政府的“不作为”及“破坏”历史文化保护行为的“督促式”参与，会更好地凝聚其保护主体的保护力量。

大运河沿岸的原住民对于运河怀有浓厚的情感，对当地文化有着独有的理解和认知，调动当地民众对运河居住地的文化上的理解是很重要的。良好的保护是一种良好的政策机制下专家意见与当地民众行动的一种平衡，是社会价值、经济价值、文化价值与政治价值的一种协调，是尊重运河文化遗产自身的发展规律的一种手段，从而实现文化、人与自然的和谐及可持续发展。因此，必须尊重和维护民众与文化遗产之间的关联和情感，更加注重大运河文化遗产的世代传承性和公众参与性。如果对大运河文化遗产的保护没有落实到民众自觉参与的程度，保护大运河文化遗产是不可能真正得以实现的。

活态保护的内容应该更加多元、更加广泛，整个运河区域包括原住民都作为保护的对象，让运河历史气息、文化氛围为其带来愉悦、熏陶和启迪。注重培养原住民地方文化认同感，维护其应享有的文化权益，唤醒当地民众的保护意识，通过自觉参与其中来肯定自己作为运河主人的获得感和存在感。

（五）探索遗产活态保护形式：活态博物馆和遗址公园

大运河文化遗产经过岁月的磨炼和现代文明的洗礼，其所具有的原创性和不可再生性进一步显现，稀缺性十分突出。之前采取典藏、展览的静态性保护，在很多时候割裂了文化与生产、历史与现实的血脉联系，文化遗产徒有历史文化符号。随着运河区域原有生产、生活方式的转变和消失，一些文化遗产的文化内涵在未被解释的状态下无法自行显示，甚至有些文化遗产对于现代人难以理解，更无法转化为文化资源。既然静态性保护已不能满足其需要了，活态保护的技术手段呼之欲出。

充分利用现代科学技术手段。对一些已经破坏殆尽，或者通达不便利的文化遗产，可以通过现代通信技术和虚拟成像等手段，予以复原展示，而对于那些仅留少量遗迹或者出于严格保护而执行隔离措施的某些稀缺、珍贵的文化遗产资源，可使用数字成像技术，满足参观者近距离感受与体验运河文化的需求，从而使之发挥文化教育、艺术熏陶等功能。数字技术形式的还原主要借助于3D立体复原等数字技术，在采集文化遗产资源相关的数字信息的基础上，通过数字技术来再现历史性建筑物、历史性场景或历史文化特色。对大运河（山东段）的关键河段和标志性遗产点，建立数字化的监测与视频观察站点，及时采集信息和监测文化遗产状况。

可借鉴国外活态博物馆模式对运河文化遗产进行整体规划与建设，赋予其适应新时代新需求的内涵与功能。《如果国宝会说话》《国家宝藏》等节目都曾引发了观众的观看热潮，故宫推出的“石渠宝笈”“千里江山”大展还引发了现象级的“故宫跑”，这些都是让文物“活”起来、传统文化得到关注的成功案例，也是今后深入文物研究、展示和传播的发展方向之一。尝试“引进来”和“走出去”双向交流模式，也是“活”起来的一种方式。现在，丝绸之路文物展、汉代文明大展等一系列文物展，正作为“外交使者”“国家名片”，成为中华传统文化的承载者和传播者。

参照南旺枢纽考古遗址公园和国内考古遗址公园建设标准和展示方式，

将运河文化遗产本体、史料与高科技结合，通过沙盘、多媒体、三维动画等多种高科技手段，以及给人以身临其境感受的声、光、电科技手法，再现古运河当年的繁荣景象。对所有运河文化遗产分层分批进行“活态”抢救性维修，尽可能修旧如故，实现原有功能在当前生产生活中发挥其价值，真正实现运河文化遗产的“复活”。

基于全域历时态的京杭大运河景观遗产价值判断与保护利用策略探析*

王亚男　陈喜波**

引　言

2014 年 2 月，习近平总书记在北京市考察工作，听取了有关京津冀协同发展的工作汇报，并指出“经过新中国 60 多年的建设，北京成为一个保有古都风貌的现代化大城市，这是中华文明的一张金名片。传承保护好这份珍贵的历史文化遗产是首都的职责，要本着对历史负责、对人民负责的精神，传承历史文脉，处理好城市改造开发和历史文化遗产保护利用的关系，切实做到在保护中发展、在发展中保护”。他还针对首都规划指出：首都规划务必坚持以人为本，坚持可持续发展，坚持一切从实际出发，贯通历史现状未来，统筹人口资源环境，让历史文化与自然生态永续利用、与现代化建设交相辉映。《北京城市总体规划（2016～2035）》第四章明确了要加强历史文化名城保护，强化首都风范、古都风韵、时代风貌的城市特色。要更加精心保护好北京历史文化遗产这张中华文明的金名片。①

运河通州段是北京古都格局的有机构成，与北京内城水系形成呼应。保护利用的基础是加强研究，保护好水系是保护好北京这张金名片的最好体现之一。《北京城市总体规划（2016～2035）》明确了都与城的关系，明确了运河与城的关系。在这样的时代背景下，京杭大运河历史遗产的保护势必要以更高远的眼光来加以考量。本文拟从《北京城市总体规划（2016～2035）》对

* 本文原载《城市发展研究》2018 年第 8 期。

** 王亚男，博士，中国城市科学研究会研究员，主要研究方向为历史遗产保护、城市规划历史与理论。陈喜波，北京物资学院运河文化研究院。

① 文中涉及北京新总规的内容均出自《北京城市总体规划（2016～2035）》。

历史文化资源、生态格局、休闲游憩等板块的要求出发，基于全域视角和历时态视角对京杭大运河景观遗产进行价值判断，对保护利用策略进行探析。

一 京杭大运河的价值判断

京杭大运河的历史文化价值毋庸置疑，特别是杭州段申遗成功后，对大运河历史遗产的认知达到了一个新的高度。从历史的、发展的观点出发，本文对京杭大运河历史价值的挖掘将集中在全域的视角和历时态的把握上。

（一）基于全域视角的价值判断

《北京城市总体规划（2016～2035）》提出以更开阔的视角不断挖掘历史文化内涵，扩大保护对象，构建四个层次、两大重点区域、三条文化带、九个方面的历史文化名城保护体系。这是京杭大运河通州段首次被明确纳入北京市域历史文化名城保护的体系中，被纳入北京市域山水格局的总体考量。

京杭大运河在申遗成功后，面临着重大的发展机遇，运河北京段在京津冀国家战略的背景下，如何进行保护利用的定位不但意义重大，而且对区域文化遗产的认识也是一次全新的考察。因此，以全域视角挖掘大运河的历史价值、当代价值和未来价值是一个更具深度、高度、远度的思考：作为北京空间体系中的组成部分、作为京津冀协同发展区域的组成部分、放在京杭大运河全段域。基于全域视角的价值判断对运河的保护利用策略提出的出发点将不同于以往的就运河论运河，对全域大尺度运河景观带的世界意义和最长人工运河的当代意义的认知将是对运河全域价值的有效概括。

全域空间视角将运河通州段纳入了北京全域的空间体系结构中，实际上是对运河历史上的空间作用的延续和发展。隋朝运河的开凿从某种意义上可以理解为是国家空间治理体系中的一种工具，是大一统历史时期的空间资源分配和空间治理的抓手，在满足南北经济大动脉的基础上实现了空间资源的再分配，具有政治和经济、社会的多重价值，从而发展了运河内涵丰富的文明与文化意义。今天站在京津冀协同发展的视角去发掘运河的空间属性和价值将更有利于运河的全域保护逻辑的实现。京杭大运河流经各省各段的保护与利用是极不均衡的状态，全域段的考虑是打破这种不均衡状态的基础性出发点。当然，我们更需要站在世界级城市群的角度去发现运河的价值，将其作为世界级城市群的文化遗产带进行整体考虑。

（二）基于历时态本土文化发展战略考量的价值判断

京杭大运河一直以来作为我国线性文化遗产的代表得到了学术界大量的文化价值挖掘，在此基础上从历时态出发，结合目前遗产研究领域的最新进展，提出基于历时态的本土文化发展战略的考量。回顾京杭大运河的文化意义，包含了以下几层理解：历史时期是运河所赋含的文化纽带的形成和延续；同时也是区域文化版块实现基本建构和进行沿线文化辐射的过程；当下网络化的区域文化遗产体系概念的提出丰富了对运河文化遗产认识的新探索；作为本土化线性文化遗产活化利用的尝试将创造中国特色的遗产保护与利用框架与实践，它所集合的文化意义将超越运河文化遗产本身的意义，是遗产战略管理视角下与其他文化带交相辉映的大文化体系认知的结果。以历时态的视角去考察京杭大运河历史景观的时代特质、演替过程以及探究促成其变化的背后驱动机制与影响因子，可以洞察其生成演变的内在规律以及内在本质和外生表象之间的动态关系，从而更加清晰地了解其内在价值。作为历史文化景观遗产的综合体，京杭大运河历时态景观演替过程的复原和其固有的内在价值的揭示无疑为本土化发展战略提供了良好的具有基础性参照的样本案例。

（三）基于景观资源系统意义的价值判断

京杭大运河作为历史的景观遗产意义还有待更丰富和深刻的认识。联合国教科文组织（UNESCO）在《关于城市历史景观的建议书》中提出“历史层积”（Historic Layering）的概念，将城镇景观视为地域背景因素层叠累积的产物，认为不同时期的内因动力决定了其阶段性风貌特征，各个阶段景观形态在空间载体中层叠累积则呈现出城镇为现代人所见的最终形态。① 英国历史地理学家伊恩·D. 怀特认为“景观是重写本（Palimpsests）”，它们构成了集体记忆的载体，记载了人类在地球表面上连续不断的各阶段的活的历史。他强调：变化一直是景观的特征。随着圈地活动、工业化、城市化以及高速公路和运河系统的扩大，景观变化的规模和速度不断增大。在20世纪，景观变化成了一个全球化过程，并受到了全球的关注，导致人民对现存的、有价值

① UNESCO，Recommendation on the Historic Urban Landscape，2011. 张松：《历史城区的整体性保护——在“历史性城市景观”国际建议下的再思考》，《北京规划建设》2012年第6期。

的景观及其特征在过去的发展变化产生越来越大的兴趣，人们期望保护这些景观，使之免受不利变化的影响。

将“历史层积”的景观形态概念应用于对京杭大运河的解读，可见京杭大运河所具有的“变化”的特征造就了其阶段性的风貌特征，其景观资源系统的历时态样貌与当下的景观样貌在某种意义上解说了农耕社会的中国与工业化社会的中国的景观叠加意义。

（四）基于人工与自然相融合的生态价值判断

京杭大运河作为人工开凿的运河，因其水体与护岸的特性同时兼具自然的生态价值，滨水空间的自然属性为城市提供了生态效益，它周边的森林、绿地、河流、湿地等生态斑块和植被覆盖形成了天然的城市发展缓冲带，具有一定绿隔作用，其水生态、水安全、水景观所造就的自然绿色空间发挥了显著的生态价值和功能，是城市“软”性的基础设施，是城市空间与自然相融合的载体，是可以利用的生态廊道。通州是运河名城，具有极其深厚的文化底蕴，运河文化无疑是通州地域文化的标志，其文化展现无不以河流水系为载体，但是由于水环境质量恶化，其所具备的文化功能一直无法彰显。首先河流的消失，由于河水污染，影响了两岸居民的生产和生活，依附于运河两岸的文化资源也无法开发；其次，通州城区内部分河道被盖板，还有，由于土地开发过快，部分古河道被填埋，运河文化缺乏物质依托而无法展现；最后，水污染也大大降低了大运河的文化价值，导致运河沿线文化的吸引力大大降低，其文化功能没有得到发挥。运河水环境的恶化导致了城市品位和文化价值大大降低，其所具有的提升景观和美化、净化城市环境的生态价值尚未得以彰显，基于目前人工技术和自然生态的可恢复性，完全可以发挥未来运河在城市生态和文化方面的重要作用。

（五）基于活态利用的遗产范本价值

对于京杭大运河全域的活态保护与利用将对区域历史文化资源的整理方法进行一定的创新研究，针对不同尺度的整体保护框架和活态文化遗产传承策略、大尺度的遗产空间的治理都将具有范本价值。运河的活态利用莫过于实现通航，通惠河可以成为北京运河活态利用的一个范本。现状朝阳区东便门至高碑店的通惠河段，长约 8 千米，由于建闸蓄水，水位较高，河面较宽，可以进行疏浚、建设码头等航运设施，利用再生水或夏季雨洪增加河道蓄水量，建议先行试行航运。通惠河历经金、元、明、清四朝作为维系京师命脉的运河一直得以开发利用，在科学技术高度发达的今天，北京城市再生水利用手段日益提高，河道航运用水有了可靠保证，实现通航来日可期，未来期待通惠河再现昔日的航运盛景。

（六）基于系统活化利用的平台展示价值判断

京杭大运河的物质性的历史遗产是全方位的、多尺度的、大跨度的，无论是碎片式的文物古迹，还是相对完整的历史河道，以及沿运河兴衰起落的村镇（城市）的区域遗产体系都是物质遗产系统中的各元素；无论是单一的建筑纪念物，还是多样性的文化景观都是活化利用的对象，因此对其的保护与活化利用将以综合性的观点、方法和技术，体现多学科、跨领域的集成平台价值，为我国建立区域历史文化资源整理方法、宏中微观为一体的整体保护框架、活态遗产传承的策略方法以及超大尺度遗产的区域空间治理框架都仰赖于运河这一平台展示的成果。

从上述角度对京杭运河遗产价值的挖掘将更为突出彰显运河在城市山水格局中的地位，增强其承载着珍贵的历史与科学的信息、蕴含着丰富的文化故事、彰显着独特的景观特征、发挥着重要的生态功能、见证着社会环境的变迁等维度的价值。

京杭大运河作为一种发展中的历史性景观在不同的经济社会状态下经历了长期的演变过程，因此以动态而连续的思想方法去理解其变迁，以全域的视角去判断其价值，以平台的思维来进行自愿的整合，方能对其实现活态的保护与利用，彰显其在历史长河中的价值，并实现其价值递进和层垒效应的可延续性和时代性。

二　京杭大运河保护与活化利用策略探析

（一）保护与活化利用的目标

《北京城市总体规划（2016～2035）》提出：以元明清时期的京杭大运河为保护重点，以元代白浮泉引水沿线、通惠河、坝河和白河（今北运河）为保护主线，以城市副中心建设为契机，推动运河遗产保护与利用，加强路县故城遗址保护，全面展示运河文化魅力。更为具体的表述为：“深入挖掘、保护与传承以大运河为重点的历史文化资源，对路县故城（西汉）、通州古城（北齐）、张家湾古镇（明嘉靖）进行整体保护和利用，改造和恢复玉带河约7.5千米古河道及古码头等历史遗迹。通过恢复历史文脉肌理，置入新的城市功能，古为今用，提升北京城市副中心文化创新活力。实现历史文化、生态景观和旅游资源跨区域统筹，提升生态涵养区综合发展效益，完善市级绿道体系，形成由文化观光型绿道、带状廊道游憩型绿道和河道滨水休闲型绿道共同组成的绿道体系。”

由此可见，本版总规提出了文化魅力、植入新的功能、生态景观、旅游资源四大目标。结合京杭大运河的价值判断和当前运河各段的现状，在总规要求之下，宜将上述目标进行分解，逐项逐级实现，方能将运河文化、生态、休闲等显性价值和文化战略、遗产管理、平台意义的隐性价值加以实现。

（二）文化、生态、休闲价值的实现策略

1. 深入挖掘、保护与传承以大运河为重点的历史文化资源

京杭大运河自开凿之初，因其而形成的经济走廊和文化走廊一直是共生关系，其中的文化基因、文化记忆、文化传承所集成的文化力量是不言而喻的，历史文化资源挖深挖细，是对大运河价值的认知和判断的有力支撑，是其文化魅力彰显的必然。大运河的贯通改变了原来自然状态下的自然地理格局，塑造了彰显人类改造和利用自然的文化精神，凝结了先人的汗水、经验和智慧。曾经的大运河，汇聚着来自国内外的山海百货、南来北往的商旅仕宦，运河沿线分布着难以计数的各类码头以及各类城镇街市。大运河成为一条重要的商业贸易通道，两岸经济繁荣，文化发达，塑造了大运河独有的文化精神和韵味。直至今天，还有为数众多的大运河文化蕴含在两岸人民的生产和生活中，维系着运河两岸人民的情感。世事变迁，在近现代交通方式和经济生活变迁影响下，大运河逐渐走向衰落，社会经济的快速发展对运河文化形成了一定程度的冲击。今天，大运河作为彰显文化自信的重要文化元素，需要重新对大运河的历史文化资源进行全方位的挖掘、保护和利用。通州城石坝和土坝是历史上大运河最北端的漕粮专用码头，南来漕粮均在此验收转运入京仓和通州仓，通州八景当中有“万舟骈集”的景观，就是通州作为漕运终点码头的漕运盛景的写照，具有无比重要的历史文化地位。近年来，在城市建设当中，由于对运河文化遗产资源研究和挖掘力度不够，这两个码头被城市规划设计者所忽视，将其规划为商业建设用地，以至于在当前大运河

文化带建设热潮当中，运河文化遗产保护和利用工作十分被动。石坝和土坝是展现运河文化的核心历史文化资源，而通州的燃灯塔只是通州的象征，八里桥和张家湾通运桥在展示漕运文化方面，也有诸多不足，因此需要正确评价大运河历史文化资源，对于核心的、文化品位高、具有关键节点地位的文化要重点保护，深入挖掘，这样才能从整个大运河文化系统当中展现北京运河文化的历史地位，突出其重要的文化价值。

2. 提升运河遗产带的文化功能、生态功能、示范功能

运河遗产带所富含的文化功能之外，近年来随着城市生态需求的增加，运河的自然与人工特性让其生态功能的附属价值转变为当然价值。运河独特而优美的景观价值之外，在生产、生活和生态的“三生”空间体系下，生态是运河空间的有力支撑，在城市功能的识别中增加了新的承载，是可以承当生态廊道、景观廊道、绿隔等多功能的载体。运河作为滨水景观可以因其功能的加载和转化成为城市更新的媒介。

《北京城市总体规划（2016～2035）》提出“遵循中华营城理念、北京建城传统、通州地域文脉，构建蓝绿交织、清新明亮、水城共融、多组团集约紧凑发展的生态城市布局；建设水城共融的生态城市，顺应现状水系脉络，科学梳理、修复、利用流域水脉网络，建立区域外围分洪体系，形成上蓄、中疏、下排多级滞洪缓冲系统，涵养城市水源，将北运河、潮白河、温榆河等水系打造成景观带，亲水开敞空间15分钟步行可达”。

总规在明确景观带的同时，强调了生态涵养、水生共融城市建设的目标，因此向生态功能的偏重要求我们的规划建设应把运河作为绿色基础设施来加以关注，在满足水利意义的基础上，将运河作为基于承载城市生态功能意义保护区加以分段分级进行规划建设，助力于各地的健康城市建设。

目前京杭大运河沿线的水陆生态系统由于各地运河现状的复杂性，部分段落连通性较差，非连续性的生态断面不能实现沿线全域生态系统功能的整体发挥，因此首要的任务是对沿线的生态功能进行详细识别，将运河沿线纳入全域生态廊道加以统一考虑，同时各省所属段落重点实现与本省域、县域生态网络的有序衔接，实现运河周边地区生产、生活、生态空间的统筹安排、资源共享、多态共生。

成功的可持续的可复制的运河保护与利用具有强大的示范意义，使其不仅是城市副中心的文化和生态名片中的亮色，而且具有全域的示范价值。因此在融会绿道、蓝网的物质空间体系中进行功能、文化与景观的定位，凸显

其文化、景观的人文价值更为重要，这要求规划设计者要更为重视当地人、当地性，使得人文价值的可持续提升有强大的社会基础。

（三）文化战略、遗产管理、平台意义的价值实现策略

1. 打造展示国家文化软实力的大片

在历史景观的管理上，需通过类型学方法对具有同类属性的空间对象进行梳理，以文化线索建立历史景观的“叙事结构”，将相关联的物质空间要素组织到对应的文化系统中，强化城镇历史景观表达、展示的清晰度。[①] 城镇历史景观在各物质空间要素、景观形态与地域文化背景以及不同时期历史景观遗产对象之间均存在广泛的关联性。[②] 借鉴历史景观管理的最新思想，将运河所经历的文化表达放在历时态的框架下，京杭大运河的价值挖掘已经不仅仅局限在文化意义，更为重要的是将运河文化纳入全域的文化发展战略，纳入国家的文化战略体系。中共十九大报告明确提出要：“提供更多优质生态产品以满足人民日益增长的优美生态环境需要”，运河全域的保护利用既是优质的生态产品，更是国家文化强国战略的一处落脚点。中国文化更为重要的是“推进国际传播能力建设，讲好中国故事，展现真实、立体、全面的中国，提高国家文化软实力”，运河故事正是一部展示国家文化软实力的不谢幕的可以供国际舞台赏析的大片，这将远远超越运河文化景观带在地性展现的价值。

2. 为我国线性文化遗产实现全域协同的治理体系贡献智慧

基于大运河整体系统保护和利用的认识不仅仅是学术界讨论的问题，在国家与地方的治理体系中针对这类穿越数个行政区划范围的线性遗产，实现共管共治，组建适宜的协调机构或建立适宜的协调机制以实现共性要求是落实与解决共性问题的途径，需要借鉴治理体系中的“共治”工具，建设全域协同的治理体系。历史文化资源与其他地区发展资源不同，具有一定的不可分割性。[③] 机制整合、功能整合、空间整合的实现急需改变以往的单中心的（各行政区划、各管理部门为中心的）、分级体系的保护架构，仰赖于高效的

① 曹珂、肖竞：《文化景观视角下历史名城保护规划研究——以河北明清大名府城保护规划为例》，《中国园林》2013 年第 2 期。

② 张杰：《“大事件”下旧城遗产保护“门、槛极化论”的文化分析——文化人类学视野中的旧城遗产保护研究》，《城市规划》2009 年第 10 期。

③ 曹帅强、邓运员：《基于景观基因“地域机制”的客家文化保护与传承开发——以湖南省炎陵县为例》，《地域研究与开发》2017 年第 4 期。

联动协同机构或机制的建立。这一协同治理体系将在资源认定、有效参与原则、信息共享等方面开展联动工作。

3. 多种技术和制度落地的平台价值展现

围绕运河各段产生的聚落空间众多，发展路径和现状比较复杂，对沿线聚落进行历史梳理与现状调查迫在眉睫，既需要部门和地区的协同工作，也需要多学科的技术方法支撑；同时运河实现其生态和景观价值，需要多种跨学科技术方法的应用；包括海绵技术、低碳绿色技术、建筑节能技术等。京津冀地区运河因为长期不通航，运河河道失修，水体污染，运河沿线生态建设不容乐观，因此需要利用现代技术手段对大运河进行生态修复，对物质性文化遗产利用现代技术进行清理、修缮和展现，对于非物质文化遗产利用多种技术平台进行展现和宣传。运河文化景观的平台价值还需要制度层面的保障。从制度层面来说，运河文化保护应严格以联合国教科文组织的世界文化遗产保护文件作为基础，国家层面也需制定大运河文化保护规划的制度性文件，同时各地应根据自身情况，结合联合国和国家相关保护条例和法规，制定具有针对性的地方性保护法规。同时，运河沿线各地应形成联动的协同保护机制，确保运河文化遗产得到整体性和系统性的保护。

结　语

对处于活态演进之中的历史遗产而言，找到遗产本身发展的动力至关重要，价值体系的构建与治理框架的搭建无疑是找到遗产本身发展动力的必然选择。借鉴历史城镇保护的研究成果，“活态保护工作必须联立时间与空间两个维度，理清城镇发展演进过程中内因动力的变化趋势，将物质空间与发展动力相互间影响作用机制的分析作为历史景观保护延续和发展承继的前提”。①

运河遗产的活化利用必须在考虑时间与空间的联结之外，强化全域认识，从价值入手，以功能扩展为抓手，找到景观可以持续作用的内在动力。目前北京市启动了文化中心建设工程，包括老城保护、中轴线申遗、大运河文化

① 张松、镇雪锋：《从历史风貌保护到城市景观管理——基于城市历史景观（HUL）理念的思考》，《风景园林》2017 年第 6 期；张兵：《历史城镇整体保护中的“关联性”与“系统方法”——对“历史性城市景观”概念的观察和思考》，《城市规划》2014 年第 S2 期。

带、西山—永定河文化带、长城文化带建设工程、重点地区专项整治工程，这是运河遗产获得再生的政策性动力；对运河遗产价值的重新判断是其实现永续发展的内在驱动力的基石；全域协同共治体系是实现运河作为文化走廊、景观视廊、生态走廊、共享平台等多元价值的制度和政策保证。总之，当下需抓住历史的新机遇，举运河全域之力，搭建跨专业的研究与实践平台，以实现运河保护与利用的再生转型和对运河历史遗产保护与利用的最大化永续发展。

文脉主义视域下江南运河沿岸传统聚落的保护与更新*

——以江南运河常州段为例

汪瑞霞　张文珺**

引　言

运河沿岸传统聚落是指在运河沿岸在自然力量和人类自觉力量共同作用下动态发展长期形成的有形聚落及周边环境，包括人、自然、社会、建筑、支撑网络五大基本要素。中国大运河是人类历史上超大规模水利水运工程的杰作，其中长江以南镇江至杭州段之间，史称“江南河”，又称江南运河，这一区域自春秋以来，因自然水文、地理变化和水利工程等而积淀形成江南水乡地域文化特征。然而，随着我国城市化与工业化进程的加速以及交通方式的改变，大运河沿岸聚落日趋衰落，有的沿河建筑物和历史遗迹快速消失，传统街巷肌理和特色缺失；有的沿河老街传统建筑功能性老化，生活设施落后，几乎空心化；而一些新开发的旅游街区强调了现代性，却对运河文化内涵表达不够，旧格局与新时代发展之间不平衡的问题亟待解决。

实际上，在第二次世界大战之后，世界很多城市也面临相似危机，大量实用主义的现代建筑导致城市功能同质化，以至于后现代文脉主义思潮兴起，并在20世纪60、70年代全面爆发，文脉主义强调的The historical context是基于地方文化在历史和空间上的发展与延续，即“历史连贯性”和“文化连续性”，虽然人们对这种思潮内涵的理解有偏差，但是“文脉主义的进步性……体现在观念的补充和更新上”：一是城市文脉一般由显性和隐性两大系统构

* 本文原载《装饰》2018年第4期。

** 汪瑞霞，南京艺术学院设计学博士研究生，常州工学院教授。张文珺，常州市规划设计院研究员级高级城市规划师。

成；二是建筑文脉是城市文脉的基石，但是建筑不是一个孤立的个体，应注重建筑室内外环境的协调，研究建筑与文化、社会、历史之间的相互关系；三是强调历史文脉不是复古，文脉建构的方式很多，要让具有地方特色和集体心理认同的传统优秀文化精髓得以发扬。基于这种相似性、相通性，文脉主义的理论给我们提供了新的视角来解析江南运河沿岸传统聚落，本文将以常州段为例，提出更为科学可行的保护与更新方案。

一 显性文脉与隐性文脉异型同构

江南运河沿岸传统聚落的“保护与更新”，在遵循国家政策的前提下，既要延续传统文脉，彰显江南运河文化之“特”，又要实现运河文化从过去到未来的持续发展。因此，首先要对江南运河沿岸聚落的文化遗产进行价值评估，且评估的指标导向不能狭隘地以水道是否古为今用作为依据，也不能孤立看待。应该穿越时空，从显性和隐性文脉两大系统来整体分析，不仅要对遗产保存现状的真实性、完整性和延续性做出判断，还要从管理机构、档案留存、设施条件、安全防灾等状态指标对当地保护措施和策略进行评估。

（一）水利水运工程改善沿岸聚落生态环境

江南运河沿岸聚落的形成是一个诸要素动态变化的发展过程，呈现出以下特征：其一，漕运的管理部门、驻守部队以及船夫、脚夫、货商等人遍布于运河沿线的重点市镇码头，常住人口日渐增多，这些地方逐渐发展成为重要的市镇聚落。其二，各地米船、货船皆停靠于运河沿岸的码头，以这些码头为中心，逐渐发展成经济重镇和街区集市。其三，人口的集聚带动了配套行业的发展，运河沿岸的粮仓城镇出现了农业文化与商业文化交融的格局，江南运河的开凿因地制宜、因势利导，将零散的不同历史时期的区间运河连通为一体，对运河城镇的社会变迁产生了重大的影响，是中国大运河不可或缺的组成部分。

江南运河常州段是漕运和水路交通的繁忙要道，地位极其重要，常州府也因此被誉为“八邑名都”“中吴要辅”。明嘉靖四十年（1561）水利专著《三吴水利图考》曾论述常州水利“常州地势视苏、松为高，然北枕大江，南控太湖，凡水之猥集其境内者，往往合于漕何奇分之，而流注于江湖焉，盖亦百川之巨都也”，古地图中常州府的水道与街道合二为一，成为贯通街巷之间的主要通道，常州至今还保留着众多与水有关的乡镇地名，如郑陆桥、三河口、石堰、丁堰、戚墅堰、塘桥、戴溪桥、周桥、潘家桥、雪堰桥、湖塘桥、寨桥、杨桥、漕桥、湟里、新闸、卜弋桥、罗墅湾、小河、孟河、圩塘等，不胜枚举。常州城区至今仍然保留了从春秋到隋唐到元明的各个历史时期的运河故道，仍然承载着中国江南地区无可替代的水利调节、交通运输、文化衍生、缓解城市热岛等功能，江南运河水网与交织其间的市镇乡村共同构成了一个巨型的天然海绵城乡生态系统。

（二）聚落文脉彰显江南水乡文化特质

江南运河对沿岸聚落的居民生活、产业经济、社会文化等产生了全方位的深远影响，促进了江南地区与国内外其他地区经济、文化的融合与传播；也见证并展示了江南地区政治制度、移民活动、人口迁徙、风水思想、传统规划思想、经济技术、宗教民俗等各种因素交织成的动态演变过程。江南水乡文化以一种固有的模式深植于人们的意识结构之中，长期主导和维系着江南地区建筑以及城市演变与发展的方向。由于江南运河周边支线水网密集分布，传统运河“遗产文化带”的线性概念应该转变为“大运河文化遗产网络”的立体思维，显性文脉和隐性文脉交织共生其中，共同构成了一个以人工化水网为代表的反映江南文化繁荣过程的遗产网络体系。

江南运河沿岸聚落的文化遗产类型丰富，形式多样。以常州为例，目前常州范围内古运河滨河空间西起五星桥，东至政成桥，河道全长约 9.6 公里，关河、市河、中国大运河与城区形成了水绕城垣的景象，可谓文化多元，贯通古今，是运河文化的缩影、城水格局的典范。根据常州市《大运河常州段遗产保护规划》，重点保护的显性文脉除了大运河的生态与景观环境，现有水利工程遗产 48 个、其他物质文化遗产 110 个、聚落遗产点 9 个（其中有历史文化街区 3 个）。本段运河沿线保留民居、老厂、驿站等大量历史遗存，还拥有魏晋年间的常州梳篦等省市级非物质文化遗产；有苏东坡、贾宝玉、盛宣怀、瞿秋白、张太雷等相关的人物和故事；有乾隆六次下江南都要朝圣礼佛的“东南第一丛林”天宁寺，有常州道情、挑龙灯、踩高跷等传统演艺形式技艺以及不同品类的百年老字号品牌。

但是，从现状评估情况来看，常州运河沿岸的显性文化资源与隐性文脉关联度不高，主要存在以下问题：①显性文脉方面：有年代的建筑在建筑质量、建筑风貌和空间特色等方面保留较少，部分地区的码头、驳岸、铺装、栏杆等

设施的功能和视觉形象亟待提升。②隐性文脉方面：随着运河载体的衰落，从早期的商市文化、手工业文化、宗教文化到近代的工商业文化已逐渐淡出人们的记忆。

二 聚落建筑与人居环境系统和谐共生

文脉主义建筑理论家文丘里的“普遍城市原理”体现的人文主义思想给了我们很多启示，即不仅要关注历史建筑本身，还要关注建筑之外复杂的记忆容器、街道、广场以及随着日常生活不断变化的城市风貌。江南运河沿岸传统聚落既是中国大运河总体视野中的局部，又是江南人居环境科学体系之下的小系统，包括聚落周边环境和人、社会、地域文化、建筑整体风貌、河网水系等各种组成要素的整体关系，形成现代与传统交相辉映的运河特色城市风貌。

（一）打通滨水慢行脉络，构建人居生态系统

江南运河沿岸传统聚落的保护与更新是践行生态绿城建设的重要举措，打通滨水慢行脉络，建立水乡人居环境系统是首要任务，要运用海绵城市理论，结合江南地方文脉基因和水乡自然条件，恢复会呼吸的运河和天然水道网络，构建区域水生态安全格局，从水安全、水资源、水生态等方面，开展主要包括水体保洁、河道清淤、绿化绿地、驳岸码头等方面的水网生态修复整治，完善运河天际线和植被状态，改善城市空气质量。同时重视公共设施支撑工程，如运河广场、滨河廊亭、亲水栈道、观景台榭，以及休闲娱乐服务等常规配套设施等。在城郊段，严格控制各类厂房建设，恢复湿地生态，规划森林公园。另外，加快地方大运河保护专项立法工作，通过法规将大运河文化遗产保护原则和要求、跨部门跨地域协调机制等常态化，以保障大运河保护管理工作的延续性。

根据国家文物局制定公布的《大运河遗产保护与管理总体规划（2012～2030）》（2012）和《大运河遗产保护管理办法》（2012），在深度调研和现状分析的基础上，常州市制定了《常州大运河（五星桥—政成桥）精品空间建设规划》，该规划以“集、市、城、文、工”为五大特色主题定位（见图1），重点打造十大景观节点，重点建设“一带串两环”的滨河亲水休闲廊道，结合社区和遗产资源点的分布进行合理布局，内外围慢行通道交汇，构建网络化的慢行系统，贯通运河—关河城市风光、市河城水格局、老城厢风情和江

南园林三条体验线（见图2），打通步道，让市民能沿着运河畅通无阻享受与运河的亲水之乐。

图1　常州运河五大特色主题定位十大景观节点

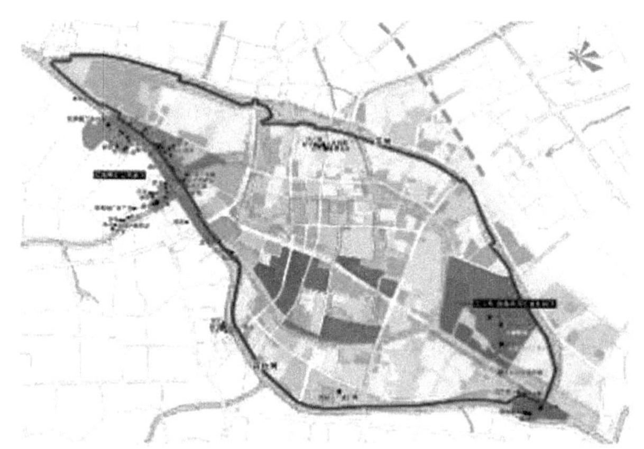

图2　运河—关河城市风光、市河城水格局、老城厢风情和江南园林三大主题体验线

（二）根据人居类型，提升特色建筑风貌

威尼斯学派代表罗西以建筑类型学丰富了“文脉”理论，具有一定的科学性和可操作性。他认为人居类型可以按照人居语言的几何形体“原型”特征来划分，“把由历史积淀形成的地域‘文脉’，通过‘集体潜意识’的原型中介，转化成了一种‘设计技术逻辑’……‘文脉’已经几何化，‘时间’已经转化为‘空间’”。因此，江南地区人居环境系统诸要素中，建筑本体是

显性文脉的形态呈现，首先要对常州运河沿岸建筑年代（见图3）、质量、高度与现状风貌特征做综合评估，按照保留型建筑、临时整治型建筑、一步到位整治型建筑和拆除建筑四大类实施保护和更新。

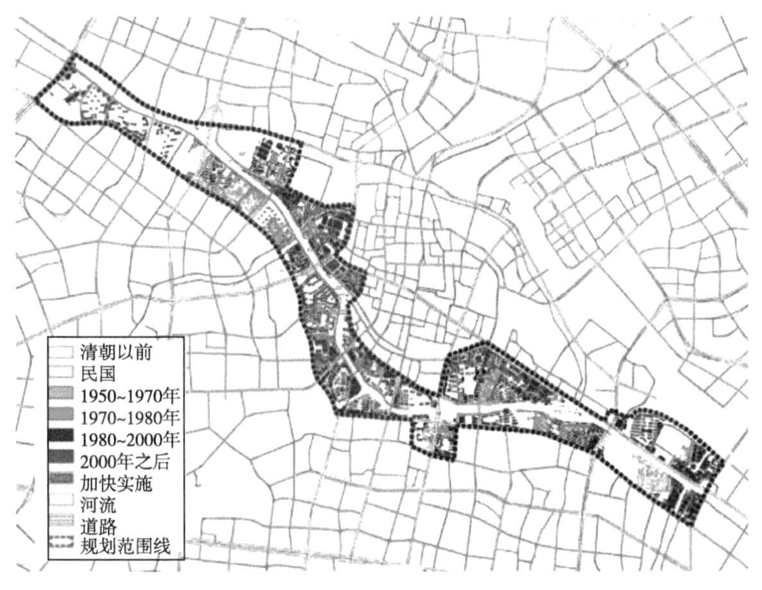

图3　常州运河建筑年代分类

根据常州运河历史文脉，将其运河沿岸建筑风貌区主要分为三大类型（见图4）：第一类是江南民居风貌区，粉墙黛瓦、错落有致、清新素雅，有马头墙、硬山双坡顶、瓦当、滴水、门头、勒脚等装饰元素，其中协调区以白墙、灰瓦、木色为主要色彩基调，细部采用坡顶、马头墙、门头等点缀。第二类是传统商贸风貌区，粉墙黛瓦、飞檐翘角、亭台楼阁，有四坡顶、歇山、攒尖等屋顶形式，屋脊造型丰富、挑檐较深远、有立面装饰构件等，其中协调区以粉墙黛瓦和暖色点缀，屋顶形式以坡顶为主。第三类是工业遗产风貌区，框架结构、砖混结构的大跨度空间，工业构件融入现代创意元素，配以红砖、青砖、素混凝土、深色部件、玻璃等要素，其中的工业遗产风貌协调区利用现代材料融合工业元素，呼应工业特征。以常州运河沿岸中吴大桥—怀德桥段为例，按照“千载漕运繁华地”的主题，系统规划建筑整治类型，提升特色建筑风貌。以滨水慢行系统为纽带串联各景观节点，重点修复大观楼、芦墅烟月、运河五号、西仓桥等重要景观节点，力求单体建筑与城市环境相得益彰（见图5），形成文脉、绿脉、水脉相互融合的游憩脉络，彰显江南运河人水相依、文脉相传的文化特质。

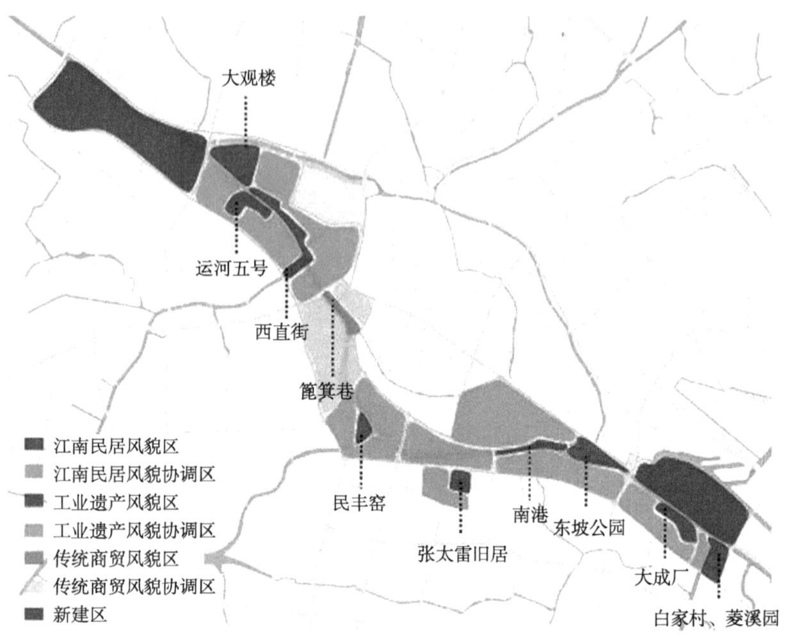

图 4　常州运河建筑风貌引导分区

图 5　运河中吴大桥—怀德桥段建筑风貌整体提升前后效果对比

三　物态空间与生活方式有机融合

柯林·罗的《拼贴城市》以宏大的人文领域场景讨论了现代建筑与城市问题，“任何既定的社会氛围与传统是有关联的”、城市发展是一个文脉延续的过程，城市风貌是由不同历史时期的形态拼贴集合而成，“拼贴”与城市结合其实是在倡导一种多元性的策略和思维方式。青果巷历史文化街区是江南运河沿岸聚落的点睛之处，其形成可以溯源到明代万历年之前。

五百年来，青果巷走出了数百名进士和名人，有“江南人文古巷”“名人摇篮”的美誉。

（一） 物态空间的分层级保护和利用

青果巷总保护面积 12.6 公顷，目前街巷内还保留了 100 余栋明、清、民国不同时期的民居，其中文保单位 11 处（见图 6）、历史建筑 17 处，有贞和、八桂、松健、礼和、筠星等唐氏八宅，天香楼、赵元任故居等，这些民居建筑结构简洁，朴素内敛，体现了常州文人温润雅致的书卷气质。从微观、中观、宏观三个层面的构成要素来看，以古树、古井、码头等点要素彰显勃勃生机；以“河”“街”等线要素连通围合；以院落、建筑群体等面要素组团叠加，点线面实体与自然肌理交叠，构成古街区传统空间格局的图底关系。从街区建筑的空间层次来看，从间、合院空间、院落组、地块到街区构成，子群关系结构清晰，形制有序。青果巷整个街区好像一个拼贴式建筑风貌演变陈列馆，形成聚落街道空间、院落建筑形制、建筑细部构造及装饰三个层级（见图 7）。

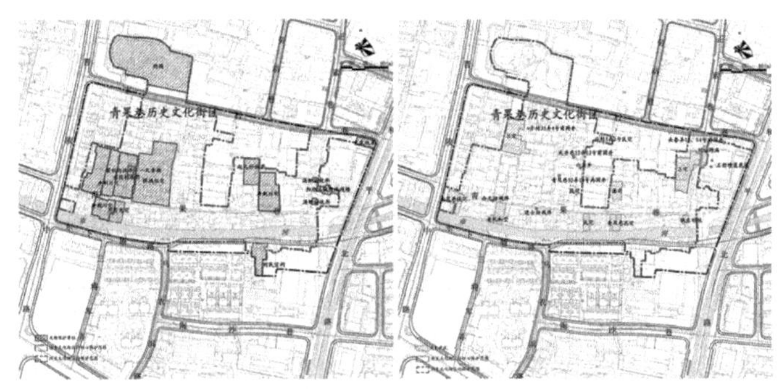

图 6　青果巷文保单位和历史建筑分布

图 7　青果巷里弄民宅现状（自摄）

按照“小规模、渐进式、微循环”的思路和“不改变文物原状”的原则，对青果巷街区进行整体修缮和活化的具体路径有：①维持南市河原有的自然形态和生态特征，对背街、里弄里的街巷按照传统街巷的空间尺度进行疏通；②拆除严重影响街区空间格局的建筑和电线电缆，彰显名人、民宅的精神面貌和文化景观的魅力；③保护构成青果巷历史风貌的多元要素，如古街、古巷、古桥、古河、古树、古井、传统地面等，还包括不同类型的提取过程，如元素提取、图形提取、结构提取、人物和故事提取、含义提取和特色基因提取；④改造活用，修复省级文物保护单位、历史建筑和青果巷南侧沿河传统建筑原型，结合青果巷背后的故事，充分利用这些“容器”，营造江南运河文化活态体验场所。

（二）居民生活方式的回归与激活

江南运河沿岸传统聚落的保护与更新的维度除了改善具有城市文脉精神的物质环境，更应该思考“经济社会、文化宗教、社区生活和管理治理等社会维度”。在保持和延续聚落的物质空间、传统格局和空间尺度的基础上，还要回归对江南文化的记忆，还原江南水乡居民的生活方式，加强生态社区系统的构建，既保持空气土壤的质量、能源的可持续性、运河的水流通畅、江南水乡特色，又要能够为当地居民提供平等的在本地的就业机会、安全而环保的生活空间、运动场地、各种社交以及终身学习的条件，从而营造良性循环的邻里关系，创设一种长久被人们所喜爱的生活状态，协同社会力量和资源，构建持续有效的管理运营机制。

具体措施如下：其一，集合来自当地社区、城市和区域政府、产权人、投资人、商业企业、环境组织、居民以及来自世界各地不同文化背景的游客等所有方面的力量，提高全民对大运河保护的理解和参与度；其二，充分应用新技术创新展示和阐释手段，向社会大众阐释各河段、遗产点的自身特点、功能、与大运河总体价值的关系及相关重大历史事件、人物，并围绕大运河价值、保护理念和管理要求，制作宣传手册、书籍等出版物以及微博、微信等新媒体宣传材料，入课本、进校园、进社区，让江南运河文化走进心里，融入每个人的血液里，这样保护运河文化的“朋友圈”会越来越大；其三，通过分解组合、重构转换等方式和艺术手段唤醒地域文化和传统经典，新增公共活动空间和景观廊道，将抽象出来的建筑“原型”与不同的场景相结合，还原于具有当代江南文化特征的新的场域中（见图

8），并注入一些项目和跨年集会、元宵观灯、庙会集市、龙舟竞渡、重阳登高等形式多样的节庆活动，凝聚人气，使社区充满活力，让参与者有获得感、幸福感和文化认同感，共建共享一个有温度、有情怀的新时代江南运河社区文化共同体。

图8　青果巷保护与更新效果图

结　语

文脉主义思想强调建筑形态和人居环境系统、局部与整体之间的和谐，主张结合历史环境的历时性与共时性特征，这是当今历史文化城镇保护规划和更新发展比较适合可行的理论和方法之一，将这种思想与理论融入江南运河沿岸聚落的保护与更新实践过程中，深度剖析江南运河沿岸聚落的显性文脉与隐性文脉，对于构建江南地区人居环境系统的示范性样本具有重大意义。运河传统聚落的保护与更新是一种政府主导的干预性、保护性的，能确实改善区域人居环境的创新实践活动，其基本原则就是平衡或者整合诸要素，做到相互联系、相互促进、相互融合。只有深度解析江南地方文脉，根据不同地区的特殊问题和潜在问题提出可行性的保护政策和行动方案，才能营造出具有江南文化吸引力及文化认同的物质环境和场所精神，才能满足当代人的审美需求，确保运河沿岸传统聚落社区的可持续发展。

参考文献

常州市图书馆：《常州古地图集》，凤凰出版社，2013。

〔意〕胡义成：《“乡愁”原型——中国人居理论研究》，科学出版社，2017。

刘先觉：《现代建筑理论》，中国建筑工业出版社，2008。

〔美〕柯林·罗、弗瑞德·科特：《拼贴城市》，童明译，中国建筑工业出版社，2017。

〔英〕安德鲁·塔隆：《英国城市更新》，杨帆译，同济大学出版社，2017。

〔美〕罗伯特·文丘里：《建筑的复杂性与矛盾性》，徐怡芳、王健译，中国水利水电出版社，2017。

文中图片来源：

图1至图6由常州市规划设计院提供，图7至图8由晋陵投资建设有限公司提供。

后申遗时代京杭运河体育文化资源现状与发展路径选择*

张永虎**

进入21世纪，学术界将京杭运河（以下简称运河）作为一种线性区域文化全面展开研究，涉及文化、历史、经济、建筑、水利、旅游等学科。然而，在运河沿岸各个城市，极富特色内涵的运河体育文化依然没有一席之地；在各级各类普通中学和高等院校，运河传统体育项目没有得到普及。这种现实表明：运河体育文化挖掘、传承与研究亟须展开，而运河体育文化的元素、特征有哪些，如何“传承保护遗产、发展遗产、创新遗产”成为问题之关键。相比之下，中国运河文化的发展与国外运河诸如伊利运河、苏伊士运河、巴拿马运河等的发展水平相距甚远，存在很多问题，如产业发展仍处于自发状态，没有进行整体规划；文化产业对传统产业渗透不足，完整的产业链还未形成；相应的政策支持不够难以提供完善的公共服务平台等，这些问题都将成为京杭运河文化产业发展的制约因素。中共十八大报告强调“提高文化产业规模化、集约化、专业化水平”，2014年6月，京杭大运河又成功入选世界文化遗产名录，利好政策不断加码，为沿运城市提供新的发展机遇。在北京奥运会前的2007年，北京举办运河文化与体育文化的融合与发展高峰论坛，目的是以现代体育促进运河文化的发展，建设运河文化、体育文化娱乐的奥运文化广场。我国学术界对运河体育文化的研究才刚刚起步，至今还只是一个概念性的研究领域，更缺乏深入而系统的研究。因此，以京杭运河城市为主阵地，探讨运河体育文化的特色与发展问题，成为运河文化研究和体育文化研究的重点。

---

* 本文原载《北京体育大学学报》2018年第1期。

** 张永虎，聊城大学体育学院教授，硕士生导师，研究方向为体育社会学。

一　研究方法

本研究运用文献资料法、实地调研法和专家访谈法等研究方法，选取北京通州区，天津市运河区，河北省沧州、廊坊，山东省德州、聊城、济宁、枣庄，江苏省淮北、无锡、苏州，浙江省嘉兴、杭州等节点县市或区的体育文化部门和运河管理部门及管理人员为调查对象。以“体育文化”“运河文化”“文化产业”为关键词，借助中国运河文献数据库、中国运河博物馆查阅馆藏地方志、史书等与运河有关的中外文资料。利用大学图书馆、中国知网等数据库，检索体育学、文化学、地理学、民俗学等相关学科的学术专著和核心期刊论文 70 余篇（部），本研究直接参考文献 21 篇。制定调查提纲，对京杭运河沿岸城镇的体育文化资源、体育产业资源进行了实地统计调研，并注重文本的解读和研究，将京杭运河城市作为一个整体，把运河体育文化建设视为系统工程，为课题研究提供了有力的实证依据。

二　运河体育文化概念与资源

（一）运河体育文化概念界定

京杭运河是世界上最长的人工河，也是中国唯一南北走向的长河，它和长城一样是中国古代的两大工程奇迹。运河文化的发展有其庞杂的子体系，是沿运河流域的社会政治、经济、科技、文化的全面发展而形成的一种跨水系、跨领域的网带状区域文化集合体，其本质就是人们与京杭运河的互动关系及其产物。随着 2008 年北京奥运会、2010 年广州亚运会、2011 年深圳世界大学生运动会和 2014 年南京青奥运会等多项大型体育国际体育赛事相继落户在我国，大大推动了我国体育文化研究的发展。体育文化是一个总括性的概念，是关于人类体育运动的物质、制度、精神文化的总和，其包括体育认识、体育情感、体育价值、体育理想、体育道德、体育制度和体育物质条件等，反映了人们在身体教育和发展以及与其相关的各种社会行为方面的总成绩。本文讨论的体育文化既包括体育设施、人体素质等物质文化，还包括规则、知识等制度文化，以及观念思想意识等精神文化。

由此可见，体育文化与京杭运河文化同属文化空间中两个并存的文化体系，在文化共性的作用下，以人的社会文化需求为导向，体育文化与运河文化在碰撞、交融的过程中形成了京杭运河体育文化，即运河体育文化是体育文化与运河文化相互结合的产物，是不同文化的重构与选择。从广义上讲，运河体育文化泛指与运河有关的体育文化，是人们长期受运河文化生态建设的影响逐步孕育、创造和形成的具有京杭运河特性的多元化体育文化；从狭义上说，京杭运河体育文化指人们以运河沿岸环境为依托，在长期与运河生态相互作用的历史发展进程和体育实践活动中形成的一种以运河精神为主要特征的体育文化形态。

运河体育文化既有体育文化的一般特征，又有其特质规定性。我们要研究运河体育文化，深层理解运河文化与体育文化结合的内涵、特征及对促进现代体育文化建设的重要意义，这种结合意味着人在追塑回归自然的道路上，将体育文化纳入自己的生活，就如现代社会一样，体育文化已成为人类文化中不可缺少的一部分，我们已无法离开体育文化。可见，课题从运河文化的视角分析其中的体育文化现象，当体育文化把运河文化确定为参照物时，可以把体育文化看作狭义的一种文化现象；当体育文化把运河沿岸各种体育社会现象确定为参照物时，体育文化被看作相对广义的一种文化现象。这样研究的目的是以源远流长的运河文化为载体，全面系统地解读运河体育文化的不同社会价值，为深入研究运河体育文化资源的开发模式与战略提供参考。

（二）运河不同段落的体育文化特色

京杭运河列入《世界遗产名录》后，将成为我国第 32 项世界文化遗产，我国世界遗产的总数达到 46 项，继续紧随意大利，稳居世界第 2 位。被列入《世界遗产名录》的大运河涉及我国沿线 6 个省（直辖市）28 座城市的 27 段河道和 58 个遗产点，河道总长 1011 千米，并被国际工业遗产保护委员会（The International Committee for the Conservation of the Industrial Heritage，TICCIH）在《国际运河古迹名录》中列为最具影响力的水道，在世界范围内形成了具有广泛影响和号召力的超大型线性文化遗产。在漫长的历史发展过程中，通过历代人民的共同努力，在运河沿岸积淀形成了丰厚的运河文化遗产，文物古迹星罗棋布，亦构成了沿运河地区丰富多彩的体育文化旅游特色。据调查，目前北京通州新城核心区域的运河城市段项目已被规划为 7 个体育文化功能区，即世界体育文化交流中心、滨海体育文化健身走廊、体育文化健身广场、国内体育文化最大聚集中心区、体育文化设施建设服务区、生态体育文化活动区和体育文化科技创新活动区。

运河遗产资源体现出运河先民们的聪明和科学智慧，体现了运河文化遗产的历史价值、景观价值和独具特色体育文化的内涵，既是运河文化资源与体育文化资源融合发展与创新建设的重要载体，也是民族征服自然、改造自然、不屈不挠、敢于胜利的民族精神与体育精神融合的物化。体育文化遗产项目亦能反映出运河城镇的自然生活状态、民族宗教观、社会关系、民族情感等特征。仅江南运河段就囊括五常十八般武艺、嘉兴掼牛、高杆船杂技、操石礅、水上竞技踏白船等体育遗产项目。

沿运城镇所处的自然生态环境规定了该流域运河体育文化的发展方向，固然，在该流域的传统体育发展过程中，还渗入了社会因素的影响。目前在运河各个城市运动会上越来越难看到传统体育项目的身影，运河传统体育文化正逐渐被边缘化。究其原因：一是受中国主体体育文化的影响，地方政府体育部门只注重投资周期短、见效快的现代体育项目，忽略了运河传统体育项目的发展；二是运河沿线城镇对传统体育文化的重视程度不够，随着部分运河断流以及竞技体育项目占主流的影响，运河沿岸一些传统体育、游艺、杂技及传统舞蹈逐渐淡出运河沿线农村体育的舞台，以往每逢重大节假日举行的农村运动会在大多运河群众聚居区举办的越来越少。运河传统体育文化遭遇边缘化是运河体育文化在体育领域的自身发展遇到的一个深刻问题，强烈呼吁地方体育行政部门采取具体抢救措施，保护运河沿线濒临灭绝的体育文化遗产项目。

近年来，随着各级政府加快运河沿岸生态环境建设优惠政策的实施，运河沿岸的体育文化生态环境也在发生了深刻的变化，迄今为止人们在运河里洗衣服、玩耍和养鸭的这些活态元素，将会退变或淡化。同时，具有不同运河体育文化特色体育项目、体育基础设施等要素，也将随着市民体育文化活动的需求逐步拓宽，不仅为市民参与体育文化活动提供了一个良好的空间，也为外来游客提供了良好的体育旅游文化目的地。

（三）以京杭运河命名的公园及其具体的体育基础设施现状

以运河命名的公园和体育公园是国家为了保护典型生态系统和体育文化生态系统的完整性、专门划定的需要特殊保护、管理和利用的生态自然资源和生态体育文化区域，是体现传统自然保护和现代体育文化资源生态整合与管理升级的创新发展模式。从自然条件上看，运河体育文化资源幅员辽阔，从北到南形成了资源丰富的体育文化活动设施分布区和千姿百态的体育文化生态景观。迄今为止，我国在京杭运河段以运河命名的公园和体育公园在城乡居民参与体育文化活动发挥了积极的作用。例如杭州西塘运河中央公园总用地面积达 51.44 公顷，包括西塘河公园和周边的城北文体中心、运河体育馆、台湾美食街等 4 部分，西塘河、十字港河穿境而过，游人可以在西塘河公园体验“运河千古情”，也可以在城北文体中心、运河体育馆、公园里的体育健身设施点感受体育魅力。运河公园和体育公园是运河文化遗产的重要组成部分，亦可作为运河文化科学研究、科学普及体育健康教育，以及为国民提供体育文化休闲娱乐、了解和欣赏大自然体育生态文化自然景观的一个不可缺少的重要场所。就现实价值而言，运河公园和体育公园的建设与发展不仅能够保护自然生态、历史文化遗产系统和自然地貌的原始状态，而且还能推动生态体育文化旅游产业的发展，促进体育文化消费和提升全民健身的发展水平。由此可见，促进运河公园、体育公园内的体育文化活动设施的科学发展，建立具有尊重自然、顺应自然、保护自然的生态理念的运河公园、体育公园的体育文化基础设施管理体系，对建设美丽中国，实现中华民族体育文化的永续发展，对全球的体育生态安全工作均有重大意义。另外，以上这些带有鲜明运河特色的体育文化资源禀赋，给运河体育文化产业的发展提供了丰厚的土壤，而申遗成功进一步提供了运河体育文化大发展的战略机遇，需抓住机遇，合力推进。

（四）运河体育文化资源的构成要素及价值

运河体育文化资源包括自然形成或人类创造的体育文化资源，它能为人类提供生存、发展和享受的自然物质与社会基础，资源的所有权归全体社会成员共享有，与山林文化资源、平原文化资源、河湖文化资源和多元化的运河生态文化资源共同构成了一个运河文化产业链。此带地域辽阔，自然环境复杂多样，许多富有体育文化资源利用价值的湖泊、河流、平原、山林和丘陵等地貌在这一地区都有分布。根据课题对运河体育文化的界定，认为运河体育文化资源是由若干子系统体育文化资源组成的有机整体，其体育文化资源具有体育文化基础、保障力、生产力、传播力、吸引力和创新力 6 个主要部分组成（见图 1）。运河体育文化资源亦属于水脉文化资源的范畴，是由若干相互作用的推动力和拉力因素构成的极其复杂、连锁反应极强的可持续发展的体育文化资源系统，其特征具有整体性、开放性和动态性。由此可见，运河体育文化资源还具有凝聚力、辐射力和影响力等要素，激发我国体育文化产业资源的“源创新”“始创新”“流创新”的相互促进，进而引发一连串的体育文化创新活动；形成运河体育文化产业的创新生态系统，实现与其他文化产业健康互动发展，构成运河体育文化产业与特色体育旅游互动发展的系统循环经济，对促进运河体育文化产业的健康快速发展具有重要的作用和价值。

运河体育文化的衍生与发展是运河沿岸民众对生态环境适应与抗争的自然选择，并以特有的活动方式呈现，这些传统体育文化活动在其历史的发展过程中，依附于运河沿线的平原文化、山林文化、河湖文化得以运转并延续，影响人们的生产和生活。反观之，运河体育文化活动对于运河所依存的自然环境而言，显得十分必要而合理，体育文化活动对于该地区自然环境而言具有高度适应性，既是生产技能的锻炼，又是人与生态自然环境之间生存竞争的产物。不同城市同一传统体育文化项目风格也存在差异，例如同为传统运河夯歌，因为地方方言的不同，河北夯歌曲调悠扬，山东夯歌节奏明快，江苏夯歌热烈火爆；天津武清杂技、沧州吴桥杂技、霸州杂技、山东宁津杂技、聊城杂技、东平杂技、江苏盐城杂技，虽然都是杂技，但因为每个地方的民风民俗不同，所创编的杂技动作和风格各不相同；山东济宁文圣拳、聊城查拳、滕州大洪拳同为武术，受各自地域和社会环境的影响，其套路和动作结构各具特色。究其原因，在于各个地域民众都有适应性、创造性利用当地自然生态的天赋和能力，并深受各种社会因素的影响。此外，运河沿岸名胜古迹、民间艺术和众多的庙会、民俗、节庆会展等都蕴含着诸多的民俗文化事项，也是体育文化传播的载体，是传承体育文化的重要场所和形式，对于增强群众凝聚力、激发民族意识有着极大的意义。

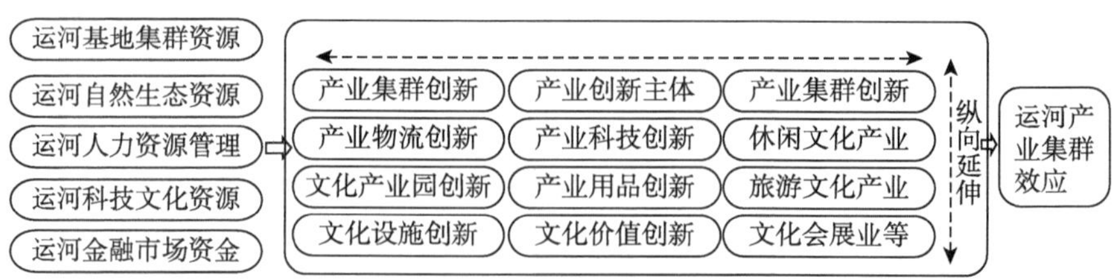

图1　运河体育文化资源构成要素

三　后申遗时代京杭运河体育文化发展路径

（一）建立京杭运河体育文化产业基地

建立京杭运河体育文化产业基地是我国目前和今后一段时间内促进运河体育文化发展的主要路径。2011 年国家体育产业基地命名管理办法将国家体育产业基地以地区县、不设区的市、市辖区为单位，命名为“国家体育产业基地”；以体育产业某领域中知名企业或机构为单位，命名为“国家体育产业示范基地”两种类型。国务院《关于加快发展体育产业促进体育消费的若干意见》（〔2014〕46 号）（以下简称国务院 2014 年“46 号文件”）明确了体育产业的地位，提出体育产业基地更加坚实，推动体育文化产业的发展。《体育产业发展“十三五”规划》（以下简称《规划》）进一步明确提出“十三五”期间建设 50 个国家体育产业示范基地、100 个国家体育产业示范单位、100 个国家体育产业示范项目。因此，建立京杭运河体育文化产业基地应根据国家体育总局《规划》和国务院 2014 年“46 号文件”的基本要求，在体育文化企业发展方面具备相当基础、规模和特色的地区，或在体育文化产业某领域具有一定重要影响力和较强竞争力的机构建立京杭运河体育文化产业基地，建立京杭运河体育文化产业基地既是实现我国体育文化快速发展的必由之路，又是促进我国体育文化产业进行自我升级的重要举措。为此，本研究参考了有关学者的相关研究成果，结合中国目前京杭运河体育文化产业基地的实际，提出了建立中国京杭运河体育文化产业基地及其集群创新效应的设想（见图 2）。

（二）创新民生型运河体育文化建设的运行机制

发展体育文化事业是提高中华民族身体素质和健康水平的必然要求，不仅有利于满足广大人民群众多样化的体育文化需求、保障和改善民生；还有利于扩大内需、增加体育文化就业率、培育新的体育经济增长点和增强国家凝聚力以及体育文化国际国内竞争力的需求。随着《全民健身日》和《全民健身计划》的顺利实施，体育文化的民生建设问题越来越受到党和政府的高度重视。国务院 2014 年“46 号文件”也明确提出创新体育产业促进体育消费体制机制，丰富体育产业内容，推动体育与养老服务、文化创意和设计服务、教育培训等融合，促进体育旅游、体育传媒、体育会展、体育广告、体

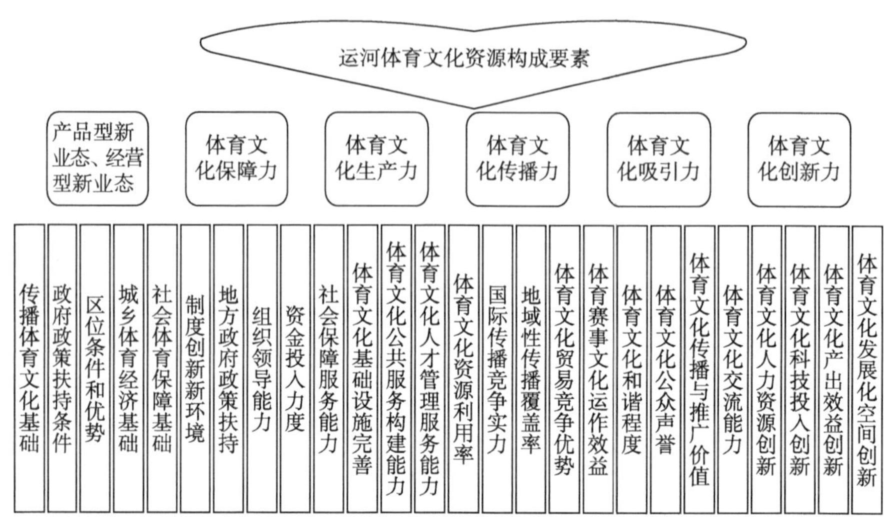

图 2　京杭运河体育文化产业基地及其集群创新效应

育影视等相关业态的发展。实践经验证明，运河社区体育文化建设与民生建设有着自然的联系。因此，创新适合运河体育文化自身发展的运行机制，是促进运河体育文化建设的可持续性、和谐性、高效性和共享性的保障。由图 3 可见，民生型运河体育文化建设创新运行机制的构建需要社会体育文化支持系统、社会体育文化资源系统、社会体育文化公众参与系统、社会体育文化环境系统、和谐的社会体育文化系统、高效的体育产业经济系统、可持续的体育文化资源系统和绿色体育文化的人文环境系统提供运行内核、依托、保障和导向作用，这 8 大系统为构建民生型运河体育文化建设创新运行机制提供了全面的支撑保障系统，因此，科学优化 8 大系统势在必行。但是目前由于运河民生型体育文化建设运行机制的构建还处于起步阶段，面临着许多坎坷，因此，各级政府应在对民生型运河体育文化建设创新运行机制构建的现实背景下进行充分的考察和认识的基础上，探索适合各地自身发展的民生型运河体育文化建设创新运行机制的发展模式，促进运河体育文化建设的快速发展，为实现区域体育文化资源建设的可持续发展服务。如杭州运河拱墅段通过申遗前后的建设，已经成为没有围墙的运河文化博物馆。目前生活在运河边的拱墅人，将以中国大运河申遗成功为契机，加快运河体育文化带和运河体育文化名区建设的同时，更加倾力传承和弘扬运河体育文化，让运河岸的桥、塔、寺、码头、博物馆、历史街区的体育文化散发新的光泽，变成现代化的运河体育文化休闲公园。天津市武清区占地 400 亩的运河文化公园和

1200 亩的北运河休闲健身驿站以及总长 60km 的运河沿岸的体育文化活动设施和健康绿道，将为后申遗时代京杭运河体育文化建设模式的创新提供借鉴。

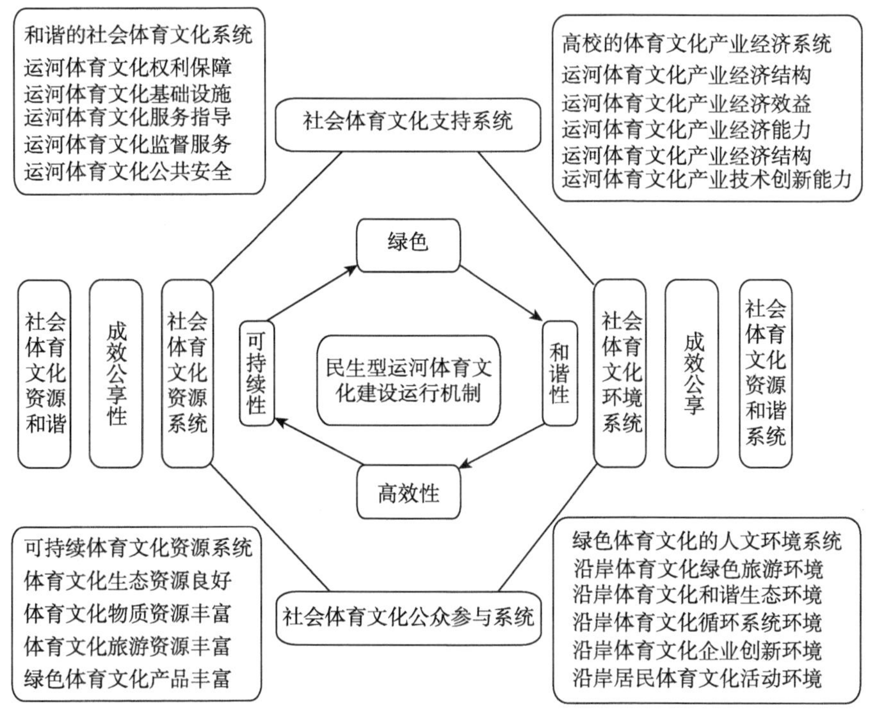

图 3　民生型运河体育文化建设运行机制框架

（三） 提升运河体育旅游开发动力机制，创新体育旅游文化新业态

运河城市体育旅游开发动力机制是一个以运河城市体育旅游资源引领，以运河体育旅游设施为条件，通过运河城市体育旅游服务满足体育旅游者需求，引导运河体育旅游消费和发展支撑环境为辅助的互动性动力系统如图 4 所示。在此系统中，各要素相互联系、作用和调节，推动运河城市体育旅游发展，争取城市经济、社会、环境、文化和体育等多方面效益协同发展。积极开发运河城市体育旅游的驱动力是推动后申遗时期运河城市体育旅游可持续发展的力量，是促进体育旅游经济发展的根本原因。后申遗时期运河城市体育旅游开发动力机制的构建是一个复杂的系统工程，是由若干相互作用因素组成的社会经济系统，如何使这种社会经济系统对运河城市体育旅游可持续发展产生更多的潜在影响。

通过后申遗时期运河城市体育旅游开发动力机制的建立，使整个沿运城

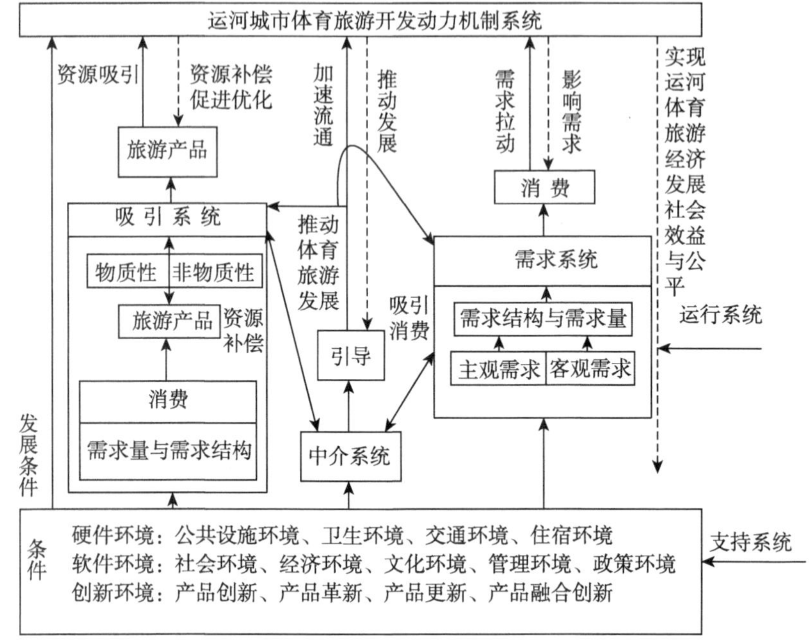

图 4　运河城市体育旅游开发动力机制系统结构图
（实线为系统内变量，虚线为外变量）

市体育旅游系统资源吸引力增强、城市体育旅游产品更加丰富、提升运河城市体育旅游文化感染力、产品竞争力、市场影响力、形象吸引力、管理协调和政府支持力，这将充分增进游客的数量，实现后申遗时期运河城市体育旅游的可持续发展。生命周期理论认为，一个产业或行业在发展中，不可能是一成不变的，而是一个不完善、改进和深化、转型、升级的过程。运河城市的体育旅游也不例外，尤其在激烈的市场竞争中，为了提高后申遗时期运河城市体育旅游市场影响力和竞争力，创新一种具有新突破、新发展，具有可持续性长，并能达到一定规模，形成比较稳定发展趋势的体育旅游新业态，如图 5 所示。

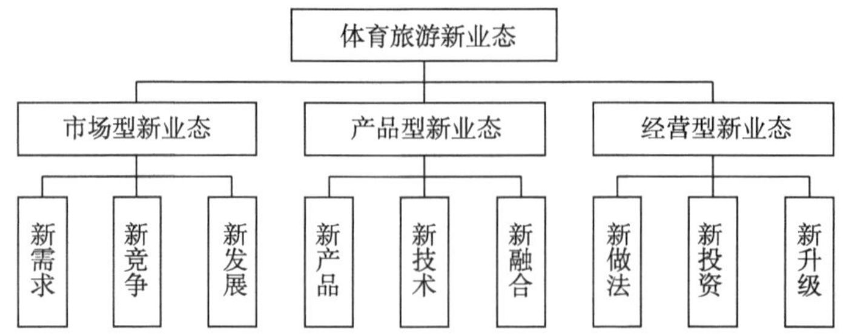

图 5　后申遗时期运河城市体育旅游新业态结构图

（四） 提升运河城市体育文化广场建设的数量和服务质量

运河城市的体育文化广场作为居民进行体育文化交流传播的重要载体，是以运河多元素体育文化资源为物质基础，通过政府和其他组织机构，共同组织市民参与体育文化活动，增加运河体育文化网络与休闲空间，支持市民参与体育文化活动的多样性需求，打造运河体育文化品牌，建立和不断完善运河体育文化活动的发展空间。目前，我国已经建成两个大型的具有体育文化元素的运河文化广场，即“北京通州运河文化广场”和“杭州运河文化广场”。这两个大型的文化广场在建设中都注重了多元化体育文化元素的融入。如北京通州运河文化广场占地面积800亩，绿化面积600亩。其中千年步道简介、水上健身公园和多元化的健身步道和体育文化设施等，不仅为通州城乡社区居民提供一个良好的体育文化活动休闲场所，也为广大游客提供了一个休闲健身游憩的发展空间。建立运河体育文化广场，可以有效地激发市民参加体育文化活动兴趣，促进市民体育文化信息的交流，有利于运河体育文化公共服务体系构建的均等化。为此，本课题提出在运河城市体育文化广场建设的过程中，应从体育文化创意产业、体育文化景观和体育文化场所服务设施等方面融合，加快运河城市体育文化广场建设，不断满足城乡居民多元化体育文化的需求，营造良好的全民健身气氛，促进城市的和谐健康发展。

运河体育文化广场建设的创新发展模式不仅体现了体育文化时尚的表现形式、体育文化与大众文化的有机结合，提升城市体育文化品位的社会价值、经济价值和健身价值，而且还呈现了体育文化的时代特征、地域特征和人文教育性特征。因此，运河城市体育文化广场建设的好坏将直接影响到运河城乡群众性体育文化活动的开展和全民健身公共服务体系的构建。所以，在后申遗时代应该创新运河城市体育文化广场建设的发展模式，加强运河城市体育文化广场的管理创新制度，创新科学的管理方式，将体育舞蹈、健身操、街舞和大众喜爱的广场舞融入一体，更好地服务健身者在体育健身的同时倍受体育文化的熏陶，提升运河城乡居民的幸福指数。

结束语

（1）京杭运河文化包括多元化的文化资源内涵，其中体育文化资源是一个很重要的文化资源，且具有明显的民族性、时代性、传承性和创新性等特征。深入开展京杭运河体育文化资源的调查，把京杭运河体育文化作为绿色体育文化产业、朝阳体育文化产业和区域低碳体育文化产业培育扶持，破除行业壁垒、扫清政策和制度障碍，充分挖掘京杭运河体育文化资源的社会价值、经济价值、旅游价值和健身价值的功能，促进京杭运河体育文化建设的可持续发展具有重要的理论意义和实践价值。建议在未来京杭运河城市文化规划建设中，应把运河体育文化放到城市文化建设的框架内，并秉持本土体育文化特色，以体育文化为载体，拓展体育文化新业态，打造城市体育文化服务综合体，推动体育文化与社区住宅、休闲健身和体育旅游的融合发展，并加强与其他区域、民族甚至世界体育文化的交流。通过运河体育文化资源的传播，一方面达到传播效果，获得丰厚的体育旅游收入和产业效益；另一方面增强城市综合实力，进一步反哺运河体育文化建设模式的创新与发展。

（2）目前以京杭运河为平台进行体育学研究尚处于模糊与起步阶段，由于时间及各方面条件的限制，本课题对京杭运河体育文化建设模式创新的研究应该说是初步的，特别对于体京杭运河育文化资源的分类还有待于进一步系统和完善。面对京杭运河丰富的体育文化资源，如何进行科学分类和深入推广研究，促进与其他文化资源的融合创新与发展，并为城乡居民参与体育文化活动提供一个良好的服务平台，促进运河城乡居民体育消费增长，是一个更加深层次研究的命题。建议有关部门进一步组织体育学术界的专家、学者进行数据资料的收集和调研，并把调研范围从京杭运河拓展到全国不同河流，进行科学对比，形成全国性的水域体育文化资源融合趋势，加快我国体育文化产业的聚群创新与发展，为全民健身上升为国家战略和建设体育文化强国提供支持。

（3）京杭运河体育文化体现了运河人利用体育服务人类健康的伟大智慧，对历代的政治、经济、军事和文化发展曾起到重要作用。随着实现伟大中国梦，建设美丽京杭运河目标的实施，体育文化将进一步对京杭运河社会、经济和产业等方面产生重要的影响。但京杭运河体育文化建设模式的创新与发展是一个长期复杂的系统工程，涉及京杭运河体育文化建设模式创新的制度、政策、体制机制等诸多方面的内容。建议各级政府应积极贯彻落实国务院2014年“46号文件”，将体育文化产业，拉动体育消费作为体育工作的新目标。通过建立京杭运河体育文化产业基地，创新民生型运河体育文化建设的运行机制，提升运河体育旅游开发动力机制、创新体育旅游文化新业态，提升运河城市体育文化广场建设的数量和服务质量等发展路径，实现京杭运河

体育文化建设与创新的可持续发展，为加快体育产业发展促进体育消费，推动全民健身提供服务。

参考文献

百度百科，http://zhidao.baidu.com/。

陈浩、任玉勇、王丽等：《京杭运河生态体育旅游可持续发展研究》，《北京体育大学学报》2015 年第 4 期。

国务院《关于加快发展体育产业促进体育消费若干意见》（国发〔2014〕46 号）2014 年 10 月 20 日。

刘怀玉、闻敏、李欢等：《后运河申遗时代江苏运河发展加减乘除效应》，《江苏商论》2014 年第 1 期。

刘艳：《申遗成功助推济宁运河文化旅游核心城市建设》，《济宁日报》2014 年 6 月 30 日。

卢岚、刘牛、刘兴权：《京杭运河文化遗产保护数据库的设计》，《新型工业化》2016 年第 4 期。

卢元镇：《体育社会学》，高等教育出版社，2007。

陆家骝、卢仁杰、吕清等：《京杭运河苏州段重点监控污染源调查分析》，《环境监测管理与技术》2016 年第 3 期。

马大慧、李文辉、王露璐：《体育产业与运河文化旅游产业对接机制研究》，《河北体育学院学报》2013 年第 4 期。

邱建国、任保国、杜春龙等：《山东省全民健身公共服务体系构建现状与发展策略研究》，《中国体育科技》2014 年第 4 期。

体育经济司：《体育产业发展“十三五”规划》，2016 年 7 月 13 日。

童昭岗：《人文体育——体育演绎的文化》，中国海关出版社，2002。

王永波：《运河文化的运动规律及其启示》，《东南文化》2002 年第 3 期。

张京祥、刘雨平：《京杭大运河沿线城镇空间发展研究——以京杭大运河扬州段为例》，《经济地理》2008 年第 1 期。

朱晓青、翁建涛、邬轶群等：《城市滨水工业遗产建筑群的景观空间解析与重构——以京杭运河杭州段为例》，《浙江大学学报》（理学版）2015 年第 3 期。

古代聊城水环境与水工设施及其管理研究*

李国华　穆　勇**

鲁西有聊城古城，自春秋齐“聊摄”始见于乘，城属历经三国平原郡、唐宋博州、明清东昌府、民国东临道，它的发展演变与黄河、运河、环城湖几个重要水系密切相关，尤其是京杭大运河穿城而过，湖水环城而得名“江北水城”。

黄河在2000多年间，主流曾7次流经东昌府，41次河堤决口患及古城，古城因河患频繁而三迁，遗存聊古庙、王城、巢陵和崇武渡（今聊城古城）4个城址（见图1）。公里见方的古城周边环以面积达4.2平方公里的环城湖，城水面积近1:4，为中国北方城市仅见。聊城水体十分丰富且极具特色，水环境建设的成果一则主要体现在明初城市格局中承担的城市防御职能，并为城市水循环的组织提供了重要依托；二则毗邻运河，为确保漕运城市水工设施历有建设，这也直接促成了清康乾时期城市的迅速兴盛。

一　水环境与明初水患防御

聊城自古隶属于黄河流域，府城境内河道多有变迁，主要有南北滚动的黄河及其支流徒骇河、马颊河、郭水，排涝河道有赵王河、羊角河、湄河、小湄河等，其中在古城附近与大运河相交的就是徒骇河。水城湖河环绕，地下水位较高，“水皆甘冽”的井水与泉水是城市生产生活用水的主要来源。府志有所记载的便有位于城西南的“玉环井”，城内小隅头西玉女坊内的“玉女井”，以及东关的“双井”、南关外的“济众寒泉”①。此外，许多重要的建筑

---

* 本文原载《中国园林》2018年第6期。

** 李国华，博士，南京工业大学讲师，研究方向为中国古代建筑史、城市史、城市与建筑遗产保护。穆勇，东南大学建筑设计研究院有限公司高级建筑师，研究方向为建筑设计理论、城市设计。

① 清宣统二年《续修聊城县志·方域志》卷1《古迹》。

群中也有自己的井泉，如东关寺内的“龙寒泉”，学宫学府门旁侧的“女明泉”，以及府城隍庙中的“普济泉”[①] 等。

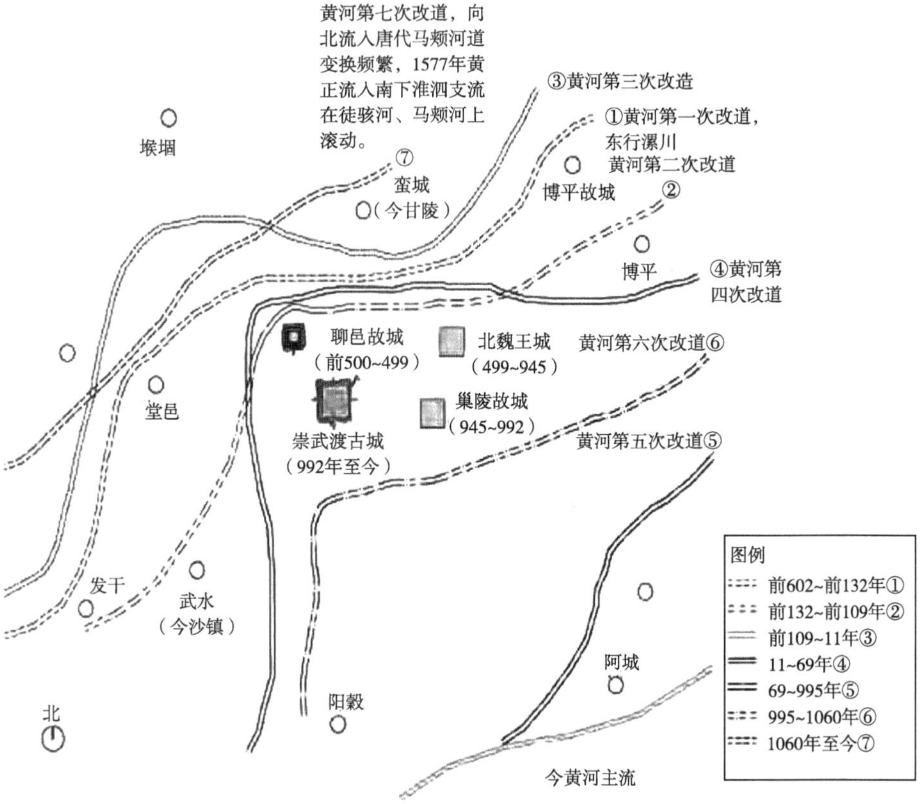

图 1　古城址与黄河关系（作者绘）

明洪武五年（1372），东昌府城由守御指挥陈镛主持修筑，“陶甓甃焉，周七里有奇……附城为郭，郭外各为水门，钓桥横跨水上，池深以二丈，阔倍之三，护城堤延亘二十里”[②]。这才有了外堤、护城堤、城壕和城墙的多重城防体系，之后虽经历 11 次黄河水患，但再未迁城，古城防御体系屡经修缮，城壕历有拓宽而成湖。

古城是典型的平原府城格局，十字形道路连接 4 个瓮城城门，水门开设在城门外侧的拱券小门。道路中心位置以筑城余木修建了高达 33 米的光岳

① 清嘉庆十三年《东昌府志》卷 1《图考》，“学宫图”“府城隍庙图”。

② 明万历《东昌府志》卷 3《城池》。

楼，作为中央调控点“严更漏而窥敌望远”（见图2）。城墙与光岳楼中间有环形道路，城墙内侧有顺城路，形成回字形道路，与十字形主道路垂直相交为四口（东、南、西、北口）和四门，而再向外延伸至护城河边的范围形成四关，主要道路格局为“回”形与“十”形套叠。这既是由内统筹、城防严整的防御体系，同时也是城市水循环组织的重要通道。城市整体地势为中间高向四边渐缓降低，以光岳楼为制高点，四向排水至4个方向的顺城街，每边城墙有2个排水涵洞，雨水较大时将水直接排入护城河中，城墙内外地平高差较大，非水涝时期不易形成反水（见图3）。而环城湖自中华人民共和国成立后多次疏浚，逐渐拓宽，渐成今日规模，从而形成河、湖、城相依相容的独特格局。

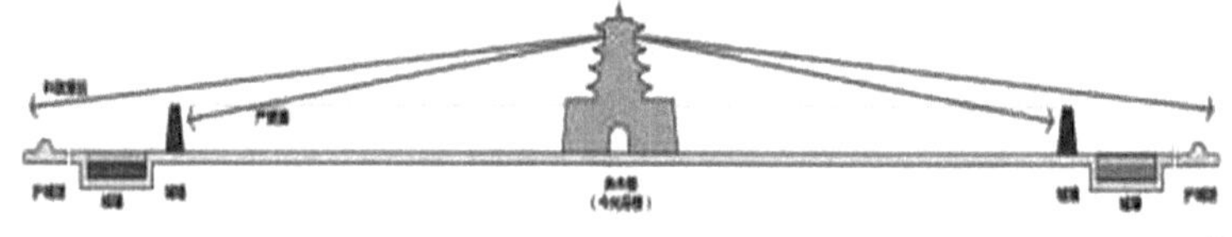

图2　明洪武年间城防整体示意（作者绘）

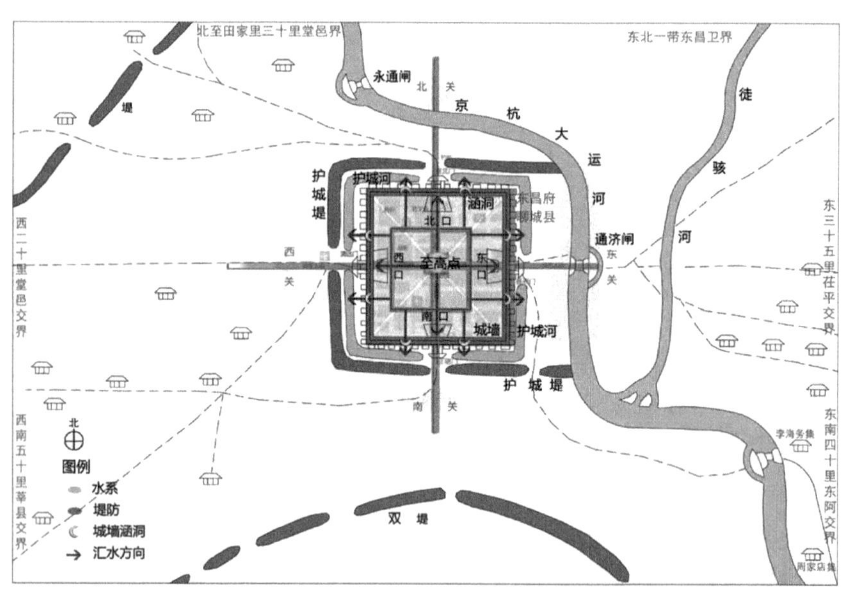

图3　水患防御体系示意（作者绘，底图引自清《东昌府志》《续修聊城县志》）

“双堤在城南五里，护城堤在城四围”①，再外围就是县境外的堤坝，如

① 陈梦雷编《古今图书集成》第255卷《东昌府部汇考·七古迹考》，清康熙。

北面的博平梭堤等，它们兼顾军事防御与水患防御。

古城自外而内有5重防护措施：

(1) 城南双堤，阻于黄河与古城之间；

(2) 护城堤，环绕城周“二千二十三丈，高一丈”；

(3) 护城河，环绕城周，与运河相通，必要时的泄洪渠道；

(4) 砖石城墙高伟宏壮，必要时阻挡洪水侵袭；

(5) 城内地势中间高四周低，利于自然降雨的排放。

之后雍正年间大水冲毁护城堤，蒋尚思筹资修整修城壕外侧的护城堤，“为一城计，则护城之堤高且坚，而后得免于水患”[①]，增强城防的防水患能力。

二 城市水工设施与分布

聊城运河段城市水工设施的建设策略源于山东特有的自然地理环境，南部地势较高，水源不足，明代开辟水源，借助汶泗诸水及周边湖泉进行水量调剂，兴修水柜，相应建设闸坝控制水量丰枯。河道高差变换很大，造成密集船闸的设置，这使水利工程与河道疏浚繁杂，于是会通河段又被称为“闸漕”。

相对于山东南部的山区地形而言，聊城地处黄泛平原西部，西南高东北低，地形高差在7米左右；水系明确，水闸、涵洞、桥梁等相关水利工程的修建使引水与排水系统相对完善，为漕运畅通提供了重要支撑。

（一）水工：水闸与涵洞

水闸和涵洞是确保运河水位平稳的重要手段，聊城县河道自官窑口至双堤铺北，长63里（约36.3公里）。元代兴修大运河时，大运河河道上修建跨河的节制闸，渠化通航，只设置了李海务闸、周家店2道跨河治水闸，控制运河的水位。

明代聊城段运河引泗河水入徒骇河，补充运河水位，增建多处制水闸、进水闸和排水闸，水闸设置始堪完备。顺应自然地势自西而东，运河西岸龙湾、西柳行新建2座进水闸和涵洞，引伏秋霖涝坡水入漕，明前期有减水闸

① 《东昌府志》卷5《城池》，蒋尚思聊城修护城堤碑记略。

5 座，后废弃，新建 4 座。东岸则修建排水闸，建龙湾滚水坝及减水桥 2 座，漕水大涨时泄入徒骇河入海，用以与东西向河道的水流相接，同时亦可调节水位。

清代有所增益，仍在使用的节制闸有三：通济桥闸、李海务闸和周家店闸。其中通济桥闸距古城仅三里（约 1730 米），百姓称之为“闸口”，周边形成繁华的商业地带（见图 4）。清康熙年间，入海水道淤塞，导致河底不断升高，运河流水不出，9 座减水闸多废，水患频发，雍正年间重修此段两岸水闸，包括龙湾进水闸和三空减水桥、二空减水桥和桥北的龙湾减水坝（见表 1）。所有闸旁均立水则，测量水位，借以控制闸阀启闭。

表 1 聊城运河水闸建置一览表

修建时间		闸名		规模与形制	修建情况与位置
元代：修建制水闸					
元贞二年	1296 年	李海务闸		头闸长一百尺，阔八十尺，两直身各长四十尺，两燕翅各斜长三十尺，高二尺，闸空阔二丈	溢船闸南 152 里
大德四年	1300 年	周家店闸			李海务闸南 12 里
明代：增建制水闸、进水闸、排水闸					
永乐十六年	1418 年	制水闸	永通闸（辛闸）	金门宽一丈九尺五寸，高二丈一尺六寸，月河长一百六丈	距梁家乡 20 里，西岸进水有大寺东涵洞和十里铺闸，清乾隆五十年（1785）拆修
永乐九年	1411 年		通济桥闸	金门宽二丈，高二丈四寸，月河长三百八十丈	治东 3 里，距永通闸 25 里。西岸进水有涵洞二、破闸口涵洞和龙湾闸，东岸减水有二空桥、一空桥；沿用元代旧闸形制，清雍正六年（1728）重修
			李海务闸	金门宽一丈九尺五寸，高二丈一尺六寸	治东南 20 里，通济桥南 20 里
			周家店闸	金门宽一丈九尺六寸，高一丈九尺二寸，月河长六十五丈	治东南 31 里，李海务闸南 20 里
景泰四年	1453 年	西岸进水闸	龙湾		治东南，漯水与运河相交处；明前期无进水闸，清代废弃
			西柳行		

续表

修建时间		闸名		规模与形制	修建情况与位置
正统六年	1441 年	东岸排水闸	裴家口		山东按察司佥事王亮建
景泰四年	1453 年		龙湾减水闸		水势泛涨，泄漯河（此段又名七里河）入海 左副都御史徐有贞治理广运渠修建，有一至五空桥，后一空桥为滚水坝，五空桥废
景泰七年	1456 年		米家口		山东布政司参议陈云鹏建，明后废弃
景泰七年	1456 年		官窑口		工部主事孔诩建，清代废弃
正统六年	1441 年		方家口		同裴家口闸
成化八年	1472 年		柳家口		东昌府通判马聪建，明后期废弃
清代：沿用明代闸涵，有增减					
雍正六年	1728 年	制水闸			沿用前代四闸，俱重修
雍正九年	1731 年	西岸进水闸/涵洞	吕家湾		乾隆二十三年（1758）重修
乾隆四年	1739 年		房家口		
雍正六年	1728 年		十里铺		乾隆十八年（1753）重修
			七里铺		
			大寺桥		
			龙湾（2）	阳谷坡水入运	
雍正九年	1731 年		旧闸口		乾隆二十三年（1758）重修
			娘娘庙		
		东岸排水闸	龙湾滚水坝	治南，泄入徒骇河入海	雍正六年（1728）改闸为坝
			三空桥减水闸		乾隆四年（1739）重修
			二空桥减水闸		乾隆十七年（1742）重修，五十九年（1794）拆修，嘉庆五年（1800）拆修
			李家口	位置不详	清新建
			耿家口	位置不详	

说明：①资料来源：《元史·河渠志》，（明嘉靖）《山东通志·卷之十四桥梁》，（清顺治）《治河方略·运河图》，（清嘉庆）《东昌府志·卷之七建置三·桥梁》，（清宣统）《聊城县志·卷一方舆志·漕渠》，《京杭运河史》：第 191、339、414、427 页。②表中水闸按照自北而南的地理位置排序。

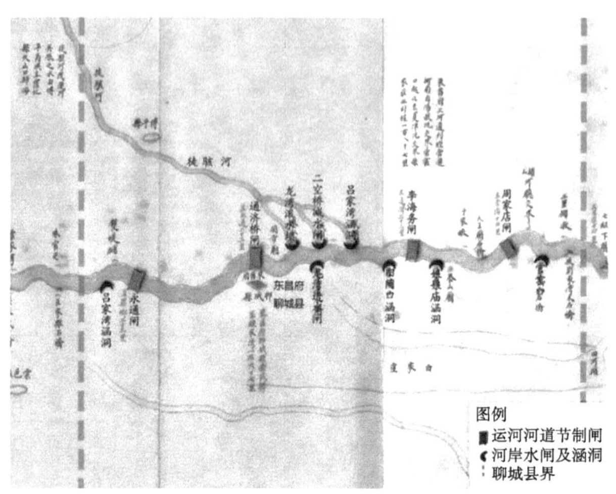

图 4　清代聊城县运河水闸与涵洞分布（作者绘，底图引自《清代京杭运河全图》，中国地图出版社，2004）

（二）交通：桥梁[①]、码头、渡口

水闸通过控制运河与外部水系的水流达到稳定运河水位的目的，从而实现漕运的畅通，维护国家稳定。而河道相关的桥梁陈设则是维持水运转陆运的畅通，为沿运地区物资集散和人流交通提供便利，交通功能的完善才能真正发挥运河多方面功能。

东关运河通济桥闸有越河，自闸口南向东折北通向闸口北侧，疏通船只，纵横贯通多个街巷和湾坑，有大小不等桥梁 12 座，是为“十二连桥”。越河区商铺林立、小桥流水人家，一派江南风光。为保证古城与周边联系，明清时期，跨河桥梁已有通济桥、浮桥 2 座、迎春桥和白玉桥，都集中在府城东门的运河上。明永乐九年（1411），通济桥改桥为闸，并设置孝武渡，解决东西交通的问题。漕运废弃后，通济桥得以重建，而白玉桥原址亦修建新桥，名曰东升桥，现已拆除（见表 2）。

① 袁宗儒修，陆钦等纂，《山东通志》卷之 14《桥梁》，明嘉靖十二年刻本：“漕河上下枯潦不常，启闭蓄泄，为坝为闸为津为渡者，亦桥梁之属也”，文中“桥梁”主要指普遍意义上的交通联系桥，而泄水桥、闸桥则按照其功能在“水闸”小节中分析。

表 2　聊城运河桥梁一览表

类别	名称	位置	修建情况
桥梁	白玉桥⊕	在府东兴隆寺前	靖难兵过东昌，盛庸、铁铉举兵兴战，燕大将张玉死于此桥上
	通济桥⊕	府城东门外会通河上	永乐九年（1411）改为闸
	浮桥	崇武驿北	俱明知府李举建，岁久坝坏。正德九年（1514）知府李钰重修，以二桥相距甚近，并邮运所西一处
	浮桥	邮运所西	
	迎春桥	通济桥东，跨越（月）河	嘉靖年间侍郎许成名建
	官路石桥	府城南堤外	
	大王庙石桥	周家店闸北，河东岸	
	官窑口木石桥（真武庙木石桥）	周家店闸南，河西岸	
	刘家湾木石桥		
码头	龙湾码头*	通济桥南	御码头
	北门码头	北城门北	
	小码头		客商兴建
渡口	孝武渡	府通济闸上边	
	北坝口渡	府城北二里	

说明：①制表资料来源：（清）《东昌府志·卷之七建置三·桥梁》；（明）《山东通志·卷之十四桥梁》；《清代京杭运河全图》；（清）《山东运河备考》；（清）《南巡盛典》卷九十三程涂图。②表中各桥梁按照自北而南的地理位置排序。③标注＊者，仍有遗存；标注⊕者，原址已建新桥。

《南巡盛典》记载，乾隆帝南巡至东昌，在通济桥闸南的龙湾码头登岸，出城则由北城门外的码头登船，由南而北返京。[①] 而龙湾码头则被当地百姓称为“御码头”，今有遗址留存（见图 5）。在御码头南有一座小码头，由苏州商人出资修建，属于私人码头。渡口则有通济闸上的孝武渡和府城北的北坝口渡。

聊城运河在山东运河管理的大背景下，通过各项水工设施，截流西侧河流而入运，漕运之利显而易见，但对于鲁西平原，却成为制约农业发展的不利因素，限制了水利灌溉能力，使农产品产量受损，同时水源的限制也不利于城市产业的发展，朝廷只能相应颁布一些减免税赋和促进垦荒种植经济作物的法令进行弥补。

① 高晋等：《南巡盛典》，卷93《程涂图》，清乾隆三十六年：“圣驾幸东昌府城，自龙湾马头登岸，入寅宾门，出锁轮北门马头登舟，计九里。”

图5　御码头遗址与现状（陈薇摄）

三　水工与漕运的管理体制

水工设施从物质技术层面维持运河水运，漕运的职官体系则从管理层面保障漕粮的运输集散并调控运河水运。元明清漕运的管理均为五级官职[①]，同水闸的建设一样，明清时期漕河职官体系逐步完善，将河道治理与漕运、盐运管理分设不同体系。

明正统三年（1438）增置东昌通判一员，聊城段的运河管理隶属于“东昌府管河通判”。嘉靖时期在东昌府城知府下有通判3人，包括管粮通判和管河通判；县城则有管理运河事务的主簿1人、闸官3人、浅老人23人以及夫数百人。[②] 设“东昌府管河通判”的244年后，清康熙年间添设下河厅通判一员，原东昌通判改为上河厅通判，仍驻东昌府城（即聊城），“兼管聊城等十四州县粮务”，因“收漕监兑”与“挑挖运河”彼此难以兼顾，乾隆六年（1741）总河“奏令专管河道，其粮务归清军水利同知管理”，之后归属东昌管粮通判。明代设有驻守东昌的平山、东昌二卫，在巡管地方的同时，亦分担二卫汛河务管理和漕运领运之责，清后期裁并平山卫入东昌卫，并设有千总、把总分防各汛与水闸（见图6）。从永乐年间至万历三十年（1602）二百余年的时间，东昌通判有79任，平均任职仅两年半。

---

① 《山东运河备览》，乾隆四十年（1775）：记载运河职官分类，元代分为总部、差巡、分理、丞副、掾属，明清均分为总部、差巡、监司、分司、丞倅。

② 《山东通志》卷之13《漕河》：“聊城县河之东岸北至博平之梭堤儿三十里，西岸北至堂邑之南梁家乡，南至阳谷之官窑口三十五里（17.5公里），置浅铺二十有三。北坝口浅、徐家口浅、柳行口浅、房家口浅、吕家湾浅、龙湾儿浅、宋家口浅、破闸口浅、林家口浅、于家口浅、周家店浅、北坝口浅、稍张闸浅、柳行口浅、白庙儿浅、双堤儿浅、裴家口浅、方家口浅、李家口浅、米家目浅、耿家口浅、蔡家口浅、官窑口浅二十三铺，老人二十三人，夫二百三十人，守口夫二百人。置闸三……闸官一人，夫三十人。”

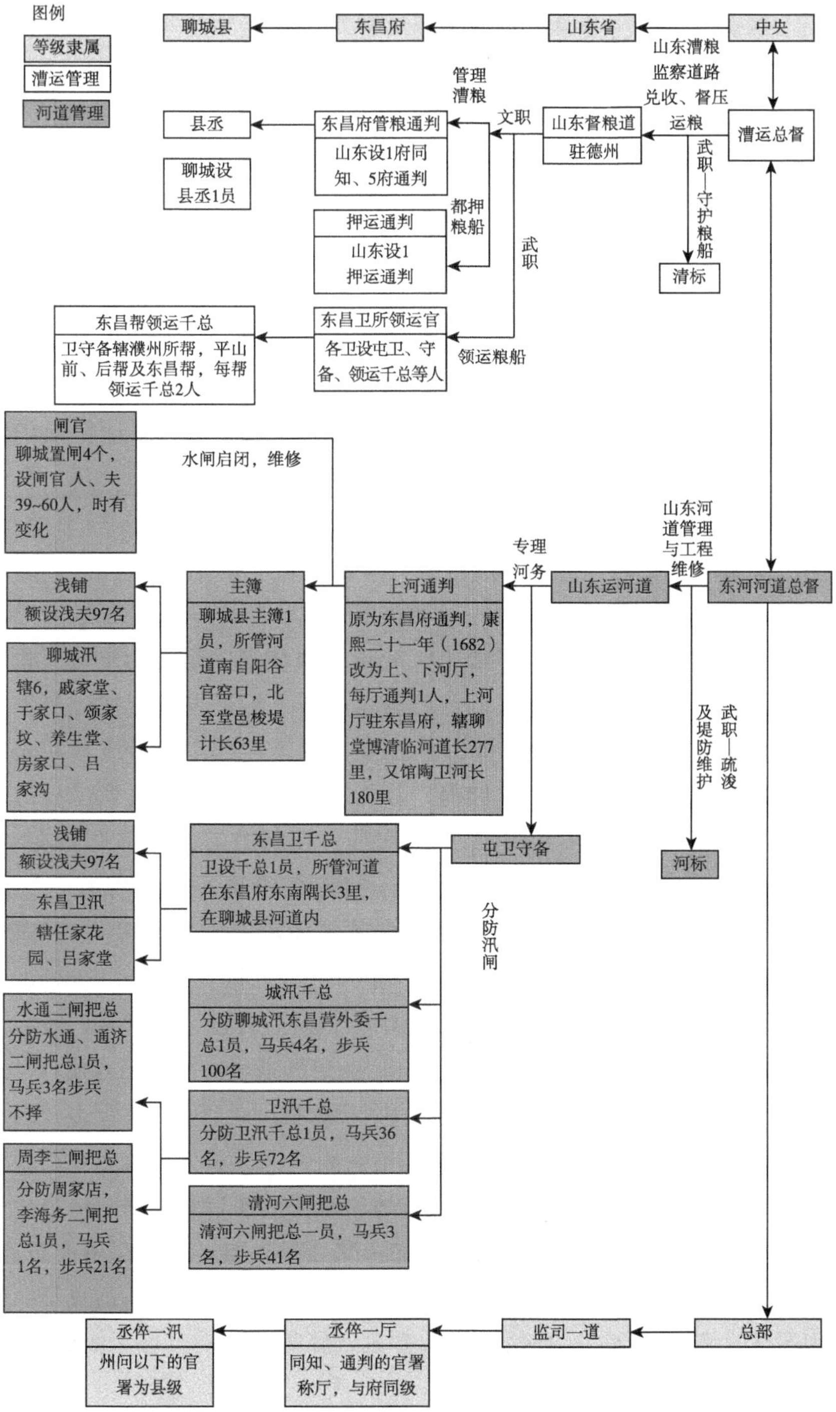

图例

等级隶属

漕运管理

河道管理

聊城县 ← 东昌府 ← 山东省 ← 中央

中央 ↔ 漕运总督

山东漕粮监察道路兑收、督压运粮

漕运总督 → 山东督粮道 驻德州

文职

管理漕粮

东昌府管粮通判 山东设1府同知、5府通判 → 县丞

聊城设县丞1员

都押粮船

押运通判 山东设1押运通判

武职

领运粮船

东昌卫所领运官 各卫设屯卫、守备、领运千总等人

东昌帮领运千总 卫守备辖濮州所帮，平山前、后帮及东昌帮，每帮领运千总2人

武职—守护粮船

清标

漕运总督 ↔ 东河河道总督

山东河道管理与工程维修

东河河道总督 → 山东运河道

专理河务

上河通判 原为东昌府通判，康熙二十一年（1682）改为上、下河厅，每厅通判1人，上河厅驻东昌府，辖聊堂博清临河道长277里，又馆陶卫河长180里

水闸启闭，维修

闸官 聊城置闸4个，设闸官 人、夫39~60人，时有变化

主簿 聊城县主簿1员，所管河道南自阳谷官窑口，北至堂邑梭堤计长63里

浅铺 额设浅夫97名

聊城汛 辖6，戚家堂、于家口、颂家坟、养生堂、房家口、吕家沟

武职—疏浚及堤防维护

河标

屯卫守备

分防汛闸

东昌卫千总 卫设千总1员，所管河道在东昌府东南隅长3里，在聊城县河道内

浅铺 额设浅夫97名

东昌卫汛 辖任家花园、吕家堂

城汛千总 分防聊城汛东昌营外委千总1员，马兵4名，步兵100名

卫汛千总 分防卫汛千总1员，马兵36名，步兵72名

清河六闸把总 清河六闸把总一员，马兵3名，步兵41名

水通二闸把总 分防水通、通济二闸把总1员，马兵3名步兵不择

周李二闸把总 分防周家店，李海务二闸把总1员，马兵1名，步兵21名

东河河道总督 → 总部 → 监司—道 → 丞倅—厅 → 丞倅—汛

丞倅—厅 同知、通判的官署称厅，与府同级

丞倅—汛 州同以下的官署为县级

图6　清晚期聊城运河管理隶属职官体系（作者绘）

水工设施从物质技术层面确保漕运，而管理体制则从管理运营角度维持漕运畅通。在二者共同作用下，明清运河持续进行物资的运转集散，也为聊城的发展带来机遇，成为“江北都会”。

四　清都会倚运而盛

京杭大运河自元代修筑便在古城东南穿城而过，水工设施和漕运管理的日渐完备确保了漕运畅通，也带来聊城的康乾盛事，而运河对古聊城的重要影响亦反射于城市格局和政治、经济、宗教等职能建筑的分布。

明清东昌府治聊城，倚运而盛，物资集散，交通便利，万历年间于慎行曾撰文：“国家转漕江南，通渠两京之间，自淮以北，长不下三千里，夹渠而治者，星罗珠贯，不下数十城”，唯聊城“枕其间，独号为府，辟河渠以卒，然则，其要云清源绾毂，御漳万货辐辏，江北一都会也”①。

聊城兼东昌府治和聊城县治，衙署众多，包括地方政务、河漕管理和镇守军方的衙署。清中期衙署大多集中在府城北部和东关运河沿岸（见图7）。运河管理营运相关的衙署主要有五：府署东侧的上河厅署管理河道事务，府署内的管粮通判署分级管理漕粮事务，以及东关运河西岸的崇武驿和大闸税局，运河东岸的东昌邮运所。与府衙、县衙、漕运卫所、河道管理相对，设有粮仓，即府仓、聊城仓、卫仓、水次仓等。管理漕河的衙署设置在城内，而依托运河日常运营事务的税局、驿站则位于运河沿岸，分级管理。

明代聊城的发展逊于临清和德州，康乾年间漕运繁盛，聊城声位愈增，四方商家云集者不可胜数，从乾隆三十一年到五十七年（1766～1792），人口激增至206242人。商铺众多，涵盖各行各业，包括粮行、衣帽店、钱店、当铺、炭店、纸局、烟铺、酒店等民生百货用品店和茶楼、酒楼、客栈等，道光二十五年（1845）古城的商业店铺已多达1000余家。众商铺、集市多选址于古城与运河相邻地带和街巷，以及城市内部官署附近人流量大的地方。而客商购屋置房成为入籍的坐商，并在聊城运河岸边的东关大闸口和御码头一带建设会馆，其中最宏大的是山陕商人集资修建的山陕会馆。当时秦晋江南商贾云集，八大会馆沿运河毗邻相望，雕梁画栋的山陕会馆便是遗留给今人的见证，似观览生生不息的浮世画卷。根据山陕会馆碑刻，乾隆年间名号可考者达389家，

① 《东昌府志》卷20《艺文》：“尚书于慎行东昌府重修城碑。”

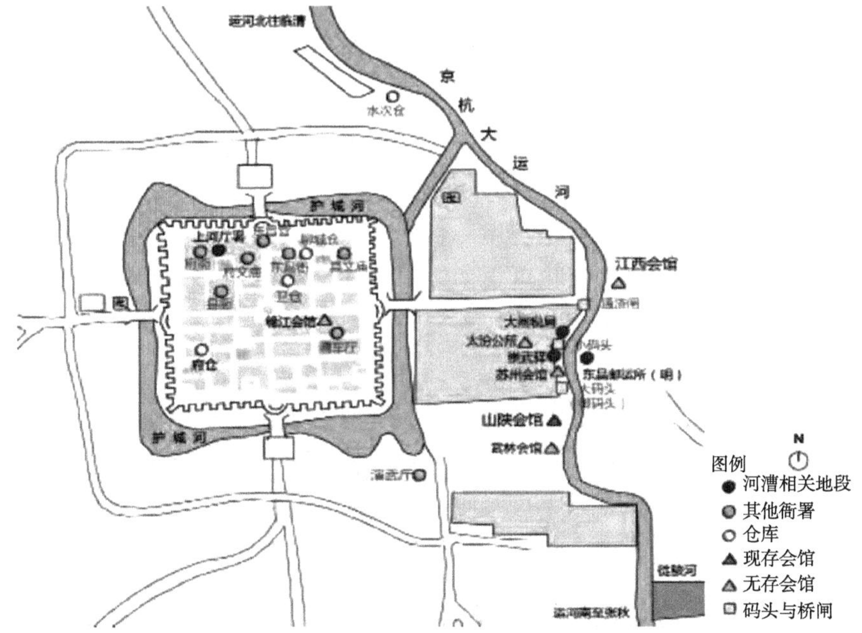

图 7　清代衙署和会馆分布［作者绘，底图引自（清）《续修聊城县志》］

实力雄厚。诸行业也成立行会组织，筹建了 20 余家会馆，史籍可考者仅 6 处，除了位于城内楼东大街的赣江会馆以外，均位于运河东岸的东关地带。

商业与会馆的分布态势造就了“金太平、银双街，铁打的小东关”，即越河地带的“金太平”，闸口南运河西岸的“银双街”和东关东北修筑坚固的当铺区“小东关”，这几个最为繁华的商圈均集中在古城与运河相交地带，成为聊城商业发展依托运河的显要特征。而运河沿岸的李海务、周家店闸口等地也逐渐形成市镇。[①] 此外，古城内以光岳楼为中心，向 4 个方向形成的街道亦十分繁华。尤其是通向运河的楼东大街和连接府县衙门的楼西大街。明清时期聊城征战较少，瓮城内也设置许多商铺，并向外延伸，运河河道流经古城东关，南起龙湾、北迄北坝近 5 公里的范围，一片繁荣。明清聊城商业功能日益突出，居于主导，逐渐取代原政治、军事职能。

经济繁盛与人口的骤增也带来多种信仰崇拜，除了佛教寺庙和道观，城内供奉圣贤的祠庙也极为盛行。据文献记载府城周边形成隆兴寺、静业禅林、

① 万历《东昌府志》卷 2《风俗》记载：“由东关溯河而上，李海务、周家店，居人陈椽其中，逐时营殖。”

万寿观、玉皇阁等30余座庙宇观祠，其中16座位于古城东关与运河相交地带和运河沿岸；与水崇拜相关者6座，龙王庙和龙神庙是对行云布雨的龙王进行供奉。

明代，黄河在东昌府以南的德州、徐州等地决溢改道更加频繁，聊城也常因黄入运而殃及。“保运”大计在明朝被统治者定为“国计”，以维持南粮北运，这决定了治河方略就是利用一切资源确保漕运畅通。政府在黄运治理上始终存有两难，既想借徐州以南的黄河水接济运河，又怕徐州以北的运河河道被冲淤，保持运河畅通是保证漕运和政局稳定的关键，于是黄河自徐州至清河段的河道就成为不得不确保的运道。遏黄保运、引黄济运的政策，促使聊城河道城市水工设施的增减和管理职官的变更，这也使水城借助漕运行商迅速繁盛起来。但另一方面“保运抑黄”使黄河河水无法惠及运河北段的黄河下游农耕，限制了农业发展，造成聊城的发展过度依赖于大运河带来的商业，既成就了康乾的繁盛，也因清末漕运废弃和津浦铁路开通而生机渐消。运河对于聊城，可以载舟，亦可覆舟。

参考文献

陈薇等：《走在运河线上：大运河沿线城市与建筑研究》，中国建筑工业出版社，2013。

张竟放：《地方史志资料丛书·聊城》，金陵书社，2002。

五　当代运河（航运、区域经济、水文、水利与生态环境）

京杭运河船舶通航尺度的条款修订分析*

高 嵩 骆 义**

2017 年 5 月，《交通运输部关于修订〈京杭运河通航管理办法（试行）〉的通知》发布实施，旨在京杭运河各航段的航道及船闸条件提升、提升管理能力，契合船舶大型化发展趋势，优化水运供需关系，修订了《京杭运河通航管理办法（试行）》（以下简称《办法》）中的船舶通航尺度。有鉴于此，研究结合京杭大运河通航实际情况，针对尺度条款的修订内容，分析政策背景及修订必要性、理论层的尺度限值、实践层的尺度修订等方面内容，进一步诠释《办法》修订的内涵。

一 政策背景及修订必要性

京杭运河是我国内河航道等级最高、渠化程度最好、水上设施最为完善的人工航道，也是北煤南运和南水北调的重要水上通道。多年来，为充分发挥其“占地少、运能大、能耗低、污染小”的比较优势，于 2003 年交通运输部启动“京杭运河船型标准化示范工程”，通过法律、经济和行政手段，推动挂桨机船、水泥船退出市场，并向社会公布标准船型送审图纸，推进船舶技术的更新与提高。2005 年交通运输部发布《京杭运河运输船舶标准船型主尺度系列》，将船型标准化工作调整为采取主尺度系列形式，以强制性指标推进船舶运力结构调整。然而，水上运输快速增长与航道通过能力的严重不足，船舶无序的大型化发展与航道尺度不相适应性等问题日益显现，加之季节性水位的变化影响与通航设施的瓶颈制约。京杭运河呈现堵航频次加大、堵航时间延长和受堵船舶增多等问题，直接危及长三角地区的电煤运输及能源

---

* 本文原载《中国航海》2018 年第 4 期。

** 高嵩，硕士，交通运输部水运科学研究院助理研究员，从事内河船型标准化、江海直达研究。骆义，硕士，交通运输部水运科学研究院研究员，从事水运系统规划与设计、内河船型标准化研究。

供应，给经济社会发展带来负面效应。为此，2005 年国务院做出关于及早解决京杭运河堵航问题的重要批示，2006 年 8 月，交通运输部出台了《办法》，以便规范运河船舶航行秩序，提高航道和船闸通航效率，保障水域航行安全。

然而，伴随多年来大运河通航条件日趋优化，船舶标准化工作理念日益深化，水运市场诉求日渐细化，已然催动流域内经济发展状况、产业布局导向及运输需求格局的深层次变化，《办法》的时代内涵亦将更替。

（一）通航环境逐步优化，疏堵已非主要矛盾

2006 年前，京杭运河船舶流量过大，堵航频发，仅 2003 年和 2004 年两年就发生 8 小时以上堵航 92 次，为此出台《办法》限制船舶尺度来降低辖区船舶流量。此后，京杭运河航道不断升级改造、挖潜疏浚，复线和三线船闸大规模投入使用，码头装卸条件大为改善，航道通过能力大幅度提升。同时，随着船型标准化工作有序推进，大量小吨位过闸船、老旧运输船等非适航船舶退出市场，船舶航行密度明显下降。目前，沿线各省因船舶流量过大而导致的长时间、大范围堵航问题已基本解决，《办法》有关限制船舶通航尺度的疏堵初衷已基本实现。

（二）执行标准有悖现状，尺度突破已成常态

（1）2012 年交通运输部发布实施了《京杭运河、淮河水系过闸运输船舶标准船型主尺度系列》，其中尺度标准已经远超《办法》所限；此外，按照《内河通航标准》计算的京杭运河各等级航道允许通航的最大船舶尺度，也有悖于《办法》规定，原《办法》已成为制约船型发展的关键因素。

（2）对标《办法》中船长尺度情况，统计至 2016 年年底，在京杭运河航行且船长 >45 米的江苏、浙江、山东籍船舶共计 18130 艘（见图 1，根据各省交通部门提供数据整理），可知各地已全面突破《办法》中三级航段单船总长≤45 米的要求。此外，船舶大型化态势明显，三省船长 >65m 的船舶保有量共计 2184 艘，也已然难以满足《办法》中二级航段单船总长≤67.6 米的要求。

（三）航运市场转型升级，新兴运输需求驱动

京杭运河以运输矿建材料、煤炭等低附加值的大宗散货为主。随着经济增速放缓和严苛环保政策出台，运输结构发生转变，地方政府也积极倡导向

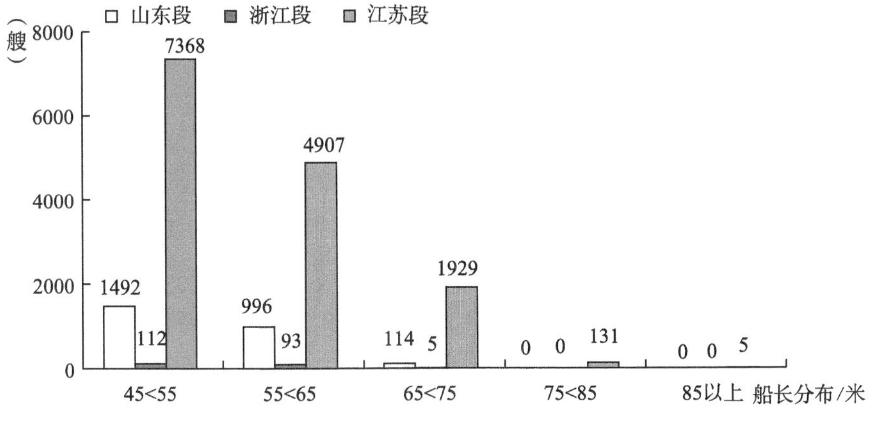

图1　京杭运河各航段船舶船长情况

内河集装箱、滚装运输业态转型。日前，江海直达已成为运输组织方式创新驱动发展的主要抓手，国家相关部门已强化总体工作部署，内河集装箱已涉及无锡—洋山、嘉兴—洋山等特定航线，商品车滚装船至舟山航线也有望开辟。考虑集装箱船和滚装船都属于布置型船舶，其尺度取决于集装箱或车辆在舱室内的排列方式，尤其是船高受跨河桥梁净空的限制，船宽受码头装卸桥吊外伸距和船闸的限制，吃水受航道条件和季节性水位变化的限制，通过适当增加船长，能够提供更多优质的布置方案。因此，突破《办法》的通航尺度，将有助于水运市场转型需求，更好地服务地方经济发展。

表1　修订尺度

单位：米

航道等级	修订后允许尺度		修订前允许尺度	
	最大船长	最大船宽	最大船长	最大船宽
二	90	17.8	67.6	15.4
三	80	12.7	45	10.8
四	65			

说明：本表根据《办法》整理而来；修订后的允许最大尺度仅针对集装箱船、滚装船和江海直达船，其他船舶仍执行修订前的原尺度标准。

综上可见，《办法》已不局限于排堵保畅，还应关注船舶通航和水运市场的需求与导向，特别是船舶尺度尚未放宽的限制问题。对此，交通运输部海事局根据京杭运河现有标准船型主尺度系列的实际情况，结合航道、港口（码头）、桥梁、船闸、装卸工具等设施现状，对原《办法》第五条做出修订，见表1。

二 理论层的尺度限值分析

京杭运河北起北京，南迄杭州，全长1747千米。其中通航河段，山东济宁至浙江杭州887千米，山东、江苏、浙江境内里程分别为172千米、617千米、98千米，二级、三级、四级、五级航道里程分别为404千米、302.9千米、165.8千米、14.7千米。研究针对上述通航河段，主要依据《内河通航标准》的船舶限制尺度及计算方法，经复核各段航道通航尺度现状后，确定了船长、船宽、吃水等基本计算尺度，见表2。

表2 京杭运河现有通航限制条件计算尺度

航段	基本情况		计算尺度		
	里程/千米	等级	水深/米	航宽/米	曲率半径/米
山东段	172.0	三	3.5	50	480
苏北段	404.0	二	4.0	60	450
苏南段	213.0	三/四	3.2	45	384
浙江嘉湖段	61.3	四	2.5	45	320
浙江杭州段	36.9	四/五	2.5	40	260

说明：航道水深与航宽的确定兼顾通航标准及日常维护情况；曲率半径考虑船长限制为各航段最小值。

（一）船舶总长的限制

船舶总长主要取决于航道曲率半径的限制，目前尚无理论计算公式，通常依据经验或实船试验来确定。根据《内河通航标准》的规定，航道曲率半径$R \geqslant 4L$（L为船舶总长），计算得到京杭运河船舶的最大船长允许值，见表3。

表3 京杭运河船舶理论最大船长允许值

单位：米

山东段	苏北段	苏南段	浙江嘉湖段	浙江杭州段
120.0	112.5	96.0	80.0	65.0

值得关注的是国外典型的内河航道$R \geqslant 3L$，且平均比值约为2，船舶仍能

保证航行安全，加之船舶技术性能的不断提高，反衬出我国船长限制标准尚有放宽的裕度空间。

（二）船舶总宽的限制

《内河通航标准》给出了天然和渠化河流航道宽度计算方法，其中双线航道宽度计算公式为：

$$B_2 = B_{Fd} + B_{Fu} + d_1 + d_2 + C \tag{1}$$

式（1）中 B_{Fd}和 B_{Fu}分别为下行船和上行船的航迹带宽度；$d_1 + d_2 + C$ 为安全距离之和，通常取 0.67 ~0.8 倍上行/下行船舶航迹带宽度。

假定工况：两艘相同尺度的船舶相向而行，则公式可简化为

$$B_2 = (2 + D) B_{Fj} \tag{2}$$

式（2）中：D 为安全间距倍数，取值 0.67 ~0.8，下标 j 取 d 或 u。依据《内河通航标准》中航迹带宽度为

$$B_{Fj} = B_j + L_j \sin\beta \tag{3}$$

得到航道宽度与船宽 B_j、船长 L_j、航行漂角 β（通常取 3°）的关系式为

$$B_2 = (2 + D) \cdot (B_j + L_j \sin\beta) \tag{4}$$

转化船宽为

$$B_j = B_2 / (2 + D) - L_j \sin\beta \tag{5}$$

同时，计算船长综合了理论允许最大值与原《办法》限定的最大船长，在其区间内差额选值计算，得到对应的允许最大船宽，结果见表 4。

表 4　京杭运河船舶在不同船长的允许最大船宽

航段	安全间距倍数	计算船长/米									
		理论允许最大值	90	85	80	67.6	65	60	55	50	45
山东段	0.67	12.4	14.0	14.3	14.5	15.2	15.3	15.6	15.8	16.1	16.4
	0.80	11.6	13.1	13.4	13.7	14.3	14.5	14.7	15.0	15.2	15.5
苏北段	0.67	16.6	17.8	18.0	18.3	18.9	19.1	19.3	19.6	19.9	20.1
	0.80	15.5	16.7	17.0	17.2	17.9	18.0	18.3	18.6	18.8	19.1

续表

航段	安全间距倍数	计算船长/米									
		理论允许最大值	90	85	80	67.6	65	60	55	50	45
苏南段	0.67	11.8	12.1	12.4	12.7	13.3	13.5	13.7	14.0	14.2	14.5
	0.80	11.0	11.4	11.6	11.9	12.5	12.7	12.9	13.2	13.5	13.7
浙江嘉湖段	0.67	12.7	—	—	12.7	13.3	13.5	13.7	14.0	14.2	14.5
	0.80	11.9	—	—	11.9	12.5	12.7	12.9	13.2	13.5	13.7
浙江杭州段	0.67	11.6	—	—	—	—	11.6	11.8	12.1	12.4	12.6
	0.80	10.9	—	—	—	—	10.9	11.1	11.4	11.7	11.9

根据计算结果，得到各航段最大船宽允许值的限值区间，其中二级航道以苏北段为代表；三级航道通航条件中山东段优于苏南段，以苏南段为代表；四级航道以浙江嘉湖段为代表。

由于浙江杭州段通航条件较差，目前仅为五级航道，不作研究对象：

（1）浙江段“十三五”期间计划建设三级航道整治工程，其中杭州段“四改三”34千米和二通道新开挖段26.4千米，航道整治后全线达到三级航道标准；

（2）浙北湖州地区是浙江内河集装箱运输的重要集散地，若以杭州城区五级航道航宽限制全线通航船舶，将不利于地区经济发展和浙北高等级航道水运优势发挥；

（3）原《办法》仅对四级及以上航道的通航船舶做出规定。因此，基于浙江实际情况，研究界定在四级航道以上。

此外，船宽还受制于闸宽约束，目前京杭运河全线共有19座主要通航船闸，见表5，主要集中在长江以北的山东段和苏北段，浙江段仅1座三堡船闸，位于最南端连通钱塘江，不是影响运河全线通航能力的关键要素。同时分析尺度，山东和江苏船闸最大闸宽23米，明显大于船宽值，船舶过闸可通过合理的排闸调度方案提高闸室利用率，因此闸宽不作为最大船宽取值的限制条件。

表5　京杭运河主要通航船闸基本情况

航段	基本情况			船闸最大尺度/米		
	数量	等级	通航船舶吨级	闸长	闸宽	门槛水深
山东段	6	二	2000	234	23	5

续表

航段	基本情况			船闸最大尺度/米		
	数量	等级	通航船舶吨级	闸长	闸宽	门槛水深
苏北段	11	二	2000	230	23	5
苏南段	1	三	1000	230	23	4
浙江段	1	四	300	160	12	2.5

（三）最大吃水的限制

《内河通航标准》规定了各等级航道的富余水深，也明确了“船闸门槛最小水深不应小于设计船舶或船队满载时最大吃水的1.6倍”。据此得到京杭运河船舶最大吃水允许值，见表6。

（1）从通航设施看，船舶吃水主要受航道水深和船闸门槛水深两方面制约，但结合航运实际经验，考虑到进船闸时，船舶航速较低，最大船舶限制吃水通常指向航道限制吃水。因此，船闸门槛水深一般不作为船舶通航的限制因素。

表6　京杭运河船舶最大吃水允许值

单位：米

航段	现状		航道限制		船闸限制	
	水深	等级	航道富余水深	允许最大吃水	门槛水深	最大吃水
山东段	3.5	三	0.3~0.4	3.1~3.2	5.0	3.12
苏北段	4.0	二	0.3~0.4	3.6~3.7	5.0	3.12
苏南段	3.2	三	0.3~0.4	2.8~2.9	4.0	2.50
浙江段	2.5	四	0.2~0.3	2.2~2.3	2.5	1.56

（2）从水位变化看，最大吃水还需考虑航道枯水期限制，当前京杭运河枯水期低水位通常处于苏北段6~9月，是农田灌溉所致。按照苏北运河维护标准，当最低通航水位6m时，即至少4米水深是航道的实际深度，其余2米为河底高程，可计算出淮安船闸以下近年来最低水位5.2米时的水深是3.2米，此为水深的限值条件。对适航苏北段总长90米的集装箱船而言，满载最大吃水为3.6米，为防止在枯水期发生搁浅事故，建议减载通航。

（四）净空高度的限制

船舶水面以上富余净空高度需结合通航实际计算，即富余净空高度 = 通航净高尺度 + 船舶吃水 - 船底骨架高度 - 集装箱高度。

（1）从通航净高尺度看，与桥梁净高相关，根据《运河通航标准》规定，长三角地区二至四航道等级的水上过河建筑物通航净高尺度为 7 米，对标大运河全线 7 米以上净高桥梁，目前共计 342 座，占比 85.3%，见表 7，相比 2006 年发布《办法》前增长 13 个百分点，但仍有 50 座非标桥梁存在，主要分布在浙江内河四级航道，但按照浙江段三级航道整治工程计划，桥梁改建后净高均为 7 米。对于其余河段非标桥梁，或因沉降略微下降高度或可通过其他航道绕行，因此运河全线通航净高以 7 米为限。

表 7　京杭运河各段桥梁净高情况

航段	桥梁总数	净高 7 米及以上		净高 7 米以下	
		合计	占比/%	公路桥	铁路桥
山东段	37	37	100.0	0	0
苏北段	82	78	95.1	0	4
苏南段	150	148	98.7	2	0
浙江段	73	29	39.7	43	1
总计	342	292	85.1	46	5

说明：根据各省交通部门提供数据整理。

（2）从船底骨架看，根据《钢质内河船舶建造规范（2016）》规定，可设计成双层底或单底，若是双层底，最小高度为 0.7 米，若是单底，最小高度为 0.4 米。从集装箱规格看，目前市场上一般有两种尺度，分别为标箱（高 2.591 米）和高箱（2.896 米）；据此，讨论业界关注焦点——内河船舶装载 3 层集装箱通航的可行性，首先讨论净空富余高度与吃水关系，如图 2 所示。

可见，双层底船装载三层标箱工况，吃水 >1.5 米时可通行；装载三层高箱工况，吃水 >2.4 米时可通行。然而，吃水 1.1 米相当于装载空箱工况，说明船舶压载亦可装载三层箱通行跨河桥梁。但是结合航运实际，一方面考虑集装箱载货多样性，重量经常性达不到设计最大标准，导致吃水小于满载设

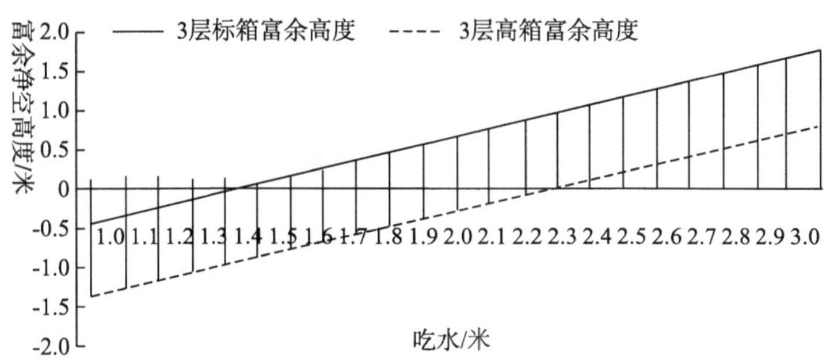

图 2　三层高箱双层底船舶富余净空高度

计吃水，水面以上高度会大于设计值；另一方面考虑船舶上层建筑高度较低，箱顶离上层建筑顶面落差较大而影响稳性，特别是因绑扎而带来人员不安全因素。因此，出于安全考虑，集装箱不宜装载三层。

（3）从水位变化看，净空高度还需考虑航道汛期的影响，目前京杭运河汛期高水位一般在苏南运河 4～6 月，大部分是因暴雨所致，其他河段很难达到最高通航水位。按照运河警戒水位 4.3 米对应的 7 米净空高度分析，可知苏南段常州段钟楼闸下游水位曾经达到 5.2 米时的净空高度应为 6.1 米，此为净高的限值条件。

据此，分析双层底船装载 2 层标箱工况下的船舶富余净空高度，见表 8。需要说明，桥梁净空高度一般指高水位状态，汛期作为高水位的极端状态，虽然发生概率较小，但仍能够保证 2 层集装箱装载工况下的 1.3 米富余尺度，同理空载 2 层高箱的最小富余尺度 0.7 米。因此，二层箱能够满足各种装载工况下的通航条件。

表 8　苏南段船舶富余净空高度分析

单位：米

二层标箱装载工况	船舶		富余净空高度	
	吃水	水面以上高度	7 米净空高度（通航标准水位）	6.1 米净空高度（极端汛期水位）
装载空箱	1.1	4.8	2.2	1.3
空箱压载	1.9	4.0	3.0	2.1
装载重箱	2.8	3.1	3.9	3.0

说明：选择适航苏南段总长 80 米船舶，在装载 2 层标箱工况下高度约 5.9 米（二层标箱高 5.182 米 + 双层底 0.7 米）。

三　实践层的尺度修订分析

运河通航现实条件允许的最大理论尺度（总长、总宽）远高于《办法》修订尺度，说明理论尺度仅能作为上限原则，主尺度全面放宽尚不具备现实土壤。

（一）尺度放宽的制约要素

内河船舶大型化是发展趋势，但需科学认识实际操作层面的制约因素，从而倒逼尺度放宽。

1. 水上交通安全

2015 年发布实施了《江苏省内河干线航道通航管理规定》将船舶尺度进行放宽，并采用重点跟踪服务，由电子全程维护、导航 + 海巡艇定点维护方式，基本保障安全畅通，然而在进档靠泊过程中，险情仍时有发生。表现为放宽尺度过大，对交通安全的影响压力陡增，难以保证安全，特别是与危化品运输船舶交汇，产生碰撞愈加危险。

2. 船闸效率

目前，京杭运河全线船闸通航建设标准为长 230 米、宽 23 米，按原《办法》长 45 米与宽 10.8 米的船型，一闸可排放 10 艘；若推行过大尺度船型，闸室面积将无法得到有效利用，对过闸效率产生一定影响。

3. 应急救援

就目前江苏镇江段救援反映情况，船舶最大总长放宽到 58 米，在该尺度下的船舶如遇搁浅、沉船，打捞船的调集将十分困难，救援效率也会遇到瓶颈。导致大起吊能力船舶，受桥梁高度限制无法进入运河，小打捞能力船舶救援时效低下。可见船舶总长过于放宽，应急救捞难以保证快速抢通。

4. 航道畅通

全面放开船长尺度，船舶调头势必十分困难，必然影响其他船舶正常航行，引起航道堵塞。航道标准尚未完全到位，并由于拆迁、资金等原因，沿线仍有少数桥梁未达标，局部水域水下存在一些浅点。诸多航道码头按照 45m 设计，岸线资源有限，靠泊困难，影响通航效率，甚至堵航。

综上所述，在坚持以市场经济高效发展为需求导向的同时，要密切考量通航主客体在运营管控层面的现实压力，表明船舶主尺度尚且不能按照理论分析值全面放宽。

（二）尺度修订的合理区间

研究以船舶最大理论尺度为上限值，预留 10% ~20% 的富余度后确定船舶总长允许区间，同时结合 2017 年交通运输部推荐的江海直达集装箱船（见表 9），充分考虑尺度适应性问题，确定允许最大船长，进而计算 0.67 ~0.8 倍航迹带安全间距为理论允许船宽区间，见表 10。

表 9　京杭运河通航的江海直达推荐船型

交通运输部推荐的江海直达船型		80TEU（124TEU）集装箱船	64TEU（96TEU）集装箱船
适应航道等级		三	四
特定航线		无锡—洋山	嘉兴—洋山
集装箱布置		4 ×10 ×2（3）	4 ×8 ×2（3）
尺度	船长/米	79 ~80	62 ~63
	船宽/米	12.6	12.6
	吃水/米	2.8	2.5

表 10 京杭运河船舶通航尺度修订分析

单位：米

航道等级	二	三	四
理论允许最大船长	112.5	96	80
10% ~20% 富余船长	90 ~101	76 ~86	64 ~72
允许最大船长	90	80	65
理论允许船宽区间	16.7 ~17.8	11.9 ~12.7	12.7 ~13.5
允许最大船宽	17.8	12.7	12.7

说明：一是允许最大船长考虑尺度放宽的制约取下限值，其中三级航道标准兼顾山东段与苏南段取中间值；二是允许最大船宽考虑船舶大型化趋势取上限值，其中四级航道需与三级航道对接取下限值。

综上分析，船型尺度在考虑交通安全、过闸效率、应急救援、航道畅通等方面的现实条件影响下，无法针对所有船舶类型进行尺度放宽；同时，随着水运业供给侧结构性改革，对专业化、集约化船舶有更大体量的运输需要，服务于新兴业态发展有更深层次的诉求，因此尺度放宽界定为集装箱船、滚装船和江海直达船，意在先行先导，优势驱动。

结束语

针对2017年发布《京杭运河通航管理办法（试行）》（重新发布）有关船舶通航尺度条款的修订内容，分析了大运河水运的宏观形势变化和市场需求导向，讨论了政策初衷有关疏堵问题已经基本解决，需将发展视角转向船舶主尺度突破标准的常态化与新兴运输的体量化。据此，基于主要等级航道通航技术现状，依据相关通航管理标准，从理论层面延拓修订内容，分析船舶总长、总宽、吃水及净高等尺度限值，从实践层面讨论尺度放宽的制约要素与合理区间，同时兼顾江海直达新兴业态的发展，最终明确通航尺度条款的修订内涵，为本《办法》修订背景作诠释，亦为船型标准研究、市场运力管控及行业政策制定作保障。

参考文献

高惠君、骆义：《京杭运河船型标准化示范工程系统研究报告》，交通运输部水运科学研究院等，2004。

高嵩等：《京杭运河船型标准化与航道适应性》，《中国航海》2015年第4期。

纪永波等：《适应长江经济带的内河船舶运输研究》，交通运输部水运科学研究院，2015。

交通运输部：《关于调整京杭运河船型标准化示范工程标准船型有关政策并公布京杭运河运输船舶标准船型主尺度系列的公告》，2005－5－21，http://zizhan.mot.gov.cn/sj/shuiyj/shuiluysh_shyj/201412/t20141211_1741845.html。

交通运输部：《运河通航标准》，中国标准出版社，2011。

交通运输部办公厅：《交通运输部关于公布京杭运河、淮河水系过闸运输船舶标准船型主尺度系列及有关规定的公告》，2017－12－25，http://zizhan.mot.gov.cn/sj/shuiyj/tongzhigg_shyj/201712/t20171222_2957965.html. GB50139－2014。

交通运输部海事局：《交通运输部关于修订〈京杭运河通航管理办法（试行）〉的通知》，2017－05－16，http://zizhan.mot.gov.cn/zfxxgk/bzsdw/bhsj/201707/t20170712_2272398.html。

交通运输部水运局：《交通运输部关于推进特定航线江海直达运输发展的意见》，http://zizhan.mot.gov.cn/zfxxgk/bzsdw/bhsj/201707/t20170712_2272398.html。

骆义、高嵩：《关于〈京杭运河通航管理办法（试行）〉实施情况的调研报告》，交通运输部水运科学研究院，2017。

住房和城乡建设部、国家质量监督检验检疫总局：《内河通航标准》，中国计划出版社，2014。

大运河沿线区域产业结构升级路径及启示*

张振鹏　栾晓平**

引　言

中共十九大报告指出，中国特色社会主义进入新时代，我国社会主要矛盾已经转化为人民日益增长的美好生活需要和不平衡不充分的发展之间的矛盾。从经济的角度来看，“不平衡不充分”主要体现在需求结构、产业结构、发展动能、区域协调等方面。深化供给侧结构性改革需要着力于优化产业结构、转换发展动能、促进区域协调，以适应和引领需求结构的变化，而产业结构升级关涉发展动能转换和区域协调发展问题，又直接关联需求结构问题，是解决当前我国社会主要矛盾的核心问题。

产业结构升级，一般是指第一产业→第二产业→第三产业的重心转移、劳动密集型→资本密集型→技术密集型的要素高级化、初级产品→中间产品→最终产品的升级过程①，通常是以创新能力的实践转化和资源要素的重新组合为驱动力。② 但是，发展中经济体难以遵循产业结构演进规律自发完成，需要综合考虑现实环境，由政府制定合理的产业政策推动其实现。③

大运河是我国第32处世界文化遗产和第46处世界遗产，其开凿、畅通、兴盛、衰落的历程，在一定程度上体现了我国经济社会的发展轨迹，其经济功能的式微与文化价值的彰显，并不意味着如今的大运河除了保护与文化传

---

* 本文原载《山东社会科学》2018年第7期。

** 张振鹏，济南大学商学院教授，山东省文化资产评估研究中心主任。栾晓平，山东省社会科学界联合会编审。

① 张辉：《中国经济增长的产业结构效应和驱动机制》，北京大学出版社，2013，第6页。

② Greunz L., “Industrial Structure and Innovation-evidence from European Regions,” *Journal of Evolutionary Economics* 14 (2004): 563 - 592.

③ 林毅夫：《新结构经济学、自生能力与新的理论见解》，《武汉大学学报》（哲学社会科学版）2017年第6期。

承的意义，就不能在现代化经济体系建设中发挥作用。中共十九大报告提出“中华优秀传统文化创造性转化、创新性发展”，“推动经济发展质量变革、效率变革、动力变革”，则意味着这些任务目标在文化与经济深度融合、互促共荣的新时代，完全可以通过融合共同推动产业结构升级，而大运河沿线区域文化产业方面的实践探索具有启示意义。

一　大运河沿线区域产业发展概况

大运河包括隋唐大运河、京杭大运河、浙东运河三部分，流经北京、天津、河北、山东、河南、安徽、江苏、浙江八省（市）35 个城市。大运河西接“丝绸之路经济带”，东接“21 世纪海上丝绸之路”，北段联通京津冀，南段贯通长江经济带，是连接国家重大战略的纵贯线。自古至今，大运河既是促进文化交融的廊道，也是连接区域经济的动脉，不仅具有文化价值，也在经济发展、生态环境、城市建设等多方面担当重要角色。

（一）大运河文化资源开发方式

中共十九大报告指出，文化是一个国家、一个民族的灵魂。大运河遗址、遗迹、遗存、遗物需要保护其原始风貌、文化特色和自然生态，但蕴含于物态遗产之中的精神内涵和文化形式以及沿岸丰富的非物质文化遗产，可以成为产业化使用的文化资源，这也契合了文化遗产生产性保护的理念。[①] 大运河是活态的、线性的文化遗产，不能采用单向度的被动性的开发方式，有效策略是生产性保护。在开发过程中，集合创意、科技、资本等要素，将大运河遗产资源转化为兼具大运河文化内涵与实用价值的文化产品，既让民众感受到大运河厚重的历史文化和精神品质，又将大运河文化价值充分融入现实生活。这就要求大运河文化资源开发与文化产业发展相衔接。

首先，大运河不只是物态遗存，更重要的是隐身于后的“人”，运河的开凿和整修都是因“人”而起、为“人”所用，那些世代生长于大运河沿岸的人们对其拥有特殊的情感需求和表现方式。这正是大运河通过文化产业获得更广阔发展空间的基础。其次，在千余年的历史演进中，大运河孕育出了自

---

① 李梦晓：《人文关怀与市场思维：“非遗”生产性保护的逻辑起点与现实应对》，《云南社会科学》2015 年第 3 期。

己特有的文化形态和景观，既有河道、码头、船闸、桥梁、堤坝以及沿岸的衙署、钞关、官仓、会馆、庙宇和驿站①，又有如文学、艺术等文化形式，年画、剪纸、彩绘、节庆、庙会、美食、精绣、民俗等非物质文化遗产，这些都应成为文化产业发展可利用的文化资源。再次，大运河文化滋养了众多沿线城市，我国当代很多经济发达城市汇聚于大运河沿线，这些城市文化和景观深深烙刻着大运河印迹，由此所形成的城市文化精神和资源为文化产业发展提供了充裕的基础要素，另外，大运河沿线城市的经济优势也为激发文化产业发展不可或缺的创意元素奠定了坚实的物质基础。

因此，通过文化产业发展创造与大运河文化相关的文化产品，更好地保护、传承文化遗产资源，推动大运河文化价值的社会认同并非妄作，而是具有必然的现实可能性。

（二）大运河沿线八省（直辖市）文化产业基本情况

大运河沿线区域不仅具有文化和经济优势，文化产业发展水平也领先于全国。2016 年，大运河沿线八省（直辖市）国内生产总值为 33.3 万亿元，占全国总量的 44.78%；人均国内生产总值为 66186 元，比全国水平高 22.6%；大运河沿线 35 个城市的国内生产总值为 17.67 万亿元，占全国总量的 23.75%，其中 25 个城市的国内生产总值居全国前 100 位；35 城市人均国内生产总值为 77090 元，比全国平均水平高 42.28%；大运河沿线八省（直辖市）文化产业增加值超过 1.65 万亿元，约占全国的 53.62%；文化产业增加值占国内生产总值比重为 4.95%，比全国平均水平高出 19.57%（如表 1 所示）。

表 1　2016 年大运河沿线八省（直辖市）文化产业数据
（按文化产业占当地 GDP 比重由高到低排序）

省（市）	文化产业增加值（亿元）	占全国文化增加值比例（%）	GDP 总量（亿元）	人均 GDP（元）	文化产业占当地 GDP 比重（%）
北京	3570.5	11.60	25669.13	118198	13.91
浙江	2952	9.59	47251.36	84916	6.25
江苏	3800	12.34	77388.28	96887	4.91
天津	798	2.59	17885.39	115053	4.46
山东	2481	8.06	68024.49	68733	3.65

① 高彩霞、言省：《大运河申遗与文化产业发展之关联》，《中国文化报》2013 年 6 月 20 日。

续表

省（市）	文化产业增加值（亿元）	占全国文化增加值比例（%）	GDP 总量（亿元）	人均 GDP（元）	文化产业占当地 GDP 比重（%）
安徽	833.71	2.71	24407.62	39561	3.42
河北	960.36	3.12	32070.45	43062	2.99
河南	1111.87	3.61	40471.79	42575	2.75
总计	16507.44	53.62	333168.51	66186	4.95

数据来源：各省（直辖市）发布的统计数据公告。

由于缺失部分城市官方公布的数据，很难对大运河沿线 35 个城市文化产业的整体发展水平做出准确判断。从目前搜集到的 20 个城市的文化产业数据来看，文化产业发展水平在城市之间呈现出较大的差异（如表 2 所示）。据估算，大运河沿线 35 个城市文化产业增加值在 1 万亿元以上，约占全国文化产业增加值的 33%。

表 2　2016 年大运河沿线部分城市文化产业数据
（按文化产业占当地 GDP 比重由高到低排序）

城市	文化产业增加值（亿元）	GDP 总量（亿元）	人口（万人）	人均 GDP（元）	文化产业占当地 GDP 比重（%）
杭州	2232.1	11799	889	124300	18.92
北京	3570.5	25669.13	2168	118198	13.91
宁波	586	8560	783	109600	6.85
苏州	1015.5	15400	1060	145300	6.59
开封	98	1748	621	38479	5.61
镇江	200	3706	311	119200	5.40
嘉兴	203.12	3836	455	84300	5.30
淮安	129.75	2717	564	48500	4.78
扬州	197	4375	461	94900	4.50
天津	798	17885.39	1516	115053	4.46
聊城	116	2905	591	49200	3.99
绍兴	177.9	4800	501	95800	3.71
常州	206.05	5700	470	121500	3.61
宿迁	83.08	2306	572	40300	3.60
郑州	281	7920	937	84500	3.55

续表

城市	文化产业增加值（亿元）	GDP 总量（亿元）	人口（万人）	人均 GDP（元）	文化产业占当地 GDP 比重（%）
济宁	160	4620	808	57200	3.46
德州	99.62	2990	570	52500	3.33
沧州	102.3	3620	680	53200	2.83
邯郸	94.4	3500	917	38200	2.70
焦作	51.5	2082	469	58931	2.47

数据来源：各省（直辖市）发布的统计数据公告。

大运河沿线区域文化、经济、教育、科技发展水平较高，为产业创新发展集聚了优质的智力资源。尽管目前沿线城市发展水平存在差距，但具备区域间产业梯度转移、错位发展的条件。大运河两端的北京、杭州等城市创意设计、动漫、影视制作、新媒体等新兴文化产业发达，很多配套项目有外溢的需求；大运河中段河北、山东、河南、安徽北部、江苏北部等地人口密集，劳动力成本低，具有承接溢出项目的条件，有助于形成区域间优势互补、差异化发展格局。

大运河沿线区域经济相对发达，文化产业贡献度高，文化资源在经济社会发展中的融入度高，既有杭州、宁波、苏州等依托大运河发展多元化新兴业态的城市，也有枣庄、焦作、邯郸等借助大运河谋转型的资源型城市和重工业城市。大运河沿线部分城市通过文化遗产的活化利用，空间集聚产业发展要素，催生新兴业态，将文化资源转化为产业结构升级动能的实践探索已初现成效。

（三）大运河文化与产业融合的杭州经验

杭州是京杭大运河的最南端和浙东运河的起点，拥有列入世界文化遗产的 6 个遗产点、5 段河道，河道总长约 110 公里。杭州市政府致力于强化大运河的生态、文化、旅游、商贸、居住功能，通过沿岸的历史建筑、工业遗存、特色街区的保护性利用，推动文化创意、工艺设计、休闲旅游、高新技术、电子商务、物流、会展、金融等产业集聚与融合，丰富以大运河文化为核心元素和内容的产品供给，打造历史与现实交融的文化旅游休闲会展博览目的地和文化展示交易平台，形成了创意与科技驱动、投资带动、消费拉动的产业融合与结构升级模式。2002 年，位于杭印路 49 号的原杭州化纤厂工业遗址在重新设计之后，诞生了 LOFT49 创意产业园。园区的优惠政策、别致的设计风格以及周边优越的人文环境吸引了众多艺术家、设计师和企业入驻。如今，LOFT49 创意产业园在保留大运河旧元素的基础上，品牌设计室、创意产品展示馆、摄影工作室、工艺美术创作室，还有时尚的咖啡馆和餐厅已经成为园区的主角，开创了盘活工业遗存打造产业园区的新模式。在杭州大运河沿岸，还汇聚了 A8 艺术公社、丝联 166、乐富智汇园等众多由工业遗存改造的创意产业园，形成了比较成熟的多业态融合，产业体系完整、结构优化的新型产业集聚带。

（四）大运河文化支撑的枣庄城市转型

枣庄是资源枯竭型城市、老工业基地，在城市转型中把台儿庄古城重建作为文化旅游业发展推动产业结构升级的“起爆点”。台儿庄古城保有完整的运河文化遗产体系，古河道、古码头、古商埠、古会馆、古街巷、古民居保存完好，拥有最能体现明清运河沿岸居民生活特点的古村庄——纤夫村。2008 年，按照“大战故地、运河古城、江北水乡、时尚生活”的定位，遵循“存古、复古、创古”的原则，以“运河文化、鲁南文化、大战文化”为核心，台儿庄古城重建正式启动。在建设中，采用政府主导、市场化运作的方式，由 5 家煤矿共同出资成立台儿庄古城投资有限公司，将文化遗产进行科学修复和分类开发，集“运河文化”和“大战文化”为一城，融“齐鲁豪情”和“江南韵致”为一域，打造了世界文化遗产岸边，集运河文化传承、运河经济廊道、文化创意、休闲旅游、商业贸易、演艺娱乐、会展服务、康养健身等于一体的文化资源展示地、产业综合体和消费集聚区。目前，台儿庄古城已经成为 5A 级景区、国家文化遗产公园、国家级文化产业试验园区，成为枣庄市发展全域旅游、打造江北水乡城市品牌、推动城市转型和产业结构升级的先导区。

（五）沿线城市的实践探索

目前，大运河沿线多个城市在尝试利用文化遗产推动产业发展，主要思路和做法概括起来有三个方面。一是开发和推介文化产品。有的城市以大运河为主题出版发行了系列图书和音像制品；有的城市开发了演艺和影视产品，比如江苏的大型原创歌剧《运之河》、浙江的舞剧《遇见大运河》已在国际上巡演，山东制作的电视剧《大运河》也即将播映；有的地方利用展会和节庆活动推介大运河文化遗产项目和产品。二是打造旅游景观带。有的地方建设了富有特色的运河景观和运河公园，在重要建筑、园林广场、景观道路的设计中融入大运河文化元素，并完善了大运河景区展示与导游标识牌、游览线路。三是将遗产资源融入经济社会多个领域。如有的城市把大运河文化遗产与城市建设、城镇化、美丽乡村建设相结合，引导和推动文化与科技、旅游、体育、信息、物流、建筑、会展、金融、餐饮、贸易等产业融合。尽管大运河沿线部分城市并没有明确提出依托文化遗产推动产业发展，也没有达到杭州、枣庄的产业化程度，但是这些城市在政府主导下的文化资源开发利用的种种举措，为产业结构升级奠定了重要的基础。

二　大运河沿线区域产业结构升级路径

产业结构升级需要通过生产要素的优化配置，提升资源利用效率、人力资本积累和产业创新能力来达到目的。[①] 而且，在推动传统产业向新兴产业演进的过程中，产业结构升级不能一味强调提高第三产业的供给比重，第三产业的有效需求对产业价值的实现更为关键。[②] 从大运河沿线区域产业结构升级的实践来看，文化资源经过创意转化成为产业发展可配置的生产要素，空间要素的集聚促进了文化与相关产业的融合，不仅丰富了能够满足和创造市场需求的产品供给，而且推动了产业结构向高知识化、高集约化、高附加值化升级。

（一）文化资源的创意转化

大运河沿线丰富的文化资源是基础性生产要素，尽管文化资源本身并不能直接创造产业价值，但经过创意转化的文化资源可以在产业发展中发挥重要作用。

文化资源不同于经济学语境下具有稀缺性的一般资源，其开发和使用的主要方式是通过创意转化使其中蕴含的文化符号和意义抽象化，并依托于一定的实物载体来实现价值。由于文化传播的符号化特征，文化资源的价值对

① 李子伦：《产业结构升级含义及指数构建研究——基于因子分析法的国际比较》，《当代经济科学》2014 年第 1 期。

② 沈坤荣、徐礼伯：《中国产业结构升级：进展、阻力与对策》，《学海》2014 年第 1 期。

于物质载体的依附程度明显低于一般资源，并不会随着使用和物质载体的消耗而消失，反而可以重复开发和使用，不断累积并创造衍生价值，且融入生产和消费环节的深度及广度具有充分的延展可能[①]，因此文化资源具有非稀缺性。

文化资源分为实物和非实物形态两种类型。诸如文化遗址、遗迹、遗存、遗物等实物类的文化资源由于不可复制，因此可重复开发和使用的程度较低，但是，它们可以通过创意转化将文化符号和意义抽象化，开发为创意设计、图书出版、广播影视、动漫游戏等可复制的产品。非实物类文化资源，其可重复开发和使用的程度高于实物类文化资源，它们既可以融入文化景观、主题公园等空间实物载体建设，也可以开发出多种形式的文化产品。无论是实物类还是非实物类文化资源，不管它们附着于什么载体和产品形式，其核心都在于经由创意转化的抽象化的文化符号和意义价值，因此文化资源具有可转化性。

正是因为文化资源所具有的非稀缺性和可转化性的特征，所以需要经由创意人群的智力劳动实现资源的价值转化。创意既可以“无中生有”，也可以“有中生优”。[②] 创意能够从文化资源中抽取所需的元素，“无中生有”地创造故事、形象、意义并制作成文化产品；也能够“有中生优”地将文化资源与其他资源相结合，产生资源价值创造的新模式。比如，杭州将工业遗存改造为创意园区、枣庄利用大运河文化遗产发展文化旅游。创意是一种通过人的创新思维意识，挖掘和激活资源组合方式，进而提升资源价值的方法。更为重要的是，文化资源创意转化的成果不仅仅停留在产品层面，而且还要通过创意人群发现文化资源与其他生产要素的优化配置方式，使文化资源在产业价值链顶端发挥作用，成为产业融合的连接点。

（二）空间集聚的产业融合

大运河本身就是一个线性的空间概念，沿线区域分布的众多文化遗址、遗迹、景观都曾是重要的生产或生活空间，虽然部分经济功能在现代社会已经退化，但依然拥有文化资源高度集聚的空间形式，这为现代产业的空间集

---

① 冯晓棠、张爱英：《文化要素为核心的产业融合新趋势分析》，《经济问题》2016 年第 4 期。

② 厉无畏、王慧敏：《创意产业促进经济增长方式转变——机理 · 模式 · 路径》，《中国工业经济》2006 年第 11 期。

聚和融合发展提供了载体。大运河沿线一些城市的实践探索证实了文化资源集聚空间转向产业集聚空间的可能性。

产业的空间集聚是一种集约化的产业组织形式，有利于汇集人才、信息、技术、资本等产业发展要素资源，对内节约交易成本，对外可以产生规模经济效应。不同产业的空间集聚可以使不同分属行业的企业共享中间投入品和劳动力，通过互补性的知识外溢延展产业价值链，产生单一产业的内部规模经济和不同产业间的外部规模经济以及不同产业的多样化外部性。尽管不同产业的空间集聚存在行业边界和空间边界①，但这种空间集聚能够形成协同效应，提高产业之间的要素、业务、管理、产品、市场的互补性。在推动产业结构升级的情境下，塑造这种互补性的空间集聚是提升效率的重要途径②，有助于促进产业融合发展。

产业融合是相同产业内部或者不同产业之间相互渗透和交叉，使产业边界模糊甚至消失而形成新的产业形态。产业融合的动因通常来自技术、市场、政策、企业战略等多方面，空间集聚同样是促进产业融合的因素。比如，杭州将文化产业放置于原本属于制造业的生产空间中，使文化要素融入制造业，制造业的资源进入文化生产环节，实现了两种产业的资源要素融合。在这里，文化产业为制造业提供内容支撑以提升其附加值，制造业为文化产业提供服务平台以保障其价值创造，两种产业之间的业务和管理逐渐融合，输出产业融合效应的产品，开拓出差异化、低成本、高收益的新兴市场。空间集聚的产业融合通过要素融合、业务融合、管理融合、产品融合、市场融合、业态融合的逐级递进，推进不同产业设计、生产、销售等环节的渗透和交叉，产业融合创造的产品一旦获得积极的市场响应，产业融合就拥有了更为广阔的空间。

（三）创造有效需求的供给

产业融合若不能满足和创造市场需求，则只能简单提高产业生产率，却不能支撑产业更进一步的融合与扩张，因此，产业融合发展既要导入创新，

---

① 陈建军：《生产性服务业与制造业的协同定位研究——以浙江省 69 个城市和地区为例》，《中国工业经济》2006 年第 6 期。

② 杨锐、刘志彪：《新产业革命下产业组织变化的效率改进与实现机制》，《天津社会科学》2016 年第 6 期。

又要创造新的市场需求。文化产品供给不能有效满足需求，被视为无效供给。产业融合输出的产品除了要满足既有的市场需求，更重要的是激发潜在需求、创造新的市场需求。比如，文化产业与制造业融合，文化资源经由创意转化渗透到制造业产品中，不仅提高了制造业产品的外在设计，还赋予了产品更多的内容和意义①，而且在原有产品功能之上增添了文化附加值。如果产业融合新增加的产品价值无法获得消费者认同，说明产业融合的过程并没有带来预期的成果。这也是为什么很多城市利用老旧工业厂房建设创意园区，但成功的范例不多，其原因就在于，这些城市只是实现了过程上的产业融合，实质上并没有创造出适应消费者需求的产业融合的有效供给。

随着经济社会的发展，消费者需求内容和层次以及得到满足的方式也在不断发生变化，单纯的物质需求升级为精神和物质的双重需求，单一的产品使用功能升级为使用功能和消费意义并重的功能性需求。消费升级意味着需要一系列代表精神主张的品牌满足新的市场需求，文化产品需要确立价值主张才可能赢得消费者和社会认同。目前，被广泛诟病的文化产品的同质化问题就是产品供给与市场需求脱节的体现，市场上许多偏向摆件、摆饰、悬挂、装饰的中看不中用的产品并没有太多实用价值，产品供给者在文化资源中提取的文化元素流于表象，在创意方面不能贴近消费者的真实诉求。显然，供给者需要根据产品的特性对消费群体进行细分，深入洞察和描述真实的消费需求，挖掘和激发潜在的消费需求，准确定位目标消费群体，有的放矢地进行产品开发和市场推广，更有针对性地切中消费需求，并将消费需求转化为消费行为，从而形成产业融合产品供给的需求放大效应。

大运河文化资源与文化产业发展的接轨是推动产业结构升级的关键。杭州和枣庄的经验就是充分利用大运河文化资源优势，深度挖掘文化内涵意义，通过创意转化探索传统文化现代化和生活化的表达方式，注重产品文化内涵与实用功能的结合，让文化资源以更加生动多样的方式融入生产过程以及人们的生活和现实世界。承载文化符号和意义的产品供给通过创造消费，可以传播到经济社会的广泛领域，形成具有高速增长特性和较高扩散效应的主导

① T. B. Lawrence, N. Phillips, "Understanding Cultural Industries," *Journal of Management Inquiry* 11 (2002): 430 - 441.

产业以及包括相关产业的全产业链①，通过产业的深度融合促进产业结构升级。

（四）产业结构升级路径机理

大运河沿线区域产业结构升级是以文化资源为基础要素，通过创意人群的智力劳动转化为可开发和利用的生产要素，借助沿线的文化遗址空间集聚相关产业，逐步实现要素融合、业务融合、管理融合、产品融合、市场融合、业态融合，创造适应市场动态需求的产业融合的产品供给，获得的产业收益再反哺文化资源，提升其作为生产要素资源的价值，更好地投入产业发展。大运河沿线区域产业结构升级经历了文化资源的创意转化、空间集聚的产业融合、创造需求的产品供给三个循环往复的环节，从要素集约化到空间集聚化，再到产业融合化，实现了产业结构向高知识化、高集约化、高附加值化升级（如图1所示）。

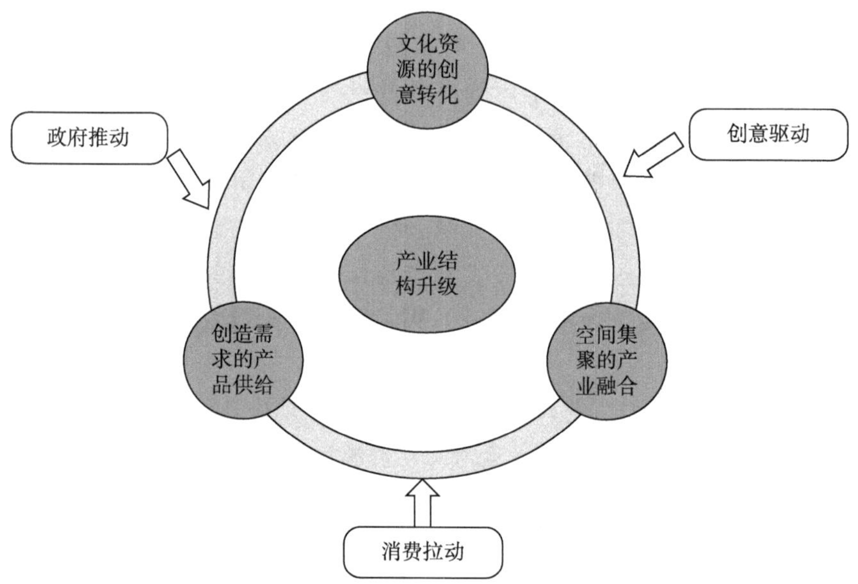

图1　大运河沿线区域产业结构升级路径机理

由图1可知，大运河沿线区域产业结构升级来自三种力量的共同作用，

① 胥悦红：《全球化时代的民族地区文化产业发展研究——基于文化资源商业模式与全产业链建构的探讨》，《人民论坛·学术前沿》2016年第22期。

即政府推动力、创意驱动力、消费拉动力。首先，政府是产业结构升级的推动力。产业结构升级需要通过全新的资源组合来实现，当这种新的资源组合被消费者接受并给予积极的市场响应，更多的市场主体就会大量复制这种资源组合，并由此推动产业结构升级。文化资源作为生产要素进入产业环节，存在产出和收益的不确定性，对于文化与相关产业融合发展这样的新生经济现象，市场机制并不足以完全实现资源优化配置的重任，需要政府合理运用政策工具予以调节和推动。

其次，文化资源本身并不能直接成为生产要素，只有经过适当的创意转化才可以进入生产和消费环节。文化资源的创意转化成果通常被认为是产品，事实上创意不可能直接转化为产品，而是转化为可利用的生产要素，并与其他要素结合，经过产业化的流程才有可能形成市场化经营的产品。文化资源是产业结构升级的基础性要素，创意是文化资源在产业发展中价值显现的驱动力。

最后，消费规模的扩大和消费结构的调整为企业提供了更为广泛的市场空间及市场机会，潜在的市场需求化转化为实际的市场需求需要更多创新性的产品，日益复杂、多元化的市场需求驱使企业选择融合创新，对产业结构升级形成了牵引和拉动作用。

由此可见，大运河沿线区域产业结构升级是政府、创意人群、市场三方力量共振的结果，形成的是“政府推动→创意驱动→需求拉动”的作用机制。

三　大运河沿线区域产业结构升级对策建议

大运河自成功“申遗”以来，沿线区域借势发展热情高涨，但由于缺乏整体规划和统筹安排，大运河文化资源存在建设性破坏或保护性破坏，文化遗产活化利用程度不高，产业项目同质化问题严重，区域协调发展机制尚未形成等问题。各地应从大运河文化资源的挖掘入手，经由高质量的创意开发大运河系列文化产品，在与相关产业融合过程中，发挥文化资源的渗透作用，促进文化与相关产业深度融合从而实现结构升级。

（一）发挥大运河文化资源的基础性作用

大运河具有物化和符号化的不同意义，就是说，大运河既有实际的运河河道及其附属工程、建筑，也包括人们观念中的大运河，即作为“事物”的大运河在人们观念中所构建起来并存在的形象。大运河文化资源的基础性作用发挥是指其对文化的聚合、传播、催生的作用。大运河造就了沿线区域社会人群的生存、生活方式，并由此形成了人们的风俗观念，融入人们日常生活的劳作、交往、消费、娱乐、礼仪之中。大运河沿线区域文化产业融合发展的重点是挖掘大运河文化资源的符号和意义，将其承载进入特定的文化产品形式，以此作为产业融合的基础。

（二）强化文化创意转化的功能

文化创意转化是产业结构升级的动因之一。政府积极促进文化产业在产品、功能、服务等方面的创新发展，能够有效提高文化产品的附加值和客户对产品的功能、服务等的满意度。鼓励文化企业将信息技术与文化资源创意转化相结合，提高文化产业在产品设计、生产、加工等环节的科技含量，利用先进的技术改变传统的营销方式，创造出尽可能全面、能够满足消费者需求的服务信息平台和营销渠道。引导大运河沿线区域文化产业通过不断的文化创新和技术创新，提高要素使用效率，促进文化产业的优化升级。

（三）实现文化与相关产业集聚发展

区域聚集是产业融合发展的空间载体。政府要通过规划布局和政策支持，按照集聚发展、强化辐射的要求，考虑大运河沿线城市建设、交通、居住、环境和经济社会发展趋势等因素，科学引导中心城市建设各类文化产业与相关产业融合的功能区；加强区域分类指导，引导各城市间适度竞争形成错位发展，优化大运河沿线区域资源配置；搭建文化产业与相关产业的信息交流平台，收集产品和服务信息、管理模式、市场供求变化、政府发布的相关政策、合作协调信息等，在共享互利的原则上，进行产业信息的互动交流，在产业关联效应作用下促进文化产业与相关产业聚集发展。

（四）引导和促进文化消费

文化消费既是产业发展的动力，也对产业结构升级具有重要的拉动作用。我国文化产业的发展机制是通过政府前瞻性的规划来推动的，文化消费在很大程度上取决于政府的引导。大运河沿线区域应该整合各方力量，通过宣传引导，搭建文化交易平台，出台鼓励文化消费的政策等措施来刺激文化消费，针对文化供给借助市场和消费群体的力量给予规范化管理，推动文化产业融合和结构升级。

（五）完善产业政策体系

政府管制放松是产业结构升级的动因之一。大运河沿线区域政府和有关部门应充分认识文化产业与相关产业融合发展对产业结构升级的促进作用，制定符合文化产业与相关产业融合发展的优惠政策，降低相关产业的准入门槛，放松对文化产业与相关产业的管制。在财政投入上，加大对新兴文化产业项目的资金扶持，提高财政扶持力度、降低银行贷款利率甚至无息贷款等，发挥政府的政策导向作用。

（六）建立跨区域协作机制

大运河沿线区域产业发展并不是互相独立的，而是存在明显的空间溢出效应，本地区的产业结构升级也会受到相邻地区产业发展及其他经济社会因素的显著影响。地方政府之间推进产业结构升级的责任归属模糊，以及财政分权体制下地方政府对资源要素的争夺会引发相邻地区之间的连锁反应。大运河沿线不同地区在制定产业升级政策时应充分利用自身的资源禀赋优势、空间区位优势和政策环境优势等。同时，注重各种政策手段之间的整体配合与协同合作。

（七）动员社会资本共同参与

大运河是中华民族儿女共有的精神家园。大运河沿线发展既要政府和市场主体发挥作用，也需要沿线区域民众力量的积极参与，形成“政府、市场、社区、居民”构成的文化认同多主体合作机制。立足大运河沿线居民生活社区资源，构建社区学习体系，培育民众参与能力，激发民间活力根源，动员沿线居民投入大运河发展事务。建立以大运河为文化认同的共识点，通过完善基础设施、举办民俗活动、开发特色项目等形式，强化民众对大运河文化的共同记忆，将体现大运河文化的社区传统风俗习惯和共同记忆的保存作为一种非正式秩序与习俗，促进无形的社会资本投入大运河沿线区域发展。

结论与启示

产业结构升级是我国经济高质量发展的内在要求，是供给侧结构性改革、区域协调发展战略、新旧动能转换工程的目标重点。产业结构固然有其自身演进规律，但产业基础、发展环境、现实需求决定了产业结构升级路径选择不能墨守成规，可以进行更有针对性的设计。我国拥有几千年文明史积淀的丰富的文化资源，拥有从实践中不断摸索、创新和积累的经济社会发展经验，产业结构升级路径也会有不同寻常的选择。

（一）文化创意可以作为产业结构升级的驱动力

产业结构升级的实现形式源于现代经济增长理论，技术创新被看作是实现产业结构升级的主要驱动力。实际上，创新驱动不能简单等同于技术创新[①]，除技术创新之外，文化创意等思想性的智力成果也能够驱动产业结构升级。奥地利学派就认为，企业家精神是经济增长的主要动力，并强调这种精神创造对于经济要素的统御作用。文化创意属于精神创造的范畴，但并不是企业家或个别人的专属，而是需要形形色色、能力各异的创意人群，甚至包括纷繁细小的民间智慧相互启发、共同累积，汇聚成创新性的产业价值创造流程、模式、成果。

文化是一种生活形态，创意则是从某种生活形态中萃取其象征意义再转化成消费符号。文化创意最大的效用就是促进了文化产业与其他产业深度融合。相比信息产业凭借技术渗透与其他产业融合，文化创意是精神创造的思想性成果，能够更容易、更深入地融入产品设计和创造，也更便于渗透到其他产业中并转化成符合各自产业特征和需要的新创意，联结产业价值链，实现文化产业与其他产业的融合。正如日本经济学家日下公人所言，文化是经济进步的象征，通过文化对传统经济的不断渗透，文化内容的价值比重不断扩大。[②] 文化创意使得文化资源实现创造性转化和创新性发展，将文化更好地融入国民经济和社会发展大格局，有助于更好地适应和引领经济发展新常态，提升经济发展质量和水平，实现区域产业融合和结构升级。

（二）产品和市场融合是产业结构升级的关键环节

通过资源要素、企业、项目的空间集聚有助于产业融合，促进产业结构

① 杨蕙馨、王军：《让创新驱动发展行稳致远》，《人民日报》2018 年 3 月 20 日。

② 李怀亮、方英、王锦慧：《文化产业与经济增长关系的理论研究》，《经济问题》2010 年第 2 期。

升级。产业园区作为产业空间集聚和规模化的发展形式，历来是地方政府在经济建设中所倚重的。从20世纪80年代的工业园区、90年代的高新技术园区、21世纪前10年的综合型园区，到近年来倡导产城融合的复合型园区，我国产业园区实现了从功能单一的生产基地，到多业态融合、生产生活消费功能叠加的综合体的蜕变。但是，很多园区内的企业只是办公地点较为接近，在业务上素无往来，园区“集而不聚”；有些综合性园区集聚了不同产业的企业，但没有找到跨产业融合的关联点，产业“融而不合”。这种在形式上实现了空间集聚但并未形成产业融合效应的产业园区，有益于提升产业集约化程度，但并不足以促进产业结构升级。

如前所述，产业融合的过程包括要素融合、业务融合、管理融合、产品融合、市场融合、业态融合环节。空间集聚实现了初步的产业要素融合，园区内企业之间结成协作关系而形成业务融合和管理融合能够延展产业链，但并不能实现产业融合。文化资源的非稀缺性和文化创意的强渗透性，有助于跨产业进行创意设计并再造工艺流程所产出的新产品获得市场认同，激发和创造新消费，拓展新的市场空间，进而提升跨产业协作的深度、广度和层次，使产品设计、工艺流程、供需关系等环节形成价值链，在保留各自产业优势的基础上使融合的产业获得共赢。因此，实现产品融合和市场融合是推动产业结构升级的关键环节。

（三）文化认同是区域一体化的基础

我国大量存在的区域间产业同构现象，已经或正在导致资源分散和市场分割，对于形成有利于产业结构升级的环境要求则有百害而无一利。对此，中共十九大报告明确提出，实施区域协调发展战略，建立更加有效的区域协调发展新机制。而“一带一路”倡议、京津冀协同发展、长江经济带发展战略的实施，以及城市群建设的快速推进，使我国发展方略从行政区划转变为带、群等空间概念，区域一体化成为构建新型产业体系与结构的市场基础。

区域一体化是以区域间产业的科学分工为基础，通过要素流动和市场的统一，使各方的比较优势得到充分发挥，为产业结构升级提供资源支持和市场支持。但是区域间各城市由于利益因素互相博弈，协调机制不健全，存在同质化竞争、资源错配等现象。目前常用的协调区域发展问题的做法是加强顶层设计，制定发展规划，建立工作机制，通过制度设计来推进区域一体化。

事实上，文化认同在区域合作中能够发挥聚合效应①，是各利益主体达成共识、建立长期合作关系的基础。文化认同是基于区域之间共有的文化理念，建立区域文化的核心价值观，强化各方的信任感和认同感，形成区域“文化共同体”，进而结为“利益共同体”，由此推动区域一体化。

大运河凝结了中华民族几千年的文化底蕴以及科技和工程领域的杰出智慧，后人不仅可以根据现存的文化资源提炼其文化符号和意义进行创造性转化，还可以不断滋生新的理念和创意，形成新的文化符号和要素进行创新性发展。大运河沿线区域经济发达、劳动力密集、消费能力强，依托文化资源实现产业融合发展和区域协调发展，进而推动产业结构升级，将大运河文化资源优势转化为产业强势，有助于进一步提升综合国力和文化软实力，实现中华民族伟大复兴中国梦。

---

① 〔美〕塞缪尔·亨廷顿：《文明的冲突与世界秩序的重建》，周琪等译，新华出版社，2010，第2～3页。

江南运河水文情势变化分析*

吴　娟　林荷娟　武　剑　季同德**

引　言

太湖流域地处长江三角洲核心区域，北抵长江，东临东海，南滨钱塘江，西以天目山、茅山为界，地跨江苏、浙江、上海和安徽三省一市，总面积36895平方公里。① 太湖是流域内最大的湖泊，也是流域水资源滞蓄和调度的中枢。② 流域属亚热带季风气候区，受季风强弱变化的影响，年内雨量分配不均，汛期（5~9月）降水量占全年降水量的59.5%，其中梅雨期（6~7月）降水总量大、历时长、范围广，易形成流域性洪水；台风期（8~9月）降水强度较大，但历时较短，易造成严重的地区性洪涝灾害③，流域盆状的地形和平缓的地势导致洪水出路不足，太湖和地区河网水位易涨难消，进一步加重了洪涝的影响④。

近年来，随着太湖流域城镇化进程的加快，不透水面积迅速增大，导致径流系数和径流量增加，洪涝灾害加剧日趋引起人们的关注。⑤ 城镇化对河流水系、水循环以及水文过程的影响等研究已成为当前水文研究中的热点

---

* 本文原载《水文》2018年第4期。

** 吴娟，硕士，太湖流域管理局水文局（信息中心）工程师，主要从事水文水资源、分析评价及中长期水文预报研究。林荷娟，教授级高工，主要从事水文水资源研究。武剑，工程师，主要从事水文水资源研究。季同德，工程师，主要从事水文水资源研究。

① LLiu, ZXXu, N. S. Reynard, et al., "Hydrological Analysis for Water Level Projections in Taihu Lake, China," *Journal of Flood Risk Management* 6 (2013): 14-22.

② L. Wang, Y. I. Cai, H. Q. Chen, et al., "Flood Disaster in Taihu Basin, China: Causal Chain and Policy Option Analyses," *Environmental Earth Sciences* 63 (2011): 1119-1124.

③ 太湖流域管理局：《太湖流域防洪规划》（2013）。

④ 刘浏、徐宗学：《太湖流域洪水过程水文——水力学耦合模拟》，《北京师范大学学报》（自然科学报）2012年第5期。

⑤ 张建云、王银堂、贺瑞敏等：《中国城市洪涝问题及成因分析》，《水科学进展》2016年第4期。

问题。[1] 江南运河是太湖流域内最长的河流，由镇江至杭州，全长203公里。[2] 2000年以后，江南运河沿线城市防洪工程和圩区规模迅速扩大。[3] 江南运河沿线苏州、无锡、常州等城市排涝动力的增强加大了向运河的排水量[4]，江南运河防洪安全问题日益凸显[5]。为此，本研究通过开展城镇化快速发展前后江南运河沿线代表站水位变化分析，初步提出江南运河水文情势变化的可能原因，可为流域防洪、水资源调度提供一定的技术支撑。

一 数据来源与研究方法

（一）数据来源

本研究采用太湖流域综合规划选定的106个降雨代表站作为分区平均雨量的依据，资料均为整编资料，采用算术平均法计算7个分区降雨量、面积权重法计算流域面雨量。选取江南运河常州、洛社、无锡（大）、苏州（枫桥）为江南运河代表站，所选4个水位站位置分布在上、中、下游，且资料系列均超过30年，具有一定的代表性。考虑到20世纪80年代后期，苏南地区因过量超采地下水导致测站水位失真，为了进一步提高水位资料的一致性，基于分段改正法、基面参证法、区域近似法等多种沉降改正法对4个代表站水位进行了沉降改正。[6] 本研究采用改正后的水位作为计算依据，代表站位置见图1。

（二）Mann-Kendall趋势检验

Mann-Kendall趋势检验[7]是提取序列变化趋势最为有效的工具，被广泛应

① 王艳君、姜彤、吕宏军：《快速城市化地区的土地利用时空动态变化研究——以南京市为例》，《长江流域资源与环境》2005年第2期；董增川：《对长江三角洲地区城市化进程水问题及对策思考》，《中国水利》2004年第10期。

② 吴浩云：《太湖流域洪涝灾害与减灾对策》，《中国减灾》1999年第1期。

③ 诸发文、伍永年、姚淑君：《快速城镇化背景下太湖流域重大水利问题和科技需求》，《中国水利》2015年第8期。

④ 张鳌、张振华、赵欢：《综合运用城市防洪工程改善水环境的实践与思考》，《江苏水利》2009年第6期。

⑤ 高俊峰、毛新伟：《太湖流域经济发展及其对洪涝的影响》，《湖泊科学》2002年第1期。

⑥ 赵德友、戈礼宾、黄广勇：《沉降区水位改正方法探讨》，《水文》2015年第4期。

⑦ H. B. Mann, "Non-parametric Test Against Trend," *Econometrika* 13 (1945): 245–259.

用于气候参数和水文序列变化趋势的分析中，利用下式计算：

$$S = \sum_{k=1}^{n-1}\sum_{j=k+1}^{n}\mathrm{sgn}(X_j - X_k) \tag{1}$$

式中：X_j 和 X_k 分别为第 j 年和第 k 年的数值，$j>k$；n 为系列的记录长度（个数）；sgn（X_j-X_k）为表征函数：

$$\mathrm{sgn}(X_j - X_k) = \begin{cases} 1 & \text{当 } X_j - X_k > 0 \\ 0 & \text{当 } X_j - X_k = 0 \\ -1 & \text{当 } X_j - X_k < 0 \end{cases} \tag{2}$$

假设变量独立同分布，则统计量 S 近似服从正态分布，均值为 0，方差为 n（$n-1$）（$2n+5$）/18，计算 Z_s 为：

$$Z_s = \begin{cases} \dfrac{S-1}{\sqrt{\mathrm{var}(S)}} & \text{当 } S>0 \\ 0 & \text{当 } S=0 \\ \dfrac{S-1}{\sqrt{\mathrm{var}(S)}} & \text{当 } S<0 \end{cases} \tag{3}$$

利用 Z_s 的值进行趋势统计的显著性检验。Z_s 值为正，表明上升趋势；Z_s 值为负，表明下降趋势，在双边趋势检验中，如果 $|Z_s| \leqslant Z_{1-\alpha/2}$，则接受零假设（无变化趋势），如果 $|Z_s| > Z_{1-\alpha/2}$，拒绝零假设。$Z_{1-\alpha/2}$ 从标准正态分布函数获得，α 为显著性水平。

（三） Mann-Kendall 突变检验法

对于具有 n 个样本量的时间序列 x，构造一秩序列：

$$S_k = \sum_{i=1}^{k} r_i (k = 2,3,\cdots,n) \tag{4}$$

其中

$$r_i = \begin{cases} +1, \text{当 } x_i > x_j \\ 0, \quad \text{当 } x_i \leqslant x_j \end{cases} \quad (j=1,2,\cdots,i)$$

可见，秩序列是第 i 时刻数值大于 j 时刻数值个数的累计数。

在时间序列随机独立的假定下，定义统计量

$$UF_k = \frac{[S_k - E(S_k)]}{\sqrt{\mathrm{var}(S_k)}} (k=1,2,\cdots,n) \tag{5}$$

式中：$UF_k=0$；$E(S_k)$ 和 $\mathrm{var}(S_k)$ 是累计数 S_k 的均值和方差，在 x_1，x_2，…，x_n 相互独立，且有相同连续分布时，它们由下式计算出：

$$\begin{cases} E(S_k)=\dfrac{k(k-1)}{4} \\ \mathrm{var}(S_k)=\dfrac{k(k-1)(2k+5)}{72} \end{cases} \quad (k=2,3,\cdots,n) \tag{6}$$

UF_i 为标准正态分布，它是按时间序列 x 顺序 x_1，x_2，…，x_n 计算出的统计量序列，给定显著性水平 α，查正态分布表，若 $|UF_i|>U$，则表明序列存在明显的趋势变化。同理，按照时间序列 x 逆序 x_n，x_{n-1}，…，x_1 再重复上述过程，同时使 $UB_k=-UF_k$（$k=n$，$n-1$，…，1），$UB_1=0$。

为保障突变检验的有效性，本研究也采用了滑动 t 检验法检验突变点，两种方法在统计学上具有一定程度的互补性①，有关该方法的介绍详见参考文献②③。

二　水文情势变化分析

（一）水位年际变化分析

对常州、洛社、无锡（大）、苏州（枫桥）年最高与汛期 5～9 月平均水位序列与所在水利分区同期降雨进行 Mann-Kendall 检验，分析结果见表 1。

由表 1 分析可知，尽管四站 5 月、9 月降雨均呈下降趋势，但是对应的月平均水位却呈显著上升趋势，因此，需要从沿长江（江苏段）（以下简称“沿江”）汛期逐月净引水量开展分析，因此，对同期的沿江口门净水量进行 Mann-Kendall 检验。

湖西区沿江口门年净引水总量、汛期逐月净引水总量均呈显著上升趋势，且通过了 $\alpha=0.1$ 置性水平上的显著性检验。武澄锡虞区 5 月与 9 月的净引水

① 符淙斌、王强：《气候突变的定义和检测方法》，《大气科学》1992 年第 4 期。

② 张海荣、周建中、曾小凡等：《金沙江流域降水和径流时空演变的非一致性分析》，《水文》2015 年第 6 期。

③ 张利茹、王兴泽、王国庆等：《变化环境下水文资料序列的可靠性与一致性分析》，《水文》2015 年第 2 期。

量均呈显著上升趋势，且通过了 $\alpha=0.1$ 置性水平上的显著性检验。望虞闸年净引水量、汛期5~9月净引水总量均呈显著上升趋势，且通过了 $\alpha=0.1$ 置性水平上的显著性检验。由此可见，常州年最高水位与汛期5月、9月平均水位上升与湖西区四闸净引水量上升有关，而洛社与无锡（大）汛期5月、9月平均水位上升与武澄锡虞区沿江口门净引水量显著上升有关。

表1 代表站水位特征值序列与其所在水利分区降雨量序列 Mann-Kendall 检验值

代表站	年最高	汛期平均	5月	6月	7月	8月	9月
常州	1.87*	4.98*	2.63*	4.15*	4.12*	4.45*	3.70*
洛社	2.30*	3.40*	4.83*	4.43*	2.76*	2.73*	2.51*
无锡（大）	2.65*	3.14*	2.76*	2.70*	2.56*	3.47*	3.10*
苏州（枫桥）	1.34	2.81*	3.39*	3.10*	2.33*	2.76*	2.02*

说明：*表示在显著性水平 $\alpha=0.1$ 下趋势性显著，下同。

对洛社、无锡（大）所在的水利分区（武澄锡虞区）出入太湖水量进行 Mann-Kendall 检验可见，全年、汛期及6月、7月、8月净入湖水量均呈下降趋势。由此可见，地区涝水出路受阻，原先入湖的水量改为入运河，也成了洛社、无锡（大）6月、7月、8月平均水位上升的重要原因。而苏州（枫桥）在常州、洛社与无锡（大）的下游，一方面，张家港、十一圩闸引水通过东青河进入锡北运河；另一方面，望虞闸引水又抬高了望虞河西岸的水位，原本通过伯渎港、九里河、锡北运河等河道入望虞河的水量反而倒流进入武澄锡虞区河网，与上游来水汇合共同进入了大运河，因此，苏州（枫桥）也出现了水位与运河上游代表站同步上升的趋势。常州、洛社、无锡（大）、苏州（枫桥）水位不断抬升的另一个重要原因与城防工程运行有关。以无锡城市大包围为例，当遭遇地区暴雨时，江尖水利枢纽与利民桥水利枢纽泵站将包围圈内水量向大运河抽排，这些水量直接进入或间接进入大运河，使得大运河代表站一直保持高水位行洪。①

采用 Mann-Kendall 突变检验法和滑动 t 检验法分析江南运河各代表站水位序列的变异特征。表2统计了江南运河代表站水位突变诊断结果，可以看出，运河代表站水位变异点主要发生在20世纪90年代中后期到21世纪初期，这

① 陈寅达、戈礼宾：《受水利工程控制下的锡澄地区水文情势分析》，《江苏水利》2013年第6期。

与文献[1]的研究成果一致，即：90 年代中后期，太湖流域各省市逐渐进入城镇化快速发展阶段。因此，本研究以 2000 年为界，分析城镇化快速发展阶段前后代表站水位变化情况。

表 2　代表站水位序列变异点诊断

代表站	年最高	汛期平均	5 月	6 月	7 月	8 月	9 月
常州	1995	1995	1997	1996	1994	1994	1994
洛社	1993	2000	1997	1997	1999	1999	1999
无锡（大）	1994	1997	2002	2000	1997	1999	2002
苏州（枫桥）	1999	1997	1999	2000	1999	1998	2000

（二）城镇化对降雨径流关系影响

基于成因分析与统计相关法的降雨径流经验相关法是研究降雨径流关系常用方法，该方法采用场次降雨量、径流量以及主要影响因素建立降雨径流定量相关图。[2] 其中前期影响雨量是决定降雨径流的重要条件，平原河网地区采用不同的起涨水位作为前期影响雨量，综合反映土壤含水量与河网调蓄能力。[3] 结合太湖流域雨水情特点，本次研究场次降雨筛选原则为：前三天降雨量均低于 2 毫米，筛选时段的降雨量不低于 2.5 毫米，筛选时段的结束点为降雨量低于 2 毫米。本研究以 2000 年为界，采用湖西区雨量与常州水位涨幅、武澄锡虞区雨量与洛社水位涨幅、武澄锡虞区雨量与无锡（大）水位涨幅、阳澄淀泖区雨量与苏州（枫桥）水位涨幅来反映城镇化快速发展前后降雨径流关系变化。

同样 25mm 的湖西区降雨，对于常州站 3.20～3.50 米起涨水位，城镇化快速发展后（以下简称城镇化后）的水位涨幅较城镇化快速发展前（以下简称城镇化前）偏高 0.03 米；3.50～3.80 米起涨水位，城镇化后的水位涨幅较城镇化前偏高 0.02 米；3.80～4.30 米起涨水位，城镇化后的水位涨幅较城镇化前偏高 0.03 米（见图 1）。

---

① 许有鹏：《长江三角洲地区城市化对流域水系与水文过程的影响》，科学出版社，2012。

② 李致家、于莎莎、李巧玲等：《降雨—径流关系的区域规律》，《河海大学学报》（自然科学版）2012 年第 6 期。

③ 严雪华、陈培竹、毛鸿鹏等：《嘉兴平原河网地区降雨径流关系探讨》，《浙江水利科技》2009 年第 4 期。

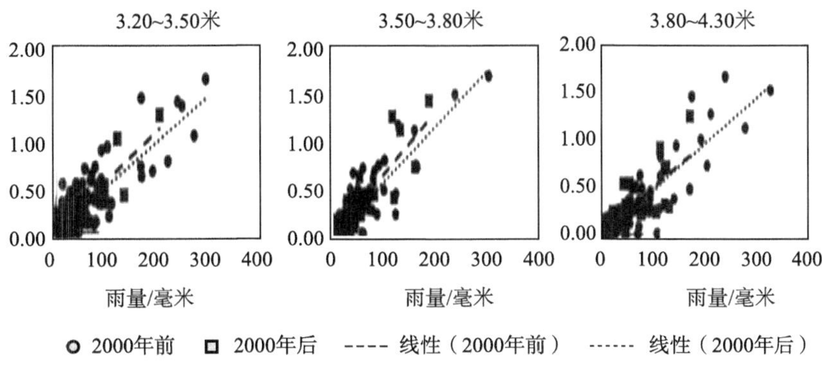

图1　城镇化快速发展前后常州站降雨径流相关示意

同样25毫米的武澄锡虞区降雨，对于洛社站3.00~3.30米起涨水位，城镇化后的水位涨幅较城镇化前偏高0.04米；3.30~3.60米起涨水位，城镇化后的水位涨幅较城镇化前偏高0.02米；3.60~3.90米起涨水位，城镇化后的水位涨幅较城镇化前偏高0.01米（图略）。

同样25毫米的武澄锡虞区降雨，对于无锡（大）站2.90~3.20米起涨水位，城镇化后的水位涨幅较城镇化前偏高0.05米；3.20~3.50米起涨水位，城镇化后的水位涨幅较城镇化前偏高0.03米；3.50~3.80米起涨水位，城镇化后的水位涨幅较城镇化前偏高0.03米。

同样25毫米的阳澄淀泖区降雨，对于苏州（枫桥）站2.70~3.00米起涨水位，城镇化后的水位涨幅较城镇化前偏高0.02米；3.00~3.30米起涨水位，同样的降雨，城镇化后的水位涨幅较城镇化前偏高0.01米；3.30~3.60米起涨水位，同样的降雨，城镇化后水位涨幅与城镇化前基本接近（图略）。

结　论

对江南运河代表站［常州、洛社、无锡（大）、苏州（枫桥）］水位，水利分区降雨、沿江口门净引水量，武澄锡虞区净入湖水量分析结果表明：

（1）常州、洛社、无锡（大）年最高水位与汛期5~9月平均水位，苏州（枫桥）汛期5~9月平均水位均呈显著上升趋势。而常州、洛社、苏州（枫桥）所在水利分区同期年雨量和汛期雨量均呈不显著上升趋势，其中5月与9月降雨量甚至呈减小趋势。湖西区沿江口门年净引水量与汛期5~9月净引水总量呈显著上升趋势，武澄锡虞区沿江口门与望虞闸年净引水量、汛期5~9

月净引水量呈显著上升趋势。武澄锡虞区全年、汛期及6月、7月、8月净入湖水量均呈下降趋势。

（2）除了城防工程运行可能导致运河代表站水位抬升以外，常州年最高水位及汛期5月、9月平均水位上升可能与湖西区四闸净引水量上升有关，而洛社与无锡（大）汛期5月、9月平均水位上升与武澄锡虞区沿江口门净引水量显著上升有关。洛社、无锡（大）6月、7月、8月平均水位上升的另一个重要原因是地区涝水出路受阻，原先入太湖的水量改为入运河。受张家港、十一圩闸、望虞闸引水及上游来水的共同影响，苏州（枫桥）也出现了水位同步上升的趋势。

（3）运河代表站水位变异点主要发生在20世纪90年代中后期到21世纪初期，与太湖流域各省市陆续进入城镇化快速发展阶段的时间基本一致。采用降雨径流经验相关法表明，同样的25毫米的降雨，城镇化快速发展后的水位涨幅均明显高于城镇化快速发展前，其中常州偏高0.02～0.03米，洛社偏高0.01～0.04米，无锡（大）偏高0.03～0.05米，苏州（枫桥）偏高0.01～0.02米。

京津冀区域水环境质量改善一体化方案研究*

徐　敏　赵康平　王　东　赵　越　续衍雪**

推动京津冀协同发展，是党中央、国务院在新的历史条件下提出的重大国家战略，生态环境问题已成为影响京津冀区域可持续发展的突出短板，突破京津冀区域水污染防治工作瓶颈，发挥重点区域示范带动作用，对全国水环境保护意义重大。

一　京津冀区域水环境质量概述

（一）区域水系

京津冀区域由滦河和海河两大水系组成。滦河水系包括滦河干流及冀东沿海 32 条小河；海河水系包括海河北系的蓟运河、潮白河、北运河、永定河 4 条河流和海河南系的大清河、子牙河、漳卫南运河、黑龙港运东、海河干流 5 条河流。

京津冀流域水系呈典型的扇形分布，受闸坝控制影响入海口多，海河北系的蓟运河、潮白河、北运河、永定河均通过永定新河入海；海河南系大清河、子牙河、黑龙港河通过闸坝调度由独流减河入海，南运河通过闸坝调度由独流减河或马厂减河入海。另外纳入“水十条”考核的在河北境内发源的主要河流还有 13 条，这些河流汇水范围较小、河长较短并直接入海。

（二）水文水资源状况

2015 年京津冀区域水资源总量为 169.52 亿米，其中入海水量约占地表水

---

* 本文原载《环境保护》2018 年第 17 期。

** 徐敏、王东、赵越，环境保护部环境规划院水环境规划部研究员。赵康平、续衍雪，环境保护部环境规划院工程师。

资源总量的26.3%，入海流量集中在7~9月，入海水量约占全年的40%。京津冀总用水量为249.05亿米，用水量远超区域水资源总量，一方面是由于大量超采地下水，另一方面是由于区域内水资源重复利用率高，特别是农业用水，地表水资源量的大部分用作农灌用水。

海河水系9条主要河流和入海河流呈显著季节性特点，断流现象突出。2016年汛期，卫星影像覆盖的333条河流中227条存在干涸现象，干涸河道长度为4279.4公里，占河道总长度的27.4%，其中32条河流的干涸比达100%，105条河流超过50%。此外，据《2011年海河流域水文年鉴》，海河水系9条主要河流断流均在6个月以上，潮白河、永定河中下游段、大清河、子牙河中游段等全年断流。入海河流中，海河北系饮马河、永定新河等断流3个月以上，海河南系北排水河断流6个月以上，独流减河、南排水河和子牙新河等呈全年断流状态。

（三）水质状况

区域水质总体状况。京津冀区域“水十条”地表水考核断面共有118个，2014年（基准年）Ⅱ~Ⅲ类断面40个、Ⅳ~Ⅴ类21个、劣Ⅴ类57个；劣Ⅴ类断面占地表水考核断面总个数的48.3%，按行政区域分，北京有13个，天津有13个，河北有31个；按断面类型分，34个跨省界断面中劣Ⅴ类断面有22个，17个入海口断面中劣Ⅴ类11个。参照《地表水环境质量标准》（GB3838—2002）各指标的Ⅴ类标准值进行评价，劣Ⅴ类断面的主要超标因子为氨氮、COD和总磷，各指标超标倍数情况见表1。

表1　京津冀区域超Ⅴ类标准值的超标倍数情况

单位：毫克

省（市）	氨氮		COD		总磷	
	平均值	最大值	平均值	最大值	平均值	最大值
北京	3.58	7.53	0.96	1.83	2.23	6.19
天津	1.22	5.32	0.42	0.74	0.4	0.89
河北	5.4	27.6	1.15	6.43	2.26	5.82

按“水十条”签订的目标责任书内57个劣Ⅴ类断面的水质目标中，到2020年需消除劣Ⅴ类的断面是21个。“水十条”对2020年未要求消除劣Ⅴ类的36个断面分别提出了水质改善的要求，根据现状水质和治污水平等因素，

对主要污染指标（COD、氨氮、总磷）等设置了浓度值目标。即使以“水十条”生态环境部（原环境保护部）与各省签订的《水污染防治目标责任书》2020年考核目标与水功能区目标相比，仍有约40%的断面低于水功能区目标，也就是说，“十三五”期间京津冀区域水质只能得到阶段性改善，与达到水功能区目标的差距仍然较大。

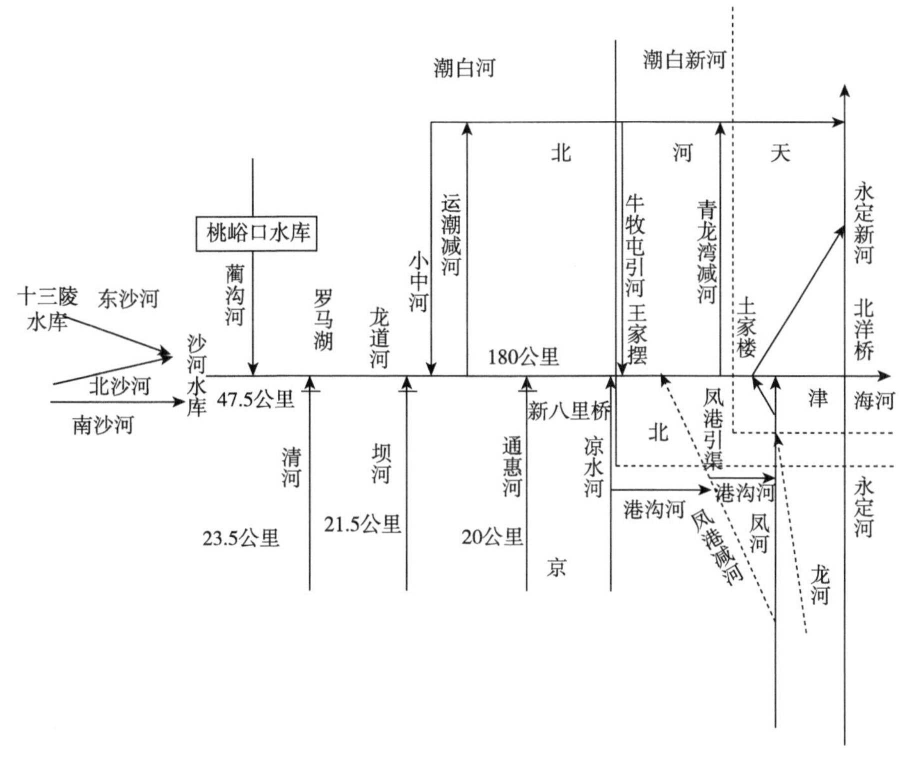

图1　北运河水系概化图

典型水系干流、支流水质。北运河是京津冀区域极具重要性和代表性的水系，本文基于北运河实地调研和监测分析干流、支流水质状况，干流跨京、津、冀三省（市），全长约220公里，通过永定新河入海。支流有清河、坝河、小中河、通惠河、凉水河等，承担北京市中心城区90%的排水任务（水系概化见图1）。在干流设置断面17个、支流断面13个、排污沟（排污口）8个进行监测。

北运河干流水质全程为劣V类，从上游到下游COD、氨氮、总磷浓度总体呈上升趋势（见图2），下游污染重于上游，蔺沟河、清河、坝河、朝阳干渠（排污沟）、小中河、凉水河等城市内河支流汇入后，北运河水体水质明显变差。

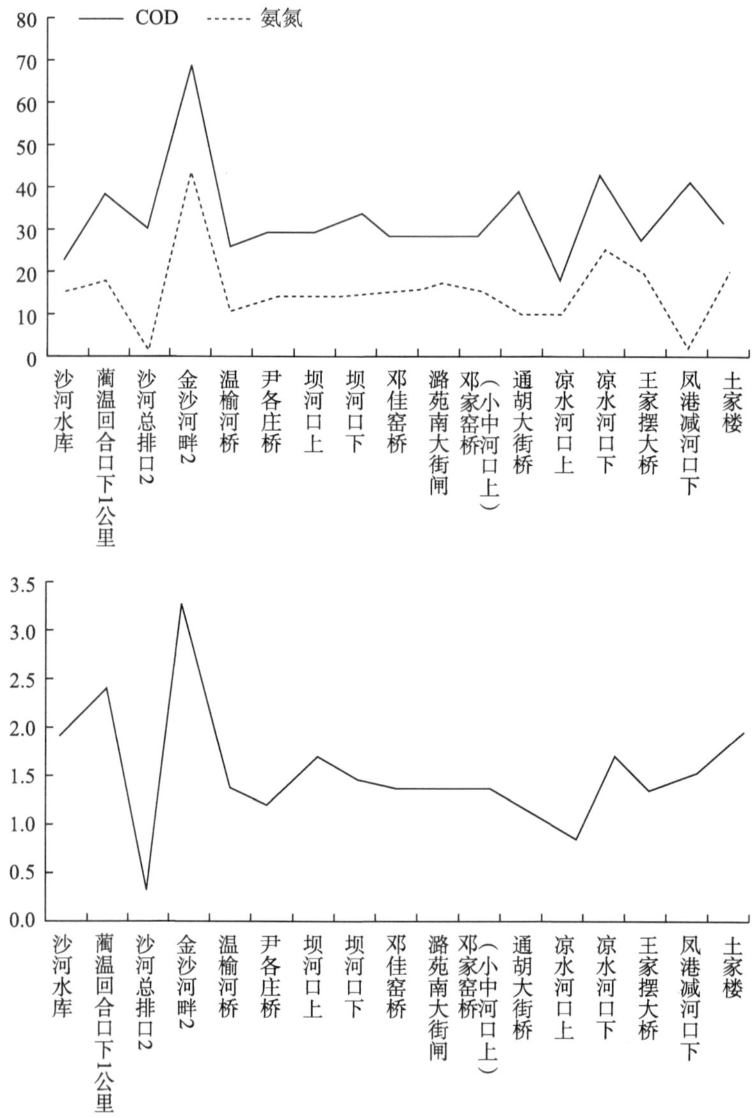

图 2　北运河干流沿程污染物浓度变化趋势

水质监测结果显示，北运河支流水质劣于干流（见表2），干流 COD 可达到Ⅴ类水标准要求，但支流 COD 超出干流一倍以上，排污沟 COD 超出干流两倍以上；干支流氨氮和总磷则远超Ⅴ类水标准要求（见图 2 和图 3）。其中凤港减河、朝阳干渠等排污沟 COD 高达 100 毫克/升以上，氨氮高达 50 毫克/升以上，总磷高达 3 毫克/升以上。调研中还发现区域内城市内河包括清河、小

中河、朝阳干渠等水体有黑臭现象。

表 2　北运河干、支流平均浓度

单位：毫克/升

类别	COD	氨氮	总磷
干流	33.59	16.62	1.69
支流	76.31	28.49	1.89
排污沟	107.88	19.48	1.62

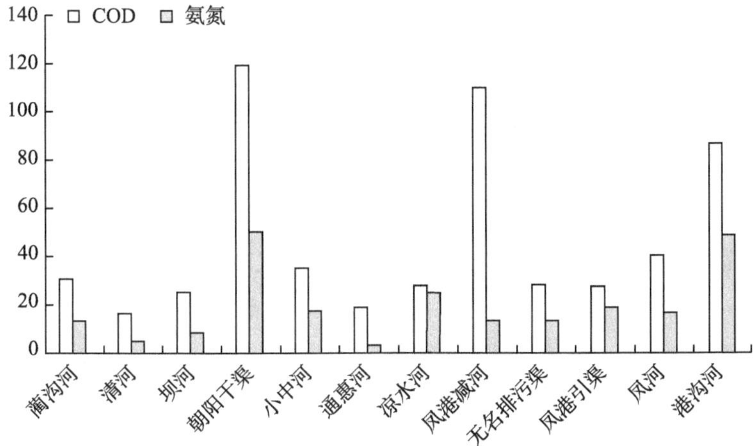

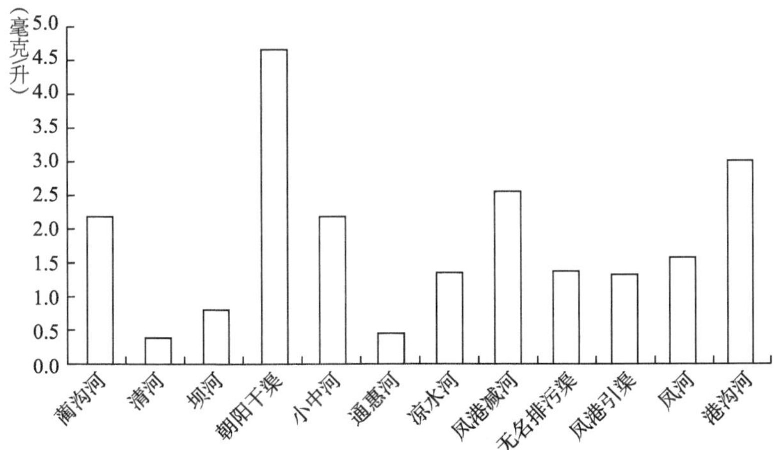

图 3　北运河支流污染物浓度

二　京津冀水环境现存的问题

（一）未建立与使用功能需求相适应的标准体系

我国以水体使用功能确定水体应执行的质量标准及污染源的排放标准，但指标值设定时未充分考虑水域使用功能的差异化需求。如《地表水环境质量标准》（GB3838—2002）中规定，“Ⅴ类主要适用于农业用水区及一般景观要求水域”，氨氮浓度限值为2.0毫克/升，总磷浓度限值为0.4毫克/升。功能和水质类别之间、功能和指标浓度限值之间缺乏内在联系。

根据水环境功能区划结果，北运河干流为景观娱乐和农业用水功能，其中北京境内均为景观娱乐功能；景观娱乐用水区占55%，农业用水区占45%；北运河水体水质要求达到Ⅳ类或Ⅴ类。三省（直辖市）主要污染指标为COD、总磷和氨氮。对于景观娱乐水体，消除黑臭为当前首要任务，按《城市黑臭水体整治工作指南》，应优先确保氨氮浓度低于8毫克/升、DO高于2毫克/升；对农业用水区，按《农田灌溉水质标准》，总磷低于毫克/升（水作）、COD低于150毫克/升（蔬菜）。

（二）污染源尚未得到全面有效控制

第一，生活源治理缺乏统筹的思路和必要手段。

管网建设总量不足，大量污水未经处理直排。根据北京市规划委资料，北京市中心城区现状污水收集率为83%，每天约有50万吨污水直排入河；城乡接合部污水直排现象较为普遍；新城规划范围内每天约有40万吨污水直排入河。据测算，北运河干流汇水范围内生活污水现状排放总量约为1.15亿吨/年，按照“水十条”要求，到2019年，地级以上城市污水处理率要达到95%，以氨氮为例，即使处理达标的污水浓度达到2毫克/升，未经处理的污水浓度按40毫克/升，加权平均后氨氮平均值为3.9毫克/升，距《地表水环境质量标准》Ⅴ类标准要求仍有较大差距。京津冀仅依靠水体自净降解，消除劣Ⅴ类污水的目标实现难度极大。

按污水处理厂数量计，北运河50%以上污水处理厂不能稳定达到一级A排放标准。2014年北运河干流汇水范围内共有18座城镇污水处理设施，设计处理能力为49.61万吨/日，实际处理水量9918万吨/年，平均负荷率约为

55%。其中10座污水处理厂出水COD、氨氮、总磷、总氮等达不到一级A标准。出水超标的原因：一是超负荷运转（如小红门污水处理厂设计能力为60万吨/日，实际处理水量为80万吨/日）；二是部分规模相对较小的污水处理厂尚未完成提标改造。

已具备点源特征的村镇生活源治理设施缺失。农村污水直排入河的污水虽然总体上水量不大，但部分沿岸农村生活污水采用自流方式或通过明渠或简单处理后直排入河，且部分污水直接下渗到地下水体。调研监测某村庄生活污水直排入清河的排污沟COD为168毫克/升、氨氮为23.8毫克/升。

第二，以小微企业为代表的工业源治理存在死角和盲点。

根据2014年环境统计数据，北运河汇水范围内共有352家工业企业。重点行业包括化工、造纸、农副食品加工等行业，污染物排放量约占73%，其中造纸行业主要分布在北京通州和顺义、河北香河等；化工行业主要分布在北京通州和天津北辰。

从排污结构看，虽然工业COD仅占该地区污染物排放总量12.8%，但由于工业小微企业等不在常规的环境统计范围之内，其影响未能在环境统计中体现。调研中发现凤港减河水体呈现泛红现象，凤港减河总铁为0.54毫克/升，初步推断是钢铁加工企业排放污水导致；北京出境的河流除氨氮、总磷超标外，凤河和港沟河的石油类超标倍数均达19.4倍、北运河王家摆断面石油类超标11倍，直接导致河北出境的土门楼断面石油类超标6倍，初步分析是由于汽修、机械加工等小微企业排放的污水所致。

（三）缺乏对控源减污方案的科学系统性、长期稳定性、经济合理性的深入分析

第一，现有污水处理厂稳定达标难度大。北京、天津已经提出了城镇生活污水排放实施地方排放标准的要求，北京市要求自2015年12月31日起城镇污水处理厂执行北京市地方排放标准，要求污水处理厂主要污染物排放浓度与污水处理厂的受纳水体水质标准相当；到2017年年底天津市污水处理厂处理规模的97%将执行地表水Ⅳ类标准，其余3%执行地表水Ⅴ类标准；河北省也已启动地方排放标准的制定工作。

截至2015年年底，从三省（直辖市）现有的582个污水处理厂的运行情况看，仅有50%处理规模执行一级A，以及5%处理规模执行地方标准，三省（直辖市）提标改造任务艰巨。与此同时，提标后的污水处理厂能否实现全年

稳定达到排放标准要求，特别是冬季水温较低时氨氮能否达标仍需要时间检验。

第二，实施“地标”建设投资和运行成本高。据统计，达到一级 B 排放标准的污水处理厂，吨水投资 1500～2000 元，运行费 0.8～1.4 元/吨水；提升至一级 A 标准，吨水造价增至 2250～3400 元，运营费增至 1.1～2.1 元/吨水，大约是一级 B 的 1.5 倍；主要指标提升至地表水Ⅳ～Ⅴ类水质标准时，吨水造价增至 3000～4500 元，运营费增至 1.5～3 元/吨水，大约是一级 B 的 2 倍。

第三，基于水质改善的针对性排污要求缺失。“水十条”要求“未达到水质目标要求的地区要制定达标方案，将治污任务逐一落实到汇水范围内的排污单位，明确防治措施及达标时限”。目前北京、天津以“批处理”的模式确定的污水处理厂排放标准与水质目标改善的关联性不强，精细化程度不足。

（四）生态流量难以保障

京津冀区域现有水库 1193 座、闸坝 11014 座，降水和地表径流层层截留，“水十条”考核的部分断面位于排污沟上（如考核北京的老夏安公路、秦营扬水站等断面）、部分断面由于闸坝的控制表面上未断流，但实际上没有天然径流补充。

上游地区北京、河北为保证城市景观用水需求，在辖区行政区范围内对有水的河段建设闸坝或橡胶坝，造成下游河段枯竭现象进一步加剧。以北运河北京段为例，沙河水库以下有主要闸坝 30 多座，其中温榆河、北运河干流有 9 座水闸和 5 座橡胶坝，其他闸坝分布在清河、坝河、小中河、通惠河、凉水河等主要支流上。北京市水资源严重匮乏，部分生产、生活用水尚依靠超采地下水解决，无法兼顾下游省市的河道生态用水需求。河北省和天津市也面临同样的问题。

三　京津冀水环境质量改善一体化方案建议

总体思路：以区域水质改善为核心，打破行政区域限制，落实打破行政界限的统筹设计理念，加强顶层设计，以满足农用、景观娱乐、饮用水源、水生态等使用功能为前提，针对不同污染源、不同污染物采用针对性的控源措施和标准要求，实现治污方案最优化、投入最小化、效益最大化，确保实

现“水十条”2020年目标。

（一）开展不同类型功能水体的水环境质量标准体系研究

开展京津冀区域不同类型水体（湖泊、水库、河流和湿地）和水环境质量现状评价，分析农用、景观娱乐、饮用水水源、水生态等不同类型功能水体的水环境质量现状和发展趋势，建立不同情境下、不同功能水体主控因子与水环境质量的压力响应关系，科学确定参照状态，并制定更具针对性的农用、景观娱乐、饮用水源、水生态等功能水体的水环境质量评价指标体系和技术方法。此外，在满足水质目标前提下，针对京津冀区域重点污染源、畜禽养殖污染源，以及城市和农业面源污染、废弃矿区和场地等，提出基于水质目标要求的排放限值，并作为许可要求纳入排污许可管理。

（二）强化生活源和工业源的污染治理和监管，确保达标排放

一是减少直排污水对环境的影响；强化污水处理设施的监管，确保各项污染指标全面稳定达到排放标准，是当前首要的污染防治措施。2015年，北京、天津城市污水处理率分别为88.4%和91.5%，与“水十条”要求的2019年达到95%的目标相比仍有差距。按估算，将1吨直排的生活污水纳入污水处理厂进行处理，与对10~20吨生活污水实施提标改造的环境效益相当，由此可知，加大生活污水收集处理率是更为经济、有效、合理的治理模式。此外，三省（直辖市）仍有污水处理厂、工业企业超标排放的现象，应加大监管，全面实现污水处理厂和工业企业达标排放。

考虑提标改造的建设和运行费用情况，污水处理厂全面提标改造的投资和运行成本较高。如对北京而言，排污集中、排污强度大的中心城区和通州等区域有必要实施Ⅳ类标准；但全市域的其他区域在没有实现一级A稳定达标的情况下，要求达到地方标准仍具有一定的难度。因此，提升污水处理率、加大监管确保达标排放应是当前京津冀水环境治理中的主要对策。

二是强化工业污染源头控制，严控有毒有害污染物排入环境。实施工业污染源全面达标排放计划。加大超标排放小微企业的取缔力度，尤其是非环境统计范围内的小微企业，要发挥公众参与和监督作用。依据环统数据库筛选重点行业、重点企业及其分布状况，根据原辅材料、工艺特点等，确定特征污染物，分区域落实治污措施。

定期评估沿河湖工业企业、工业集聚区的环境和健康风险，落实防控措

施。不定期开展涉有毒有害污染物排放的重点行业、重点企业的专项执法，定期督查排污单位达标排放情况，排查超标、超总量企业整治完成情况。

（三）重点整治城市黑臭水体，确保公众景观水的安全

结合住建部黑臭水体整治工作，应重点整治城市黑臭水体。在思路上，控源减污仍是首要措施。在控源减污措施仍然达不到水质改善需求的情况下，采取底泥疏浚、渠化河道改造、净化塘、人工湿地等措施，实施生态拦截及污水深度处理，进一步减少进入水体的污染物。通过上游水利设施的优化调度，增加河道生态流量，提高环境容量。必要时，可通过设置曝气、跌水设施等工程，提高河流溶解氧浓度，消除水体黑臭。

（四）加大再生水利用规模，将部分提标改造的污水处理厂出水作为生态补水，确保安全农灌

2015 年京津冀区域城镇污水处理量约为 49.1 亿吨/年，约占地表水资源总量的 73%。大部分城镇污水处理厂出水能够达到《城镇污水处理厂排放标准》一级 A 和一级 B 标准（或达到相关地方排放标准），尾水排入环境后大部分用于农田灌溉、工业生产、城市绿化、道路清扫、车辆冲洗、建筑施工和生态景观等用水。因此，针对用于农田灌溉的城镇污水处理厂尾水和河道径流，要重点完善再生水利用设施，加强涉有毒有害污染物排放的企业监管，禁止涉有毒有害污染物排放的废水纳入城市管网和城镇污水处理厂，对河道内涉有毒有害污染物排放的企业加密监管频次，确保安全回用。

（五）因地制宜建设人工湿地，控制入海氮磷负荷

建议结合河道水文流量、闸坝调度等信息，重点针对严重污染河道、污水处理厂尾水、生态流量缺乏河段等，建设人工湿地进一步削减污染负荷。人工湿地分为潜流湿地、生态净化塘、表流湿地 3 种类型，其中潜流湿地水质净化效率较高，但冬季 3 种湿地净化效率均会下降 30% ~50%。考虑综合治理效率和用地条件，建议北京、天津选用潜流湿地，河北选用生态净化塘。

京津冀三省（直辖市）中，北京市用地相对紧张，不具备大规模建设人工湿地的条件，且北京市中心城区的主要污水处理设施提标改造工程均已动工，占全市污水处理规模的 60% 以上，建议仅针对出水不稳定达标问题，在污水处理厂周边地区用地许可的情况下，将人工湿地等作为污水处理厂出水

的深度处理措施，确保达标排放。而对天津市和河北省，考虑用地相对宽松、运行费用低、入海口较多等因素，在选址可行的基础上，建议在蓟运河、永定新河、陡河、饮马河、青静黄防潮闸、子牙新河、北排水河和沧浪渠等入海河流的入海口附近建设人工湿地强化入海河流的氮磷控制，改善渤海湾水质。

参考文献

国家发展和改革委员会：《京津冀协同发展生态环境保护规划》，2015。

国务院：《水污染防治行动计划》，2015 - 4 - 16，http://www.gov.cn/zhengce/content/2015-04/16/content_9613.htm。

环境保护部：《2015 年中国环境统计年报》，中国环境出版社，2016。

水利部：《2015 年海河流域水资源公报》，http://www.hwcc.gov.cn/hwcc/static/szygb/gongbao2015/index.htm。

北京北运河河流生态系统健康评价*

顾晓昀　徐宗学　刘麟菲　殷旭旺　王　汨**

河流是重要的自然生态系统之一，也是陆地生态系统和水生态系统间物质循环、能量流动和信息传递的主要通道，发挥着重要的生态功能。随着城市化规模的不断扩大，河流生态系统遭受到前所未有的威胁与破坏。如何监测和评估河流生态系统健康状况，修复和保护受损河流生态系统，已成为当今河流管理的重要内容。

河流生态系统健康评价作为河流管理的重要工具，在世界范围内得到了广泛应用。河流生态系统健康评价方法总体上可以划分为指示物种法和指标体系法，如欧盟水框架导则（Water Framework Directive，WFD）和溪流状态指数（Index of Stream Condition，ISC）等。指示物种法主要根据水体中指示物种的结构功能和数量变化来表征河流生态系统健康状况，该法简单易操作，但也存在一些问题，如仅依靠某几类指示物种很难全面展现河流生态系统复杂的变化、难以明确指示物种对河流生态系统健康指示作用的强弱等。因此，综合物理、化学、生物、水文、栖息地，甚至社会经济的指标体系法应运而生。指标体系法以其综合性、全面性和易量化的特点，成为当前河流生态系统健康评价的常用方法，尤其是在受人类活动影响较大的城市河流评估方面发挥了巨大作用。

我国的河流生态系统健康研究起步较晚，唐涛等于 2002 年率先对河流生态系统健康进行了探索。近年来，随着社会经济的发展和城市化水平的提高，我国对城市河流保护和整治力度逐步加强，众多学者开始关注我国城市河流生态系统的健康，并在太湖流域、海河流域、珠江流域等地区取得了丰富的研究成果。于志慧等选取 5 大要素 9 个指标构建了河流健康评价指标体系，并运用熵权物元模型对太湖流域湖州市区不同城市化水平下的河流健康状况

---

* 本文原载《环境科学》2018 年第 6 期。

** 顾晓昀，北京师范大学水科学研究院硕士研究生（指导教师大连海洋大学徐宗学、殷旭旺教授），主要研究方向为河湖健康评价。刘麟菲，博士研究生（导师为徐宗学教授），研究方向为水生态健康评价。王汨，大连海洋大学讲师，研究方向为生物学。

进行了定量评价和动态分析；郝利霞等选取了水质、营养盐和底栖动物 3 类 10 个指标构建河流生态系统健康评估指标体系，并从化学完整性和生物完整性两方面评价了海河流域河流生态系统健康；邓晓军等构建了包含自然生态、社会经济和景观环境等 3 个方面 24 个指标的城市河流健康评价指标体系，并以漓江市区段为例，采用基于层次分析法的模糊综合评价模型进行了健康评价。这些研究大多应用指标体系法，并取得了较好的评价效果。指标体系法成为城市河流生态系统健康评价的重要发展方向，具有不可替代的优越性。

北运河水系覆盖北京市九个区，北京七成以上人口在此流域内工作、生活，是北京市人口最多、城市化水平最高的流域。随着城市化的推进，北运河水系开始出现水质污染、生境破坏、生态失衡等问题，严重制约了流域内社会经济的可持续发展。基于此，本文采用主成分分析和相关分析筛选河流生态系统健康评价指标，并用熵权法确定各指标权重，构建北运河河流生态系统健康评价指标体系，并通过河流生态健康综合指数进行健康评价，以期为北运河河流生态系统的管理和保护提供科学依据和技术支撑。

一　材料与方法

（一）采样点设置

北运河水系是北京市的五大水系之一，也是唯一发源于北京市境内的水系。北运河为海河支流，地形以平原为主，水系内有温榆河、清河、坝河、通惠河、凉水河等。作为北京市的主要排洪通道，北运河每年承纳北京市区约 90% 的排洪量。本研究于 2015 年 7 月对北运河水系进行采样调查，共设置 25 个采样点。为使采样点尽可能准确地反映河流生态系统的实际健康状况，布点原则主要依据水系内的人类活动干扰强度，即人类活动干扰越强，采样点越密集。此外，采样点要能够代表点位附近河段尺度的水体自然特征。由于北运河水系内海淀区、朝阳区和中心城区的人口密度较大，人类活动干扰较强，因此采样点大多集中在这几个区内。用 MAGELLAN 全球定位系统（eXplorist-200）记录采样点的经纬度。

（二）水生生物样品采集与鉴定

1. 浮游植物

针对所选采样点，用有机玻璃采水器在水深 0.5 米处采集水样 2 升，现场加入10毫升鲁哥试液固定，带回实验室后静置24小时，浓缩并定容至100毫升。取0.1毫升样品置于浮游植物计数框内，在400倍显微镜下依据相关文献进行物种鉴定和细胞计数，样品尽量鉴定到属或种。

2. 底栖动物

在以所选采样点为中心、50米为半径的圆形区域内，使用1/16平方米的彼得森采泥器采集一个泥样，将采集到的泥样用60目的网筛筛洗，并转入白磁盘中。在采样现场用人工挑拣的方法，将肉眼可见的底栖动物样品转入200毫升的广口塑料瓶中，并加入95%的酒精溶液保存待检。转入实验室后，依据相关的文献资料，在显微镜或解剖镜下进行分类和计数，样品尽量鉴定到属或种。

（三）环境因子测定

1. 水环境因子

本研究共监测水环境因子19个，其中水文因子1个，即水温（Wtemp）；水质因子18个，包括pH值、电导率（Cond）、溶解氧（DO）、生化需氧量（BOD_5）、高锰酸盐指数、氨氮（NH_4^+-N）、总氮（TN）、总磷（TP）、氟化物（F^-）、氯化物（Cl^-）、铜（Cu）、锌（Zn）、铅（Pb）、镉（Cd）、砷（As）、汞（Hg）、石油类和挥发酚。采样时利用便携式pH计和便携式水质监测仪（YSI85）现场测定pH值、水温（Wtemp）、电导率（Cond）和溶解氧（DO）；同时在各采样点现场采集两个平行水样（各2L），置于低温保温箱中，并于48h内带回实验室测定生化需氧量（BOD_5）、高锰酸盐指数、氨氮（NH_4^+-N）、总氮（TN）、总磷（TP）、氟化物（F^-）、氯化物（Cl^-）、铜（Cu）、锌（Zn）、铅（Pb）、镉（Cd）、砷（As）、汞（Hg）、石油类和挥发酚、水样的采集、保存和室内测定均参照GB3838－2002《地表水环境质量标准》和《水和废水监测分析方法》。

2. 栖息地环境质量

采用栖息地环境质量评价指标（Qualitative Habitat Evaluation Index，QHEI）于各采样点现场打分，对美国EPA快速生物评价手册中的评价方法做适当修改，最终确定10个指标，包括底质、栖境复杂性、流速与水深结合特征、堤岸稳定性、河道变化、河水水量状况、植被多样性、水质状况、人类活动强度和河岸土地利用类型，每项20分，总分200分，划分为健康、较好、一般和较差4个等级，分数越高代表栖息地环境质量越好。

（四）数据分析

1. 评价指标的选择与筛选

选取能反映北运河河流生态系统健康状况的4类22个指标作为候选评价指标，其中水生生物指标有2个，包括浮游植物 Shannon-Wiener 多样性指数和底栖动物 Shannon-Wiener 多样性指数；水文指标有1个，即 Wtemp；水质指标有18个，包括 pH、Cond、DO、BOD_5、高锰酸盐指数、NH_4^+-N、TN、TP、F^-、Cl^-、Cu、Zn、Pb、Cd、As、Hg、石油类和挥发酚；栖息地指标1个，即 QHEI。采用 BioDiversity Professional 2.0 计算 Shannon-Wiener 多样性指数。

对22个评价指标进行筛选，筛选的原则包括：①评价指标对河流生态系统变化具有明显的响应；②评价指标间相互独立、不存在重复信息；③能全面反映河流生态系统健康的不同属性。筛选的步骤主要包括判别能力分析、特征贡献率分析和独立性分析。判别能力分析是指分析评价指标与河流生态系统的响应关系，剔除对河流生态系统变化不敏感的指标；特征贡献率分析是指通过主成分分析（Principal Component Analysis，PCA）剔除对河流生态系统特征贡献率较低的指标，主要采用最大方差旋转法（Varimax），按照70%的累积方差贡献率提取出主成分，选择载荷值大于0.6的指标进行独立性分析；独立性分析是指对余下的指标进行 Kolmogorov-Smirnov 正态分布检验，采用 Pearson 或 Spearman 相关分析筛选出独立性较好的指标，以降低指标间的信息重叠程度。采用 SPSS17.0 进行 PCA 和相关分析。

2. 评价指标权重的计算

熵最初来源于物理学中的热力学概念，主要用来反映系统的混乱程度。信息论中的熵值理论反映了信息的无序化程度，可用来评定信息量的大小，当某项指标携带的信息越多时，其对决策的作用也就越大。采用熵权法计算评价指标的权重，可以有效避免人为因素的干扰，使评价结果更符合实际。使用熵权法计算权重主要包含三个步骤。

（1）原始数据矩阵的标准化

设 m 个评价指标，n 个评价对象得到的原始数据矩阵 X 为：

$$X=\begin{bmatrix} x_{11} & x_{12}\cdots x_{1n} \\ x_{21} & x_{22}\cdots x_{2n} \\ \vdots & \vdots \quad \vdots \\ x_{m1} & x_{m2}\cdots x_{mn} \end{bmatrix} \tag{1}$$

对该矩阵标准化得到矩阵 R 为：

$$R=(r_{ij})_{m\times n} \tag{2}$$

式中，x_{ij}为第 j 个评价对象在第 i 个评价指标上的实际值；r_{ij}为第 j 个评价对象在第 i 个评价指标上的标准值，$r_{ij}\in[0,1]$。

（2）定义熵

第 i 个评价指标的熵 H_i 定义为：

$$H_i=\frac{1}{\ln n}\sum_{j=1}^{n}f_{ij}\ln f_{ij} \tag{3}$$

式中，$f_{ij}=r_{ij}/\sum_{j=1}^{n}r_{ij}$，当 $f_{ij}=0$ 时，令 $f_{ij}\ln f_{ij}=0$；f_{ij}为第 j 个评价对象在第 i 个评价指标上的标准值占该评价指标标准值总和的比重；n 为评价对象的个数。

（3）定义熵权

第 i 个评价指标的熵权 w_i 定义为：

$$w_i-\frac{1-H_i}{m-\sum_{i=1}^{m}H_i} \tag{4}$$

式中，$0\leqslant w_i\leqslant 1$，$\sum_{i=1}^{m}w_i=1$；$H_i$ 为第 i 个评价指标的熵；m 为评价指标的个数。

3. 评价方法与评价标准

根据构建的北运河河流生态系统健康评价指标体系，计算河流生态健康综合指数[27]：

$$H=\sum_{i=1}^{n}(W_i\times I_i) \tag{5}$$

式中，H 为河流生态健康综合指数，W_i 为评价指标权重，I_i 为评价指标的标准化值。

应用所有采样点位的河流生态健康综合指数值，建立北运河河流生态系统健康评价标准。具体方法是通过频数分析，以 95% 分位数对应的值作为标准，大于该值表示河流生态系统健康等级为Ⅰ级（健康），将小于该值至最小值的分布范围四等分，分值从大到小依次分别代表河流生态系统健康等级为Ⅱ级（亚健康）、Ⅲ级（一般）、Ⅳ级（较差）和Ⅴ级（极差），据此将北运河河流生态系统健康状况划分为 5 个等级。

二　结果与讨论

（一）评价指标的筛选

对候选评价指标的监测结果进行初步统计，如表 1 所示。由于 Cu、Pb、Cd、As、Hg 和挥发酚在所有采样点位中的变化较小（标准差 SD < 0.01），对河流生态系统变化的响应不够敏感，因此认为其判别能力较弱，剔除这 6 个指标。

表 1　候选评价指标信息统计

候选评价指标		最小值	最大值	平均值	标准差
水生生物指标	浮游植物多样性指数	0.6400	4.1500	2.6932	1.1265
	底栖动物多样性指数	0.0000	1.5500	0.5728	0.5874
水文指标	水温/℃	20.3000	29.6000	25.5160	2.0461
水质指标	pH	7.7000	8.8000	8.1120	0.3153
	Cond/（$S \cdot cm^{-1}$）	25.3700	1594.0000	652.7616	342.9949
	DO/（$mg \cdot L^{-1}$）	0.7000	11.8000	5.7520	3.1258
	BOD_5/（$mg \cdot L^{-1}$）	0.6000	24.6000	5.1128	5.8732
	高锰酸盐指数/（$mg \cdot L^{-1}$）	2.3000	33.6000	7.9600	6.8153
	NH_4^+-N/（$mg \cdot L^{-1}$）	0.1000	20.4000	4.7569	7.1819
	TN/（$mg \cdot L^{-1}$）	1.0000	82.6000	13.7080	16.6821
	TP/（$mg \cdot L^{-1}$）	0.0300	3.9000	0.8664	1.1560
	F^-/（$mg \cdot L^{-1}$）	0.1500	0.9800	0.5040	0.2155
	Cl^-/（$mg \cdot L^{-1}$）	0.2500	2.2800	0.5044	0.4094
	Cu/（$mg \cdot L^{-1}$）	0.0000	0.0230	0.0009	**0.0046**
	Zn/（$mg \cdot L^{-1}$）	0.0000	0.1720	0.0182	0.0381
	Pb/（$mg \cdot L^{-1}$）	0.0000	0.0000	0.0000	**0.0000**
	Cd/（$mg \cdot L^{-1}$）	0.0000	0.0000	0.0000	**0.0000**
	As/（$mg \cdot L^{-1}$）	0.0000	0.0046	0.0021	**0.0017**
	Hg/（$mg \cdot L^{-1}$）	0.0000	0.0000	0.0000	**0.0000**
	石油类/（$mg \cdot L^{-1}$）	0.0000	0.0600	0.0196	0.0234
	挥发酚/（$mg \cdot L^{-1}$）	0.0000	0.0050	0.0008	**0.0017**

续表

候选评价指标		最小值	最大值	平均值	标准差
栖息地指标	QHEI	24.0000	99.0000	59.1200	21.7890

说明：粗体字表示标准差 SD <0.01 的候选评价指标。

对余下的16个指标进行标准化，用标准化值进行PCA分析，其Kaiser-Meyer-Olkin检验统计（KMO）值为0.521，Bartlett球度检验值为350.361，相伴概率为0，表明基于25个采样点位的16个指标构成的评价指标体系适合于进行PCA分析。按照70%的累积方差贡献率提取出5个主成分，如表2所示。

表2　候选评价指标的主成分分析结果

候选评价指标	第1主成分	第2主成分	第3主成分	第4主成分	第5主成分
浮游植物多样性指数	-0.150	-0.154	0.023	**-0.848**	-0.143
底栖动物多样性指数	-0.119	-0.026	0.192	0.031	**0.832**
水温	-0.119	**0.776**	-0.104	0.302	-0.221
pH	-0.072	-0.211	0.538	0.533	-0.400
Cond	**0.853**	0.218	-0.130	0.178	0.124
DO	-0.481	-0.326	-0.147	0.533	-0.304
BOD_5	**0.860**	0.000	-0.068	0.232	-0.167
高锰酸盐指数	**0.945**	0.232	0.053	-0.066	-0.046
NH_4^+-N	0.324	**0.839**	0.216	0.094	0.231
TN	**0.910**	0.041	-0.135	-0.156	0.001
TP	**0.834**	0.498	0.116	-0.036	0.085
F^-	0.361	-0.136	**0.740**	-0.037	0.185
Cl^-	**0.900**	-0.293	0.184	-0.098	-0.117
Zn	0.146	**0.823**	-0.009	-0.333	0.040
石油类	0.451	-0.143	**-0.690**	0.307	0.112
QHEI	-0.095	0.225	**0.755**	0.123	0.376
方差贡献率/%	36.057	16.446	12.854	11.025	6.631
累积方差贡献率/%	36.057	52.503	65.356	76.381	83.012

说明：粗体字表示载荷值大于0.6的候选评价指标。

选择载荷值大于0.6的候选评价指标：第1主成分包括Cond、BOD_5、高锰酸盐指数、TN、TP和Cl^-，主要描述了无机离子、有机物质和营养物质的影响；第2主成分包括Wtemp、NH_4^+-N和Zn，主要描述了营养物质、重金属和水文因素的影响；第3主成分包括F^-、石油类和QHEI，主要描述了溶解氧和栖息地环境因素的影响；第4主成分包括浮游植物多样性指数，主要反映了生物因素的影响；第5主成分包括底栖动物多样性指数，主要反映了生物因素的影响。由此筛选出14个评价指标，这些指标对北运河河流生态系统健康状况的贡献均较大，故剔除pH和DO。

对这14个候选评价指标进行独立性分析。首先进行K－S正态检验，对符合正态分布的指标进行Pearson相关分析，对不符合正态分布的指标进行Spearman相关分析，结果如表3所示。

相关分析结果表明，浮游植物Shannon-Wiener多样性指数、底栖动物Shannon-Wiener多样性指数、Wtemp和QHEI与其他指标间的相关性不显著，相对独立，故这4个指标予以保留。在水质指标中，NH_4^+-N、F^-、Zn和石油类与其他指标间的相关性较差，相对独立，故对这4个指标予以保留；NH_4^+-N与高锰酸盐指数、TN和TP均极显著相关，因此剔除高锰酸盐指数、TN和TP；由于BOD_5和高锰酸盐指数均为指示有机污染的指标，而高锰酸盐指数已被剔除，因此保留BOD_5；由于BOD_5与Cond极显著相关，故剔除Cond，同理剔除Cl^-。

根据上述分析，筛选后的北运河河流生态系统健康评价指标共有9个，如图1所示。在这些指标中，浮游植物作为河流生态系统中重要的初级生产者，对水环境变化的反应十分敏感，其多样性直接影响着上层食物链结构及整个生态系统的稳定；底栖动物生命周期较长，对不同类型的污染和干扰响应敏感，能综合反映长期人为活动对河流生态系统的扰动程度，其多样性是水体健康程度的重要指标；Wtemp是随时间和空间变化的水文因子，不仅可以直接影响水体中水生生物的生理生化活动，而且可以反映人类活动对水体的影响；BOD_5主要反映水体中可以被生物利用的有机物污染程度；NH_4^+-N主要反映水体中营养物质的浓度大小；F^-具有较强的还原性，易与高氧化态的阳离子结合，其被氧化的过程需消耗溶解氧，因此可以反映水体中的溶解氧含量；Zn可以表征水体及河床底泥中的重金属含量；石油类可以反映水体中烃类物质的污染程度；QHEI从底质、堤岸稳定性、河道变化、人类活动强度等方面反映了栖息地环境质量状况，是水生态系统和水陆过渡带完整性程度的综合表征。

表 3 相关分析结果

候选评价指标	浮植多样性	底栖多样性	水温	Cond	BOD_5	高锰酸盐指数	NH_4^+-N	TN	TP	F^-	Cl^-	Zn	石油类	QHEI
浮植多样性	1.000^{b}													
底栖多样性	0.015^{b}	1.000^{b}												
水温	-0.206^{b}	-0.08^{b}	1.000^{b}											
Cond	-0.266^{b}	-0.051^{b}	0.085^{b}	1.000^{b}										
BOD_5	-0.328^{b}	-0.245^{b}	-0.008^{b}	**0.734**^{b**}	1.000^{b}									
高锰酸盐指数	-0.111^{b}	-0.105^{b}	0.064^{b}	**0.792**^{b**}	**0.784**^{b**}	1.000^{b}								
NH_4^+-N	-0.368^{a}	0.057^{a}	0.356^{a}	0.513^{a**}	0.668^{a**}	**0.827**^{a**}	1.000^{a}							
TN	-0.056^{b}	-0.081^{b}	-0.118^{b}	**0.729**^{b**}	**0.710**^{b**}	**0.914**^{b**}	**0.756**^{a**}	1.000^{b}						
TP	-0.425^{a*}	-0.096^{a}	0.273^{a}	**0.740**^{a**}	**0.781**^{a**}	**0.928**^{a**}	**0.844**^{a**}	**0.846**^{a**}	1.000^{a}					
F^-	0.067^{b}	0.195^{b}	-0.157^{b}	0.22^{b}	0.176^{b}	0.303^{b}	0.048^{a}	0.132^{b}	0.224^{a}	1.000^{b}				
Cl^-	0.051^{b}	-0.135^{b}	-0.323^{b}	**0.640**^{b**}	**0.716**^{b**}	**0.807**^{b**}	0.143^{a}	**0.799**^{b**}	0.308^{a}	0.506^{b**}	1.000^{b}			
Zn	-0.206a	0.034^{a}	0.449^{a*}	0.550^{a**}	0.519^{a**}	0.575^{a**}	0.504^{a*}	0.450^{a*}	0.547^{a**}	-0.044^{a}	0.090^{a}	1.000^{a}		
石油类	-0.238^{b}	-0.128^{b}	0.022^{b}	0.558^{b**}	0.432^{b*}	0.294^{b}	0.182^{a}	0.351^{b}	0.285^{a}	-0.176^{b}	0.318^{b}	0.171^{a}	1.000^{b}	
QHEI	-0.232^{b}	0.297^{b}	-0.053^{b}	-0.009^{b}	-0.152^{b}	-0.043^{b}	0.045^{a}	-0.22^{b}	0.077^{a}	0.514^{b**}	-0.079^{b}	-0.008^{a}	-0.475^{b*}	1.000^{b}

说明：粗体字表示载荷值大于0.6的候选评价指标。

a：Spearman 相关分析；b：Pearson 相关分析。

*：$p<0.05$；**：$p<0.01$。粗体字表示相关性达到极显著水平且相关系数大于0.5。

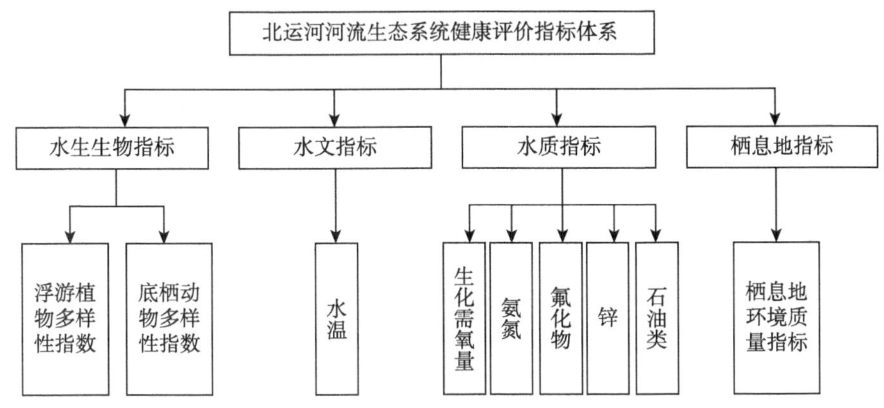

图 1　北运河河流生态系统健康评价指标体系

在淡水生态系统中，水生生物的食物链主要由浮游植物、浮游动物、底栖动物、高等植物、鱼类和微生物组成，而高等植物和微生物对水生态健康的指示作用较弱。浮游植物是水生态系统的初级生产者，处于食物链最底层；浮游动物多以浮游植物、细菌、碎屑为食，同时又是鱼类和部分底栖动物的食物；底栖动物以摄食碎屑物为主，对营养物质的分解和循环有重要作用；鱼类处于食物链顶端，对环境变化较敏感。在本研究中，仅选择了浮游植物和底栖动物作为指示物种。北运河水系地处北京市中心区域，人口稠密，城市化水平高，是北京市境内受人类活动干扰最强烈的水域之一。流域内鱼类存在滥捕、滥放等人为因素的影响，土著鱼类的多样性急剧下降，不适合作为河流生态系统健康状况的指示物种。有研究表明，底栖动物多样性指数与浮游动物多样性指数之间有较强的相关性，不适宜同时作为河流生态系统健康评价指标。与浮游动物相比，底栖动物是河流生态系统中最重要的定居动物类群之一，是河流水质监测最常用的指标，因此剔除浮游动物相关指标。

水温是水环境变化的重要驱动因子，水温的高低会直接或间接影响水体理化性质和水生生物结构。有研究表明，水温对水体中 pH、DO、营养盐等理化因子的分布会产生重大影响，从而引起不同的水环境响应，其中水温与 DO 含量为负相关关系且相关系数极高。与水体理化性质相比，水生生物结构主要受到水温升高的影响。随着水温的升高，浮游植物蓝藻和绿藻的生长期延长，代谢速率加快，生物活性增强，生物量占据明显优势，同时，河道底泥中的有机物质加速分解，从而产生加重水体富营养化的趋势；底栖动物长期栖居在水体底质中，生活场所相对固定，迁移能力较弱，因此难以回避局部水温升高的影响，同时，底栖动物敏感种如蜉蝣目（Ephemeroptera）会因无法适应新栖境而在升温区逐渐消失，喜温种如摇蚊科（Chironomidae）则数量增多，从而导致底栖动物区系组成向喜温和耐低溶解氧的生物相变化。随着社会经济的快速发展，北京市区，尤其是北运河水系覆盖区域，对电力的需求日益增大。由于大部分电厂的发电效率有限，多余热量须通过冷却水循环系统带出，从而使得受纳水域水温升高，改变了水体的理化属性，破坏了原有的生态平衡。因此，水温是北运河河流生态系统健康评价过程中的重要指标之一。

（二）评价指标的权重

根据熵的定义与计算方法，确定评价指标体系的熵 H 及熵权 w，计算结果如下：

$$H = [0.9431 \quad 0.7483 \quad 0.9560 \quad 0.9793 \quad 0.9544 \quad 0.9615 \quad 0.9844 \quad 0.9239 \quad 0.9338]$$

$$w = [0.0925 \quad 0.4091 \quad 0.0715 \quad 0.0336 \quad 0.0740 \quad 0.0626 \quad 0.0254 \quad 0.1237 \quad 0.1076]$$

不同类型的不同指标权重如表 4 所示。由此可知，4 类评价指标的权重大小排序为：水生生物指标 > 水质指标 > 栖息地指标 > 水文指标；水生生物指标的权重大小排序为：底栖动物多样性指数 > 浮游植物多样性指数；水质指标的权重大小排序为：石油类 > 氨氮 > 氟化物 > 生化需氧量 > 锌。

表 4　北运河河流生态系统健康评价指标权重

评价指标类型	类型权重	评价指标	指标权重
水生生物指标	0.5015	浮游植物多样性指数	0.0925
		底栖动物多样性指数	0.4091
水文指标	0.0715	水温	0.0715
水质指标	0.3194	BOD_5	0.0336
		NH_4^+-N	0.0740
		F^-	0.0626
		Zn	0.0254
		石油类	0.1237
栖息地指标	0.1076	QHEI	0.1076

（三）河流生态系统健康评价

根据北运河河流生态系统健康评价指标体系和对应权重，计算河流生态健康综合指数，其中最小值为 0.2130，最大值为 0.9123，95% 分位数为 0.8688，故健康评价标准如表 5 所示。

表 5　北运河河流生态系统健康评价标准

评价等级	健康	亚健康	一般	较差	极差
SEHCI	>0.8688	0.7049 - 0.8688	0.5410 - 0.7049	0.3771 - 0.5410	<0.3771

在设立的 25 个采样点位中，2 个为Ⅰ级，占点位总数的比例为 8%；1 个为Ⅱ级，占 4%；9 个为Ⅲ级，占 36%；8 个为Ⅳ级，占 32%；5 个为Ⅴ级，占 20%。从全流域来看，北运河河流生态系统的健康状况总体较差，其中水系中部和东南部地区的健康等级普遍较低，西北部地区的健康等级相对较高。在 25 个采样点中，河流生态健康综合指数最高的为德胜口（B3），位于德胜口沟；最低的为清河闸（B21），位于清河干流的上段。

在 ArcGIS10.2 的地统计分析模块中，采用反距离加权法（Inverse Distance Weighted，IDW）对北运河河流生态健康综合指数进行插值运算，得到该指数在北运河水系的分布状况。从整个流域来看，北运河河流生态系统健康状况具有较强的空间异质性，健康等级较高的地区主要分布在水系上游，而中下游地区的健康等级则较低。水系上游地区的十三陵水库（B1）、锥石口（B2）和德胜口（B3）位于远离北京市中心的西北部昌平区，受人类活动影响较弱，因此其河流生态系统健康处于相对原始的未开发或半开发状态，从而形成了健康等级较高的集中区。

北运河水系的中下游地区健康状况具有较强的空间异质性。南沙河、清河中游、通惠河干流为该地区健康状况普遍较差的河段，这 3 个河段均为城市排水河道。南沙河是温榆河的一级支流，由于多年排放污水及河床底泥释放污染物，导致河道生境遭到破坏；此外，南沙河上建有上庄水库，水库常年蓄水导致河道淤积严重，加剧了水体污染。通惠河作为北京市雨污排泄枢纽，承接了南护城河、北护城河和前三门暗沟的来水，大量生活污水和生产废水未经处理就直接排入河道，导致水质恶化；此外，通惠河河底和边坡的混凝土板护砌结构加剧了生态系统的退化。中下游地区健康状况相对较好的河段包括凉水河上游和温榆河支流，这可能与近年来北京市政府着手治理有关。由凉水河管理处主持的凉水河水环境综合治理工程，通过建设临时应急处理设施、实施截留、封堵违法排污口等手段，开展治污清淤、河道改造和生态修复等工程，严格控制污水入凉水河，使凉水河水质得到了明显的改善。这些河段交错镶嵌于整体健康状况较差的北运河水系中下游地区，从而形成了该地区相对复杂的河流生态健康现状。

（四）河流生态系统单项指标健康评价

为明确北运河水系不同河段的主导影响因素，对河流生态系统单项指标进行插值运算，得到单项指标健康评价结果在北运河水系的分布。

综合4类单项评价指标的健康评价结果可以发现，北运河水系上游地区的健康状况均普遍较好。下游地区的水生生物健康状况较好，而水文、水质和栖息地健康状况均较差，这可能与流域内高程西北高、东南低有关。流域内的废污水沿城区排水河道自西北向东南流动，最终汇集于下游地区，从而导致该地区水质较差。水系内中游地区的健康状况相对复杂，水生生物和水质健康状况参差不齐，水文和栖息地健康状况普遍较差，这可能与中游地区分布着北京市中心城区、朝阳区和海淀区有关。该地区人口稠密，产业集中，城市化水平较高，是北京市境内发展程度最高、发展速度最快的地区，水环境质量受社会经济发展影响较大，天然水陆生境遭到破坏；同时，随着人水矛盾的日益突出，人们开始意识到河流生态系统重要性，采取了一系列措施恢复天然水陆生境。因此，该地区呈现出参差不齐的河流生态系统健康状况。

根据熵权法的权重计算结果，4类评价指标的权重大小排序为水生生物指标 > 水质指标 > 栖息地指标 > 水文指标。在熵权法的定义中，熵权并不表示某指标的重要性，而是代表各指标在竞争意义上的相对激烈程度，也即各指标提供有效信息量的多寡程度。因此，4类评价指标的权重大小排序情况说明水生生物指标为北运河河流生态系统健康评价提供了最多信息，水生生物指标对最终评价结果的贡献最大，而河流生态系统健康评价结果分布与水生生物指标健康评价结果分布最为接近也验证了这一结论。水生生物作为河流生态系统的重要组成部分，具有整合不同时间尺度上各种物理、化学和生物影响的能力，可以反映多种生态胁迫对水环境造成的累积效应，因而水生生物可以为河流生态系统提供多时空尺度上的重要信息，是河流生态系统健康评价的必选指标类型。

近年来，国内众多学者针对北运河河流生态健康开展了一系列研究。李文君等综合考虑水量、水质、生物状况、水体连通性以及防洪标准等因素，构建了包含5类9个指标的河流生态健康评价指标体系，并对北运河河流生态健康状况进行了评价，结果表明北运河生态处于亚健康状态。宋刚福等基于水文、水环境、形态结构、河岸带以及水生生物等因素，构建了包含5类15个指标的河流生态健康评价指标体系，并对北运河上、中、下游各区段进行了生态健康综合评价，结果表明北运河生态系统健康状况处于亚健康状态。这些研究均表现为水质和水生生物类型指标的权重较大，且健康评价结果与本研究基本一致。与其他研究相比，本研究构建的北运河河流生态系统健康评价指标体系具有简洁明了、计算方便等特点，可以通过评价结果直接识别出影响北运河河流生态系统健康状况的具体因子。随着人类活动干扰的强度增大和来源多样化，仅从水生生物、水文、水质和栖息地这几个方面开展城市河流生态系统健康评价已无法满足要求，考虑多方面因素、运用多种方法、整合多种尺度，将会是未来城市河流生态健康研究的发展趋势。

结　论

（1）北运河河流生态系统健康评价指标体系包含浮游植物多样性指数、底栖动物多样性指数、水温、生化需氧量、氨氮、氟化物、锌、石油类和栖息地环境质量评价指标4类9项指标；4类评价指标的权重大小排序为水生生物＞水质＞栖息地＞水文。

（2）在北运河水系的25个样点中，有2个为Ⅰ级、1个为Ⅱ级、9个为Ⅲ级、8个为Ⅳ级、5个为Ⅴ级；北运河河流生态系统的健康状况总体较差，其中，上游地区普遍较好，中下游地区相对较差，且呈现出较强的空间异质性。

（3）北运河水系中下游地区的南沙河、清河中游、通惠河干流的健康状况普遍较差，相对较好的凉水河上游地区和温榆河支流交错镶嵌其中，形成了北运河水系复杂的河流生态系统现状；4类单项指标健康评价结果显示，水生生物指标是河流生态系统健康评价的必选指标类型。

参考文献

巴雅尔、郭家盛、卢少勇等：《博斯腾湖大湖湖区近 20 年生态健康状况评价》，《中国环境科学》2013 年第 3 期。

白文荣：《通惠河下段水环境问题分析》，《北京水务》2010 年第 1 期。

陈纯、李思嘉、胡韧等：《四种浮游植物生物量计算方法的比较分析》，《湖泊科学》2013 年第 6 期。

邓晓军、许有鹏、翟禄新等：《城市河流健康评价指标体系构建及其应用》，《生态学报》2014 年第 4 期。

郭婧、荆红卫、李金香等：《北运河系地表水近 10 年来水质变化及影响因素分析》，《环境科学》2012 年第 5 期。

国家环境保护总局：《水和废水监测分析方法》（第四版），中国环境科学出版社，2002。

韩茂森、束蕴芳：《中国淡水生物图谱》，海洋出版社，1995。

郝利霞、孙然好、陈利顶：《海河流域河流生态系统健康评价》，《环境科学》2014 年第 10 期。

胡鸿钧、魏印心：《中国淡水藻类：系统、分类及生态》，科学出版社，2006。

李帅、魏虹、倪细炉等：《基于层次分析法和熵权法的宁夏城市人居环境质量评价》，《应用生态学》2014 年第 9 期。

李文君、邱林、陈晓楠等：《基于集对分析与可变模糊集的河流生态健康评价模型》，《水利学报》2011 年第 7 期。

李学军、鲍战猛、高彩凤等：《北运河浮游动物调查及水质评价》，《生态学杂志》2014 年第 6 期。

刘杰：《凉水河河道治理工程的科学管理研究》，硕士学位论文，吉林大学，2015。

刘麟菲、徐宗学、殷旭旺等：《应用硅藻指数评价渭河流域水生态健康状况》，《北京师范大学学报》（自然科学版）2016 年第 3 期。

刘焱序、彭建、汪安等：《生态系统健康研究进展》，《生态学报》2015 年第 18 期。

吕振霄：《非法放生与水环境之间的相互影响》，《环境工程》2016 年第 S1 期。

闵文武：《辽河流域着生藻类群落结构及水生态健康评价》，硕士学位论文，大连海洋大学，2015。

邱小琮、赵红雪、孙晓雪：《沙湖浮游动物与水环境因子关系的多元分析》，《生态学杂志》2012 年第 4 期。

宋刚福、沈冰：《“拉开档次”法的改进及其在河流生态健康评价中的应用》，《应用生态学报》2012 年第 7 期。

苏海磊、吴丰昌、李会仙等：《我国水生生物水质基准推导的物种选择》，《环境科学研究》2012 年第 5 期。

唐涛、蔡庆华、刘建康：《河流生态系统健康及其评价》，《应用生态学报》2002 年第 9 期。

童保铭：《北运河水系河流水质时空变化及驱动力研究》，硕士学位论文，首都师范大学，2009。

王琳杰、余辉、牛勇等：《抚仙湖夏季热分层时期水温及水质分布特征》，《环境科学》2017 年第 4 期。

吴健、黄沈发、杨泽生：《热排放对水生生态系统的影响及其缓解对策》，《环境科学与技术》2006 年第 S1 期。

吴易雯、李莹杰、张列宇等：《基于主客观赋权模糊综合评价法的湖泊水生态系统健康评价》，《湖泊科学》2017 年第 5 期。

肖婷婷、荣烨、陈德敏等：《南宁电厂温排水对郁江干流水温及水生态的影响程度分析》，《水电能源科学》2015 年第 6 期。

徐宗学、武玮、殷旭旺：《渭河流域水生态系统群落结构特征及其健康评价》，《水利水电科技进展》2016 年第 1 期。

许晓伟、刘德文、车洪军等：《北运河水环境调查与评价》，《海河水利》2009 年第 2 期。

薛拓：《关于凉水河生态水环境建设的思考》，《北京水务》2011 年第 6 期。

杨柳、李泳慧、王俊才等：《基于 B – IBI 指数的温榆河生态健康评价》，《生态学报》2012 年第 11 期。

杨潼：《中国动物志—环节动物门—蛭纲》，科学出版社，1996。

尹立明：《水温变化特性对衡水湖湿地生态环境影响的分析》，《海河水利》2014 年第 6 期。

于志慧、许有鹏、张媛等：《基于熵权物元模型的城市化地区河流健康评价分析——以湖州市区不同城市化水平下的河流为例》，《环境科学学报》2014 年第 12 期。

禹娜、刘一、姜雪芹等：《上海城区小型河道生物组成特征及食物链结构分析》，《华东师范大学学报》（自然科学版）2010 年第 6 期。

袁琳娜、杨常亮、李晓铭等：《高原深水湖泊水温日成层对溶解氧、酸碱度、总磷浓度和藻类密度的影响：以云南阳宗海为例》，《湖泊科学》2014 年第 1 期。

张春光、赵亚辉、邢迎春等：《北京及其邻近地区野生鱼类物种多样性及其资源保育》，《生物多样性》2011 年第 5 期。

张亭：《通惠河水环境综合治理工程技术探讨》，《中国水利》2016 年第 22 期。

赵文：《水生生物学》，中国农业出版社，2005。

郑丙辉、张远、李英博：《辽河流域河流栖息地评价指标与评价方法研究》，《环境科学学报》2007 年第 6 期。

周笑白、张宁红、张咏等：《太湖水质与水生生物健康的关联性初探》，《环境科学学报》2014 年第 1 期。

朱光旭、郭庆军、陈同斌等：《北京市南沙河沉积物重金属污染特征及风险评价》，《生态学杂志》2013 年第 8 期。

朱蕙忠、陈嘉佑：《中国西藏硅藻》，科学出版社，2000。

朱卫红、曹光兰、李莹等：《图们江流域河流生态系统健康评价》，《生态学报》2014 年第 14 期。

左其亭、陈豪、张永勇：《淮河中上游水生态健康影响因子及其健康评价》，《水利学报》2015 年第 9 期。

M. T. Barbour, J. Gerritsen, B. D. Snyder, et al., *Rapid Bioassessment Protocols for Use in Streams and Wadeable Rivers: Periphyton, Benthic Macroinvertebrates and Fish*, Washington DC: U. S. Environmental Protection Agency, Office of Water, 1999.

G. Kallis, D. Butler, "The EU Water Framework Directive: Measures and Implications," *Water Policy* 3 (2001): 125 – 142.

A. R. Ladson, L. J. White, J. A. Doolan, et al., "Development and Testing of an Index of Stream Condition for Waterway Management in Australia," *Freshwater Biology* 41 (1999): 453 – 468.

J. H. Thorp, A. P. Covich, *Ecology and Classification of North American Freshwater Invertebrates* (2nd ed.) (New York: Academic Press, 2001).

H. Yu, H. Tsuno, T. Hidaka, et al., "Chemical and Thermal Stratification in Lakes," *Limnology* 11 (2010): 251 – 257.

六　世界运河

启动克拉地峡运河的地缘经济学分析*

杨丽娟**

2016年11月，以中资港口瓜达尔港开航为标志，中巴经济走廊正式贯通。作为东亚贸易走廊上的另一个关键点，克拉地峡运河也在全球经济深入调整并复苏、亚太经济一体化进程加快、亚洲基础设施建设提速的多重背景下，再次引起各方关注。跨国基础设施建设是扩大辐射区域、改善地缘经济格局的重要因素之一。如果克拉地峡运河启动，无疑会深刻影响亚洲贸易版图，进一步带动世界地缘经济格局发生变化。

一　现实与理论背景

（一）现实背景

海峡一直是世界海上交通和经济贸易的纽带。除了霍尔木兹海峡、直布罗陀海峡等天然海峡之外，人工运河对于畅通地缘联系、连接世界贸易而言同样扮演着重要的角色。如巴拿马运河和苏伊士运河被誉为当今世界最具经济和社会意义的人工水道。在亚太地区，自大航海时代海路取代陆路成为东南亚与欧洲的主要运输路线以来，马六甲海峡成为沟通太平洋与印度洋的关键水道，作为全球最繁忙的航道之一，承担着全球近三分之一的货运量和近一半的石油运输量。每年通行马六甲海峡的船只超过8万艘，每天穿行的船只多达200艘，并且还在以年均8%的速度增长。新加坡NMC发布的年度报告[①]显示，2015年共有80980艘超过300吨的船舶（平均每天222艘）通过马六甲海峡，与前一年的79344艘相比增长了2%。据预测，2020年通过海峡的

* 本文原载《世界地理研究》2018年第6期。

** 杨丽娟，博士，兰州大学经济学院副教授，主要研究方向为国际贸易、区域经济。

① 《2015年马六甲海峡通航船舶数量再创新高》，2016年6月3日，https://sanwen8.cn/p/183wevX.html。

物质需求量将达到10亿~12亿吨。[①]

然而，马六甲海峡的发展面临着严峻挑战。首先是地理条件约束：主航道狭窄，最窄处仅有1.5~2海里宽，对海上交通造成不便；水深渐浅，海峡海底水流平缓，水下多有浅滩和暗礁，泥沙淤积导致大型邮轮搁浅。其次是航道安全隐患。海盗以及海上武装抢劫等有所改善却并未得到彻底解决，与此同时，拥挤的海上交通直接影响到海峡的航运安全。再次是生态威胁。在濒临海峡的沿海地区，与日俱增的居民生活和工业废物对海峡环境施加压力，威胁海峡生态安全。原油泄漏、危险有毒物质排放以及海洋垃圾等也随着海峡通行船舶量日渐增长。据统计，马六甲海峡浅滩多，淤积重，海盗猖獗，事故率高达苏伊士运河的3倍、巴拿马运河的5倍之多。

除马六甲海峡以外，望加锡海峡、龙目海峡和巽他海峡都是穿越印度尼西亚群岛、沟通印度洋和太平洋的海上咽喉要道，但这三条海峡的军事意义大于其在经济上的影响。因此，长期以来亚太地区一直有拓展新航道的需求，而启动克拉地峡运河则是备受各方关注的议题。规划中的克拉地峡运河（The Isthmus of Kra Canal）位于马来半岛北部与泰国南部连接的狭长地带，长100余千米，最宽处约为190千米，最窄处约为56千米。地峡所在范围都在泰国境内，东面春蓬府的海滨即为泰国湾，西面拉廊府的沿岸是安达曼海，南面是马来半岛蒂迪旺沙山脉北端，北部则是普吉山脉南端。从自然条件来看，地峡地处两座山脉之间的低地，海拔最高为75米，地势平缓。东西两海岸都为基岩海岸，风平浪静，具有开凿运河的优越条件。

克拉地峡运河项目的酝酿历经3个多世纪。除泰国国内的屡次提议之外，一些相关国家也都有所考虑。美国和泰国两国专家曾组织运河调查委员会分别于1982年和1984年进行实地考察，认为开凿运河的选址有泰国南部暹罗湾岸宋卡→印度洋岸沙墩和博伦→董里→高罗丕两条线。20世纪末泰国和日本也曾组建联合论证小组，论证了4条可能的线路，并认为最理想的南线方案是在普吉岛以南的宋卡府沙廷帕县动工，预测总造价约280亿美元，工期为10年。2004年，他信·西那瓦参加泰国大选，提出在五年内让泰国成为亚洲石油中心的计划，并把修建克拉地峡运河当作重点。建成后的克拉地峡运河将横贯泰国南部的克拉海峡，运河中还拟修建5~6座可供陆上通行的桥梁。运河建成后，船只不必再穿过马六甲海峡而是绕道新加坡和马来西亚，

---

① 张宏伟：《马六甲海峡：海上十字路口的聚焦》，《新金融观察》2014年3月17日。

可以直接从印度洋的安达曼海直接进入太平洋或大西洋。从东亚港口到印度洋的航程可以至少缩短约1200千米，节省2～5天时间，大型油轮可以节省20万美元的开支。2010年，时任泰国总理他信表态，欢迎民间或国际机构开展调研论证，但政府没有开发克拉运河的计划，主要是缺乏财力，没有施工经费，甚至没有研究经费。

（二）理论研究背景

1. 克拉地峡运河研究回顾

国外学者对克拉地峡运河的研究有不少。Low P等分析了克拉地峡运河对马六甲海峡和新加坡可能产生的影响；Smith HB从英国的视角讨论了克拉地峡运河在东南亚国际关系中的意义；Dobbs. S则关注新加坡海峡的历史与克拉地峡运河的潜在影响；Sulong等特别指出，克拉地峡运河修建后东南亚的大陆陆地与海运区域将被运河分隔开，进而会影响到东盟在经济、文化和政治方面的区域稳定性；C. Chen基于空间经济学理论应用GIS技术计算海距来分析克拉运河的经济意义，发现克拉地峡运河与马六甲海峡的共存和相互补充将使所有东盟成员国受益。

1975年中泰建交以来，国内学者开始关注克拉地峡运河。多数学者持正面态度，例如：林锡星认为，对于克拉运河工程，无论是运河方案还是输油管道方案，能否达到预期的解决石油进口的安全和可靠性才是关键；兰洋从航运、安全、交通、经济和政治等方面分析了克拉运河开通对中国未来产生的影响；孙海泳对克拉运河方案的不利因素、战略意义进行了分析，认为中国应对项目适时关注，加强与利益相关方的合作。也有一些学者持谨慎态度。例如：针对公众对于克拉运河的流言，澎湃对泰国国内的“克拉运河梦”、中方是否参与、开挖运河的最佳地点以及泰国的态度等进行了厘清；刘会远等运用VRTS方法分析了克拉地峡运河项目，认为这一提议存在战略价值高估、战略风险低估、战略时机误判和战略时序安排不够合理等问题，建议暂时搁置。

2. 地缘经济理论特征及研究回顾

冷战结束后，和平与发展成为时代主题。20世纪末，地缘经济学（Geo-economics）在全球经济一体化和区域经济一体化的时代背景下，伴随着世界政治经济格局和国际关系的转变而兴起。目前的地缘经济理论普遍认为：第一，地缘经济与地缘政治联系密切，政治是经济的集中体现，地缘政治与地缘经济的联系始终密不可分；第二，地理学始终是地缘经济研究的基础性学科；第三，在地缘经济研究框架中，合作逻辑取代冲突逻辑，经济关系与利益分析取代了政治关系与军事对抗，并以此作为国际关系研究的核心。

地缘经济研究关注世界经济现象的时空特征、演化机制和发展轨迹，对世界经济现象与地缘区位、地理因素之间的相互作用以及其规律进行解释。这一领域的丰富成果为世界各国制定国际战略、发展社会、经济、文化等提供了坚实的理论依据。本质上，克拉地峡运河所处的地理位置是其可能影响亚太地区贸易格局的重要因素。在不断升温的热望和争议背后，从地缘经济视角出发研究克拉地峡运河具有重要的现实和战略意义。学者也赞同在谈论克拉地峡时应淡化运河的政治军事意义，强调利益共享，防范中国的意图被"政治化"。有鉴于此，论文将针对克拉地峡运河的启动进行地缘经济理论分析，并进行总结和讨论。

二　启动克拉运河的地缘经济学分析

地理区位会影响一国的经济行为，世界范围内相邻国家、地区之间的合作始终处于重要地位。从地缘经济视角出发，在空间范围上可以将克拉地峡运河的辐射范围划分为三个圈层来展开分析。第一圈层主要是泰国及周边国家，具体包括与泰国接壤的柬埔寨、老挝、缅甸、越南和马来西亚等国，以及地理上临近的新加坡、印度尼西亚、菲律宾等国；第二圈层是与第一圈层国家具有悠久的地缘经济和文化基础，地理位置稍远但经济联系密切的亚洲国家，主要包括中国、日本和韩国等国家；第三圈层是地理位置上较远，但与第一圈层国家存在密切经济贸易联系的远邻国家，主要有美国、加拿大、欧洲国家等。

（一）第一圈层：泰国及周边国家

泰国位于亚洲大陆中南半岛中南部，是东亚通往南亚的重要门户。克拉地峡运河如果开通，对泰国的影响最大。凭借克拉地峡运河独特的地理优势，泰国将会成为亚洲新的海运枢纽。泰国在亚洲的经济地位与战略地位得以提升，并加速融入经济全球化。修建运河能够直接为泰国民众创造大量就业机会，而运河投入运营后还可以收取可观的通行费。除这些显著的经济效应之外，交通和航运条件的改善有可能为泰国国内的区域经济发展注入强劲动力，形成以交通运输业、石油加工业和旅游业为主导产业的城市群。

柬埔寨、老挝、缅甸、越南和马来西亚等国与泰国接壤，克拉地峡运河一旦开通，这些经济发展较为落后的邻国将会受益于经济要素空间流动的加快，特别是频繁的贸易往来，以此获得经济、文化、科技等领域的诸多利益。新加坡、印度尼西亚和菲律宾与泰国在地理位置上临近，克拉地峡运河开通也会影响到这些国家。需要特别关注的是，新加坡、马来西亚和印度尼西亚还是马六甲海峡的沿岸国家，三国于1971年11月签订了关于马六甲海峡的公约，并宣布三国共管海峡事务。目前，菲律宾对克拉地峡运河的态度并不明确，而马来西亚和新加坡对于克拉地峡运河的推进则表现出明显的消极态度。这种担心主要来自新运河开通势必影响马六甲海峡的国际航运量，进而冲击两国长期以来依赖马六甲海峡的有利位置而形成的主导产业乃至经济发展模式。以新加坡为例，克拉地峡运河开通将对其转口贸易、航运业、旅游业等三大支柱产业产生影响。同时，新加坡得益于马六甲海峡稳居东亚的期货交易中心，启动克拉地峡运河还会对新加坡的这一经济地位产生影响。

（二）第二圈层：中、日、韩等亚洲国家

中国、日本、韩国等亚洲国家与泰国具有悠久的地缘联系历史，在文化、经济等领域有许多相似性和深层次的纽带。总体而言，中国主要因为贸易和能源安全问题而持续关注克拉地峡运河。首先，从贸易方面来看，克拉地峡运河将直接贯通印度洋和泰国湾运输贸易货物，缩短中国对欧洲、非洲的贸易航程，促进中国与东南亚、中东、非洲和欧洲各国的贸易往来，重塑当前的欧亚贸易格局。2013年中国提出了“一带一路”倡议，克拉地峡运河将在“21世纪海上丝绸之路”的建设中起到重要作用，成为新海上丝绸之路的重要航线。克拉地峡运河还有助于提升上海在亚洲乃至全球的金融、航运地位，推进上海自贸区的建设。其次，克拉地峡运河的开通可以让中国在一定程度上摆脱能源进口对于马六甲海峡的高度依赖，构建多元化的能源安全机制。再次，从地区战略视角来看，中国已连续多年成为东盟最大的贸易伙伴。东盟已经超过日本，成为中国在全球的第三大贸易伙伴。克拉地峡运河的开通会减弱东盟自贸区对于马六甲海峡的依赖，推进中国—东盟的自由贸易区战略合作伙伴关系。

马六甲海峡也被视为日本重要的海上生命线，日本在石油进口上同样严重依赖马六甲海峡。作为泰国现代经济中最早的投资国之一，日本也是泰国

重要的经济盟友。因此，日本对修建克拉地峡运河表现积极。“二战”初期，日本曾一度支配泰国战局，当时就曾有过开辟运河的考虑，但此后未及实际推进，这一计划就因战局扭转、日本战败而搁浅。20世纪70年代，中国和日本都曾为合作兴建克拉地峡运河而进行过探讨。当时日本的经济实力蒸蒸日上，修建克拉运河的直接考虑正是为了缩短对于日本至关重要的海湾－东亚石油运输航线。2004年泰国提出兴建运河计划时，中国和日本也都表示有意参加，韩国也是其计划中的合作伙伴。当时泰国和日本还对修建运河的方案进行了联合论证。在克拉地峡运河的修建上，中、日、韩三国利益一致。中、日、韩贸易货物走克拉地峡运河，能够节省约1200千米的航程，3～5天的航行时间。如果运河开启，东亚的凝聚力和影响力将得到进一步提升。

（三） 第三圈层：欧美国家

自20世纪80年代开始，美军寻求“海上控制”，以图掌握全球16条海上要道[①]，确保战时能封锁他国海上航运和海军力量，维护美军的航道，进而挤压、威胁敌国。经济是政治的基础，美国对于海上要道的控制则体现出美国在国际经济贸易规则制定中扮演的重要角色。启动克拉地峡运河，势必对国际贸易规则的重塑产生影响。美国倾向于支持新加坡扼守马六甲海峡，若克拉地峡运河开通，中国的航海舰队、航母、潜艇等军事力量与商船可以进入欧洲和北美洲通向全世界。这些影响与美国总统特朗普带有明显的贸易保护主义色彩的对外贸易政策相遇会产生争议。中国是美国最重要的贸易伙伴，克拉地峡运河的启动可能会使美国和中国产生一些贸易摩擦，而贸易保护则是当前全球贸易复苏的最大障碍。[②]

历史上，法、英、美等大国都曾对运河项目施加影响或介入规划。克拉地峡运河启动，欧洲到远东的贸易联系会得以加强。从欧洲到远东，通过泰国比通过新加坡更近，但对效率和运作能力的要求势必更高。一旦克拉运河正式通航，从欧洲和非洲来的货物可以直接经过克拉运河中转上海自贸区深水港去往东北亚地区。世界第二大经济体中国和世界第三大经济体日本与欧洲和非洲的

---

① 这16条海上咽喉要道分别是马六甲海峡、望加锡海峡、巽他海峡、朝鲜海峡、苏伊士运河、曼德海峡、波斯湾、霍尔木兹海峡、直布罗陀海峡、斯卡格拉克海峡、卡特加特海峡、格林兰—冰岛—联合王国海峡、巴拿马运河、佛罗里达海峡、阿拉斯加湾、非洲以南和北美航道。

② 《2017贸易保护是全球贸易复苏的最大阻碍》，网易财经，2016年12月29日，http://money.163.com/16/1229/21/C9FV44AS002580S6.html#from=keyscan。

贸易将不再需要绕道新加坡。克拉地峡运河将成为亚洲最大的一条人工运河，成为沟通亚非澳50亿人口经济圈的国际枢纽。克拉地峡运河将进一步密切亚洲太平洋地区各国的经济贸易联系，提升各个开放型经济体的发展空间。

（四）全球视域：克拉地峡运河发展预测

受到亚洲经济增长的驱动，全世界的经济重心开始从大西洋两岸向太平洋和印度洋地区转移，印度洋正在超过大西洋和太平洋成为世界上最繁忙、最具战略意义的贸易走廊。印度太平洋地区已经成为全球经济的引擎以及全球消费品的主要生产地。中国、印度等崛起的发展中国家，以及日本、韩国等发达经济体正在加快经济全球化。这些国家对繁荣经济贸易、促进贸易投资便利化的诉求正在变得更加强烈，影响力也在不断增强，且中国、日本、韩国还同处以中、日为主导的环太平洋经济区。近年来这一地区的区域经济发展迅速，区域合作和经济一体化趋势日趋明显（见表1）。不断加深的地缘经济联系赋予这一区域巨大的发展潜力，随之而来的就是经济发展速度提升和贸易量的剧增。

表1　亚太地区的主要地缘经济联系

地缘经济联系	主要内容
东南亚国家联盟（ASEAN）	包括东南亚地区的10个成员，是以经济合作为基础，涵盖政治、经济、安全一体化的合作组织
亚太经济合作组织（APEC）	1989年由澳大利亚倡议，12个创始会员国，现包括21个正式成员和3个观察员，旨在促进亚太地区及全球贸易投资自由化和便利化。2014年11月，APEC批准亚太经合组织推动实现亚太自由贸易区路线图
大湄公河次区域经济合作机制（GMS）	1992年由亚洲开发银行发起，成员国包括中国、柬埔寨、老挝、缅甸、泰国、越南6国。亚行是GMS的发起者、协调者和主要筹资方。旨在通过加强各成员间的经济联系，消除贫困，促进次区域的经济和社会发展
中国—东盟自由贸易区（CAFTA）	2010年由中国与东盟十国组建，涵盖11个国家。是目前世界人口最多的自贸区，也是发展国家间最大的自贸区。旨在扩大经贸交往，促进贸易与投资联系
区域全面经济伙伴关系（RCEP）	2011年由东盟十国发起、规划和推动，邀请中国、日本、韩国、澳大利亚、新西兰、印度共同参加。目标是消除内部贸易壁垒、创造和完善自由投资环境、扩大服务贸易，并涉及知识产权、竞争政策等领域

续表

地缘经济联系	主要内容
“一带一路”倡议（B&R）	2013 年由中国提出建设。丝绸之路经济带涵盖多条通往印度洋地区的经济走廊，包括孟中印缅经济走廊、中巴经济走廊等。“21 世纪海上丝绸之路”将从海上联通欧亚非三个大陆。以政策沟通、设施联通、贸易畅通、资金融通、民心相通为主要内容
中澳自由贸易协定（ChAFTA）	2015 年 12 月协定正式生效。涵盖货物、服务、投资等十几个领域
中韩自贸协定（China-ROKFTA）	2015 年 12 月正式生效。协定涵盖货物贸易、服务贸易、投资等共 17 个领域。明确将中国威海和韩国仁川自由经济区作为地方经济合作示范区
中日韩自由贸易区谈判	2012 年 11 月谈判启动，设想建立三国自由贸易区

当前，全球贸易自由化、贸易便利化已经成为世界潮流，亚太地区的重要地缘经济联系正在日益密切并发挥影响。从全球贸易发展态势来看，马六甲海峡已趋饱和。克拉地峡运河的修建，将有益于节约国际运输资源，缓解马六甲海峡的运输压力，顺应国际贸易便利化趋势，拓展世界贸易的增长空间。相关研究显示，克拉地峡运河修建后能够从中获益的港口超过 20 个，其航运距离的缩短最高可达 41%（见表 2）。

表 2　预计因通过克拉地峡运河开通航运距离减少而受益的港口

单位：%

港口（一至一）		减少率	港口（一至一）		减少率
盖梅（越南）	仰光（缅甸）	41	西哈努克（柬埔寨）	仰光（缅甸）	41
林查班（泰国）	仰光（缅甸）	38	盖梅（越南）	吉大（孟加拉国）	34
吉大（孟加拉国）	西哈努克（柬埔寨）	33	盖梅（越南）	马德拉斯（印度）	33
马德拉斯（印度）	西哈努克（柬埔寨）	32	盖梅（越南）	科伦坡（斯里兰卡）	32
科伦坡（斯里兰卡）	西哈努克（柬埔寨）	32	盖梅（越南）	加尔各答（印度）	32
吉大（孟加拉国）	林查班（泰国）	31	林查班（泰国）	马德拉斯（印度）	30
林查班（泰国）	科伦坡（斯里兰卡）	30	孟买（印度）	西哈努克（柬埔寨）	23
孟买（印度）	林查班（泰国）	22	海防（越南）	仰光（缅甸）	20
香港（中国）	仰光（缅甸）	19	高雄（中国台湾）	仰光（缅甸）	18
吉大（孟加拉国）	海防（越南）	17	海防（越南）	马德拉斯（印度）	17
海防（越南）	科伦坡（斯里兰卡）	17	吉大（孟加拉国）	香港（中国）	16
香港（中国）	马德拉斯（印度）	16	香港（中国）	科伦坡（斯里兰卡）	16
吉大（孟加拉国）	高雄（中国台湾）	15	高雄（中国台湾）	马德拉斯（印度）	15

续表

港口（—至—）		减少率	港口（—至—）		减少率
高雄（中国台湾）	科伦坡（斯里兰卡）	15	马尼拉（菲律宾）	仰光（缅甸）	15
上海（中国）	仰光（缅甸）	15	东京（日本）	仰光（缅甸）	13
釜山（韩国）	仰光（缅甸）	13	孟买（印度）	海防（越南）	13
吉大（孟加拉国）	马尼拉（菲律宾）	13	马德拉斯（印度）	马尼拉（菲律宾）	13
马尼拉（菲律宾）	科伦坡（斯里兰卡）	13	天津（中国）	仰光（缅甸）	12
孟买（印度）	香港（中国）	12	吉大（孟加拉国）	东京（日本）	12
孟买（印度）	高雄（中国台湾）	12	釜山（韩国）	吉大（孟加拉国）	12
马德拉斯（印度）	东京（日本）	12	科伦坡（斯里兰卡）	东京（日本）	12
釜山（韩国）	马德拉斯（印度）	12	釜山（韩国）	科伦坡（斯里兰卡）	12
釜山（韩国）	加尔各答（印度）	11	吉大（孟加拉国）	天津（中国）	11
马德拉斯（印度）	天津（中国）	11	科伦坡（斯里兰卡）	天津（中国）	11
孟买（印度）	东京（日本）	10	孟买（印度）	釜山（韩国）	10
孟买（印度）	马尼拉（菲律宾）	10	孟买（印度）	天津（中国）	9
盖梅（越南）	鹿特丹（荷兰）	8	鹿特丹（荷兰）	西哈努克（柬埔寨）	8
林查班（泰国）	鹿特丹（荷兰）	8	海防（越南）	鹿特丹（荷兰）	5
香港（中国）	鹿特丹（荷兰）	5	高雄（中国台湾）	鹿特丹（荷兰）	5
鹿特丹（荷兰）	东京（日本）	4	釜山（韩国）	鹿特丹（荷兰）	4
鹿特丹（荷兰）	天津（中国）	4	马尼拉（菲律宾）	鹿特丹（荷兰）	4
巴生（马来西亚）	西哈努克（柬埔寨）	1	巴生（马来西亚）	林查班（泰国）	1

三 结论与讨论

（一）结论

启动克拉地峡运河的辐射范围可以从空间上划分为三个圈层进行分析。启动克拉地峡运河将对泰国的经济和社会发展产生直接效应和溢出效应，而总效应在带动泰国区域经济发展的同时将进一步波及第一圈层国家，即与泰国接壤的国家以及地理上临近的国家，这些国家由于对自身经济利益及发展导向的考虑而对启动克拉地峡运河存在不同意见。第二圈层国家主要出于畅通航道、繁荣贸易的考虑，对克拉地峡运河普遍支持并积极参与推动。第三圈层国家对克拉地峡运河启动持续关注，并期望在当前世界贸易秩序重构的背景下协调国际关系，扩大自身利益。

从全球视域来看：首先，启动克拉地峡运河可以增加连接太平洋与印度洋的新航道，为整个亚太地区的贸易（特别是能源贸易）增加更为快捷、便利和安全的运输路线。全球海运网络更加紧密，航运格局的转变将进一步带动世界地缘经济格局发生变化。其次，全球贸易繁荣、亚太地区经济发展加速和贸易量剧增等赋予了修建克拉地峡运河的必然性。克拉地峡运河对于马六甲海峡的航运来说是分流而不是替代，是补充和竞争关系。启动克拉地峡运河能够顺应全球贸易便利化的历史趋势，亚太地区乃至全世界的贸易合作将更加深入，发展空间将更为广阔。

（二）对推进克拉地峡运河的一些建议

第一，科学论证，确定具体方案。泰国政府和民间都普遍重视保护原生态的环境和传统生活方式，对于一味追求经济指标的增长而无视环境的行为持反对态度。[①] 克拉地峡运河长达100余千米，势必对附近居民的生活环境，以及耕地、森林以及海洋生态环境产生影响。为了通过环境影响评估以及社区公众听证等环节，克拉地峡运河的方案必须具备科学性与可行性。

第二，区域协商，完善顶层设计。从世界经济发展潮流来看，克拉地峡运河的启动具有必然性。启动克拉地峡运河的诉求与影响在国际秩序重塑与世界经济进入深层次调整期的背景下显得格外复杂。因此，前期准备工作应充分考虑克拉地峡运河启动以及新航路的开辟可能带来的新的利益格局。维护相关国家的切身利益，制定针对受到损失国家的兼具科学性和可行性的弥补方案。如果强行推进，势必会对地缘经济关系乃至地缘政治关系产生影响，有可能带来不利后果。

第三，合作共赢，建立利益共享机制。克拉地峡运河耗资巨大，单凭泰国自身力量难以承担，泰国一直在争取与其他国家合作共建。但对于克拉地峡运河的修建，亚太地区还存在一些争议。只有符合各国的利益，相关国家才能出于经济层面的考虑而做出积极的实际回应。建议可以由泰国政府主导或相关利益方成立公司并进行招标，中国可以积极参与、推进，并妥善处理好可能的敏感国际问题，避免因修建运河而损害与新加坡、马来西亚、印度

---

① 《起底“克拉运河”》，网易新闻，2015年5月22日，http://news.163.com/15/0522/10/AQ7C6J4500014AED.html。

尼西亚等国的双边关系。以“一带一路”建设为契机，中国应强调合作共赢、利益共享、和平互惠，积极主动地促进与这些国家的友好合作关系，夯实地缘经济基础，以地缘经济手段适时关注。

参考文献

艾·塞·马汉：《汉译学术名著丛书》，商务印书馆，1981。

丁阳、黄海刚、王春豪：《21 世纪海上丝绸之路的战略枢纽：克拉运河》，《亚太经济》2015 年第 3 期。

兰洋：《“克拉运河” 开通对中国未来的影响分析》，《港口经济》2015 年第 2 期。

李光正：《当代世界经济贸易地理格局及其形成的地缘基础》，《世界地理研究》1994 年第 1 期。

林锡星：《博弈克拉运河？建设西南出海通道?》，《世界知识》2004 年第 13 期。

刘会远、金凤君、杜德斌等：《开发克拉运河的 VRTS 分析及启示》，《世界地理研究》2016 年第 4 期。

陆大道、杜德斌：《关于加强地缘政治地缘经济研究的思考》，《地理学报》2013 年第 6 期。

澎湃：《关于克拉运河的 4 个真相》，《珠江水运》2015 年第 10 期。

孙海泳：《克拉运河方案：挑战？意义与中国的战略选择》，《太平洋学报》2014 年第 7 期。

王斌传：《非政府组织参与马六甲海峡航道安全管控研究》，《江西社会科学》2016 年第 4 期。

文振、黄微滋：《中国海洋强国战略视野下的泰国克拉运河修建探析》，《亚太安全与海洋研究》2015 年第 5 期。

中华网，《中泰拟建克拉运河》，2015 年 5 月 19 日，http://news.china.com/domestic/945/20150519/19708906.html。

C. Chen, S. Kumagai, “Economic Impacts of the Kra Canal: An Application of the Automatic Calculation of Sea Distances by a GIS,” IDE Discussion Papers No. 568, 2016 (03), http://hdl.handle.net/2344/1529.

S. Dobbs, “Traversing the Boundaries of Historical Research: From the Singapore River to the Kra Canal,” in L. K. Seng & L. K. Khuin (eds), *The Makers and Keepers of Singapore History* (Singapore: Ethos Books, 2010), pp. 67 – 78.

P. Low, Y. Yeung, *The Proposed Kara Canal: A Critical Evaluation and Its Impact on Singapore*, Institute of Southeast Asian Studies, 1973.

N. S. Rozov, "Geopolitics, Geoeconomics, and Geoculture," *Sociological Research* 51 (2012): 67 - 90.

H. B. Smith, "Historic Proposals for a Kra Canal: Their Impact on International Relations in South-east Asia with Emphasis on British Perspectives," *Asian Profile* 3 (1975): 43 - 58.

Sulong, RiniSuryati, "The Kra Canal and Southeast Asian Relations," *Journal of Current Southeast Asian Affairs* 31 (2012): 109 - 125.

图书在版编目（CIP）数据

运河研究年度文选．2018／宫辉力主编．-- 北京：社会科学文献出版社，2020.11
ISBN 978-7-5201-6088-9

Ⅰ.①运… Ⅱ.①宫… Ⅲ.①大运河-中国-文集 Ⅳ.①K928.42-53

中国版本图书馆 CIP 数据核字（2020）第 026130 号

运河研究年度文选（2018）

主　　编／宫辉力

出 版 人／谢寿光
组稿编辑／宋月华
责任编辑／韩莹莹
文稿编辑／范明礼

出　　版／社会科学文献出版社·人文分社（010）59367215
地址：北京市北三环中路甲 29 号院华龙大厦　邮编：100029
网址：www.ssap.com.cn
发　　行／市场营销中心（010）59367081　59367083
印　　装／北京建宏印刷有限公司

规　　格／开　本：787mm×1092mm　1/16
印　张：28.5　字　数：483 千字
版　　次／2020 年 11 月第 1 版　2020 年 11 月第 1 次印刷
书　　号／ISBN 978-7-5201-6088-9
定　　价／168.00 元

本书如有印装质量问题，请与读者服务中心（010-59367028）联系